Wort-Gottes-Feiern

Hilfen zur Vorbereitung und Durchführung
von Wortgottesdiensten

Lesejahr B

Herausgegeben und bearbeitet
von Bernhard Krautter

Verlag Katholisches Bibelwerk, Stuttgart

Sollte es uns trotz gewissenhafter Bemühungen in einzelnen Fällen nicht gelungen sein, die Rechtsinhaber zu finden, bitten wir diese, sich gegebenenfalls mit dem Verlag Katholisches Bibelwerk in Verbindung zu setzen.

Für die Texte der Einheitsübersetzung der Heiligen Schrift
© Katholische Bibelanstalt, Stuttgart 1980

www.bibelwerk.de
ISBN 3-460-33058-9
978-3-460-33058-0
Alle Rechte vorbehalten
© 2005 Verlag Katholisches Bibelwerk GmbH, Stuttgart
Umschlaggestaltung: Finken & Bumiller, Stuttgart
Satz und Druck: J. F. Steinkopf Druck GmbH, Stuttgart

Inhalt

Vorwort	5
Hinweise für Wort-Gottes-Feiern mit integriertem Kommunionempfang	6
Erster Adventssonntag	7
Zweiter Adventssonntag	11
Dritter Adventssonntag	16
Vierter Adventssonntag	21
Hochfest der Geburt des Herrn – Am Heiligen Abend – Familiengottesdienst	26
Hochfest der Geburt des Herrn – Am Tag	32
Fest der Heiligen Familie	39
Hochfest der Gottesmutter Maria / Neujahr	43
2. Sonntag nach Weihnachten	47
Hochfest Erscheinung des Herrn	51
Fest Taufe des Herrn	56
2. Sonntag im Jahreskreis	61
3. Sonntag im Jahreskreis	65
4. Sonntag im Jahreskreis	68
5. Sonntag im Jahreskreis	72
6. Sonntag im Jahreskreis	77
7. Sonntag im Jahreskreis	81
8. Sonntag im Jahreskreis	85
1. Fastensonntag	90
2. Fastensonntag	95
3. Fastensonntag	100
4. Fastensonntag	105
5. Fastensonntag	110
Palmsonntag	114
Hochfest Auferstehung des Herrn – Am Tag	119
2. Sonntag der Osterzeit	126
3. Sonntag der Osterzeit	130
4. Sonntag der Osterzeit	135
5. Sonntag der Osterzeit	139
6. Sonntag der Osterzeit	144
Hochfest Christi Himmelfahrt	148

7. Sonntag der Osterzeit	152
Pfingsten – Am Tag	157
Hochfest Dreifaltigkeitssonntag	162
9. Sonntag im Jahreskreis	168
10. Sonntag im Jahreskreis	174
11. Sonntag im Jahreskreis	179
12. Sonntag im Jahreskreis	183
13. Sonntag im Jahreskreis	188
14. Sonntag im Jahreskreis	193
15. Sonntag im Jahreskreis	198
16. Sonntag im Jahreskreis	202
17. Sonntag im Jahreskreis	206
18. Sonntag im Jahreskreis	210
19. Sonntag im Jahreskreis	214
20. Sonntag im Jahreskreis	219
21. Sonntag im Jahreskreis	223
22. Sonntag im Jahreskreis	229
23. Sonntag im Jahreskreis	233
24. Sonntag im Jahreskreis	238
25. Sonntag im Jahreskreis	243
26. Sonntag im Jahreskreis	248
27. Sonntag im Jahreskreis	254
28. Sonntag im Jahreskreis	259
29. Sonntag im Jahreskreis	264
30. Sonntag im Jahreskreis	268
Hochfest Allerheiligen	273
31. Sonntag im Jahreskreis	277
32. Sonntag im Jahreskreis	282
33. Sonntag im Jahreskreis	288
Christkönigssonntag	293
Anmerkungen	299

Vorwort

Priestermangel und die Bildung von Seelsorgeeinheiten haben in deutschsprachigen Ländern eine völlig veränderte pastorale Situation geschaffen. Sie wird sich auch auf die Anzahl und Art der Gottesdienste auswirken. Künftig werden auch an Sonntagen und hohen Festtagen nicht mehr in allen Gemeinden Eucharistiefeiern möglich sein; vielmehr werden in Teilgemeinden von Seelsorgeeinheiten vermehrt Wort-Gottes-Feiern stattfinden müssen, die nicht von Priestern geleitet werden, sondern von Diakonen, Pastoralreferent/innen, Gemeindereferent/innen oder bischöflich beauftragten Laien.

Der Ständige Rat der Deutschen Bischofskonferenz hat am 23./24. Juni 2003 den überarbeiteten Entwurf von „Die Wort-Gottes-Feier" gebilligt und das Liturgische Institut Trier mit der Herausgabe beauftragt. Diese Ordnung betont besonders zwei Elemente: zum einen den Unterschied zwischen Wort-Gottes-Feier und Eucharistiefeier; zum andern die dialogische Grundstruktur der Wort-Gottes-Feier: Gottes Anrede an uns und unsere Antwort. Der Bischof von Rottenburg-Stuttgart Dr. Gebhard Fürst hat die liturgische Ordnung des Buches „Wort-Gottes-Feier" am 8. April 2005 für diese Diözese in Kraft gesetzt. Diese neue Ordnung wurde in dem vorliegenden Buch voll berücksichtigt.

Der hier vorliegende 3. Band des dreiteiligen Werkes „Wort-Gottes-Feiern" will Hilfen bieten für die Vorbereitung und Durchführung solcher Gottesdienste. Enthalten sind für alle Sonntage und hohen Festtage des Lesejahres B

– eine ausgearbeitete Predigt zu einer der drei Perikopen des Tages;
– ein ausgearbeiteter Entwurf einer Wort-Gottes-Feier mit Einleitung, Hinführung zu den biblischen Texten, Liedern, Gebeten, Fürbitten, Meditationstexten und einem Segenswort.

Die Entwürfe können – entsprechend modifiziert – auch für Eucharistiefeiern eingesetzt werden.

Zielgruppen sind:

– Priester, Diakone, Pastoral- und Gemeindereferent/innen und für Wort-Gottes-Feiern beauftragte Laien;
– all jene Christen, die sich auf Sonn- und Festtage spirituell vorbereiten wollen und eine Hilfe für Schriftlesung und persönliches Gebet suchen.

Mein besonderer Dank gilt Frau Diplom-Theologin Sigrid M. Seiser, Stuttgart, für ihre kompetente und engagierte Mitarbeit bei der Erarbeitung des Manuskripts und der Korrektur.

Bernhard Krautter

Hinweise für Wort-Gottes-Feiern mit integriertem Kommunionempfang

Falls innerhalb einer Wort-Gottes-Feier der Kommunionempfang vorgesehen ist, empfiehlt sich folgende Einordnung.

– Ablauf wie vorgegeben
– Nach dem Vater unser wird der Speisekelch aus dem Tabernakel geholt und auf den Altar gestellt (Corporale!). Es folgt eine Zeit der Stille und Anbetung. Oder es könnte an dieser Stelle eines der folgenden Lieder als Sakramentslied gesungen werden:

– GL 472,1.2: „O Jesu"
– GL 494,1–3: „Gott sei gelobet"
– GL 503,1–4: „O wunderbare Speise"
– GL 538,1.2.4: „O heilger Leib des Herrn"
– GL 540,1–4: „Sei gelobt"
– GL 542,1.2: „Sakrament der Liebe Gottes"
– GL 544,1.3–5: „Das Geheimnis"
– GL 545: „Lobe, Zion"
– GL 546: „Gottheit tief verborgen"
– GL 547: „Das Heil der Welt"
– GL 551,1.5: „Schönster Herr Jesu"
– GL 558,1.2.5.7: „Ich will dich lieben"

Freiburg / Rottenburg-Stuttgart:

– GL 878,1–4: „Sei gegrüßt"
– GL 880,1.2.4: „Du rufst uns, Herr"
– GL 884,1–4: „Lasset am heiligen Fest"
– GL 885,1–4: „Lasst uns Heilig, heilig singen"
– GL 886,1.2: „Wahrer Leib"
– GL 887: „Lobe, Zion"
– GL 889,1–4: „Das ewge Wort"

Es ist auch möglich, an dieser Stelle mit der Gemeinde einen Abschnitt aus der Eucharistischen Andacht (GL 779) zu beten.

– Sodann deckt der/die LiturgIn den Kelch ab, erhebt die Hostie, zeigt sie der Gemeinde und spricht: „Seht das Lamm Gottes..." – A: „Herr, ich bin nicht würdig..."
– Stille oder leise, meditative Musik
– Der Speisekelch wird reponiert.
– Nach einer Zeit der Stille wird der Gottesdienst mit dem Loblied/Danklied fortgesetzt.

Um die innere Verbindung zwischen der sonntäglichen Eucharistiefeier in einer der Nachbargemeinden und der sonntäglichen Wort-Gottes-Feier zu betonen, wäre es sehr sinnvoll, das Eucharistische Brot nicht einfach dem Tabernakel zu entnehmen, sondern es von einem/einer aus der Eucharistiefeier entsandten KommunionhelferIn bringen zu lassen.

Erster Adventssonntag

I. Predigt (Jes 63,16b–17.19b; 64,3–7)

Gottsuche zur Zeit der Gottferne

Hektik und Konsum
Wieder Advent. Die Kaufhektik bricht los. Zugleich werden wir besinnlich auf Weihnachten eingestimmt. – Ganz anders die heutigen Texte aus der Heiligen Schrift. Keine Spur von Besinnlichkeit. Kein Hinweis auf die verheißene Geburt eines zukünftigen messianischen Retters. Keine Hinführung zum Geheimnis der Weihnacht. Statt dessen eine Klage über die Abwesenheit Gottes; und das Evangelium kündet von der Erschütterung der Kräfte dieser Welt und dem Kommen des Menschensohnes. Was hat das mit Advent, mit unserer Vorbereitung auf Weihnachten zu tun? Die Texte von der Abwesenheit Gottes und von der Erschütterung der Welt entwerfen gegenläufige Bilder, die unseren Vorstellungen von einem besinnlichen, kuscheligen Advent widersprechen und uns herausfordern. Sind wir nicht in Gefahr, über den vertrauten weihnachtlichen Klängen zu vergessen, dass dieses Fest längst den Gesetzen des Marktes und des Konsums unterworfen ist? Gott und das Kommen Jesu Christi in diese Welt scheinen in unserem weihnachtlichen Trubel und der damit verbundenen Hektik weitgehend keinen Platz mehr zu haben. Ergeht es uns nicht ähnlich wie Israel, das seine Gottverlassenheit spürt und sich eingestehen muss, dass sein Verhältnis zu Gott heillos zerrüttet ist? Wenn wir so fragen, dann hätten wir einen ersten Schritt zur Vorbereitung auf das Kommen Jesu Christi gewagt.

Erfahrungen der Gottesferne
Die Lesung aus dem Propheten Jesaja kann uns dabei eine wichtige Hilfe sein. Sie führt uns in einen Trauergottesdienst Israels. Das Volk duchlebte damals eine Phase der Erschütterung und Hoffnungslosigkeit: Jerusalem liegt in Trümmern; der Tempel ist zerstört; ein Neubeginn scheint ausgeschlossen. In dieser schier ausweglosen Situation lässt die Gemeinde ihren Klagen freien Lauf: „Reiß doch den Himmel auf, und komm herab!" Doch bei Gott scheint Israels Klage auf eine Mauer des Schweigens zu treffen. Um so leidenschaftlicher wird der Appell an Gott, die Gemeinschaft mit seinem Volk wieder aufzunehmen: "Du bist doch unser Vater! Wir sind das Werk deiner Hände." Die Gemeinde fordert ihn deshalb heraus und fragt, ob er denn ungerührt zusehen könne, wie sein Volk zugrunde geht.
Dabei muss Israel von seinen alten Gottesvorstellungen Abschied nehmen – von der Vorstellung, Gott habe für immer in Jerusalem und im Tempel seine Wohnung gefunden. Diese Bilder sind mit der Zerstörung Jerusalems und dem Untergang des Tempels endgültig zerbrochen. Israel muss seine Fehler erkennen und eingestehen: Wir haben gesündigt, sind treulos geworden; keiner rafft sich auf, festzuhalten an dir! – Doch solange das Volk sich dazu nicht aufrafft, bleibt es verstrickt im Bannkreis seiner Schuld. – Das Volk, die Gemeinde Gottes muss erst die Gottferne durchleiden, um zu sich selbst zurück zu finden. Erst aus der Einsicht in das eigene Versagen entspringt die Zuversicht.

Dennoch
Gegen die Erfahrungen von Untergang, Zerstörung und Versagen das Hoffnungsbekenntnis stellen. Gegen die Erfahrungen der Sinnleere und der Abwesenheit Gottes den Schöpfer und Erhalter bekennen. Damit will Israel sich nicht selber vertrösten auf eine bessere Zukunft. Sondern dieses Volk, diese Gemeinde ist zutiefst davon über-

zeugt, dass sein Schicksal Gott nicht gleichgültig ist. –
In dieser Spannung spielt sich auch unser christliches Leben ab. Versagen, Untreue, Ausweglosigkeit und daneben Vertrauen, Zuversicht, Hoffnung. Wir beklagen die Gottverlassenheit unserer Zeit und den Verlust an christlichen Werten in unserer Gesellschaft. Wir suchen nach den Schuldigen und meinen diese im „Zeitgeist" gefunden zu haben. Dabei entgeht uns, dass wir selber uns in dieser Dunkelheit längst verirrt haben. Gott scheint entschwunden in eine weite, unerreichbare Ferne. Aus dieser Dunkelheit, die uns gefangen hält, will uns die Liturgie des ersten Adventssonntags herausführen. Dem Dunkel der Zeit stellt sie Christus entgegen als unser Licht.

Einen neuen Anfang wagen
Dabei denkt die Kirche nicht nur an die Geburt des Retters im Stall von Betlehem. Sie verbindet vielmehr seit Alters her die Geburt Jesu mit der Wiederkunft Christi am Ende der Zeiten. In der Liturgie knüpft sie damit an das Thema des letzten Sonntags im Jahreskreis, dem Christkönigsfest, an und spannt so einen Bogen vom Ende zurück zum Anfang. Das Gericht und die Krise werden zum Ausgangspunkt für einen Neubeginn. Und den sollten wir heute, mit dem beginnenden Advent wagen. Dabei muss uns klar sein: Sowenig Israel Gott einschließen konnte im Tempel von Jerusalem, so können auch wir Gott nicht einschließen in unseren Klöstern und Kirchen, Gottesdiensten und Andachten. Von Israel sollen wir lernen, die Erfahrung der Gottferne zu begreifen als Aufforderung, Gott herauszufordern und ihn einzufordern. Wir können lernen, unsere Sinnkrise und Orientierungslosigkeit als Chance eines neuen Anfangs zu verstehen. Wenn wir diese Chance nutzen wollen, müssen wir wie Israel ausbrechen aus der Enge unserer eigenen selbstgebastelten Welt und aufbrechen in die Weite Gottes.

Rainer Dillmann

II. Elemente für eine Wort-Gottes-Feier

1. Eröffnung

Eröffnungsgesang
Leises Orgelspiel während der Einzugsprozession mit einer brennenden (Prozessions)Kerze, die hoch erhoben mitgetragen wird.
Der/Die LeiterIn wendet sich zur Gemeinde mit dem Ruf:

L Im Namen unseres Herrn Jesus Chri - stus:
Licht und Frie - den. A Dank sei Gott.

Quelle und Rechtsträger unbekannt

Dann wird die 1. Kerze am Adventskranz angezündet und anschließend die andern Kerzen. – Die Prozessionskerze wird auf den Leuchter gestellt.

– GL 115,1: „Wir sagen euch an"
– GL 116,1.2.4–6: „Gott, heilger Schöpfer"

Erster Adventssonntag

Liturgischer Gruß / Einführung
Im Namen des Vaters ...
L.: Unsere Hilfe ist im Namen des Herrn. – A.: „Der Himmel und Erde erschaffen hat."
Mit der Adventszeit beginnt für uns die Vorbereitung auf Weihnachten. Die Alte Kirche hat unter ‚Ankunft des Herrn' (adventus Domini) immer auch die Wiederkunft Jesu Christi am Ende der Zeiten gesehen. Dieses Thema greifen Lesung und Evangelium heute auf und rufen uns in Erinnerung, wie sehr auch wir auf das Kommen Christi warten. Die Texte mahnen, uns in rechter Weise auf dieses Kommen vorzubereiten.
– Zugleich ist die erste Kerze am Adventskranz ein Zeichen der Zuversicht, dass das Licht wachsen wird und Gottes Treue uns nie verlässt. Darum rufen wir in adventlicher Hoffnung:

Christus-Rufe
– GL 103: „Tau aus Himmelshöhn"
oder:
– Herr Jesus Christus, du Licht, das unser Dunkel erhellt: GL 405: „Kyrie eleison"
Herr Jesus Christus, du Liebe Gottes, die unsere kalte Welt erwärmt: GL 405: „Christe eleison"
Herr Jesus Christus, du Retter der Menschen, der in unserer Mitte ist: GL 405: „Kyrie eleison"

Eröffnungsgebet
Herr, unser Gott, alles steht in deiner Macht; du schenkst das Wollen und das Vollbringen. Hilf uns, dass wir auf dem Weg der Gerechtigkeit Christus entgegengehen und uns durch Taten der Liebe auf seine Ankunft vorbereiten, damit wir den Platz zu seiner Rechten erhalten, wenn er wiederkommt in Herrlichkeit. Er, der in der Einheit des Heiligen Geistes mit dir lebt und herrscht in alle Ewigkeit.

2. Verkündigung des Wortes Gottes

Hinführung zur Ersten Lesung (Jes 63,16b–17.19b; 64,3–7)
Gottes Volk ist aus der Gefangenschaft heimgekehrt und steht vor den Trümmern seiner Heimat. Nun klagt die Gemeinde Israel darüber, dass Gott sie verlassen hat, und sie gesteht, dass sie selber schuld ist an der tiefen Zerrüttung des Gottesverhältnisses.

Psalm / Gesang
– GL 735,1.2: „Richte uns wieder auf" mit den VV. 1–7.14.18.19.
– GL 109,1: „Aus hartem Weh"

Hinführung zur Zweiten Lesung (1 Kor 1,3–9)
Der Apostel Paulus dankt Gott für die Existenz der Gemeinde von Korinth. Sie ist durch Christus reich mit Gnadengaben beschenkt worden und lebt aus der Treue Gottes und der Erwartung Jesu, ihres Herrn.

Ruf vor dem Evangelium
– GL 466: „Halleluja" mit Vers aus Lektionar / Kantorenbuch

Hinführung zum Evangelium (Mk 13,24–37)
Uns Christen, die wir immer wieder nachlässig und müde werden, gilt heute die Aufforderung des Herrn: Bleibt wachsam und erkennt die Zeichen der Zeit!

Predigt / Auslegung
– *Stille* –

3. Antwort der Gemeinde

Predigtlied
- GL 112,1.7.9: „Herr, send herab"
- GL 105,1.2.4.5: „O Heiland, reiß die Himmel auf"

Allgemeines Gebet / Fürbitten
Zu Jesus Christus, dem kommenden Richter und Retter der Welt, lasst uns rufen:
Du Retter der Menschen – A.: Wir bitten dich, erhöre uns!
- Wecke auf deine müde Christenheit, bereite sie für dein Kommen heute und am Ende der Tage.
- Erbarme dich der Völker, die von Terror und ungerechter Herrschaft bedrängt sind, schenke ihnen Freiheit und Frieden.
- Führe unsere Familien in diesen adventlichen Tagen enger zusammen, vereine sie in Geduld und zu gemeinsamem Beten.
- Lass dein Licht leuchten bei den Einsamen und Kranken, schenke ihnen neue Hoffnung und Zuversicht.
- Festige uns, die hier versammelt sind, im Glauben, lass Hoffnung und Liebe in uns wachsen.
- Unsere Verstorbenen rufe zu dir, gewähre ihnen Heimat im Haus deiner Ewigkeit.

Herr, du bist treu. Du allein kannst die Welt retten und zum Heil führen. Du bist beim Vater und trittst allezeit fürbittend für uns ein …

Vater unser
… Deshalb wagen wir zu beten: „Vater unser"

Loblied / Danklied
- Instrumentalmusik / Recorder

Text zur Meditation
Jemand muss zuhause sein, Herr, wenn du kommst.
Doch wir sind nicht zuhause, wir irren umher.
Jemand muss wach sein, Herr, wenn du kommst.
Doch deine Gemeinde ist müde und schläft.
Jemand muss rufen, Herr, wenn du kommst.
Doch unsre Lampen erlöschen, wir haben kein Öl.
Jemand muss bereitstehen, Herrn, die Türe zu öffnen, wenn du kommst.
Doch du bist die Türe, und keiner sonst öffnet, nur du allein.

Rupert Berger

4. Abschluss

Schlussgebet
Herr, unser Gott, du hast uns teilnehmen lassen an der gemeinsamen Feier deines Wortes und uns gestärkt, dir auf deinem Weg zu folgen. Halte uns fest in deiner Gnade, damit wir uns auf dein Kommen vorbereiten und teilnehmen dürfen an deinem Reich. Darum bitten wir durch Jesus Christus, unseren Herrn.

Segensbitte / Entlassung
Der Herr
sei uns nahe, auch wenn wir seine Gegenwart nicht spüren;
er höre unser Schreien und Rufen;
er begleite uns, die wir sein Kommen mit Sehnsucht erwarten.
So segne uns der Vater, der Sohn und der Heilige Geist.

Schlusslied
– GL 577,1–4: „Maria, Mutter unsres Herrn"

Zweiter Adventssonntag

I. Predigt (2 Petr 3,8–14)

Er wird wiederkommen

Unser Glaube?
„Er sitzt zur Rechten Gottes, des allmächtigen Vaters; von dort wird er kommen, zu richten die Lebenden und die Toten." – So werden wir, wie üblich, nach dieser Predigt im Rahmen des apostolischen Glaubensbekenntnisses sprechen. – Aber meinen wir das wirklich ernst? Glauben wir wirklich an die Wiederkunft Christi? Rechnen wir damit, dass der Herr wiederkommt, heute, morgen, übermorgen, noch zu unseren Lebzeiten? Oder ist die Wiederkunft des Herrn so weit in die Ferne gerückt, dass sie für unser Leben hier und heute so gut wie keine Bedeutung mehr hat?

Naherwartung
Anders war das in der ersten und auch noch in der zweiten Generation von Christen. Paulus z.B. rechnete fest damit, dass er noch die Wiederkunft Christi erleben werde. Deshalb schreibt er nach dem Jahre 50 n.Chr. an die Gemeinde von Thessalonich, wenn der Herr wiederkommt, würden die Lebenden – zu denen natürlich auch er gehört – zusammen mit den Verstorbenen, die soeben auferstanden sind, auf Wolken in die Luft entrückt werden und gemeinsam beim Herrn sein (vgl. 1 Thess 4,13–18). Und das sollte bald geschehen. Deshalb sprechen wir von der Naherwartung der Urkirche. – Auch als Paulus wegen seiner Glaubensverkündigung um das Jahr 55 n.Chr. in Ephesus im Gefängnis saß, schrieb er von dort aus an seine Lieblingsgemeinde, an die Philipper, dies: „Freut euch im Herrn zu jeder Zeit! Noch einmal sage ich: Freut euch! ... Der Herr ist nahe." (4,4.5b) Es sind dies die schönsten Worte, die uns vom Apostel überliefert sind. Und sie bezeugen, dass Paulus immer noch mit dem nahen Kommen des Herrn rechnet. – Und wenn der Apostel Paulus den Korinthern rät, sie sollten nicht mehr heiraten, dann nicht deshalb, weil er etwa leib- und ehefeindlich gewesen wäre, wie ihm oft unterstellt wird, sondern weil es sich nach seiner Auffassung gar nicht mehr lohne. „Denn ich sage euch, Brüder und Schwestern", – so schreibt er – „die Zeit ist kurz." (1 Kor 7,29a) Er meint die Zeit zwischen der Abfassung des Briefes und dem Beginn der Endereignisse.
Ja sogar noch in der Spätphase seines Lebens glaubt Paulus an ein nahes Kommen Jesu Christi, wenn er im Brief an die Römer schreibt: „Die Nacht ist vorgerückt, der Tag ist nahe." (13,12a) Die Nacht ist die Jetztzeit; und der Tag ist der Tag, an dem der Herr wiederkommt.

Glaubenskrise

Doch dann kam ein schweres Problem auf die junge Christenheit zu. Man kann geradezu von einer Krise sprechen: Paulus war gestorben – und der Herr war immer noch nicht wiedergekommen. Auch die andern Apostel waren gestorben. Die von Jesus ausgewählten Zwölf waren alle tot; auch die Zeugen, die den irdischen Jesus noch gekannt hatten und jene, die dem auferstandenen Herrn begegnet waren, lebten ebenfalls nicht mehr. Die zweite Generation von Christen lebte zwar immer noch in der Hoffnung, der Herr komme bald. Aber in der dritten Generation von Christen wurde dieser Glaube schwer erschüttert. Es traten Spötter auf, die sagten: „Wo bleibt denn seine verheißene Ankunft? Seit die Väter entschlafen sind, ist alles geblieben, wie es seit Anfang der Schöpfung war." (2 Petr 3,4) Die Christengemeinden waren verständlicherweise völlig verunsichert. Die Frage stand bedrängend im Raum: Wo bleibt die Wiederkunft Christi? Was sollen wir noch glauben? Sind wir einem phantastischen Gerücht aufgesessen? Haben wir uns geirrt? Müssen wir uns jetzt völlig umorientieren??

Ein Brief antwortet

Auf diese Fragen versucht der Zweite Petrusbrief Antworten zu geben; wir haben sie in der Lesung gehört. Zwei Argumente trägt dieser Brief vor: Das erste: „Dies eine aber, liebe Brüder und Schwestern, dürft ihr nicht übersehen, dass beim Herrn *ein* Tag wie tausend Jahre und tausend Jahre wie *ein* Tag sind." (V.8) D.h., bei der Frage nach der Wiederkunft Christi hat unsere Zeiterfahrung keine Bedeutung; sie ist dieser Frage einfach nicht angemessen. – Das ist eigentlich eine ganz moderne Antwort. Wir wissen aus der modernen Naturwissenschaft von der Relativität der Zeit. Was ist schon unsere erdgebundene Zeiterfahrung im Vergleich zu den verschiedenen Raumzeiten in unserem Universum?! Mögen sich also die urchristliche Gemeinde und Paulus im Termin geirrt haben; mögen sie auch nicht richtig verstanden haben, was „bald" bedeutet; – die Sache selbst bleibt. – Das zweite Argument hängt damit zusammen: Es gibt keine Verzögerung des Kommens Christi in dem Sinne, dass es sich mehr und mehr verflüchtige und am Ende ganz verschwinde. Nein! „Der Herr zögert nicht", wie es in der heutigen Lesung heißt, „mit der Erfüllung der Verheißung, wie einige meinen, die von Verzögerung reden; er ist nur geduldig mit euch, weil er nicht will, dass jemand zugrunde geht, sondern dass alle sich bekehren." (V.9) Was als Verzögerung der Wiederkunft Christi aussieht, stellt tatsächlich eine große Chance für die Menschen dar, sich noch rechtzeitig zu bekehren. Diese angebliche Verzögerung zeugt von der Geduld Gottes, der allen Menschen das Heil ermöglichen will.

Gottes Planung

Wir wissen tatsächlich nicht, warum Gott seine Pläne geändert hat und ob er sie überhaupt geändert hat. Tatsache ist, dass auch Jesus von der Nähe des Reiches Gottes gesprochen hat (vgl. Mk 1,15). Paulus und die Urgemeinde waren fest von der Nähe der Wiederkunft Christi und damit des Reiches Gottes überzeugt. Ebenso wahr ist jedoch, dass der Auferstandene die Apostel darauf hinweist: „Euch steht es nicht zu, Zeit und Stunde zu wissen, die der Vater in der ihm eigenen Vollmacht festgesetzt hat" (Apg 1,7). Der Termin der Wiederkunft Christi und der Vollendung der Gottesherrschaft ist und bleibt eine Sache Gottes allein.

Im 3. Jahrtausend nach Christus

Wo kein Glaube ist, da ist umso mehr Aberglaube. Die Astrologie hat Hochkonjunktur. Die Möglichkeit des Weltendes hat Menschen immer schon zum Spekulieren, Rätseln und Rechnen verleitet: Wann wird es kommen? Wann wird es losgehen? Sind schon Vorzeichen zu erkennnen? Wie oft schon haben sich Anhänger von Sekten versammelt, um wieder einmal einen angekündigten Termin der Wiederkunft Christi nicht zu verpassen. Irdische und kosmische Katastrophen werden mit dem Weltende verbunden. – Lassen wir uns davon nicht beunruhigen. Lassen wir uns nicht verrückt machen. Der Herr wird kommen an dem Tag, den Gott bestimmt hat. Der Termin ist ihm allein vorbehalten. – Spekulieren und Herumrechnen ist unsinnig. Die Bibel ist da ganz realistisch. Oder bringt es auch nur einem einzigen Menschen etwas, wenn wir wissen, dass in etwa fünf Milliarden Jahren die Andromeda-Galaxie mit unserer Milchstraße kollidieren wird und dass etwa zur gleichen Zeit die Sonne riesig anschwellen und alles noch vorhandene Leben auf Erden auslöschen wird?? – Nein, es bringt nichts. Aber etwas anderes ist wichtig; und in den Tagen des Advents werden wir immer wieder auf diese letzte, alles entscheidende Wirklichkeit hingewiesen: Der Herr kommt ganz bestimmt; jeder Einzelne von uns und wir als Gemeinschaft werden vor ihm stehen; nichts wird bleiben, wie es jetzt ist; er wird der Wahrheit und jeder Guttat zum Recht verhelfen. – Was ergibt sich daraus für uns hier und jetzt? Unsere Lesung aus dem 2. Petrusbrief rät uns: „Weil ihr das erwartet" – gemeint ist die Wiederkunft Christi – „liebe Brüder und Schwestern, bemüht euch darum, von ihm" – von Christus – „ohne Makel und Fehler und in Frieden angetroffen zu werden." (V.14) Wir sollen leben „ohne Fehler und Makel und in Frieden". Es geht also ganz einfach um ein entschiedenes, überzeugendes christliches Leben im Blick auf den Herrn. Wer an die Wiederkunft Christi glaubt, wird ganz gewiss nicht ziellos und sinnlos in den Tag hinein leben; er wird auch nicht schlaff und träge seine Zeit vertun, sondern er bleibt ausgespannt. Die Aussicht auf diese Zukunft bringt in sein Leben eine Dynamik und eine Richtung: weil wir das erwarten! Darauf kommt es an: Den Herrn nicht aus dem Blick verlieren inmitten des Durcheinanders und der Unverständlichkeiten und Katastrophen unseres Lebens und unserer Zeit. Das ist es!

Bernhard Krautter

II. Elemente für eine Wort-Gottes-Feier

1. Eröffnung

Eröffnungsgesang
– GL 567,1–3: „Der Herr bricht ein um Mitternacht"
– GL 107,1.4.5: „Macht hoch die Tür"

Liturgischer Gruß / Einführung
Im Namen des Vaters …
Die Gnade und der Friede von dem, der ist und der war und der kommen wird, ist mit uns allen!
Wir feiern heute den zweiten Sonntag im Advent. Advent heißt „Ankunft; Ankunft des Herrn". Von ihr reden die biblischen Texte. Sie verweisen uns auf eine Zukunft, die von Gott her auf uns zukommt und uns verändern will. Advent feiern heißt an diese Wiederkehr des Herrn zu glauben und entsprechend zu leben. So wollen wir dem Herrn und seinem Wort die Tür unseres Herzens öffnen und ihn in unserer Mitte begrüßen:

Christus-Rufe
– 495,2: „Herr Jesus, du König"

Eröffnungsgebet
Allmächtiger und barmherziger Gott, deine Weisheit allein zeigt uns den rechten Weg. Lass nicht zu, dass irdische Aufgaben und Sorgen uns hindern, deinem Sohn entgegenzugehen. Führe uns durch dein Wort und deine Gnade zur Gemeinschaft mit ihm, der in der Einheit des Heiligen Geistes mit dir lebt und herrscht in alle Ewigkeit.

2. Verkündigung des Wortes Gottes

Hinführung zur Ersten Lesung (Jes 40,1–5.9–11)
Gott spricht den Gefangenen Israels in Babylonien und uns Worte des Trostes und der Ermutigung zu. In einer Welt schuldverstrickter, leidender und zur Selbsterlösung unfähiger Menschen lässt er sich neu erfahren. Er will die Befreiung des Menschen.

Psalm / Gesang
– GL 123,1.2: „Der Herr schenkt seinem Volk den Frieden" mit VV. 1–7.9
– GL 106,1.2.5: „Kündet allen in der Not"

Hinführung zur Zweiten Lesung (2 Petr 3,8–14)
Wir erwarten einen neuen Himmel und eine neue Erde, in denen Gerechtigkeit wohnt. Von dieser Sehnsucht spricht die Lesung und von der Geduld Gottes, der allen Menschen Zeit zur Umkehr gibt.

Ruf vor dem Evangelium
– GL 530,8: „Halleluja" mit GL 119,3: „Bereitet den Weg des Herrn", – „Halleluja"

Hinführung zum Evangelium (Mk 1,1–8)
Das Evangelium von Jesus Christus, dem Sohn Gottes, beginnt mit der Umkehrpredigt Johannes des Täufers, mit der er Gott und seinem Messias den Weg bereiten will. Lassen auch wir uns von ihm zur Umkehr bewegen.

Predigt / Auslegung
– *Stille* –

3. Antwort der Gemeinde

Schuldbekenntnis und Vergebungsbitte
Leise Instrumentalmusik
L.: Herr, dein Kommen steht jeden Augenblick vor der Tür. Du willst uns bereit finden.
Spr. 1: Wir aber sind in Nebensächlichkeiten verstrickt: in Streitigkeiten, Konkurrenzdenken, kleinliche Rechthaberei und vergessen darüber, unser Leben auf dich hin zu orientieren. – *Stille* –
Spr. 2: Die Zeit, die du uns schenkst, damit wir die Welt zum Besseren verändern, vergeuden wir oft mit leerem Geschwätz und oberflächlichen Vergnügungen. Was werden wir antworten, wenn du uns fragst? – *Stille* –
Spr. 1: Wir jagen jedem Trend und jeder Werbung hinterher statt uns zu besinnen, auf dein Wort zu hören und unser Leben neu zu ordnen. – *Stille* –
Spr. 2: Wir dümpeln oft ziellos und schlaff durch die Tage; wir funktionieren oft nur und sind abgestumpft gegenüber der Not anderer Menschen. Wir vergessen, dass wir heilig und fromm leben und den Tag Gottes erwarten sollen. – *Stille* –

L.: Herr, unsere Schuld ist, dass wir jeden Augenblick die Umkehr tun könnten und sie trotzdem nicht tun. Vergib uns unsere Schuld! Du kannst unsere harten, vertrockneten Herzen wandeln. Wir vertrauen deiner Macht und Güte. Sei gepriesen in Ewigkeit.

– GL 567,5–7: „So wach denn auf"
– GL 644,2.6: „Weck die tote Christenheit"

Allgemeines Gebet / Fürbitten
Gott vertröstet uns nicht mit leeren Versprechungen auf eine ferne Zukunft. Schon jetzt wirkt er Heil für alle, die sich ihm anvertrauen. Gottes Geduld will uns dazu bringen, dass wir am „Tag des Herrn" vor ihm bestehen können. Deshalb bitten wir:
– Öffne die Sinne der Menschen, dass sie dein verborgenes, doch immer heilbringendes Wirken erkennen.
– Gib, dass uns dein Ruf wachrüttelt zu einem Leben in treuem Glauben, unerschütterlicher Hoffnung und tätiger Liebe.
– Bringe alle Menschen guten Willens in der Welt zum gemeinsamen Bemühen um Gerechtigkeit, Freiheit und Frieden in der Welt.
– Hilf den Enttäuschten, Verbitterten und Gleichgültigen, sich nicht abzukapseln und zu resignieren, sondern auf deine Treue zu bauen.
Denn du bist es, Gott, der da kommen soll. Wir danken dir, dass du uns in deinem Sohn die Chance des Neuanfangs geschenkt hast, damit unser Leben gelingt. Dich preisen wir mit deinem Sohn und dem Heiligen Geist in alle Ewigkeit.

Vater unser
– Lasst uns beten, wie Jesus es uns gelehrt hat: „Vater unser"

Loblied / Danklied
– GL 107,2.3: „Er ist gerecht"
– GL 106,3.4: „Aus Gestein und Wüstensand"
– GL 803,1.4: „Tauet Himmel" (Freiburg/Rottenburg-Stuttgart)

Text zur Meditation

Besteig die höchsten Berge,
Jungfrau Jerusalem –
Sion, Herold des Glückes,
in aller Welt verkünde
mit deinem Gnadenruf:

Dass nun kommt neues Leben,
weil es so kommen muss:
Dass Er uns wird befreien
Und führt zu klarem Wasser,
wie es ein Hirte tut.

Und wie der Meeresboden
Mit Wasser ist bedeckt,
so wird vom Süd- bis Nordpol
das Antlitz dieser Erde
mit Frieden ganz bedeckt.

Dann lernt in unserer Mitte
den Krieg auch keiner mehr.
Wir werden hundert Jahre,
und nicht vorzeitig sterben.
Und Sterben schmerzt nicht mehr.

(Aus: Huub Oosterhuis, Wort, das trägt. Biblische Lieder und Gebete, Patmos Verlag, Düsseldorf 1990, 104, gekürzt, © bei Autor)

4. Abschluss

Schlussgebet
Herr, unser Gott, du hast uns durch dein Wort mit deinem Geist erfüllt. Lehre uns, die Welt im Licht deiner Weisheit zu sehen und richte unseren Sinn auf das, was bleibt. Darum bitten wir durch Christus, unseren Herrn.

Segensbitte / Entlassung
Der barmherzige Gott hat uns den Glauben an das Kommen seines Sohnes geschenkt; er segne und heilige uns durch das Licht seiner Gnade.
Er mache uns standhaft im Glauben, froh in der Hoffnung und eifrig in Werken der Liebe.
Die erste Ankunft des Erlösers sei uns Unterpfand der ewigen Herrlichkeit, die er uns schenken wird, wenn er wiederkommt auf den Wolken des Himmels.
Das gewähre uns der dreieinige Gott, der Vater und der Sohn und der Heilige Geist.

Schlusslied
– GL 581,1.2.6: „Ave Maria klare"
– GL 583,1–4: „Ave Maria zart"

Dritter Adventssonntag

I. Predigt (Jes 61,1–2a.10–11)

Kleine Hoffnungen – Große Hoffnung

Verheißung für uns ...
Advent bereitet nicht nur für das kommende Weihnachtsfest. Advent ist immer Aufbruch in die Zukunft überhaupt. Und wie wir schon am 1. Adventssonntag gehört haben, hat der Advent immer ein Doppelgesicht: Er bedeutet Wahrnehmung der Not und neuer Aufbruch; Eingeständnis unserer Ohnmacht und Bekenntnis neuer Hoffnung. So fällt auch die große Hoffnungsverkündigung in der Geschichte Gottes mit seinem Volk immer wieder in die großen Notzeiten. Dort, wo nichts mehr möglich erscheint, wo Resignation die einzig angemessene Antwort zu sein scheint, wo sich die eigene Ohnmacht sich allzu deutlich zeigt, da bricht Gott durch seine Propheten ein und öffnet neue Zukunft. Dies gilt nicht nur für das Leben eines jeden Einzelnen, sondern auch für die Geschichte des ganzen Volkes. Einen dieser großen Verheißungstexte hören wir heute: Der Geist Gottes hat den Propheten gesandt, „den Armen die Heilsbotschaft zu bringen, zu heilen, die gebrochenen Herzens sind, auszurufen für die Gefangenen Entlassung und für die Gefesselten Befreiung, auszurufen ein Gnadenjahr des Herrn". – Diese Worte hat Jesus auch auf sich bezogen; so hat er seine Sendung verstanden. – Aber heute wird dieser Text uns und unserer Zeit verkündet. Gewiss können wir darin uns alle mit unserer persönlichen Ohnmachtsgeschichte wiederfinden. Wir, jeder Einzelne, und wir als Gemeinschaft sollen Hoffnung schöpfen und neue Kraft gewinnen. Aber Hoffnung nur für uns, Hoffnung egoistisch, Hoffnung eurozentrisch – das wäre zu wenig.

... und für die ganze Welt
Die Armen, das ist die Mehrheit der Weltbevölkerung; nicht nur die Einzelnen hier unter uns, sondern ganze Völker sind von dieser Armut betroffen. Gefangen sind nicht

nur die in den Gefängnissen; gefangen sind auch alle, die keine Schulbildung erfahren, die keinen Arbeitsplatz haben, die keine ausreichende Krankenversorgung vorfinden. Gefesselt sind ganze Völker durch Hass und Gewalt. Ich denke an den Irak, an den Sudan, an Lateinamerika. Gefesselt sind viele Völker und Staaten in der Schuldenfalle; sie können einfach nicht mehr hochkommen. Auch ihnen gilt die Verheißung vom Gnadenjahr des Herrn. Wenn die Reichen immer reicher werden auf Kosten der Armen, dann sind auch wir an diesem Prozess beteiligt; – vielleicht nicht als Täter, aber als Nutznießer der weltweiten Ungerechtigkeit. Bei unseren Einkäufen profitieren wir davon: Teppiche, Baseballkappen, Fußbälle, Spielwaren, Kaffee, Bananen, Billigtextilien …

Gnadenjahr
Gnadenjahr des Herrn – das meinte in Israel nicht irgend etwas fromm Vergeistigtes, sondern etwas ganz Handgreifliches: Wenn jemand durch widrige Umstände, durch Krankheit oder Schuld in Schulden geraten war, sollten ihm diese Schulden erlassen und ihm sein verpfändetes Eigentum zurückgegeben werden, damit er die Chance zu einem neuen Anfang bekäme. Alle Schuldknechtschaft hatte ein Ende. Jeder Mensch, jede Familie sollte genug an Lebensraum, an Acker oder Arbeit haben, die zu einem menschenwürdigen Leben befähigen. So will es Gott, so hat er die Welt eingerichtet. Sicher haben sich Egoismus und Profitgier trotzdem immer wieder durchgesetzt. Aber die Einrichtung des Erlassjahres, des Jubeljahres, zeigte doch die Richtung an, die von den Propheten immer wieder angemahnt wurde und konkrete Schritte der Sozialordnung ermöglichte. – Schuldenerlass für Länder der Dritten Welt – das ist seit einigen Jahren ein Dauerthema, gerade auch, weil die reichen Industrienationen mit ihrer Wirtschafts- und Finanzpolitik mit schuldig sind an der Verarmung dieser Länder.

Gottes Verheißung – unsere Verantwortung
Wir können nicht die Hände in Unschuld waschen und darauf warten, dass Gott es schon richten werde. Gottes Verheißung bezieht die Menschen und ihr Handeln ein. Das Gnadenjahr des Herrn fällt nicht irgendwie vom Himmel. Es war damals ein Auftrag an Israel. Und es ist heute ein Auftrag an uns. Unser Engagement ist gefragt. Denn es geht nicht nur um einen Schuldenerlass, sondern um eine veränderte Weltwirtschaftsordnung. Jetzt, wo wir die schlimmen Folgen einer ungerechten, brutal-kapitalistischen Wirtschaftsordnung bei uns, in unserem eigenen Land und vor unserer Haustür erleben, verstehen wir das besser: Wachsende Kinderarmut; Verarmung von Familien und Alleinerziehenden; Langzeitarbeitslosigkeit; Obdachlose; Straßenkinder; und gleichzeitig Steuerflucht; Riesengewinne; Verlagerung von Arbeitsplätzen; Ausbeutung durch Dumping-Hungerlöhne. Was brauchen wir mehr als ein Gnadenjahr des Herrn! Gewiss ist damit noch nicht das Reich Gottes und seine Gerechtigkeit wahr geworden, aber der Weg dahin wird neu beschritten, damit einzelne Menschen und ganze Völker aufleben können.

Advent Gottes
Advent – das meint nicht primär eine kuschelige Zeit für uns hinter dem warmen Ofen und rundum versichert. Der Advent Gottes will unsere Hoffnung öffnen, weit machen für die Menschen auf der ganzen Welt. Darin ist sicher auch unsere ganz persönliche Hoffnung auf Leben eingeschlossen. Aber wenn wir nur unser persönliches Leben meinen, dann griffe unsere Hoffnung zu kurz. Nur in der großen Hoffnung *für alle*, in der Hoffnung auf das Gnadenjahr des Herrn *für alle* hat unsere Hoffnung jüdisch-christliche und wahrhaft „katholische" Dimensionen. Jesaja, Johannes der Täufer und Jesus weisen uns diesen Weg.

Ferdinand Kerstiens

II. Elemente für eine Wort-Gottes-Feier

1. Eröffnung

Eröffnungsgesang
- GL 115,1–3: „Wir sagen euch an"
- GL 111,1.4: „Die Nacht ist vorgedrungen"

Liturgischer Gruß / Einführung
Im Namen des Vaters ...
Gottes heilende und befreiende Liebe, die in Jesus sichtbar geworden ist, ist mit uns allen! – Wir leben in einer zerrissenen Welt. Doch der Riss geht auch durch jede und jeden von uns, mitten durch das eigene Herz, mitten durch die eigene Existenz. Wir suchen Heilung, wir suchen Heil. Die Adventszeit will uns neu einüben in die großen Hoffnungen unseres Glaubens, damit daraus auch die kleinen Hoffnungen neue Orientierung und neue Kraft gewinnen. In diesem Glauben und in dieser Hoffnung wollen wir uns durch Gottes Wort neu bestärken lassen.

Christus-Rufe
- GL 485: „Der in seinem Wort uns hält"
oder:
- Herr Jesus Christus, du siehst unsere zerrissene Welt. Wir aber sind oft blind für die Not der Menschen und unsere Beteiligung daran. Öffne unsere Augen. – GL 429: „Herr, erbarme dich unser"
Herr Jesus Christus, du hörst den Schrei der Armen. Wir aber sind oft taub für sie und für dich. Öffne unsere Ohren. – „Christus, erbarme dich unser"
Herr Jesus Christus, du erbarmst dich der Menschen in Armut und Unterdrückung. Wir aber verschließen uns oft und suchen nur unseren eigenen Nutzen. – „Herr, erbarme dich unser"

Eröffnungsgebet
Gott, du Liebhaber des Lebens. Immer wieder hast du für dein Volk gesorgt. Lass uns auch hier und jetzt erfahren, dass du dich um uns kümmerst, dass wir dir am Herzen liegen. Erfülle die Verheißungen, die du uns durch die Propheten und durch Jesus gegeben hast. Schenke uns den Mut, darauf zu vertrauen, dass du es gut mit uns Menschen meinst. Darum bitten wir durch Jesus, unseren Bruder und Herrn, der Herr ist in Ewigkeit.

2. Verkündigung des Wortes Gottes

Hinführung zur Ersten Lesung (Jes 61,1–2a.10–11)
Das auserwählte Volk ist völlig am Boden. Doch statt zu verzweifeln, lässt es sich durch den Propheten zu einer neuen Hoffnung wecken, die alle Niederlagen durchstößt und eine neue Zukunft eröffnet.

Psalm / Gesang
- GL 124,1.2: „Siehe, kommen wird der Herr", VV. 1–10.
- GL 104,1–3: „Tauet, Himmel, aus den Höhn"

Hinführung zur Zweiten Lesung (1 Thess 5,16–24)
Sich freuen, beten und danken – das kennzeichnet die christliche Grundhaltung. In dieser Grundhaltung sollen wir uns vom Geist Gottes leiten lassen und seinem Wirken Raum geben. So werden wir auch Gottes Treue erfahren.

3. Adventssonntag

Ruf vor dem Evangelium
– GL 530,1: „Halleluja" mit Ruf – GL 562: „Lob dir, Christus, König und Erlöser", –
„Halleluja"

Hinführung zum Evangelium (Joh 1,6–8.19–28)
Johannes steht auf der Schwelle zwischen dem Alten und dem Neuen Bund. Er bringt die ganze Hoffnung des auserwählten Volkes ein in den Glauben an Jesus Christus.

Predigt / Auslegung
– *Stille* –

3. Antwort der Gemeinde

Glaubensbekenntnis
– GL 112,3.6.8: „O Adonai, du starker Gott"
oder:
– *Im Altarraum, für alle gut sichtbar, sollte ein (siebenarmiger) Leuchter aufgestellt sein. Sieben Personen aus der Gemeinde treten einzeln vor, sprechen die folgenden Texte und stecken danach jeweils eine brennende Kerze auf den Leuchter.*

Spr. 1: Ich will nicht glauben an das Recht des Stärkeren, an die Sprache der Waffen, an die Macht der Mächtigen. Sondern ich will glauben an das Recht des Menschen und an die Macht der Gewaltlosigkeit.

Spr. 2: Ich will nicht glauben an Rasse oder Reichtum, an Vorrechte und verfestigte Ordnungen. Sondern ich will glauben, dass alle Menschen Menschen sind und dass Unrecht Unordnung ist.

Spr. 3: Ich will nicht glauben, dass ich nichts zu tun habe mit dem, was fern von hier geschieht. Sondern ich will glauben, dass die ganze Welt meine Wohnung ist und dass alle ernten, was alle gesät haben.

Spr. 4: Ich will nicht glauben, dass ich Unterdrückung dort bekämpfen kann, wenn ich das Unrecht hier bestehen lasse. Sondern ich will glauben, dass es nur ein Recht gibt hier und dort.

Spr. 5: Ich will nicht glauben, dass Krieg und Hunger unvermeidlich sind und Friede unerreichbar. Sondern ich will glauben an die kleine Tat, an die scheinbar machtlose Liebe, an den Frieden auf Erden.

Spr. 6: Ich will nicht glauben, dass alle Mühe vergebens ist. Ich will nicht glauben, dass der Traum der Menschen ein Traum bleiben wird, dass der Tod das Ende ist. Sondern ich wage zu glauben, allezeit und trotz allem, an den neuen Menschen.

Spr. 7: Ich wage zu glauben an Gottes eigenen Traum: Ein neuer Himmel, eine neue Erde, wo Gerechtigkeit wohnen wird.

(Aus: F. Cromphout u.a., Eine Zeit des Redens, Gebete und liturgische Texte, © Medien-Verlag Bernhard Gregor GmbH, Niederaula) (abgeändert)

Allgemeines Gebet / Fürbitten
L.: Gott, du hörst den Schrei der Armen und machst uns sehend für die Not der Menschen. – Du kannst auch die Herzen der Mächtigen bewegen zu verantwortlichem Handeln. – Du kannst die Opfer des Unrechts bestärken in ihrem Kampf. – Du kannst alle Christen zu weltweiter Solidarität erwecken. – Und du hast die Macht, die Opfer von Folter und Gewalt, von Hunger und Elend mit der Fülle des Lebens zu beschenken. Wir vertrauen deiner Macht und Güte.

Vater unser
Deshalb beten wir zu dir mit den Worten Jesu: „Vater unser"

Loblied / Danklied
– GL 105,1–3: „O Heiland"
– GL 106,1.3–5: „Kündet allen in der Not"

Text zur Meditation
Ein Lied,
ein neues Lied,
ein neues Lied für unseren Gott.
Schon singen viele mit! Singt überall!
Gott kommt zur Welt,
enthüllt seine Gerechtigkeit vor allen Menschen!
Er geht zu den Erniedrigten und richtet sie auf.
Er eilt zu den Armen und macht sie reich.
Gott, ein Mensch unter Menschen!
Er kommt in einer Asylunterkunft zur Welt.
Der höchste Gott steigt in die tiefsten Tiefen.
Wir sind ihm nicht gleichgültig.
Er kümmert sich um uns, kümmert sich um seine alte Erde!
Er kehrt das Oberste zu unterst, das Unterste zu oberst.
Himmel heben einen vielstimmigen Hymnus an.
Wolken singen wundersame Weisen.
Meer und Wellen schlagen den Takt.
Sträucher, Bäume und Gräser tanzen.
Erde, die alte Erde juble und werde neu!
Gott, du erscheinst, du selbst,
und hältst doch alles, alles, alles
in deiner guten Hand, du mein gerechter Gott!
Du heilst, hilfst und rettest!
Du bleibst uns Menschen treu!

Dieter Stork

(Aus: Ders., Mein Lachen in der Angst. Die Psalmen neu gelesen, Katholisches Bibelwerk Stuttgart 1992)

4. Abschluss

Schlussgebet
Gott, unser Vater, dein Sohn ist gekommen, um Frieden und Gerechtigkeit in unsere zerrissene Welt zu bringen. Lass uns erfassen, was er getan hat, und bewahre in uns die Freude, damit wir in deinem Sinn leben und handeln. Das erbitten wir durch ihn, der in der Einheit mit dem Heiligen Geist bei dir lebt und wirkt alle Tage bis in Ewigkeit.

Segensbitte / Entlassung
Gott halte uns aufmerksam und wach. Er begleite uns durch diese Woche. Er schenke uns Freude auf sein Kommen. So segne uns der Vater, der Sohn und der Heilige Geist.

Schlusslied
- GL 110,1.3: „Wachet auf"
- GL 105,4.5: „Wo bleibst du, Trost"

Vierter Adventssonntag

I. Predigt (2 Sam 7,1–5.8b–12.14a.16)

Der unverfügbare Gott

Davids Baupläne
Die heutige Erste Lesung handelt von etwas anscheinend völlig Uninteressantem. David geht mit einem Bauvorhaben um. Gut. Aber was geht das uns an? Interessanter wird es, wenn wir fragen, weshalb er einen Tempel bauen will. Um das zu verstehen, muss man wissen, wer dieser David war. –
David war ein Überflieger: Vom Hirten aufgestiegen zum Höfling des Königs Saul, dann Häuptling der Leibwache und erfolgreicher Kämpfer. So viel Erfolg wurde dem König Saul unheimlich; David musste fliehen, zog als Freischärler mit seinen Leuten in der Bergwüste Juda umher, paktierte mit den Feinden; wurde von den Südstämmen zum König in Hebron ausgerufen und nach sieben Jahren auch noch von den Nordstämmen. Jetzt war er König von ganz Israel. Um das Jahr 1000 v.Chr. eroberte er die (bis dahin als uneinnehmbar geltende) kanaanäische Stadt Jerusalem und machte sie zur Hauptstadt seines gesamten Reiches. In der Folgezeit wurde das Königreich so stark, dass es über seine Grenzen hinausgriff und umliegende Stämme und Völkerschaften in den Herrschaftsbereich Davids hereinholte. Israel war nun mächtig und geeint. Nun konnte David Jerusalem zur Königsstadt ausbauen mit einem Palast am Rande des Zion-Berges. Und nun reifte in ihm der Gedanke, auch für Jahwe, den Gott Israels, einen festen Wohnsitz zu bauen, einem Tempel. Aber die Dinge entwickeln sich anders, als David sich das vorgestellt hat. Er unterbreitet seinen Plan dem Propheten Natan. „Sieh mal, ich wohne in einem Palast aus kostbarem Zedernholz, aber die Bundeslade Gottes wohnt in einem Zelt." Das ist doch ein Missverhältnis, das geht nicht an! Ein Palast für den König, und die Bundeslade, die die Gegenwart Gottes anzeigt, steht immer noch in einem bloßen Zelt wie auf der Wüstenwanderung? Davids Argumente sind einsichtig. – Umso erstaunter sind wir zu hören, dass Jahwe den Tempelbau ablehnt: Nein, nicht du, David, baust mir ein Haus, sondern umgekehrt: Ich, Jahwe, werde dir ein Haus bauen. – Gemeint ist die Davids-Dynastie, die besondere Bedeutung haben sollte. – Warum nur verweigert Jahwe dem David die Zustimmung zum Tempelbau?

Der mitgehende Gott
Die Antwort finden wir, wenn wir auf die Gründerzeit Israel zurückschauen. Etwa 500 Jahre zuvor lebten die Stammväter Israels, Abraham, Isaak und Jakob im Land. Als Kleinviehnomaden pendelten sie im halbjährlichen Weidewechsel mit ihren Schafen und Ziegen zwischen den Wüstengebieten und dem Kulturland, wo ihre Tiere die abgeernteten Felder der kanaanäischen Bauern beweiden durften – bis wieder der Win-

terregen kam. Die Erzväter Israels hatten also naturgemäß keine Tempel, da sie als Nomaden ständig unterwegs waren. Dennoch hatten sie Gottesbegegnungen, wie die Texte der Bibel ausweisen. Der lebendige Gott, den sie den Gott der Väter, den Gott Abrahams, Isaaks und Jakobs nannten, zog mit ihnen; er begleitete sie und beschützte sie. Und vor allem zeigte er sich ihnen in seinem Segen: in einer zahlreichen Nachkommenschaft und Fruchtbarkeit der Herden, und der gab ihnen, wie es heißt, einen „großen Namen", d.h. er machte sie berühmt. So sicherte ihr mitziehender Gott ihre Existenz. Die Patriarchen Israels hatten also keinen Tempel, und sie brauchten auch keinen. Denn Gott war ihnen stets begegnet, auch ohne Tempel; auf direktem Weg ehrten sie ihren Gott, wo immer sie sich aufhielten. Wann immer sie seine Hilfe brauchten, riefen sie ihn an; und er war da. Er erwies sich als lebendig und hilfsbereit. Und so entwickelte sich zwischen den Vätern Israels und ihren Leuten einerseits und ihrem mitgehenden Gott andererseits ein enges Vertrauensverhältnis, eben das, was die Bibel „Glaube" nennt.

Die Bewährung
Was unter Abraham, Isaak und Jakob begonnen hatte, bewährte sich nun jahrhundertelang: Der mitgehende Gott der Väter war dem Volk Israel nahe, wann und wo immer es ihn anrief und seiner bedurfte. Er befreite sie aus der Sklaverei in Ägypten; er führte sie durch die Wüste Sinai; er schenkte ihnen das Land Kanaan, „das von Milch und Honig fließt". Er stand ihnen auch bei im Abwehrkampf gegen die Kanaanäer und später gegen die Philister. Und endlich verhalf er dem jungen David zum Aufstieg, gab ihm das Königtum und führte ihn bis zur Gründung des Reiches Israel. Und immer galt der Grundsatz: Der Gott der Väter war stets da, wann oder wo immer das Volk oder der König ihn anriefen.

Reichsgarantie?
Nun will der König David seinem Gott also einen Tempel bauen – gleichsam als Dank für seine Hilfe und weil jeder orientalische Großkönig für seine Götter einen Tempel baute. Das wäre doch eine gute und vernünftige Sache! – Aber David hat wohl einen Hintergedanken, und zwar einen durch und durch heidnischen: Er will Gott einsperren im Tempel; er will ihn sozusagen dingfest machen, gleichsam beherrschbar machen und unter Kontrolle haben. Er will Gott verfügbar machen, ihn jederzeit aufsuchen können, will sich sozusagen Gottes und seiner Hilfe versichern, sich seiner bemächtigen und bedienen können, damit er stets Glück in allen seinen Unternehmungen habe und das Wohlergehen seines Reiches garantiert wäre. Was so fromm aussieht, ist in Wahrheit ein Mangel an Glaube und Vertrauen – obgleich Israels Gott doch unzählige Male seine Treue erwiesen hatte; und es ist der Versuch, Gott politisch zu handhaben. Das widerspricht aber zutiefst dem lebendigen Wesen des biblischen Gottes. Deshalb lehnt Jahwe den Bau des Tempels ab. Erst dem Sohn Davids Salomo war es erlaubt, Jahwe dem Gott Israels, einen Tempel auf dem Berg Zion zu errichten.

Vorläufige Gegenwart Gottes
Diese Geschichte vom geplanten und verhinderten Tempelbau des Königs David wird uns heute am 4. Adventssonntag erzählt. Warum? Ich meine, sie enthält einen ungewohnten, aber wichtigen adventlichen Gedanken: Alle Gegenwart Gottes unter uns ist vorläufig. Zwar können wir Gott im Raum einer Kirche aufsuchen und ihm begegnen, aber wir müssen wissen: Gott ist heute so wenig wie damals an einen Raum gebunden. Er ist uns draußen genauso nahe – wenn auch auf andere Weise. Deshalb wird es am Ende der Tage überhaupt keines Kirchenraumes mehr bedürfen, weil Gott dann unmittelbar unter den Menschen leben wird. Gewiss, Gott begegnet uns in der Liturgie, in seinem Wort und in den Sakramenten der Kirche; aber alle diese Weisen sind vorläufig. Es wird sie nur geben bis zum Ende der Tage. Sogar das Hereintreten des Soh-

nes Gottes in diese Welt und in die Geschichte, das wir in wenigen Tagen feiern werden, ist in seiner irdischen Form vorläufig, denn der menschgewordene Sohn Gottes hat nach Beendigung seines Auftrags den Raum der Geschichte wieder verlassen, um heimzukehren zu seinem Vater, in die Herrlichkeit und Vorbehaltenheit Gottes selbst. Hinterlassen hat er uns „nur" seine nicht fassbare, nicht verfügbare, aber überall anrufbare Geistes-Gegenwart.

Endgültige Gegenwart Gottes
Im Advent warten wir jedoch auf die endgültige Gegenwart Gottes; auf den Tag, da der zu Gott heimgegangene, menschgewordene Sohn Gottes zurückkehrt, da er wieder eintritt in die Geschichte, um die Welt umzugestalten und zu vollenden. Dies alles erwarten wir. Nach dieser zweiten Ankunft strecken wir uns aus: Adventus heißt Ankunft und meint eben dieses endgültige Kommen Christi. Ihm gehen wir entgegen. Dann wird die Gegenwart Gottes unter uns alle Vorläufigkeit verlieren. Dann werden wir ihm begegnen dürfen Aug in Aug, von Angesicht zu Angesicht. Darum bedarf es dann keines Tempels mehr (vgl. Offb 21,22). Denn Gott wird unter uns sein als unser Gott (vgl. Offb 21,3).
So dürfen wir also wissen: Gott ist uns nahe im Gotteshaus; er ist uns nahe in seinem Wort und in den Sakramenten; er ist uns aber auch überall dort nahe, wo wir ihn vertrauensvoll anrufen. Überall dürfen wir uns in ihm geborgen wissen – bis zu dem Tag, da er sich nicht mehr verbirgt, da er uns sein jetzt noch verhülltes Angesicht endgültig und offen zeigen wird.

Bernhard Krautter

II. Elemente für eine Wort-Gottes-Feier

1. Eröffnung

Eröffnungsgesang
– GL 116,1–3.6: „Gott, heiliger Schöpfer"
– GL 803,1–2: „Tauet, Himmel" (Freiburg/Rottenburg-Stuttgart)
– Lied: „Tochter Zion, freue dich", 1.–3. (Unterwegs 118)

Liturgischer Gruß / Einführung
Im Namen des Vaters ...
Jesus Christus, der Sohn Davids, der Immanuel, ist nahe. Er schenkt uns seinen Frieden.
Nun brennen alle vier Kerzen am Adventskranz. Es sind nur noch wenige Tage bis zum Fest. Ist uns schon weihnachtlich zumute? Haben wir inmitten der vielen Vorbereitungen manchmal daran gedacht, was Weihnachten bedeutet? Nicht wir sind zu Gott gekommen, sondern Gott zu uns! Nicht wir haben Gott gesucht, sondern er uns! Dies kann auch heute geschehen, wenn wir uns finden lassen.

Christus-Rufe
Nach der Melodie GL 495:
– Herr Jesus, du bist unser Friede
  Ruf: GL 459: „Hosanna in der Höhe!"
– Du bringst die Vergebung des Vaters. – Ruf
– Herr Christus, du kommst, das Reich aufzurichten. – Ruf
– Du vernichtest den Tod für immer. – Ruf
– Herr Jesus, du schaffst einen neuen Himmel und eine neue Erde. – Ruf
– Du birgst uns in Gottes Treue. – Ruf

4. Adventssonntag

Eröffnungsgebet
Ewiger Gott, du bist hinabgestiegen aus deinem Himmel und eingestiegen in unser menschliches Leben. Ein Kind von Mirjam bist du geworden, um den Geringsten nahe zu sein. Gib uns Geist von deinem Geist und hilf uns, unsere Schwestern und Brüder so zu lieben, wie du sie liebst. Darum bitten wir durch Jesus Christus, unseren Bruder und Herrn, der bei dir ist in Ewigkeit.

2. Verkündigung des Wortes Gottes

Hinführung zur Ersten Lesung (2 Sam 7,1–5.8b–12.14a.16)
Gott will bei seinem Volk wohnen, aber nicht in einem Tempel aus kostbaren Steinen, sondern unter den Menschen. Seine Gegenwart bedeutet nicht Macht und Ehre, sondern Friede und Gerechtigkeit.

Psalm / Gesang
– GL 122,1.2: „Hebt euch, ihr Tore" mit VV. 1–6.9–10.
– GL 527,2: „Dein Erbarmen, o Herr" mit GL 123,2, VV. 7–13: „Erweise uns, Herr, deine Huld"

Hinführung zur Zweiten Lesung (Röm 16,25–27)
Jesus Christus hat uns eine Tür zum Geheimnis Gottes geöffnet. Mit dem Lobpreis auf das Entgegenkommen Gottes in Jesus Christus beschließt Paulus seinen großen Brief an die Römer.

Ruf vor dem Evangelium
– GL 532,2: „Halleluja" mit GL 601: „Siehe, ich bin die Magd des Herrn" – „Halleluja"
– GL 125: „Christus, du Sohn des lebendigen Gottes" mit GL 530,2: „Halleluja"

Hinführung zum Evangelium (Lk 1,26–38)
Was wir heute im Evangelium hören, steht quer zu unserer rationalistischen Weltauffassung: Gott will in unsere Welt kommen; er will unter uns Menschen wohnen und unser Leben teilen.

Predigt / Auslegung
– *Stille* –

3. Antwort der Gemeinde

Allgemeines Gebet / Fürbitten
Herr, du bist uns überall nah, deshalb bitten wir dich:
KV: V/A: „Komm Herr, dass wir dich sehen"
– Herr, ich könnte tanzen vor Freude, dass das Warten zu Ende geht. Aber die letzte Freude wirst du uns geben, wenn du kommst. – KV: „Komm, Herr"
– Wir sind versklavt an unsere Arbeit; wir sind verplant und stecken in 1000 Zwängen. Wann kommst du, uns zu erlösen? – KV: „Komm, Herr"
– Wir gehen unter vielen Menschen und bleiben einander doch fremd. Zerbrich du die Mauern und gib Frieden! – KV: „Komm, Herr"
– Wir wollen von Sünden und Fehlern frei sein; doch soviel wir auch kämpfen, wir fallen immer wieder. Wann wirst du alles neu machen? – KV: „Komm, Herr"
– Verbirg dein Angesicht nicht länger vor uns. Du, im unzugänglichen Licht – lass dich sehen! – KV: „Komm, Herr" –
Und abschließend bei Gesang auf erhöhter Tonstufe noch einmal wiederholt.
(Nach „Komm, Herr, dass wir dich sehen", Melodie: Negro-Spiritual, Text. Hoffman, Lutz/Mansberg, Franz/Norres, Karl/Schuhen, Leo © Edition Werry Verlags GmbH, Mühlheim/Ruhr)

4. Adventssonntag

Oder:

Wenige Tage vor dem Weihnachtsfest bitten wir um das Kommen Gottes in unsere Welt:
- Komm in unsere Welt, damit dein Friede einzieht in die Herzen der Menschen! – GL 118,3: „Komm, Herr, komm und erlöse uns."
- Komm in unsere Welt, damit dein Geist allen Ungeist der Zeit vertreibt!
- Komm in unsere Welt, damit dein Licht die Dunkelheit von Hass und Gewalt besiegt!
- Komm in unsere Welt, damit deine Güte die Kälte von Not und Elend lindert!
- Komm in unsere Welt, damit deine Liebe die Einsamen und Verzweifelten aufrichtet!
- Komm in unsere Welt, damit alle werdenden Mütter liebevollen Beistand finden und alle Kinder mit offenen Armen aufgenommen werden!

Komm, o Gott, und wohne unter uns, damit wir mit deiner Hilfe unsere Welt bewohnbar machen für alle Menschen. So bitten wir durch Jesus, unseren Bruder und Herrn, der mit dir lebt in Ewigkeit.

Vater unser
Alle unsere Bitten und Anliegen sammeln wir ein in das Gebet des Herrn: „Vater unser"

Loblied / Danklied
- GL 111,3.2 (!): „Die Nacht ist schon im Schwinden"
- GL 114,1–3.7: „Es kommt ein Schiff"

Text zur Meditation

Wir sind dein Haus, wir selber,	Du selber, Herr und Gott,
Herr und Gott.	bist unser Haus,
Du hast es dir erbaut auf Erden	im Himmel und schon jetzt auf Erden.
in Jesus Christ,	In deinem Kommen, Christ,
da wir in seinem (Brot und) Wort	in deinem (Brot und) Wort
zu deinem Lebensraum und Ruheort	wirst du uns Lebensraum und Ruheort,
inmitten unserer Welt	in den wir, mitten in der Welt,
im Heiligen Geiste umgestaltet werden.	hineingenommen werden.

(Aus: Silja Walter, Das Wort ist Brot geworden. Kommunion-Psalter, Verlag Herder, Freiburg ²1992, 18f.)

4. Abschluss

Schlussgebet
Du hast deine Wohnung unter uns genommen, Gott, und überall, wo Menschen leben, bist du zugegen; an deiner Gnade klammern wir uns an. Lass uns also deine Gegenwart ehren und wecke in uns die Weisheit und Kraft, einander aufzubauen zu deiner Stadt auf Erden, zum Leib Christi, zu einer Welt, die bewohnbar ist heute und für immer. So bitten wir durch Christus, unseren Herrn.

(Aus: Huub Oosterhuis, Mitten unter uns, Verlag Herder, Freiburg-Wien 1982, S. 183)

Segensbitte / Entlassung
Der Herr schenke uns Zukunft und Leben, Friede und Gerechtigkeit, Hoffnung und Mut. Es segne uns der Vater, der Sohn und der Heilige Geist.
L.: Singet Lob und Preis! – A: Dank sei Gott!

Schlusslied
- GL 580,1.2.5.6: „Ave Maria"
- Unterwegs 140: Kanon: „Magnificat"
- GL 108,1.2.5: „Komm, du Heiland"

Hochfest der Geburt des Herrn – Am Heiligen Abend – Familiengottesdienst

Im dunklen Kirchenraum ist an den Altarstufen gut sichtbar ein Stern aus Goldfolie ausgelegt, an dessen sechs Enden jeweils ein Teelicht steht; unmittelbar davor steht eine größere brennende Kerze. – Leere Stanniolhüllen von Teelichtern werden zum Altar hin in Form eines Kometenschweifes aufgestellt. – Beim Betreten der Kirche erhält jedes Kind / jeder Gottesdienstbesucher ein Teelicht ohne Stanniolhülle; er / sie entzündet es vorne und steckt es in die leeren Stanniolhüllen des Kometenschweifes.

I. Elemente für eine Wort-Gottes-Feier

1. Eröffnung
Leise Instrumentalmusik. Wenn alle die Plätze gefunden haben:
– Lied: „Im Advent, im Advent ist ein Licht erwacht", 1.–3. Strophe

L.: Liebe Kinder, liebe Mütter und Väter, liebe Gemeinde, endlich ist es soweit! Die Zeit des Wartens nähert sich ihrem Ende: alle Türchen am Adventskalender sind offen, die meisten Weihnachtsbäume sind schon geschmückt, die Vorbereitungen für den Heiligen Abend sind auf ihrem Höhepunkt angelangt. Es freut mich, dass wir nun zusammengekommen sind, um an Jesus zu denken, ohne den wir dieses Fest nicht feiern würden.

Liturgischer Gruß
Beginnen wir nun diesen Gottesdienst im Namen des Vaters …
Jesus, der Sohn Gottes, der als Licht in diese Welt kommen will, schenkt uns seinen Frieden. Amen.

Eröffnungsgesang
– Lied: „Alle Jahre wieder", 1.2. Strophe
– Lied: „Es ist für uns eine Zeit angekommen", 1.2.5. Strophe

Einführung
L.: Heute abend liegt hier vorne ein ganz großer Stern. Das hat einen Grund. Wir wollen diesen Gottesdienst nämlich unter einen besonderen Stern stellen: den Stern von Betlehem. In der Bibel wird erzählt, dass der Stern deutlich zu sehen war, und doch haben sich nur ganz wenige auf den Weg gemacht und sind ihm gefolgt. Doch wer sich zum Stall aufmacht, „sieht ein helles Licht". Er erfährt Freude und Glanz mitten in der Nacht. –
Es gibt aber Kinder und auch Erwachsene, die noch nie etwas von Jesus gehört haben. Weihnachten bedeutet für sie nur Einkaufen und Essen, bis ihnen übel wird. Warum wir eigentlich Weihnachten feiern, das wissen sie nicht. – So wie in der Geschichte, die wir jetzt hören.

Was war das für ein Fest?
Kevin kommt in die Küche gelaufen, wo seine Mutter noch am Plätzchen Backen ist. „Mama, schau mal, was ich gefunden habe!" – „Kevin, ich habe jetzt keine Zeit, ich muss fertig werden und nachher noch in die Stadt." – „Aber schau doch nur schnell her, Mama!" Kevin lässt nicht locker: „Im Abstellraum in der alten Schuhschachtel habe ich das gefunden", und er hält der Mutter einen silbernen Stern vor die Nase. „Was ist das?" – „Das? Ah, das ist ein Weihnachtsstern!" – „Weihnachtsstern?", wundert sich

Kevin. „Was ist ein Weihnachtsstern? Du hast mir noch nie etwas davon erzählt." – „Ein Weihnachtsstern – ach weißt du, das ist so etwas von früher – von so einem Fest", antwortet sie im Hinausgehen, denn der Postbote hat an der Tür geklingelt. „Was für ein Fest?", fragt Kevin, als die Mutter wieder hereinkommt. „Ein ganz langweiliges", sagt sie schnell. „Die ganze Familie stand um einen Baum herum und sang Lieder. – So, und jetzt frag nicht so viel!" – Ein Fest für einen Baum, denkt Kevin; und die Menschen singen ihn an? Das will nicht in seinen Kopf hinein. „Mama, wieso um einen Baum?", bohrt er weiter, „Der wächst doch nicht im Zimmer!" – „Doch", antwortet die Mutter, „das tat er. An einem bestimmten Tag im Jahr. Es war eine Tanne, die man mit brennenden Lichtern oder mit kleinen bunten Glühbirnen besteckte. Und an die Zweige hängte man bunte Kugeln und glitzernde Ketten … und an der Spitze … befestigte man den Stern." – „So einen wie den hier?" – „Ja, so einen oder einen goldenen." Doch Kevin ist noch nicht zufrieden. „Aber warum denn einen Stern? Warum hat man denn keine Blume genommen, das hätte doch auch schön ausgesehen." – „Nein, nein", sagt die Mutter, „das verstehst du nicht. Es musste unbedingt ein Stern sein, weil die Hirten und die Könige einem Stern nachgegangen sind, bis sie den kleinen Jesus in seiner Krippe gefunden haben." – „Mama, wen haben sie gefunden?!" – „Ach, diesen Jesus. – Frag nicht so viel; das macht mich ganz nervös. Wir reden ein andermal davon!", vertröstet sie ihren Jungen. – Kevin saß da, schaute sich immer noch seinen silbernen Stern an, hielt ihn gegen das Licht, stellte seine Spitzen auf und bog sie wieder nach unten – und dachte nach über das, was seine Mutter gesagt hatte. Dann seufzte er tief und sagte vor sich hin: „Das muss aber ein sehr schönes Fest gewesen sein!" – „Nein!", fuhr ihn die Mutter an. „Es war langweilig. Alle hatten Angst davor und waren froh, wenn es vorüber war! – Hast du schon gesehen, bei der Post ist ein Gutschein für ein Computerspiel dabei. Geh doch und schau, ob du das haben möchtest!" Aber Kevin blieb störrisch: „Ich will auch einen Baum, und ich will wissen, was mit dem kleinen Sowieso war." Jetzt wurde die Mutter ärgerlich: „Das war zur Zeit des Kaisers Augustus, als alle in Steuerlisten eingetragen wurden …", sprudelte es aus ihr heraus; – und dann erschrak sie über sich selbst, kniff nur noch den Mund zusammen und sagte kein Wort mehr. – Sollte das alles noch einmal von vorne anfangen?! Zuerst die Hoffnung und die Liebe und dann die Gleichgültigkeit und die Angst? Zuerst die Freude und dann die Unfähigkeit, sich zu freuen, weil die Geschenke verlogen waren und doch nur das schlechte Gewissen zudecken sollten …? Nein, dachte sie, nein, nein! Sie wollte nicht mehr an das alles denken. – „Schluss jetzt", sagte sie entschieden, „und weg mit dem Kram!" Dabei nahm sie Kevin den silbernen Stern aus der Hand, öffnete den Deckel des Müllschluckers und warf ihn in die Röhre hinein. – Es hatte wieder an der Wohnungstür geklingelt, und die Mutter war hinaus gegangen. Als sie wiederkam, stand Kevin über den Müllschlucker gebeugt. „Ich sehe ihn immer noch", flüsterte er, „er glitzert; er ist immer noch da."

(Nach Marie Luise Kaschnitz: „Was war das für ein Fest?" [Brinkel, W./Hilgendiek, H. (Hg), Davids Stern steht über Betlehem: ein Weihnachtslesebuch, Verlag Christian Kaiser München 1992; Rechtsinhaber unbekannt]).

– Stille / leise Instrumentalmusik

Entzünden des 1. Sternlichtes
Ein Jugendlicher / Erwachsener, Mann / Frau entzündet das erste Licht an dem Goldstern und spricht:
Herr, dieses Licht möge für jene leuchten, die den Sinn und die Freude an Weihnachten verloren haben.

Christus-Rufe
Spr. 1: Guter Gott, wir bringen durch unsere Lieblosigkeit viel Kälte in diese Welt. Herr, erbarme dich!
  Lied: Tragt in die Welt nun ein Licht
  sagt allen: „Fürchtet euch nicht."
  Gott hat euch lieb, groß und klein
  Seht auf des Lichtes Schein!
Spr. 2: Guter Gott, durch unsere Teilnahmslosigkeit kommt so viel Dunkelheit in die Welt. Christus, erbarme dich!
  Lied: Tragt in die Welt nun ein Licht
Spr. 3: Guter Gott, aus unseren Worten und Handlungen wird oft nicht deutlich, dass wir Christen sind, die Jesus in seiner Menschenliebe nachfolgen wollen. Herr, erbarme dich!
  Lied: Tragt in die Welt nun ein Licht

Entzünden des 2. Sternlichtes
(Jugendlicher / Erwachsener, Mann / Frau)
Herr, dieses Licht möge für jene leuchten, die für ihre Fehler und Schwächen um Verzeihung bitten.
– GL 138,1–3: „Es kam ein Engel"
– GL 134,1.2: „Lobt Gott, ihr Christen"

Eröffnungsgebet
Guter Gott, durch Engel hast du die Geburt deines Sohnes angekündigt. Wir glauben daran, dass du selbst in der größten Dunkelheit ein Licht aufgehen lässt, das uns den Weg zum Glück zeigt; mit offen Augen und mit offenen Herzen können wir diesen Weg finden, wenn wir uns aufmachen, zu deinem Sohn, Jesus Christus, unserem Herrn.

Kanon
„Mache dich auf und werde licht"
(Es werden die Lichter am Christbaum entzündet.)

2. Verkündigung des Wortes Gottes

Weihnachtsspiel: „Hannah an der Krippe"

MitspielerInnen
mit Text:
Erzähler
Hannah
Sternchen
Frau (Maria)
Johannes, der „Arbeitsscheue"

ohne Text:
Mann (Josef)
Obdachloser 1
Obdachloser 2 (Markus, der Sänger)

Priester / GottesdienstleiterIn:
Hannah ist ein ganz besonderes Mädchen, mit einem ganz speziellen Hobby: Religion. Obwohl sie erst sieben Jahre alt ist, interessiert sie sich für viele Fragen und versucht, Antworten darauf zu bekommen. Zum Glück hat sie dafür einen geeigneten Freund gefunden, der sie auf ihren Erkundungsreisen begleitet und sie an die verschiedensten Orte führt, seien sie auch noch so entlegen. Aus diesem Grund freut sie sich oft auf das Zubettgehen, denn nur so kann sie das Sternchen rufen und etwas Spannendes erleben.

Das Sternchen ist von Beruf Reiseleiter, der nur mit einem ganz bestimmten Spruch angerufen werden kann. Er hat die Fähigkeit, seine Freunde durch Zeit und Raum zu führen.

I.
(Im Zimmer – Hannah auf einem Schlafsack liegend)
Erzähler:
Hannah ist schon sehr aufgeregt: Morgen ist endlich Weihnachten!
Lange findet sie keine Ruhe. Sie schaut sich im Kinderzimmer um; bestaunt noch einmal die bunte Lichterkette am Fenster und den Adventskalender über ihrem Bett. Ihr Bruder schläft schon. Zu gern würde sie noch mit jemandem über Weihnachten reden; da schließt sie lächelnd ihre Augen und spricht – diesmal ganz feierlich – ihren Satz:

Hannah: „Eins, zwei, drei,
Sternchen komm' herbei,
bin so müde,
nicht mehr munter,
bitte komm vom Himmel runter!"

Sternchen: Ssssssssssssst! – „Hier bin ich!"

Hannah: „Hallo, Sternchen!"

Sternchen: „Hallo, Hannah, ein schönes Fest wünsche ich dir! Womit kann ich dir heute helfen?"

Hannah: „Ich würde so gerne einmal sehen, wie das damals war, beim ersten Weihnachtsfest!"

Sternchen: „Hm? – Na gut, mein Urururgroßvater kannte den Stern von Betlehem persönlich! Also, schließe die Augen und folge mir."

(Hannah steht auf und folgt mit geschlossenen Augen dem Sternchen. – Während sie unterwegs sind:)

Erzähler:
Hannah freut sich schon auf die Hirten und das Flötenspiel. Außerdem wird sie endlich die Engel sehen, die aller Welt Frieden wünschen. Ob Maria so schön und glücklich ausschaut, wie in ihrer Kinderbibel? Vielleicht darf sie sogar auf dem Esel reiten und das Jesuskind in den Arm nehmen? Ob die Engel wirklich so schön singen werden …?

II.
(An der Bushaltestelle – Auf dem Boden sitzend ein Mann und eine Frau, die ein Baby an sich drückt)
Sternchen: „Wir sind da!"

Hannah: „Ist es das jetzt?"

Sternchen: „Ja! Du kannst die Augen aufmachen!"

Hannah *(öffnet die Augen und schaut ganz verwundert um sich):*
„Was ist das? Du hast doch versprochen, mir zu zeigen, wie es damals war in Betlehem! Aber hier sind gar keine Engel. Hirten sind auch keine da, die das Kind bewundern. Und wo ist denn der Stern? Ein Stern ist auch nicht

Hochfest der Geburt des Herrn – Am Heiligen Abend – Familiengottesdienst   30

zu sehen! Und hier – Sternchen, das ist ja nur die Bushaltestelle, von der ich jeden Morgen zur Schule fahre. – Das ist gemein von dir, Sternchen! Du hast mich in eine falsche Richtung geführt! – Und diese armen Leute! Was machen sie bloß so alleine hier in dieser Kälte und noch dazu mitten in der Nacht?

Sternchen: „Ja, Hannah, das sind Menschen, die wie Josef und Maria keine Unterkunft haben, weil sie hier fremd sind und niemand sie haben will."

Hannah *(schüttelt ungläubig den Kopf):*
„Das kann ich nicht glauben. Es gibt doch so viel Platz in unserem Ort: vier Gasthäuser, eine Schule, das Rathaus, der riesengroße Pfarrhof. Ich kann es einfach nicht fassen, dass man Menschen und noch dazu mit einem kleinen Baby in dieser Eiseskälte allein lässt."

Sternchen: „Sie bleiben nicht ganz allein. Sieh mal, sie bekommen Besuch!"

Hannah *(wendet sich um; dann entsetzt):*
„Aber was wollen denn die hier! Das ist doch der arbeitsscheue Johannes mit seinen Kumpeln, die immer nur in der Gegend herumstreunen. Wollen die jetzt die armen Leute von hier vertreiben?"

Johannes *(überreicht der Frau eine Plastiktüte):*
„Du nehmen. Du können essen."

Frau / Maria *(schaut in die Tüte, es kommen ihr die Tränen):*
„Danke! Danke! Ich nichts deutsch … Ich kein Geld …"

Johannes: „Lass nur. Sind doch nur ein paar Lebensmittel und Sachen für den kleinen Wurm. Wir haben euch gesehn, und ihr habt uns so Leid getan. Da haben wir ein paar Pfennig für euch gesammelt. – Und mein Freund, der hat auf dem Sperrmüll noch was ganz Besonderes für euch gefunden. Da wird der Kleine gut drin liegen." *(Johannes schiebt dem Josef den alten Kinderwagen hin – Josef steht auf und verneigt sich zum Dank)*

Johannes: „Und der hier hat auch etwas für euch mitgebracht. – *(zu dem Obdachlosen 1 gewendet)* Geh hin und gib der Frau die Decke. Sie friert doch! *(Er hilft ihm beim Auseinanderfalten der Decke)* – Komm, so macht man das!"
(und gemeinsam legen sie der Frau die Decke um die Schultern)
(Nun hört man aus dem Hintergrund ein Schluchzen)

Johannes: „Komm, Markus, komm auch her! *(er schiebt ihn nach vorn)* Das ist Markus. Er geniert sich, weil er nichts Nützliches für euch gefunden hat. Aber er würde euch gern etwas vorsingen. Er tut den ganzen Tag nichts anderes mehr, als das Schlaflied summen, das er früher seinem Kind vorgesungen hat. Seit seine Frau und sein Sohn bei einem Autounfall ums Leben gekommen sind, lebt er bei uns auf der Straße und summt den ganzen Tag … Jetzt, sing es ihnen vor!

Markus *(der Freund von Johannes schaut auf, starrt dann in den Himmel und lächelt; und dann beginnt er, das Schlaflied zu singen, schön und sanft):*
„Schlaf, Kindchen, schlaf …"

(Alle sind ganz still und glücklich und zufrieden.)

III.
(Nun geht auch Hannah zu der Frau hin)
Hannah: „Darf ich mir das Baby anschauen?!"
Frau *(in einem gebrochenen Deutsch und lächelnd):*
„Du noch nicht in Bett, dir nicht kalt?!"
(Während Hannah das Baby bewundert, streichelt ihr die Frau über den Kopf. Plötzlich durchzuckt es sie.)
Hannah *(steht auf und wendet sich zur Gemeinde):*
„Jetzt weiß ich, wie es damals war – beim ersten Weihnachtsfest! Jetzt habe ich tatsächlich das Jesus-Kind gesehen ...!

Entzünden des 3. Sternlichtes
(Jugendlicher / Erwachsener, Mann / Frau)
Herr, dieses Licht möge für jene leuchten, die auch an diesem Tag im Dunklen leben müssen, weil sie Opfer des Krieges sind, sich auf der Flucht befinden oder krank und entmutigt sind.

– GL 144,1.3: „Jauchzet, ihr Himmel"

Evangelium (Lk 2,1–14)
(Danach wird das Kind in die Krippe gelegt)

3. Antwort der Gemeinde

Predigtlied
– GL 140,1.2: „Zu Betlehem geboren"
– GL 132,1.2: „Es ist ein Ros entsprungen"

Entzünden des 4. Sternlichtes
(Jugendlicher / Erwachsener, Mann / Frau)
Herr, dieses Licht möge für jene leuchten, die sich auf den Weg machen, um Jesus zu suchen.

Gang zur Krippe mit Kollekte
(Die Kinder haben ihre Adventspardosen mitgebracht; sie werden aufgefordert, mit ihren Eltern ihre Gaben zur Krippe zu bringen und bis nach dem Vaterunser vorne zu bleiben.)
– Lied: „Ihr Kinderlein kommet"

Allgemeines Gebet / Fürbitten
Guter Gott, in dieser Welt gibt es auch viel Dunkelheit; darum bitten wir dich:
– Für alle jene, in deren Land Krieg herrscht; die dadurch liebe Menschen verloren haben und auf der Flucht sind, weil sie von ihrem Zuhause vertrieben worden sind.
  – Gott, unser Vater: A.: Wir bitten dich, erhöre uns!
– Für all jene, die Hunger leiden, auf der Straße leben müssen und denen es am Nötigsten fehlt. –
– Für all jene, die an Krankheiten und seelischen Nöten leiden. –
– Für all jene, deren Hoffnungen durch Ängste verdunkelt werden: die vielen Arbeitslosen, die Männer und Frauen, die Probleme in ihren Beziehungen haben, jene, die sich vor der Zukunft fürchten. –

– Für all jene, die nicht nur heute, sondern auch während des Jahres einsam und verlassen sind. –
– Für all jene, die noch nicht die Wärme und das Licht erfahren haben, welches durch Jesus in die Welt gekommen ist. –

Entzünden des 5. Sternlichtes
(Jugendlicher / Erwachsener, Mann / Frau)
Herr, dieses Licht steht für all das, was tief in unseren Herzen liegt und was wir nicht in Worte fassen können oder wollen. Du hörst uns, wenn wir beten, wie es Jesus uns gelehrt hat:

Vater unser

Loblied
(Wenn alle wieder auf ihren Plätzen sind)
– GL 144,2.4.5: „Jauchzet, ihr Himmel"

4. Abschluss

Entzünden des 6. Sternlichtes
(Jugendlicher / Erwachsener, Mann / Frau)
Herr, mit diesem Licht erbitten wir deinen Segen:

Segenswort
Der gute Gott hat durch die Menschwerdung seines Sohnes die Finsternis dieser Welt vertrieben. Er mache auch unsere Herzen hell mit dem Licht seiner Gnade. In seinem Sohn hat Gott Himmel und Erde verbunden. Durch ihn schenke er der Menschheit den Frieden, nach dem sie sich sehnt.
Das gewähre uns und unseren Familien, unseren Freunden und Gästen der dreieinige Gott, der Vater, der Sohn und der Heilige Geist.

Schlusslied
– Lied: „O du fröhliche", 1.–3.

Thomas Schlager-Weidinger (1)

Hochfest der Geburt des Herrn – Am Tag

I. Predigt (Joh 1,1–5.9–14)

Gottes Ankunft und des Menschen Widerstand

Abgewiesen
Es gibt ein bewegend-naives Gedicht von Werner Bergengruen; es beginnt und schließt mit den Worten: „Wärst du, Kindchen, im Kaschubenlande, wärst du, Kindchen, doch bei uns geboren!" Wir hätten dir nicht zugemutet, auf Stroh zu ruhn; wir hätten dich auf weichen Daunen gebettet. Bei uns hättest du nicht in einem Stall hausen müssen; nein, wir hätten dir den Platz am Ofen in der guten Stube angeboten. Wir hätten dir eine Schaffellmütze geschenkt, einen blauen Mantel, pelzgefüttert, und rote Schühlein, silberbeschlagen; weißes Brot, Honig, Butter, Schmorbraten, einen Gänsebraten mit Ingwer und Eierkuchen hätten wir dir gebracht; sogar Starkbier hätten wir

dir angeboten. Und vor allem, wir wären alle fromm geworden; alle hätten wir das Knie vor dir gebeugt, um dich anzubeten und deine Mutter zu verehren. „Wärst du, Kindchen, im Kaschubenlande, wärst du, Kindchen, doch bei uns geboren!" In diesem Gedicht spiegelt sich das ganze Unverständnis für das Verhalten der Menschen in Betlehem damals: Wie kann man nur so sein?! Wie kann man nur eine hochschwangere Frau von der Türe weisen?! Wie kann man nur einer Frau zumuten, ihr Kind in einem Stall zur Welt zu bringen?! Das Evangelium der Heiligen Nacht drückt dies ganz nüchtern so aus: „Sie gebar ihren Sohn, den Erstgeborenen. Sie wickelte ihn in Windeln und legte ihn in eine Futterkrippe, weil in der Herberge kein Platz für sie war" (Lk 2,7).

Das Weihnachtsevangelium von Johannes, das wir soeben gehört haben, sagt dies noch direkter und zugespitzter: „Er kam in sein Eigentum, aber die Seinen nahmen ihn nicht auf" (Joh 1,11). Dieses Wort will nicht einfach darlegen, wie es damals in Betlehem war; nein, es drückt aus, wie es immer ist, wenn Gott kommt. „Er kam in sein Eigentum, aber die Seinen nahmen ihn nicht auf." Es wird uns auf den Kopf zugesagt: Wenn Gott kommt, nehmen wir ihn nicht auf!

Geschichte der Verweigerung

Dies war schon beim alten Bundesvolk Israel zu beobachten. Im Alten Testament ist sehr häufig von der Hoffnung, von der Erwartung, von der Sehnsucht nach dem Retter zu lesen; er soll kommen; er soll endlich kommen, ob es ihn vom Himmel regne oder ob die Erde sich auftue und ihn wie eine Blume hervorsprossen lasse, gleich wie, nur kommen soll er! Er soll das Elend beenden, die Ungerechtigkeit, die Unterdrückung, die Verlogenheit, die Bestechlichkeit, die Gemeinheit, die Brutalität im Großen und im Kleinen, er soll die Tränen der Menschen abwischen. – Und Gott ging auf die Sehnsucht des Volkes ein; er zeigte ihm den Weg zum Heil, zum Frieden, zum Glück. Und wie war das Ergebnis? Von den Propheten ist – auf's Ganze gesehen – kein einziger angekommen; alle wurden sie verlacht, verhöhnt, verfolgt. Jesus fällt ein vernichtendes Urteil, wenn er spricht: „Jerusalem, Jerusalem, du tötest die Propheten und steinigst die Boten, die zu Dir gesandt sind" (Lk 13,34a). Gott kommt, aber die Menschen nehmen ihn nicht auf.

Dann kommt Er, der Langverheißene, der Langersehnte, der Langerhoffte, der Langerwartete, aber – welch ein Widersinn! –: Sie nehmen ihn nicht auf. Sie verdächtigen ihn, sie bespitzeln ihn, sie verleumden ihn, sie stellen ihn kalt, sie verkaufen ihn für dumm, sie ekeln ihn hinaus; das Ganze endet am Kreuz. Auch das gehört zur Weihnachtsbotschaft.

Geheimnis der Freiheit

Es ist erschreckend: Je mehr Gott den Menschen seine Liebe zuwendet, je mehr er ihnen in Liebe nachläuft, je offener er ihnen seine Liebe zeigt und erfahrbar macht, desto verbohrter und widerspenstiger werden sie. Jesus hat dies einmal so ausgedrückt: „Ihr verhaltet euch wie Kinder auf dem Marktplatz: Da kommen andere Kinder dazu und laden ein: ‚Kommt, wir spielen Beerdigung; lasst uns Trauerlieder singen.' Aber ihr wollt nicht. Und es kommen wieder andere und sagen: ‚Lasst uns Hochzeit spielen; wir wollen Freudenlieder singen und tanzen.' Aber das wollt ihr auch nicht. Beide Male habt ihr nicht gewollt!" Was ist gemeint? Jesus redet von sich und von Johannes, dem Täufer: Der war ein Asket, der die Menschen mit seinen Worten geißelte, der ihnen mit dem Gericht drohte; aber auf's Ganze gesehen hatte er keinen Erfolg. – Da kam Jesus ganz anders: Er brachte den Menschen eine Frohbotschaft; er lud sie im Auftrag Gottes ein zum Hochzeitsmahl des ewigen Lebens; er wollte den Menschen Freude schenken; aber auch auf diese Botschaft gingen sie nicht ein. Weder die Drohbotschaft noch die Frohbotschaft hat ihre Herzen bewegt. Gott versucht es also mit allen Mitteln. Er macht das Angebot: „Wie hättet ihr's denn gern, Drohbotschaft oder Frohbotschaft?" Und dann die Diagnose: „Johannes der Täufer ist gekommen, er aß kein Brot und trank keinen Wein und ihr sagt: Er ist von einem Dämon besessen." Er ist verrückt, er spinnt. „Der Menschensohn ist gekommen, er isst und trinkt; jetzt sagt ihr: Dieser Fresser und Säufer, dieser Freund der Zöllner und Sünder!" (Lk 7,34; vgl. Lk 7,31–34) – „Er kam in sein Eigentum, aber die Seinen nahmen ihn nicht auf."

Geheimnis der Sünde

Warum nur verweigern wir Menschen uns Gott und seiner Liebe? Dies ist ein kaum lösbares Rätsel, das Geheimnis menschlicher Freiheit und Sünde. Wir fürchten wohl, Gottes Liebe beenge uns, sie nehme uns etwas von unserer Selbstständigkeit, von unserer Freiheit, von unserer Würde, von unserer Selbstentfaltung, von unserer Selbstverwirklichung. Dabei wäre das Gegenteil der Fall: Je mehr ein Mensch sich auf Gott einlässt, auf ihn hört und seinen Willen erfüllt, desto mehr wird er er selbst, desto freier, froher und glücklicher wird er. Wenn wir das doch glauben wollten!

Gottes Ankunft heute

So war es bei den Menschen im Alten Bund und zur Zeit Jesu. Und wir? Gott kommt auch auf uns zu, nicht weniger als in der biblischen Zeit. Welche Antwort geben wir ihm? Gehen wir auf ihn ein oder nehmen auch wir ihn nicht auf?
Gott kommt so oft von innen her auf uns zu. Er spricht uns von innen her an, er lockt uns, er ruft uns, er wirbt um uns, beruft uns, schenkt uns seine Einflüsterungen. Hören wir dann und folgen wir ihm? Gott spricht eindringlich, unüberhörbar zu uns, aber leise; Gott ist das Leiseste, was es gibt! Man kann seine Stimme töten durch Lärm, durch hektische Betriebsamkeit. Wer aber schweigt, in die Stille geht, der kann die Stimme Gottes hören. Wir hören sie immer dann, wenn wir das Gefühl haben: „Eigentlich sollte ich jetzt ..." Eigentlich sollte ich jetzt einem anderen die Hand zum Frieden reichen. Eigentlich sollte ich jetzt eine Verdächtigung, eine Verleumdung, die ich ausgestreut habe, zurücknehmen. Eigentlich sollte ich jetzt meine alten Eltern besuchen. Eigentlich sollte ich mehr Zeit für meine Familie aufwenden und vor allem meinen Kindern mehr Liebe und Geborgenheit schenken. Eigentlich sollte ich jetzt meine leerstehende Wohnung für Aussiedler bereithalten. Oder es könnte etwas ganz Neues, etwas Unerwartetes auf mich zukommen, an das ich jetzt noch gar nicht denken kann. Immer geht es darum, das Herz zu öffnen, das innere Ohr aufzutun, die Antenne auf Gott zu richten. Dann werden wir im richtigen Augenblick seine Stimme verstehen. Gehen wir dann auf ihn ein, wenn er so von innen kommt? –
Der Anruf Gottes an uns kann aber auch von außen kommen: Da hat mich ein Wort aus der Heiligen Schrift oder aus einer Predigt getroffen, es arbeitet in mir, es rumort in mir; es will leben. Aber wie oft schlagen wir ein solches Wort gleich nach dem Gottesdienst mit leerem Geschwätz wieder tot, anstatt nachzudenken, nachzusinnen, welche Botschaft dieses Wort für mich beinhaltet, und das Erkannte zu tun! –
Oder Gott kommt durch Menschen auf uns zu: Da ist vielleicht im Kirchengemeinderat ein junger Mensch, der eine Idee vorbringt, vielleicht schwerfällig, ungehobelt oder gar ungehörig. Wie schnell lehnen wir dann ab: „Das ist doch noch ein grüner Junge; der ist noch nicht trocken hinter den Ohren!" Prüfen wir eigentlich ernsthaft seine Gedanken? Denn Gott hält sich ja oft nicht an die hierarchische Ordnung, auch nicht an Mann- oder Frausein: Maria ist in Lourdes auch nicht einem Bischof oder einem Pfarrer, nicht einmal einer Ordensfrau erschienen, sondern einem simplen Bauernmädchen! Gott hält sich auch nicht an den Intelligenzquotienten: Der Pfarrer von Ars hatte einen

sehr niedrigen; aber wir wissen, wie sehr Gott aus ihm gesprochen hat. Wir wissen also nie, in welchem Gewande Gott zu uns kommen will. Nehmen wir ihn auf? –
Oder Gott kommt auf uns zu, indem er uns gründlich aus der Bahn wirft: Wir müssen miterleben, wie ein Freund eine schwere, unheilbare Krankheit zu tragen hat. Wir müssen den Tod eines Bruders, einer Schwester, eines Freundes miterleben, der plötzlich aus dem Leben gerissen wurde. Wir müssen miterleben, wie einen Menschen, den wir lieben und schätzen, ein schweres Unglück trifft, wie vielleicht seine Ehe und seine Hoffnungen zerbrechen. Zelebrieren wir dann nur kurzzeitig Betroffenheit? Und heißt es alsbald wieder: „Business as usual?" „The show must go on?" Das Leben, der Betrieb, die Geschäfte müssen doch weitergehen? Oder denken wir ernsthaft darüber nach, fragen wir hartnäckig nach, bohren wir nach, selbst wenn es quälend wird: „Worin liegt in all dem Geschehen eine Botschaft Gottes für mich? Wie will Gott in all dem auf mich zukommen?" Und nehmen wir ihn dann auf?

Söhne und Töchter Gottes
Es gibt aber auch Menschen, die Gott hören und in ihr Leben einlassen. Ja, es gibt sie: Menschen, die sich von Gott werben, rufen, locken lassen, die ihn aufnehmen. Sie sind der Wunschtraum Gottes. Das heutige Evangelium drückt dies so aus: „Allen aber, die ihn aufnahmen, gab er Macht, Kinder Gottes zu werden" (Joh 1,12a). Ja, solche Menschen sind – trotz all der Bedrängnis, in die sie gebracht werden – Söhne und Töchter Gottes, die Hoffnung der Welt. –
Angelus Silesius weist uns in allem Ernst darauf hin: „Wäre Christus tausendmal in Betlehem geboren, aber nicht in dir, du bliebst doch ewiglich verloren!" Das historische Ereignis allein genügt nicht; auch die Festfeier genügt nicht. Aber das wäre ein Weihnachten: Stell dir vor, Gott kommt, Gott kommt zu dir, Gott kommt jetzt, heute – und du nimmst ihn auf!

Bernhard Krautter

II. Elemente für eine Wort-Gottes-Feier

1. Eröffnung

Eröffnungsgesang
– GL 144,1–3: „Jauchzet, ihr Himmel"
– GL 134,1–3: „Lobt Gott, ihr Christen"

Liturgischer Gruß / Einführung
Im Namen des Vaters ...
Die Herrlichkeit des menschgewordenen Gottessohnes strahlt auf über uns allen. Der Glanz dieses Tages kommt von der Treue Gottes, die er uns in Jesus Christus unwiderruflich zugesprochen hat. Wir dürfen uns freuen über das Kind, in dem uns Gottes Freundlichkeit zulacht. Öffnen wir uns ihm und seiner Botschaft. Denn Gott will wieder neu eingelassen werden in unsere Welt und in unser Leben. – Rufen wir unserem Herrn den Lobpreis zu:

Christus-Rufe
– GL 129:
– V.: Licht, das uns erschien, Kind vor dem wir knien:

Hochfest der Geburt des Herrn – Am Tag   36

Akklamation: *(statt „Herr erbarme dich")*

A Dir sei Preis und Dank und Eh - re!

(Melodie: Franz Forsthuber, © Carus-Verlag Stuttgart)

– V.: Dem sich der Himmel neigt, dem sich die Erde beugt:
  Akklamation
– V.: Glanz der Herrlichkeit, König aller Zeit:
  Akklamation

oder:

– GL 524: – V.: „Gott des Vaters ewger Sohn, der du kommst vom Himmelsthron" –
  (Statt „Christus, Herr, erbarme dich")
  Akklamation: – GL 507:

V/A Eh - re sei Gott im Him-mel und auf Er-den

oder: Akklamation: Unterwegs 164: V./A.: „Gloria, Gloria, in excelsis Deo"

– V.: „Aufgang des wahren Lichts, König des Weltgerichts"
  Akklamation
– V.: „Friede, der zur Erde kam, Wort, das unser Fleisch annahm"
  Akklamation

Eröffnungsgebet
Gott unseres Lebens, du hast uns Menschen wunderbar erschaffen. Aber noch wunderbarer ist, dass du uns in Jesus, deinem Sohn, neues und bleibendes Leben schenken willst: Wir dürfen teilhaben an deinem göttlichen Leben. Dafür danken wir dir heute und alle Tage bis in Ewigkeit.

2. Verkündigung des Wortes Gottes

Hinführung zur Ersten Lesung (Jes 52,7–10)
Jesaja spricht zu Menschen, denen die Zukunft genommen scheint. Er weckt Hoffnung: Gott wird einen senden, der die Sehnsucht der Menschen nach Gerechtigkeit, Frieden und Befreiung erfüllen wird.

Psalm / Gesang
– GL 149,1: „Alle Enden der Erde" mit GL 151,3: „Singt dem Herrn ein neues Lied",
  VV. 1–10.
– GL 152,1.2: „Seht, unser König kommt", VV. 1–8.

Hochfest der Geburt des Herrn – Am Tag

Hinführung zur Zweiten Lesung (Hebr 1,1–6)
Was die Propheten ersehnt und geschaut haben, hat sich in Jesus erfüllt: Gott spricht zu uns durch den Sohn.

Ruf vor dem Evangelium
– GL 530,8: „Halleluja" mit GL 155: „Christus ist geboren", – „Halleluja"
– GL 532,2: „Halleluja" mit GL 156: „Jubelt, ihr Lande", – „Halleluja"

Hinführung zum Evangelium (Joh 1,1–18)
Wie ein Trompetenstoß klingt der erste Vers des Johannesevangeliums: Schon von Urzeit an wirken Gott und sein Wort in der Welt. Dieses geheimnisvolle und doch nicht überhörbare „Wort" ist der Christus Jesus. Er ist die Mitte des johanneischen Evangeliums.

Predigt / Auslegung
– *Stille* –

3. Antwort der Gemeinde

Glaubensbekenntnis
– GL 423: „Credo in unum Deum"
(Beim „et incarnatus est" knien alle nieder)
– GL 448: „Ich glaube an Gott …" – A.: „Amen, wir glauben"

Allgemeines Gebet / Fürbitten
In Jesus Christus hat Gott selbst die Tür zu uns Menschen geöffnet. Voll Freude nehmen wir ihn bei uns auf, indem wir unsere Türen für ihn öffnen. Alle unsere Bitten bringen wir vor ihn:
V./A.: GL 563: „Erhöre uns, Christus!"
– Herr Jesus Christus, du bist die Tür zwischen Gott und uns Menschen: Lass uns dich aufnehmen und dich weitergeben an unsere Mitmenschen
– Herr Jesus Christus, du bist das Licht für unser Leben: Erleuchte die Finsternis in der Welt
– Herr Jesus Christus, du bist das ewige Wort des Vaters: Mach uns hellhörig für deine Stimme
– Herr Jesus Christus, du bist unser Friede: Schenke Frieden allen, die sich danach sehnen
– Herr Jesus Christus, du bist unsere Freude und unser Trost: Schenke unseren Verstorbenen ewiges Leben bei dir
Gütiger Gott, in der Menschwerdung deines Sohnes aus Maria durch die Kraft des Heiligen Geistes hast du unserem Leben und unserer Welt neue Hoffnung gegeben. Öffne die Türen unserer Herzen, damit wir ihn bei uns einlassen und unser Leben in seinem Geist gestalten. So bitten wir durch ihn, Christus, unseren Herrn.

Vater unser
(gesungen)
Wir heißen Kinder Gottes und sind es. Darum beten wir voll Vertrauen:
– GL 362: „Vater unser"

– *Instrumentalmusik* –

Loblied / Danklied
– GL 144,4.5: „Gott ist im Fleische"
– GL 140,1.2.4: „Zu Betlehem geboren"

Text zur Meditation
Gott
Fleisch geworden
ganz nah
ganz menschlich
Gott ein Kind
rufend nach Hilfe mit
ausgestreckten Händen
Geborgenheit suchend
Gott ein Kind
Es klopft an die Türen
der Welt –
Reißt auf euer Herz
Nehmt ihn auf, um; Kinder Gottes
zu werden
Kinder des Kindes
Kinder des Lichts

Oder:
Über den Weizenberg
kommst du gelaufen,
über die Traubenhügel daher,
um uns Müden und ewig Verzagten
den Frieden zu bringen.
Komm, Herr Jesus!
Wir hören dich singen,
Wort, Lied aus dem Munde des Vaters,
sein schönster Lobpreis.
Geliebter, über die Weihnachtshügel daher,
du läufst immerzu.
Erst in der Tiefe
unserer Armut und Sehnsucht
kommst du zur Ruh.
Komm, Herr Jesus!

(Aus: Silja Walter, Das Wort ist Brot geworden.
Kommunionpsalter, Verlag Herder, Freiburg
i.Br., ²1992 S. 22)

4. Abschluss

Schlussgebet
Gott, unser Herr, du hast uns Jesus, deinen Sohn, als unseren Bruder geschenkt. Lass uns in diesen Weihnachtstagen erleben, dass das Unmögliche möglich ist; dass geschehen kann: Friede auf Erden, Hunger gestillt, Gerechtigkeit getan und Freude geteilt. Sammle uns von überall her in das Reich deines Friedens durch Christus, unseren Herrn.

Segensbitte / Entlassung
Der gute Gott hat durch die Menschwerdung seines Sohnes die Finsternis dieser Welt vertrieben. Er machte unsere Herzen hell mit dem Licht seiner Gnade. In seinem Sohn hat Gott Himmel und Erde verbunden. Durch ihn schenke er der Menschheit den Frieden, nach dem sie sich sehnt.
Das gewähre uns und allen der dreieinige Gott, der Vater, der Sohn und der Heilige Geist.

Schlusslied
– Lied: „O du fröhliche"
– GL 142,1.2: „In dulci jubilo"

Fest der Heiligen Familie

I. Predigt (Hebr 8,11–12.17–19; Lk 2,22–40)

Auf den du dich verlassen kannst

Weihnachten – Fest der Familie
Es gibt wohl kaum eine Zeit im Laufe des Jahres, die so sehr vom Gedanken an die Familie geprägt ist wie die Weihnachtszeit. Sehr viele Menschen feiern das Weihnachtsfest im Kreis ihrer Familien; viele junge Erwachsene, die zum Studium oder für die Berufsausbildung in eine andere Stadt ziehen, kommen zum Fest in ihre Ursprungsfamilie zurück; viele entferntere Verwandte suchen gerade in diesen Tagen mit Hilfe von Kartengrüßen oder telefonisch Kontakt zueinander. Das Weihnachtsfest ist bei uns ein Familienfest.

Die Vielfalt der Familienformen in unserer Gesellschaft
Bei genauerem Blick fällt auf, dass es in unserer Gesellschaft eine große Vielfalt von Familienformen gibt. Viele Kinder wachsen gemeinsam mit ihrer Mutter und ihrem Vater auf. Manche Kinder haben Stiefeltern. Daneben gibt es Einelternfamilien: Der Vater oder die Mutter hat allein die Verantwortung für die Heranwachsenden. Es kommt häufig vor, dass Alleinerziehende einen neuen Partner oder eine neue Partnerin finden. Diese Person übernimmt dann ebenfalls Verantwortung für die Kinder. Manchmal kommen auch zwei Einelternfamilien zusammen und bilden eine neue gemeinsame Lebensform. Diese wenigen Hinweise machen deutlich, welch eine große Fülle unterschiedlicher Lebensformen sich in unserer Gesellschaft findet. –
Wenn das so ist, ergibt sich die Erkenntnis: Es muss was dran sein an der Familie. Was ist das wohl?

Ohne Verlass
Die Äußerung eines berühmten Fußballspielers, der sich einige Monate zuvor von seiner Frau getrennt hatte, gibt zu denken. Er sagte: „Man lebt sich auseinander. Man ist nicht mehr zu Haus." Der Mann hatte zwar viel Geld, aber reich war er nicht. „Man ist nicht mehr zu Haus." – Und ein berühmter Musiker, gefragt, was ihm das Wertvollste im Leben sei, antwortete: „Dass ich mit dem Gefühl leben darf, dass ich einen Menschen habe, auf den ich mich verlassen kann." In diesem Bewusstsein zu leben, einen oder mehrere Menschen zu haben, auf die ich mich verlassen kann – das ist mit keinem Geld der Welt zu bezahlen.

Auf die Jesus sich verlassen konnte
Warum spreche ich heute davon? Weil Josef und Maria uns vormachen, was es heißt, ein Mensch zu sein, auf den man sich verlassen kann. Wir wissen wenig von der Heiligen Familie; nur dass sie anfangs keine Wohnung fanden, sonderbaren Besuch bekamen aus dem Morgenland, arm waren, denn es reichte nur für zwei Tauben als Opfer, wie wir heute hören. Aber eines wissen wir: Auf die beiden war Verlass. Die beiden hielten zusammen. Sie geben Jesus das, was einen Menschen reich macht für sein ganzes Leben: ein Zuhause, einen Platz bei ihnen, für seinen Leib und seine Seele.

Auf Gott kannst du dich verlassen
Aber sie gaben ihrem Sohn noch mehr; und deshalb heißen sie zu Recht „Heilige Familie". Sie gaben ihm das Zeugnis, dass er sich nicht nur auf seine Eltern verlassen kann, sondern dass Gott sein Vater ist und er sich auf ihn voll und ganz verlassen kann.

Simeon und Hanna, so möchte ich das deuten, unterstützen sie dabei. Sie sind unsere Vorbilder, indem sie den kommenden Generationen bezeugen: Auf diesen Gott könnt' ihr euch verlassen. Mit diesem Jesus leben, bringt Licht, bringt Heil, nicht nur dir allein, sondern allen Völkern.

Unterwegs nach Hause
Im Grunde sind wir zeit unseres Lebens unterwegs nach Hause, zu dem Ort der Geborgenheit, zu dem Vater, auf den Verlass ist. Es ist für Kinder ungemein wichtig, dass sie stabile, verlässliche Familie erleben. Es ist für sie ganz wichtig, dass sie die Erfahrung von „Zuhausesein" machen. Aber das ist nicht alles. Maria und Josef verlassen ihr Zuhause und sie ziehen mit ihrem Kind hinauf zum Tempel Gottes, um ihrem Kind Jesus zu bezeugen: In ihm sind wir zu Hause! Und Jesus hat sie verstanden. – So sollen auch wir uns wie Abraham immer wieder neu aufmachen hin zu dem ermutigenden Gotteswort, das uns heute am Beispiel von Abraham und Sara verkündet: Auf diesen Gott kannst du dich verlassen! – Wir wollen als Gemeinde mit Simeon und Hanna den Menschen bekennen: In diesem Jesus Christus ist Licht und Heil! – Und wir wollen uns wie Josef und Maria mühen, für andere ein Zuhause zu sein, das ihnen leben hilft. Der wahre Reichtum unseres Lebens, den wir unseren Kindern vererben dürfen und sollen, ist das Lebensgefühl: Ich bin unterwegs nach Hause, zu Dir, meinem Gott.

Sonntagskerze
Fantasie und Liebe lassen uns vielleicht Symbole finden, mit denen wir unsere Verbundenheit ausdrücken können mit den Kindern, die uns entwachsen sind. Zum Beispiel eine schön verzierte Sonntagskerze. Wenn sie jeden Sonntag auf dem Mittagstisch brennt, drückt die Familie die Hoffnung aus, dass Jesus Christus, das Licht, die Lebenswege jedes Einzelnen begleiten und in eine gute Zukunft führen möge. So vertrauen wir auf Gott, der uns Zukunft und Hoffnung und ein Zuhause bei sich schenkt. (2)

Norbert Possmann

II. Elemente für eine Wort-Gottes-Feier

1. Eröffnung

Eröffnungsgesang
– GL 130,1–4: „Gelobet seist du, Jesu Christ" – *(an Stelle von „Kyrieleis" – „Halleluja"!)*
– GL 139,1.3.4: „Hört, es singt und klingt"

Liturgischer Gruß / Einführung
Im Namen des Vaters ...
Gott ist unser Gastgeber. Er erfüllt uns mit seinem Frieden.
Heute lädt Gott uns ein, bei ihm Platz zu nehmen. In seinem Hause miteinander zuhause zu sein. Deshalb sage ich euch im Namen Gottes: Ihr seid hier bei ihm herzlich willkommen! – Wir feiern heute das Fest der Heiligen Familie. Das sind Maria, Josef und Jesus. Aber diese Heilige Familie bleibt nie unter sich. Sie ist offen für alle, die Gott suchen, in Jesus den entdecken, der Licht in das Leben der Menschen bringt, der uns verkündet: Ihr alle gehört zur Heiligen Familie! Ihr alle seid Kinder Gottes, bei ihm dürft ihr zuhause sein. Das wollen wir heute miteinander feiern.

Fest der Heiligen Familie

Christus-Rufe
nach der Melodie GL 495:
V.: Herr Jesus, du Sohn des ewigen Vaters – A.: Kyrie eleison
V.: Du Kind der Jungfrau Maria –
V.: Herr Christus, du hast die Kinder gesegnet – A.: Christe eleison
V.: Du führst uns ins Haus des Vaters –
V.: Herr Jesus, du Freund der Menschen – A.: Kyrie eleison
V.: Mach uns zu Kindern des Friedens –

Eröffnungsgebet
Gott, wir alle sind deine Familie. Du zeigst uns durch Jesus Christus, deinen Sohn, dass wir deine Kinder sind, Schwestern und Brüder, miteinander unterwegs durch diese Zeit. Wir alle sind bei dir zu Hause, denn du bist unser Vater, du bist unser Ziel, du verbindest uns miteinander durch Christus, unseren Herrn.

2. Verkündigung des Wortes Gottes

Hinführung zur Ersten Lesung (Gen 15,1–6; 21,1–3)
Abraham ist alt geworden. Er hätte gerne eine Familie gehabt. Aber er und Sara hatten keine Kinder bekommen. Da schenkt Gott dem Abraham eine Verheißung, die alles weit übersteigt, was er für möglich gehalten hätte.

Psalm / Gesang
– GL 154: „Dankt dem Vater mit Freude"
– GL 649,1.2: „Selig, die bei dir wohnen, Herr" mit VV. 1–4.10.12.

Hinführung zur Zweiten Lesung (Hebr 11,8.11–12.17–19)
Obwohl Abraham alt geworden ist, ist er doch nicht müde im Glauben. Er vertraut Gott, er verlässt sich auf ihn. Er geht mit Sara, mit Isaak seinen Weg. Er weiß: Gott geht mit uns. Er ist Anfang und Ziel. Wir sind miteinander unterwegs nach Hause.

Ruf vor dem Evangelium
– GL 530,4: „Halleluja" mit GL 527,7: „Behüte mich, Gott," – „Halleluja"

Hinführung zum Evangelium (Lk 2,22–40)
Der Tempel, das Haus Gottes, war für Simeon und Hanna wie ein Zuhause. Als Jesus von seinen Eltern in das Haus Gottes gebracht wird, da erkennen und bekennen die beiden Alten, dass in diesem Kind Jesus Gott zu Hause ist.

Predigt / Auslegung
– *Stille* –

3. Antwort der Gemeinde

Segnung der Kinder
Liebe Eltern, Josef und Maria haben das Kind Jesus zu Gott in den Tempel gebracht. So wollen auch wir heute unsere Kinder vor Gott bringen und segnen lassen. – *(Eltern treten mit ihren Kindern vor.)*
Herr Jesus Christus, du hast gesagt: Lasst die Kinder zu mir kommen. Sieh auf diese Kinder, die du mit Namen gerufen und angenommen hast. Dein heiliger Engel möge sie leiten. Lass sie in ihrer Familie geborgen sein. So bitten wir durch Christus, unseren Herrn.
(Daraufhin wird jedes einzelne Kind mit Handauflegung gesegnet.)
Dazu GL 46: „Ein kleines Kind"

Zum Abschluss der Kindersegnung
- GL 719,1.2: „Der Herr ist mein Licht und mein Heil" mit VV. 1–6.8.9.
- GL 291.3: „Wer unterm Schutz"

Allgemeines Gebet / Fürbitten
Gott des Lebens, Sara und Abraham, Maria und Josef haben ihr Vertrauen auf dich gesetzt. Durch ihre Lebenswege ermutigt, rufen wir zu dir:
- Für die Völker der Erde,
  um Versöhnungsbereitschaft für die Volksgruppen auf dem Balkan,
  um Frieden für die Menschen in den Krisengebieten der Erde,
  um Gerechtigkeit für die Menschen in der Dritten Welt.
- Für die Menschen in unserer Gesellschaft,
  um liebevollen Umgang miteinander in den Familien,
  um die Erfahrung von Geborgenheit für die alten Menschen,
  um Solidarität mit den Bedürftigen in unserem Land.
- Für die Kirche,
  um freundschaftliche Beziehungen zwischen den Konfessionen,
  um den Mut, Bewährtes zu erhalten und Neues zu erproben,
  um Glaubensfreude für alle, die diesen Gottesdienst mitfeiern.
- Für die Verstorbenen,
  um das Leben in Fülle für alle, mit denen wir über den Tod hinaus verbunden sind.
Gott, unser Vater, durch alle Generationen hindurch sehnen sich die Völker nach Licht und Heil. Du hast diese Hoffnung erfüllt in der Geburt deines Sohnes. Dir sei Ehre und Lobpreis in Ewigkeit!

Vater unser
Wir heißen Kinder Gottes und sind es. Darum beten wir voll Vertrauen:
- GL 362: „Vater unser"
(leise Instrumentalmusik)

Loblied / Danklied
- GL 135,1–4: „Singen wir mit Fröhlichkeit"
- GL 283: „Danket, danket dem Herrn" (Kanon)

Text zur Meditation

Christi Friede
uns geschenkt
und eingesenkt.
Hier im Wort
lässt er uns ein Leib, ein Herz
in Jesu Liebe sein.

Christi Friede
macht uns frei.
Will uns immer neu
zusammenschließen
und durch unsere Herzen fließen.
Christi Friede
macht uns eins und treu,
dass in uns sein Reich auf Erden sei.

(Aus: Silja Walter, Das Wort ist Brot geworden. Kommunionpsalter, Verlag Herder, Freiburg i.Br. ²1992, 22 f.)

4. Abschluss

Schlussgebet
Gott, du bist unser Vater, wir sind deine Familie; wir sind unterwegs nach Hause zu dir. Lass uns in diesen Tagen füreinander zuhause sein. Hilf uns, einander zu bezeugen, dass auf dich, unseren Gott, Verlass ist. Wir bauen auf deine Treue, die du uns zeigst durch Christus, unseren Herrn.

Segensbitte / Entlassung
Der Herr segne uns und unsere Familien! Er helfe uns, Menschen zu sein, auf die andere sich verlassen können. Er helfe uns, Zeugen zu sein für die Verlässlichkeit des dreieinigen Gottes: des Vaters, des Sohnes und des Heiligen Geistes.

Schlusslied
– GL 142,1.2: „In dulci jubilo"
– GL 834,1–3: „Gott, du bist Sonne und Schild" (Freiburg/Rottenburg-Stuttgart)

Hochfest der Gottesmutter Maria / Neujahr

I. Predigt (Num 6,22–27; Gal 4,4–7; Lk 2,16–21)

Maria – Zeichen am Weg

Suche nach Orientierung
In den Tagen um Weihnachten und Neujahr beschäftigen uns viele Stimmungen und Gedanken. Freude und Sorgen, Hoffnungen und Enttäuschungen, Wünsche und Befürchtungen liegen dicht beieinander. Wir verspüren Unsicherheit, sehnen uns nach einem Zeichen der Orientierung und des Haltes. – Vor allem wenn wir auf das Jahr blicken, das vor uns liegt, möchten wir uns gerne von jemandem Hoffnung und Zuversicht zusprechen lassen, der unser Vertrauen verdient. Können uns die Lesungen, die wir eben gehört haben, kann uns das Tagesevangelium dazu etwas sagen?

Gott schaut auf uns
Die Erste Lesung, der so genannte Aaronsegen, spricht uns zum Jahresbeginn Gottes Nähe zu. Die Worte, die die Priester in Gottes Auftrag sprechen, sind sehr persönlich und berührend: „Der Herr segne dich und behüte dich ..." Mit „behüten" verbinden wir beschützen, bewahren, auf jemanden liebevoll Acht geben. Wer kann dies besser als Gott, der auf uns schaut, dem unser Wohl am Herzen liegt und der deshalb Jesus als Retter zu uns gesandt hat, dessen Geburt wir jetzt eine Woche lang gefeiert haben?

Gott geht auf uns zu
Paulus spricht im Galaterbrief davon, allerdings mit geradezu kargen Worten: „Als die Zeit erfüllt war", sandte Gott seinen Sohn. „Als die Zeit gekommen war", als der Augenblick für Gottes helfendes Eingreifen günstig war, da sandte er seinen Sohn als den Retter. „Gott wird Mensch, damit der Mensch Heimat habe in Gott", drückten das die früheren Theologen, die Kirchenväter, aus.

Gott rettet uns
Das Evangelium schildert die Wirkung der Geburt Jesu auf die Menschen, die als Erste davon betroffen waren. Genannt werden die Hirten, Maria, die Freunde und Nachbarn, die zusammengekommen waren, um dem Kind eine Woche nach seiner Geburt einen Namen zu geben. Dieser Name bringt zum Ausdruck, dass sich Gott neu und unwiderruflich den Menschen zuwendet: Jesus – hebräisch „Jehoschua" – bedeutet „Gott rettet". Es mag ein Zufall sein, dass das Weihnachtsfest und unser Neujahrsfest dicht beieinander liegen. Doch kann es einen besseren Zufall geben, als dass uns zu Beginn eines Neuen Jahres, wenn uns so viele Gedanken beschäftigen, gesagt wird: Gott ist da! Gott segnet und rettet!? Der Name „Jesus" steht somit wie eine Überschrift über den kommenden 365 Tagen. Er ermutigt uns, diese Tage anzunehmen, was immer

sie auch bringen mögen. Gott wendet sich uns zu. Er steht auf unserer Seite, er segnet uns. Darüber können wir nur staunen und uns freuen wie die Hirten und können – wie diese – die frohe Botschaft weitersagen.

Gott erfüllt uns
In der Ikonographie der Ostkirche gibt es nicht nur die Ikone „Gottesmutter Weggeleiterin" sondern auch die Ikone „Gottesmutter des Zeichens". Vieles, was uns jetzt bewegt, finden wir in dieser Darstellung wieder. Da ist Maria; sie steht ganz aufrecht. Aber unser Blick fällt sogleich auf ihren Leib. Denn in ihrer Mitte trägt sie ein Kind, dargestellt wie ein übergroßes Medaillon. Dieses Kind trägt bereits die Gesichtszüge eines jungen Mannes. Im Nimbus, im Heiligenschein, der seinen Kopf umgibt, sehen wir das Kreuz, in dem wir – meist in griechischen Worten – lesen „ho on", der Seiende. Es ist die griechische Übersetzung des hebräischen Gottesnamens Jahwe, „Ich bin da". Ebenfalls in griechischen Buchstaben lesen wir den Namen des jungen Mannes: „Jesus Christus". Wir sehen hier den „Sohn", von dem Paulus spricht, der uns wieder die ursprüngliche Würde der Gotteskindschaft bringt. Er ist der Sohn Gottes und gleichzeitig Sohn Mariens. Auch er schaut uns an. Er wendet uns sein Angesicht zu, das auch Gottes Angesicht ist, und segnet uns. Auf manchen Darstellungen segnet er mit seiner rechten Hand und hält in seiner linken Hand das Evangelienbuch. Es enthält sein Wort, durch das Segen für die Welt ausgeht. Wer es annimmt, wird gerettet. Die Rettung, die Jesus bringt, ist kein oberflächliches Bekämpfen von Symptomen. Sie ist Heilung von innen heraus, vergleichbar mit einer Neuschöpfung. Der ganz und gar und allein von Gott her neugeschaffene Mensch – dafür stand damals das Symbol der Jungfrau. Blicken wir deshalb auf die Gottesmutter.

Gott macht uns zum Zeichen
Sie ist mit ihrer ganzen Existenz nichts anderes als die Geöffnete und Zeigende. Aufrecht stehend, hat sie die Arme ausgebreitet zum Gebet. Ihren Blick richtet sie auf uns, den Betrachter. Aus ihrer Haltung spricht völlige Offenheit für Gott. Sie ist voller Erwartung und Bereitschaft für sein Wort. –
In Maria sehen wir also den neuen Menschen, der Gott Raum gibt. Sie ist das Urbild aller Menschen, die sich für sein Wort öffnen. – Mehr noch: Indem sie ihre ganze Existenz als Raum für Gott und sein Wirken zur Verfügung stellt, wird sie zur Zeigenden. Sie selbst ist fast nur noch der Hintergrund, die Folie, auf der Gottes Sohn hervortreten kann. – Wer sich Gott überlässt, in dem kann Gott wohnen und ihn zum Guten hin verändern. Wer sich Gott überlässt, wer sich so zurücknimmt und Christus den Vortritt lässt, wer nicht sich zeigt sondern ihn, der wird selber zum Zeichen für Gottes Gegenwart, für Glaube, Hoffnung und Liebe. Maria sagt uns, dass ein Leben nach den Vorstellungen Gottes menschenmöglich ist. Sie geht den einmal eingeschlagenen Weg und lädt uns ein, ihren Weg des Vertrauens und der Überlassung mitzugehen.
Deshalb ist sie ein „Zeichen". Sie schaut uns an – denn auch wir gehören als Christen zu den Menschen, denen Gott sein Angesicht in besonderer Weise zuwendet und die er zum Zeichen seiner Gegenwart unter den Menschen macht.
Am Beginn eines Neuen Jahres steht also die Botschaft: Gott segnet uns. Er wendet unser Leben und unsere Zeit hin zum Guten. Weil er uns segnet, sind auch wir ein Zeichen der Hoffnung und Orientierung – zumindest für unsere Umgebung. Geben wir Gott im Neuen Jahr viel Raum in uns! Dann wird die Weihnachtsfreude in uns bleiben und durch uns weitergegeben werden.

Hanns Sauter

II. Elemente für eine Wort-Gottes-Feier

Im Kirchenschiff soll auf einem Lesepult die Ikone „Gottesmutter Weggeleiterin" oder „Gottesmutter des Zeichens" aufgestellt sein. Der / Die LeiterIn des Gottesdienstes begrüßt sie beim Einzug mit einer tiefen Verneigung.

1. Eröffnung

Eröffnungsgesang
– GL 586: „Gruß dir, Mutter"
– GL 158,1–3: „Lobpreiset all"
– GL 833,1.3: „Danket dem Herrn" (Freiburg/Rottenburg-Stuttgart)

Liturgischer Gruß / Einführung
Im Namen des Vaters ...
Der Name des Herrn sei gepriesen. – Von nun an bis in Ewigkeit.
Wir beginnen heute ein Neues Jahr. Mitten hinein in all unsere Unsicherheiten hören wir die Botschaft: Wir sind von Gott gesegnete Menschen. Daher haben wir allen Grund, vertrauensvoll in die Zukunft zu sehen. Jesus, dessen Name bedeutet „Gott rettet", ist unser Anführer, und Maria, deren Fest wir heute auch feiern, stützt unser Vertrauen in die Wege Gottes.

Christus-Rufe
Nach jeder Anrufung: Akklamation: GL 563 (Schlussdoxologie)
– Herr Jesus Christus, Abglanz des Vaters, Urbild der Schöpfung:
Akklamation: GL 563: „Ihm allein sei die Herrschaft"
– Herr Jesus Christus, Bruder der Menschen, Hoffnung der Erde:
Akklamation: GL 563: „Dem König der Völker"
– Herr Jesus Christus, Anfang und Ende, Herr unsres Lebens:
Akklamation: GL 563: „Sein Friede komme über uns"

Eröffnungsgebet
Christus, gestern und heute, Anfang und Ende, Alpha und Omega. Dein ist die Zeit und die Ewigkeit. Dir vertrauen wir unser ganzes Leben an. So können wir unseren Weg gehen, bis wir das Fest ohne Ende im göttlichen Licht erreicht haben. Dir gebührt Lobpreis und Dank jetzt und in Ewigkeit.

2. Verkündigung des Wortes Gottes

Hinführung zur Ersten Lesung (Num 6,22–27)
Heute bewegen uns viele Gedanken. Wir stellen uns daher bewusst vor Gottes Angesicht und lassen uns seinen Segen zusprechen.

Psalm / Gesang
– GL 149,1: „Alle Enden der Erde" mit GL 732,2: „Gott sei uns gnädig"
– GL 736,1.2: „Vor dir sind tausend Jahre" mit VV. 1–4.13.15.17.18.

Hinführung zur Zweiten Lesung (Gal 4,4–7)
Der schon vor aller Zeit bei Gott war, hat sich entäußert und wurde von einer einfachen Frau aus dem Volk geboren. Heute feiern wir sie als Gottesmutter.

Ruf vor dem Evangelium
– GL 531,6: „Halleluja" mit GL 527,1: „Singet dem Herrn", – „Halleluja"

Hochfest der Gottesmutter Maria / Neujahr

Hinführung zum Evangelium (LK 2,16–21)
Mit der Geburt seines Sohnes geht Gott in die Geschichte seines auserwählten Volkes ein. Jesus, der verheißene Messias, stammt aus dem Geschlechte Davids und wird in der Stadt Davids geboren. Am achten Tag empfängt er das Zeichen, das den Bund Jahwes mit seinem Volk besiegelt.

Predigt / Auslegung
– Stille –

3. Antwort der Gemeinde

(Nach leiser Instrumentalmusik)
Glaubensbekenntnis
– GL 276,1–5: „Wir glauben Gott im höchsten Thron" *(nach der Melodie GL 474 oder*
  – GL 245)

Allgemeines Gebet / Fürbitten
Am Anfang dieses Neuen Jahres stimmen wir ein in die große Friedenslitanei der Ostkirche:
– Im Frieden lasst uns beten zum Herrn
  A.: GL 358,3: „Herr, erbarme dich!" *(immer nur diesen einen Ruf!)*
– Um den Frieden von oben und das Heil unserer Seelen lasst uns beten zum Herrn – „Herr, erbarme dich!"
– Um den Frieden für die ganze Welt, um das Wohl der heiligen Kirche Gottes und um die Einheit aller lasst uns beten zum Herrn –
– Für dieses Gotteshaus und für alle, die darin gläubig, voll Liebe und Gottesfurcht beten, lasst uns beten zum Herrn –
– Für die Vorsteher unserer Kirchen, für ihre Ratgeber, für die Diakone, für jedes geistliche Amt und für das ganze Volk Gottes lasst uns beten zum Herrn –
– Für alle Lenker der Staaten und für alle Regierungen lasst uns beten zum Herrn –
– Für unsere Stadt, für jede Stadt und jedes Land und für alle Gläubigen lasst uns beten zum Herrn –
– Um günstige Witterung, um gute Ernten und um friedliche Zeiten lasst uns beten zum Herrn –
– Für die Reisenden zu Wasser, zu Lande und in der Luft, für die Kranken, die Bedrängten, die Gefangenen und um ihr Heil lasst uns beten zum Herrn –
– Dass er uns erlöse von aller Trübsal, von Zorn, Not und Gefahr lasst uns beten zum Herrn –
– Stehe bei, rette uns, erbarme dich und bewahre uns, o Gott, durch deine Gnade –
– Unserer allheiligen, allreinen, über alles gesegneten und ruhmreichen Herrin, der Gottesgebärerin und immerwährenden Jungfrau Maria und aller Heiligen gedenkend, lasst uns einer den anderen und uns selbst und unser ganzes Leben Christus, unserem Gott, übergeben –
Herr, unser Gott, dessen Macht unvergleichlich, dessen Herrlichkeit unbegreiflich, dessen Erbarmen unermesslich und dessen Menschenliebe unaussprechlich ist: Blicke in deiner Barmherzigkeit auf uns und breite reich deine Gnade aus über uns und über alle, die mit uns beten. Denn dir gebührt alle Herrlichkeit und Ehre und Anbetung in alle Ewigkeit.

Vater unser
– GL 691: „Lasst uns beten"
(Leise Instrumentalmusik / Kollekte)

Loblied / Danklied
- GL 258,1–4: „Lobe den Herren"
- Kanon: „Der Herr segne und behüte uns"

Text zur Meditation
An der Pforte des Neuen Jahres
stand ein Engel.
Ich sagte zu ihm:
Gib mir ein Licht, damit ich sicheren Fußes
der Ungewissheit entgegengehen kann.
Aber er antwortete:
Geh nur hin in die Dunkelheit,
und leg deine Hand in die Hand Gottes!
Das ist besser als ein Licht
und sicherer als ein bekannter Weg.
(Aus China)

4. Abschluss

Schlussgebet
Gott, unser Vater im Himmel, du hast uns das Geheimnis der Menschwerdung deines Sohnes aufstrahlen lassen. Lass uns die Freude und Zuversicht, die wir in uns tragen, in unsere Welt einbringen. So bitten wir dich durch Christus, unseren Herrn.

Segensbitte / Entlassung
Mit den Segensworten der Ersten Lesung gehen wir aus diesem Gottesdienst ins Neue Jahr. Sie gelten uns und allen Menschen:
Der Herr segne und behüte dich.
Der Herr lasse sein Angesicht über dich leuchten und sei dir gnädig.
Der Herr wende sein Angesicht dir zu und schenke dir Heil
der Vater, der Sohn und der Heilige Geist.

Schlusslied
- GL 577,1–4: „Maria, Mutter unsres Herrn"
- GL 594,1.5.6: „Maria, dich lieben"

2. Sonntag nach Weihnachten

I. Predigt (Joh 1,1–5.9–14)

„Im Anfang war das Wort"

„Wort" oder was?
Mit unserem heutigen Evangelium hatten schon viele ihre Schwierigkeiten. „Im Anfang war das Wort!" – Was soll das heißen? Vielleicht kennen Sie die berühmte Stelle aus Goethes Faust: Da sitzt der gescheite und rundum gebildete Dr. Faust in seinem düsteren Studierzimmer und schlägt das griechische Neue Testament auf. Er findet unseren heutigen Text, den Anfang des Johannesevangeliums, und fängt an ihn zu übersetzen:

„Geschrieben steht: ‚Im Anfang war das *Wort*!'
Hier stock' ich schon! Wer hilft mir weiter fort?
Ich kann das Wort so hoch unmöglich schätzen,
Ich muss es anders übersetzen,
Wenn ich vom Geiste recht erleuchtet bin.
Geschrieben steht: Im Anfang war der *Sinn*."
Gewiss, das griechische Wort logos meint etwas anderes als eine bloße Vokabel; es meint auch nicht leeres Gerede, sondern Ausdruck von Gedachtem. Aber Faust hat Zweifel: Sollte wirklich der „Sinn" alles wirken und schaffen? So kommt er zu der Übersetzung „Im Anfang war die Kraft". Aber sollte mit dem „Wort" das Titanenhafte, alles rücksichtslos Überrollende gemeint sein? Selbst Faust hat da seine Zweifel. Schließlich kommt er zu der Übersetzung: „Im Anfang war die Tat." Das entspricht schon eher der Bedeutung von „Wort" / „logos". Denn biblisch ist das „Wort" immer ein wirksames Wort: „Gott sprach ... und es ward", wie es im Schöpfungsbericht heißt. „Wort" ist biblisch immer Tat-Wort, Macht-Wort, aber niemals blinde, willkürliche Tat. –
Viele andere haben es Faust nachgetan und versucht, den Anfang des Johannesevangeliums zu umschreiben.

Urknall – Zufall
Heute hört man häufig: „Im Anfang war der *Urknall*!" oder „Im Anfang war der *Zufall*!" Es scheint, nicht wenige denken wie Faust: „Ich kann das Wort so hoch unmöglich schätzen!" Doch in der Bibel steht's: „Im Anfang war das Wort!" Was ist das für ein Wort, das die Bibel so hoch schätzt? Was ist das für ein Wort, das vor allem Anfang steht? Stellen wir uns doch einmal vor, im Anfang stünde der Zufall. Unser Evangelium ginge dann so:
„Im Anfang war der Zufall
und der Zufall war bei Gott,
und der Zufall war Gott.
Alles ist durch den Zufall geworden,
und ohne den Zufall wurde nichts,
was geworden ist."
Du und ich – wir lebten, weil der Zufall es so wollte. Unser Anfang – ein Zufall. Unser Ende – ein Zufall. Und dazwischen: lauter Zufälle. Unser ganzes Leben, unsere Geschichte – ein Zufall: blind, anonym, zeillos.

Wort
Aber in der Bibel steht nicht: Im Anfang war der Zufall. Sondern: Im Anfang war das Wort! Am Anfang steht nicht etwas Anonymes, Blindes, Zielloses, sondern etwas sehr Persönliches: ein Wort. Ein Wort, das Gott spricht. Und wo ein Wort gesprochen wird, da entsteht Beziehung, entsteht Nähe. Worte schaffen Verbindung. Wenn ich ein Wort sage, teile ich mich dem anderen mit. Ich schenke mich dem anderen, wenn ich von dem erzähle, was in mir ist: was ich denke und fühle, was ich hoffe und wünsche. Worte helfen verstehen. Worte helfen leben. Worte tun gut. Ein solches Wort hat Gott gesprochen. Und das Wort, das vor allem Anfang steht, heißt: „Ich liebe dich. Es ist gut, dass es dich gibt." Dieses Wort hat Gott von urher zu seinem göttlichen Sohn gesprochen, und der spricht es zum Vater zurück. Durch den Sohn hat es Gott der Vater aber auch zur Schöpfung, zum Universum, zur Geschichte, zur menschlichen Freiheit, zu jedem einzelnen Menschen gesprochen: „Ich liebe dich. Du sollst sein! Du bist von mir gewollt!" Wenn alles durch dieses bejahende Wort geworden ist und wenn es stimmt, dass nichts von allem, was wurde, ohne dieses Wort geworden ist, dann dürfen wir wissen, dass auf dem Hintergrund und Untergrund unseres Lebens und des ganzen Universums eine unvorstellbar liebende Zustimmung waltet, eine unsichtbare Fürsorglichkeit, die das ganze Werden des Universums und unser Leben lenkt und trägt. Kosmo-

logen und Astrophysiker drücken das anders aus. Z.B. so: Unerklärlich ist „weniger, wie die Welt ist, sondern dass sie ist – und warum nicht Nichts ist" (H. Lesch, München) oder so: „Die Erforschung des Universums hat mir gezeigt, dass die Existenz von Materie ein Wunder ist, das sich nur übernatürlich erklären lässt" (A. Sandage, Kalifornien). Und dann so: „Das Weltall ist uns so unwahrscheinlich günstig gesinnt, dass es geplant zu sein scheint" (A. Tammann, Basel). Und schließlich so: „Es hat etwas ungeheuer Liebenswertes, zu erfahren, was der Kosmos sich für eine Arbeit gemacht hat, an dieser Stelle (= auf der Erde) Leben zu ermöglichen" (H. Lesch). – Die Liebenswürdigkeit, die Wohlgesonnenheit, die in allem und hinter allem wirkt und uns seit ewig zusagt: „Ich liebe dich! Du sollst leben!" ... „Im Anfang war das Wort ... und nichts, was geworden ist, wurde ohne dieses Wort." (3)

Norbert Tillmann

II. Elemente für eine Wort-Gottes-Feier

1. Eröffnung

Eröffnungsgesang
– GL 134,1–3: „Lobt Gott, ihr Christen"
– GL 132,1–2: „Es ist ein Ros entsprungen"

Liturgischer Gruß / Einführung
Im Namen des Vaters ...
Jesus Christus, das menschgewordene Wort des Vaters, ist in unserer Mitte und schenkt uns seinen Frieden.
Wir haben miteinander Weihnachten gefeiert. Wir haben das alte Jahr miteinander beendet. Das Neue Jahr nimmt seinen Lauf. Schade wäre es nur, wenn Weihnachten ein einsamer idyllischer Lichtpunkt im hektischen Lauf unseres Jahres bliebe. Mit dem, was wir Weihnachten gefeiert haben, sind wir nie fertig. Deshalb wiederholt das heutige Evangelium die Botschaft vom Weg des menschgewordenen Wortes Gottes, das für uns Licht und Leben brachte.

Christus-Rufe
– GL 129: „Licht, das uns erschien"
statt „Herr, erbarme dich" *jeweils* Akklamation: GL 486: „Ehre sei dir mit dem Geist und dem Vater in den Höhen"

Eröffnungsgebet
Herr, unser Gott, jedem schenkst du dein Licht und dein Wort, wenn er nur will, und dein Reich gibst du den Armen und Sündern; – so wirst du auch uns gnädig sein. Schick uns nicht fort mit leeren Händen, sondern erfülle uns mit Jesus Christus, deinem Wort der Treue, deinem lebendigen Licht für diese Welt und alle Zeiten. – Wir preisen dich in Ewigkeit.
(Aus: H. Oosterhuis, Du bist der Atem und die Glut, Verlag Herder, Freiburg 4. Auflage 1996)

2. Verkündigung des Wortes Gottes

Hinführung zur Ersten Lesung (Sir 24,1–2.8–12 oder Sir 24,1–4.12–16)
Schon Israel wusste um die Gegenwart Gottes in der Schöpfung und in der Geschichte. Gottes Weisheit sucht sich aber einen besonderen Platz: Sie will unter den Menschen, im Volk Israel wohnen.

2. Sonntag nach Weihnachten

Psalm / Gesang
– GL 761,1.2: „Himmel und Erde, lobet den Herrn" mit VV. 1–5.11.–13.

Hinführung zur Zweiten Lesung (Eph 1,3–6.15–18)
Im folgenden Hymnus aus dem Epheserbrief wird Gott gepriesen und ihm Dank gesagt für unsere Erwählung und Berufung. Sie reichen nach Gottes Plan zurück bis in die Zeit vor aller Schöpfung.

Ruf vor dem Evangelium
– GL 532,2: „Halleluja" mit – GL 149,1: „Alle Enden der Erde", – „Halleluja"

Hinführung zum Evangelium (Joh 1,1–5.9–14)
In Jesus von Nazaret ist der unsichtbare Gott uns nahe gekommen, in seiner Liebe zu den Menschen ist sichtbar geworden, wer Gott im Tiefsten ist: Ein Gott, der uns Menschen voll Sympathie zugewandt ist.

Predigt / Auslegung
– *Stille* –

3. Antwort der Gemeinde

Glaubensbekenntnis
Wir bekennen unseren Glauben an die Menschwerdung des Gottessohnes:
– GL 130,2.3.7: „Des ewgen Vaters einig Kind" – *statt* „Kyrieleis": „Halleluja"
– GL 144,3.4: „Sehet dies Wunder"

Allgemeines Gebet / Fürbitten
Gott, du hast uns dein Wort gegeben, ein lebendiges Wort. Einen Menschen hast du uns gegeben, der in deinem Namen zu uns gesprochen hat. Wir bitten dich:
– Für alle, die in der Flut der Worte nicht mehr wissen, worauf sie hören sollen. Öffne ihr Herz für dein Wort.
– Für alle, die dein Wort weitergeben wollen. Hilf ihnen, sich selbst zurückzunehmen, damit sie dein Wort nicht verdunkeln.
– Für alle, die auf ein gutes Wort warten, das ihnen hilft zu leben. Schenke ihnen freundliche Menschen, die das richtige Wort für sie finden.
– Für alle, die privat oder öffentlich verantwortungslos mit dem Wort umgehen. Hilf ihnen umzukehren zu Wahrheit und Güte.
– Für alle, die aus deinem Wort gelebt haben und im Vertrauen auf dein Wort gestorben sind. Lass sie erfahren, dass du dein Wort hältst.
Herr und Bruder Jesus Christus, du bist das lebendige Wort, das uns trägt und hält. Darauf vertrauen wir heute und alle Tage bis in Ewigkeit.

Vater unser
Lasst uns beten, wie es der Herr uns gelehrt hat:
– GL 362: „Vater unser"

Friedenszeichen
Jesus Christus ist in unserer Mitte und schenkt uns seinen Frieden. – Deshalb wollen auch wir einander ein Zeichen des Friedens geben.

Loblied / Danklied
– GL 141,1.2.4: „Ich steh an deiner Krippe"
– GL 137,1.2: „Tag an Glanz und Freuden groß"

Text zur Meditation
Der Gottesgedanke –
ganz hinten
im Kleiderschrank unsrer Gesellschaft
weil nicht farbig genug
spielt er
keine Rolle mehr

Wir haben ihn uns
zurechtgeschneidert
nach unserm Geschmack
und dann:
konnte ihn jeder
entbehren –
den Gottesgedanken

Welche Generation
wird IHN neu vernehmen
ihn
der das Weltall entstehen und vergehen lässt

ihn
für den die Völker
ein Tropfen am Wassereimer
sind?

ER,
der Ursprung und das Geheimnis
allen Lebens
kommt selbst
in die Generationenfolge des Menschen
Jetzt erst
beginnt das atemberaubende Staunen
ganz neu –
Dein Angesicht, Herr, will ich suchen

(Nach Motiven von Günter Biemer)

4. Abschluss

Schlussgebet
Gott, du bist größer als alle Worte und Gedanken der Menschen. In Jesus Christus hast du das lebendige Wort gesprochen, das wir verstehen können. Hilf uns es anzunehmen, damit wir Menschen bleiben, die aus deiner Liebe leben. Sei gepriesen in Ewigkeit!

Segensbitte / Entlassung
Der Gott allen Trostes und aller Verheißung segne uns und behüte uns.
Er begleite uns mit deiner Liebe und lasse sein Angesicht über uns leuchten.
Er lege seinen Namen auf uns, dann sind wir gesegnet
durch den Vater, den Sohn und den Heiligen Geist.

Schlusslied
– GL 577,1–4: „Maria, Mutter unsres Herrn"
– GL 589,1–3: „Alle Tage sing und sage"

Hochfest Erscheinung des Herrn

I. Predigt (Mt 2,1–12)

... „auf einem anderen Weg"

Die Hirten – die Könige
Jetzt, Schwestern und Brüder, können wir richtig Weihnachten feiern. Denn jetzt sind endlich auch unsere Vertreter an der Krippe angekommen. Keine Hirten, mit zerlumpten Kleidern und leeren Händen und dem strengen Viehgeruch. Nein: stattliche Könige, reich gekleidet, gut riechend, beladen mit Geschenken. Das sind unsere Vertreter, jetzt können auch wir richtig Weihnachten feiern. – Vielleicht fragen Sie jetzt

erstaunt: Warum sollen wir uns ausgerechnet mit diesen drei Königen identifizieren? Nun, seien wir doch ehrlich: So mittellos und ausgegrenzt wie die Hirten sind wir nun mal nicht. Und auch erst jetzt, mit der Ankunft der Könige bekommt dieser armselige Stall etwas von der heimeligen, festlichen Atmosphäre unserer Wohnzimmer: Glitzern von Gold und Silber, teure und wertvolle Geschenke, gute Gerüche. Und das ist ja auch gut so; denn das ist ja erst die frohe Botschaft für uns, dass dieser Gott Arme *und* Reiche bei sich willkommen heißt. – Dass Gott auf der Seite der Armen und Ausgestoßenen steht, das wissen wir. Trotzdem verschließt er sich auch nicht denen, die in gesicherten Lebensverhältnissen oder gar Wohlstand leben können. Die Mächtigen und Besitzenden, denen alle Möglichkeiten offen stehen, die Beziehungen haben und nutzen können, die was zu sagen haben, die sind aufgebrochen. Aber der Weg dieser Reichen, der mit Amt und Würden und dem nötigen Taschengeld Beladenen, ist schwerer. Lassen Sie uns diesen Weg ein wenig nachgehen:

Am Anfang: eine Sehnsucht
Am Anfang steht eine Sehnsucht, ein Gespür, dass aller Reichtum und alle Macht nichts ist gegenüber der Sehnsucht nach dem Wesentlichen im Leben. Wann ihnen dieser Stern, dieses Licht zum ersten Mal aufgegangen ist, das wissen wir nicht. Aber irgendwann sind sie aufgebrochen. Vielleicht waren die Motive dieser drei Weisen nur halbherzig? Vielleicht hatten sie Hintergedanken und erhofften sich nur Vorteile? Wie auch immer. Hauptsache, sie führen mich zur Krippe. Hauptsache, auch ich mache mich auf. Hauptsache, eine Sehnsucht bringt auch mich auf den Weg!

Zwischenstation Jerusalem
Doch dann führt sie ihr Weg zunächst nach Jerusalem. D.h., sie suchen zunächst unter ihresgleichen. Wo sonst sollte auch der neugeborene König zu finden sein als in der Hauptstadt? Daran erkennen wir: Es sind eben noch immer die alten Denkwege, denen die Könige nachgehen. Und so finden unsere drei zunächst einmal einen anderen Mächtigen, den König Herodes. Der gebraucht seine Macht, um andere in Angst und Schrecken zu versetzen. Freilich, nun bekommt er selbst es mit der Angst zu tun; und deshalb säuselt er so sanft wie ein Wolf, wenn er Kreide gefressen hat. Haben die drei Weisen die Falschheit und Verlogenheit dieses Mächtigen nicht gespürt? Oder waren sie diese Art so gewöhnt, dass ihnen die Gefahr nicht bewusst wurde?

Am Ziel: ein wehrloses Kind
Die Sehnsucht hat sie auf den Weg gebracht; jetzt heißt es, trotz allem Bedrohlichen auf diesem Weg zu bleiben. Und sie schaffen es, dieses dunkle Loch Jerusalem zu durchschreiten. Sie kommen an, sie finden ihren König! Die Begegnung an dieser Krippe, in der sie ein kleines Kind finden, verändert sie und ihr Leben. Hier geht ihnen zum zweiten Mal ein Licht auf: Mein Glück finde ich nicht, indem ich auf Reichtum und Macht setze. Glücklich werden kann ich auch, wenn ich vieles von dem, woran mein Herz hängt, loszulassen bereit bin. Das tun die Könige jetzt: Sie lassen los, sie schenken, obwohl sie sehr bald eingesehen haben müssen, dass bei diesem Stallkind nichts zu holen ist! – Und dann knien sie sich hin und beten an. Sie halten keine langen Reden; sie bringen auch keine Bitten mit; sie verzichten darauf, sich stramm aufrecht zu halten und zu imponieren. Anbetung, das heißt, dieses Kind so nehmen wie es ist, auch wenn es meine Erwartungen nicht erfüllt. Anbetung, das heißt auch, sich selbst vor Gott so zeigen dürfen, wie man ist. Anbetung ist nicht sklavische Unterwerfung, sondern dankbare Anerkennung, dass Gott sich von uns finden lässt.

Verändernde Gottesbegegnung
Wir dürfen als Reiche zur Krippe kommen, wenn wir bereit sind, in die Knie zu gehen. Wir brauchen niemals in die Knie zu fallen vor denen, die uns in die Knie zwingen wollen, die

meinen, sie hätten Macht über uns. In die Knie gehen brauchen wir nur vor dem, der selbst vor uns in die Knie gegangen ist und der sich kleingemacht hat in einem wehrlosen Kind, nur vor Gott. Wir sind berufen in die Gemeinschaft mit Gott, berufen, mit ihm auf einer Stufe zu stehen. Wir tun dies am meisten dort, wo wir uns mit ihm ganz klein machen. – Schwestern und Brüder, die Sehnsucht bringt uns auf den Weg; durch das Dunkel unserer alten Gewohnheiten hindurch treibt sie in die Begegnung mit Gott, wo auch wir bereit werden können, loszulassen und uns klein zu machen.

Im Evangelium heißt es, die Weisen seien auf einem anderen Weg in ihre Heimat zurückgekehrt. Dürfen wir sagen, als „Anders-Gewordene"? Sie kehren wohl zu ihrem Reichtum und ihrer Macht zurück, aber kaum zu ihren alten Gewohnheiten; auch nicht zu den etablierten Vertretern von Macht und Besitz. Sie haben nämlich das Dienen und Teilen gelernt. Die Erfahrung der Nähe Gottes erforderte ihr ganzes Leben und veränderte dieses radikal. Auch wir Reichen dürfen zur Krippe, zum göttlichen Kind kommen. Doch nach jedem Weihnachtsfest bleibt die Frage, ob sich was verändert hat, ob ich mich verändert habe oder ob alles beim Alten bleibt bis zum nächsten Weihnachtsfest – und so alle Jahre wieder.

Alexander Diensberg

II. Elemente für eine Wort-Gottes-Feier

1. Eröffnung

Eröffnungsgesang
– GL 143,1.3.4: „Nun freut euch"
– GL 139,1–4: „Hört, es singt und klingt"

Liturgischer Gruß / Einführung
Im Namen des Vaters …
Der Stern der Christuserkenntnis leuchtet über allen Menschen. Jesus Christus ist mit uns.
Der heutige Gottesdienst nimmt uns mit auf den Weg der drei Sterndeuter, die sich das Ziel ihrer Reise vielleicht ganz anders vorgestellt hatten. Auch wir suchen Gott, und manchmal scheint er sehr weit weg. Bitten wir nun Gott, dass der Stern unseres Lebens für einen Moment stehen bleibt, dass wir hier still werden; dass wir uns vor dem Kind in der Krippe einfach hinknien können und den Gott finden und anbeten können, hier in dieser Feier.

Christus-Rufe
– GL 146,1: V.: „Ein Kind geborn zu Betlehem"
Akklamation:

(ostkirchlich)

– 146,3: V.: „Die König' aus Saba"
Akklamation: A.: „Kyrie eleison"
– 146,5: V.: „Sie fielen nieder"
Akklamation: A.: „Kyrie eleison"

Eröffnungsgebet

Allherrschender Gott, durch den Stern, dem die Weisen gefolgt sind, hast du am heutigen Tag den Heidenvölkern deinen Sohn geoffenbart. Auch wir haben dich schon im Glauben erkannt. Führe uns vom Glauben zur unverhüllten Anschauung deiner Herrlichkeit. Darum bitten wir durch Jesus Christus, deinen Sohn, unseren Herrn und Gott, der in der Einheit des Heiligen Geistes mit dir lebt und herrscht in alle Ewigkeit.

(Aus: H. Osterhuis, Du bist der Atem und die Glut, Verlag Herder, Freiburg i. Br. ^{4}1996)

2. Verkündigung des Wortes Gottes

Hinführung zur Ersten Lesung (Jes 60,1–6)
Das Volk Israel ist aus der Verbannung heimgekehrt; aber noch herrscht überall Not im Land. Da eröffnet der Prophet eine Hoffnungsperspektive: Ein strahlendes Licht wird erscheinen.

Psalm / Gesang
– GL 153,1.2: „Werde licht, Jerusalem" mit VV. 1–6.10.11.

Hinführung zur Zweiten Lesung (Eph 3,2–3a.5–6)
Der Verfasser des Epheserbriefes macht den Plan Gottes kund: Auch die Heiden sollen teilhaben an der Verheißung in Jesus Christus. Juden und Heiden gehören zum Leib Christi. Die Kirche ist auf diesen beiden Säulen erbaut.

Ruf vor dem Evangelium
– GL 532,2: „Halleluja" mit GL 156: „Jubelt, ihr Lande", – „Halleluja"
– GL 155: „Christus ist geboren"

Hinführung zum Evangelium (Mt 2,1–12)
Die Schriftgelehrten konnten sagen, wo der Messias geboren sein müsste, – aber sie blieben in Jerusalem sitzen. Die drei Weisen hatten nur ein Gerücht, – aber sie machten sich auf die weite Reise.

Predigt / Auslegung
– *Stille* –

3. Antwort der Gemeinde

Kollekte
L. kündigt nun den Einzug der Sternsinger an. – Sie ziehen ein mit dem Sternsingerlied und werden begrüßt:
Liebe Sternsinger, wir begrüßen euch recht herzlich. In den vergangenen Tagen seid ihr unterwegs gewesen, um einen wichtigen Auftrag auszuführen: Ihr habt über die Eingangstüren der Häuser und Wohnungen in Verbindung mit der Jahreszahl den Haussegen geschrieben: Christus segne diese Wohnstätte. Zugleich habt ihr Geld für hilfsbedürftige Menschen gesammelt. Auch hier sollt ihr um Geld bitten. – Doch zuvor wollen wir eure Botschaft hören:
(Lied und Texte, wie von der Sternsingeraktion jeweils vorgeschlagen) –
Während der Kollekte durch die Sternsinger:
– GL 147,1–3: „Sieh, dein Licht will kommen"

Hochfest Erscheinung des Herrn

Allgemeines Gebet / Fürbitten
Jesus Christus, die Gabe, die wir dir bringen, ist das Vertrauen, dass du uns hörst. Darum bitten wir dich:
– Für die Reichen: um die Bereitschaft zum Teilen. GL 358,3: „Lasset zum Herrn uns beten"
– Für die Mächtigen: um Mut und Tatkraft für die Gerechtigkeit.
– Für die Müden: um den Stern, der neue Hoffnung schenkt.
– Für die Suchenden: um Wege, die zum Ziel führen.
– Für die Schuldiggewordenen: um die Erfahrung von Vergebung.
– Für die Jungen und Mädchen, die in diesen Tagen als Sternsinger unterwegs sind: um offene Türen.
– Für die Verstorbenen: um ewiges Licht bei dir.
Jesus Christus, wir vertrauen darauf, dass du dich finden lässt, wenn wir dich suchen, dass du uns hörst, wenn wir zu dir rufen. Dich preisen wir in Ewigkeit.

Vater unser
– GL 691: „Lasst uns beten"

Friedenszeichen
Gebt einander ein Zeichen weihnachtlichen Friedens.

Text zur Meditation
Wir erwarteten einen Übermenschen,
du gabst uns ein kleines Kind. – *Instrumentalmusik* –
Wir erwarteten einen Herrscher,
du gabst uns einen Bruder. – *Instrumentalmusik* –
Unsere Weisen sind zu ihm gegangen, mit Schätzen beladen,
aber sie wurden die Beschenkten, die Beglückten. – *Instrumentalmusik* –
Unsere Mächtigen sind zu ihm gegangen,
steif aufgereckt von ihrem Stolz,
das Kind machte sie biegsam,
sie beugten das Haupt und die Knie.
(Aus „Priere" / gekürzt)

Loblied / Danklied
– GL 135,1.2: „Singen wir mit Fröhlichkeit"
– GL 144,1-5: „Jauchzet, ihr Himmel"

4. Abschluss

Schlussgebet
Wir danken dir, allmächtiger Gott, für deinen Sohn, der zu uns gekommen ist. Erhelle unsere Wege mit dem Licht deiner Gnade, damit wir in Glaube und Liebe erfassen, was du an uns getan hast. Darum bitten wir durch Christus, unseren Herrn.

Segensbitte / Entlassung
Gott, der die Weisen durch einen Stern auf ihrer Reise führte, der ihnen als Kind erschien und sie auf neuen Wegen heimkehren ließ in ihr Leben, er begleite uns durch die kommende Zeit: der Vater, der Sohn und der Heilige Geist.

Schlusslied
– GL 142,1.2: „In dulci jubilo"
– Lied: „O du fröhliche", 1.–3.

Fest Taufe des Herrn

I. Predigt (Jes 42,5a.1–4.6–7)

Versuch gegen die Müdigkeit

Viele Gesichter der Müdigkeit
Der Schriftsteller Peter Handke schreibt in einem kleinen literarischen Werk über seine Erfahrungen mit Müdigkeit; über die gute Müdigkeit durch Arbeit, die so „richtig menschlich" ist, „denn sie öffnet, sie macht durchlässig", und über die schlechte Müdigkeit, die einen überfällt wie ein bösartiges Leiden. – Wer könnte davon nicht ein Lied singen! – Die gefährlichste Art ist aber nicht die leibliche Müdigkeit, sondern die seelische und geistige, die tief und manchmal lange in uns sitzt: Wenn wir ohne Schwung und ohne Begeisterung dahinleben, an nichts Geschmack finden, zu nichts Lust haben, wenn wir nach vielen vergeblichen Versuchen sagen müssen: „Ich kann nicht mehr"; wenn wir das Gefühl haben, verbraucht zu sein, wenn wir aufgeben …
Welche Dimensionen die Müdigkeit heute angenommen hat, sagen uns Psychologen und Philosophen. Denn müde sein ist nicht nur eine Erscheinung am einzelnen Menschen, sondern prägt unsere Gesellschaft. Der französische Philosoph Lyotard bezeichnet eine „allgemeine Erschlaffung" als charakteristisch für die Postmoderne. Und Tatjana Goritschewa berichtet, dass sie bei ihren Vorträgen so oft in „leblose und kraftlose Gesichter" junger Menschen schaut. „Die Krise der Naturenergie spiegelt die Krise und das Versiegen der Liebesenergie, die Kraftlosigkeit des Eros."

Rätselhaft
Wer kann dann auf dem Hintergrund einer so weit verbreiteten Schlaffheit und resignativen Stimmung glauben, was das Prophetenbuch heute von einem Menschen behauptet: „Er wird nicht müde und bricht nicht zusammen bis er auf der Erde das Recht begründet hat (Jes 42,4). Das geht ja noch weit über unsere Vorstellungen hinaus. Dieser Erwählte Gottes – in der alt. Lesung wird er auch „Knecht" genannt – braucht anscheinend nicht nur keine Erholung und keine Medikamente, um die Müdigkeit zu überwinden. Noch viel erstaunlicher ist: Er verfällt ihr gar nicht. Dabei ist der „Knecht Gottes" aber voll im Einsatz: Er verkündet den Menschen das Wort Gottes; er nimmt sich der Menschen an, deren Lebensenergie zu erlöschen droht; er strampelt sich ab, damit Gerechtigkeit und Frieden das Leben aller Völker prägt …
Woher nimmt der „Knecht Gottes" diese Kraft? Was ist das Geheimnis seines unermüdlichen Engagements? Eine Antwort auf diese Fragen könnte auch auf unsere harmlosen und gefährlichen Müdigkeiten ein Licht werfen.

Müdigkeit als Versuchung
Indem das „Lied vom Gottesknecht" seine Stärke hervorhebt, gibt es ja indirekt zu, dass die Bibel Ermüdbarkeit auch bei den Glaubenden kennt. Sie spricht davon an mehreren Stellen, sogar in drastischen Bildern und Ausdrücken: etwa vom ständigen Schlappmachen des Gottesvolkes während der Wanderung durch die Wüste; oder vom resignierten Propheten Elija unter dem Ginsterstrauch; auch über die vor Erschöpfung eingeschlafenen Jünger am Ölberg; der Apostel Paulus muss die jungen Gemeinden immer wieder ermahnen: Bleibt wachsam! Lasst nicht nach im Gebet! Werdet nicht müde, Gutes zu tun! Und der Brief an die Hebräer zeigt seiner Gemeinde mit einem prophetischen Wort, worin allein ihre Zukunft liegt: „Macht die erschlafften Hände wieder stark und die wankenden Knie wieder fest!" (Hebr 12,12; Jes 35,3) – Auch in der christlichen Spiritualität spielt diese Müdigkeit, Schlaffheit, Lustlosigkeit eine wichtige

Rolle. Die Wüstenväter, exzellente Kenner der menschlichen Seele, warnen vor ihr als dem gefährlichsten Laster, durch das der Mensch sich selbst entfremdet ist. – Wer holt uns aus diesem finsteren Loch heraus?

Versuch gegen die Müdigkeit
Worin liegt die Heilung dieser zutiefst seelischen und geistigen Erkrankung, die wir Müdigkeit, Erschlaffung, Resignation und Depression nennen? Wie können auch wir – ähnlich dem Knecht Gottes – belastungsfähiger und den aufreibenden Anforderungen des Lebens gegenüber besser gewachsen werden?
Moderne Psychotherapie lädt zur Selbstanalyse ein. Davon ist beim „Gottesknecht" keine Rede. Er schaut gerade nicht auf sich. Sein Blick geht in zweifacher Weise von sich weg: auf Gott und auf seinen empfangenen Auftrag. Der „Knecht" schöpft seine Kraft nicht aus sich selbst, sondern aus der Gewissheit und aus der Erfahrung: Ich bin von Gott geliebt, erwählt, gerufen und gesandt, von ihm gestützt und geführt, mit seinem Heiligen Geist gestärkt. Sein Auftrag, sich einerseits besonders derer anzunehmen, die nicht mehr weiter können, und andererseits Gerechtigkeit, Freiheit und Frieden im Zusammenleben der Völker aufzurichten, das mobilisiert seine Kräfte. Darauf ist sein Leben konzentriert. Er versteht es, mit seinen Kräften hauszuhalten und sie nicht außerhalb seiner Sendung zu verzetteln und zu verschwenden. In Gott verwurzelt und durch seinen Auftrag herausgefordert, tut er seinen Dienst ohne viel Aufsehens; ohne zu ermüden und ohne daran zu zerbrechen. Der „Knecht Gottes" arbeitet nicht mit Drohungen, nicht mit moralischen Appellen, er braucht keine Tricks und keine lärmende Show. Sein Geheimnis liegt in der Verfügbarkeit für Gott, in der Einheit von Wort und Tun, in der Demut seines Dienens, in seiner Einfühlsamkeit für die Not der Menschen, in der Weite seines Herzens und Geistes, in der Sammlung aller seiner Kräfte für seine Sendung.

Aufgehobene Entfremdung
Wenn wir alle diese im „Lied vom Gottesknecht" aufgezählten Äußerungen seines Lebens und Wirkens auf einen Nenner bringen, können wir sagen: der „Gottesknecht" lebt voll in der Realität; er nimmt sie wahr und er nimmt sie an – von Gott her und auf die Menschen hin. Er tut das intensiv und extensiv. Er ist ganz mit sich identisch. Dadurch wird alle Entfremdung, die eigentliche Wurzel der Ermüdung, aufgehoben – bei ihm und durch ihn auch bei anderen, um die er ringt.

Vom „Knecht Gottes" zum „Sohn Gottes"
„Er wird nicht müde und bricht nicht zusammen ..." Wir haben versucht, das Gewicht dieses Wortes aus dem ersten „Lied vom Gottesknecht" zu ermessen. Es führte weit über bloße Beschreibungen von Müdigkeit hinaus, mit denen niemandem wirklich geholfen ist. Die Worte der Lesung sind nicht nur ein Versuch *über* die Müdigkeit, sondern ein Versuch *gegen* die Müdigkeit. Aber auch das ist noch zu wenig. Sie sind ein wirkliches Heilmittel gegen diese gefährliche seelische und geistige Erkrankung. – Und schließlich dürfen wir nicht vergessen, dass die Worte „er wird nicht müde und bricht nicht zusammen" prophetische Worte sind. Israel musste noch fast ein halbes Jahrtausend warten, bis diese Verheißung in Erfüllung gegangen ist: nämlich damals, als Jesus die große Einladung ausgesprochen hat: „Kommt alle zu mir, die ihr euch plagt und schwere Lasten zu tragen habt. Ich werde euch Ruhe verschaffen." (Mt 11,28) – Bei der Taufe am Jordan wurde Jesus als „geliebter Sohn" dazu ausgerüstet, und er bleibt in der Kraft seines Geistes den Müden und Beladenen zugewandt – auch den Menschen unserer Tage. Damit ist für uns als Glaubende geklärt, an wen wir uns wenden dürfen, wenn wir selbst und andere Menschen einem geknickten Rohr und einem glimmenden Docht gleichen; wo wir Kraft schöpfen können, um unsere Müdigkeit zu überwinden und im Dienst durchzuhalten – für uns selber und für andere Menschen.

Peter Granig

Fest Taufe des Herrn

II. Elemente für eine Wort-Gottes-Feier

Es sollten aufgestellt sein: die Ikone „Taufe Jesu" und ein kleines Becken mit Taufwasser.

1. Eröffnung

Eröffnungsgesang
– GL 554,1.5: „Wie schön leuchtet der Morgenstern"
– GL 642,1–3: „Eine große Stadt ersteht"

Liturgischer Gruß / Einführung
Im Namen des Vaters ...
Jesus Christus, unser Herr, der sich für uns erniedrigt hat, schenkt uns seine Gnade.
„Ich kann am heutigen Tag die Freude nicht unterdrücken. Mein Herz strömt über." – So begeistert hat Gregor von Nyssa im 4. Jahrhundert zum Fest der Taufe des Herrn gepredigt. Wir müssen dieses Fest, mit dem die weihnachtliche Festzeit abschließt, erst wieder neu entdecken und seinen Reichtum ausschöpfen lernen.

Christus-Rufe
– Herr Jesus Christus, ewige Weisheit, gesalbter Retter, Sehnsucht des Volkes Israel:
 Akklamation: „Sein Friede komme über uns" – GL 563 (Schlussdoxologie)
– Herr Jesus Christus, Strahl des ewigen Lichts, geliebter Sohn, Wohlgefallen des Vaters:
 Akklamation: „Sein Friede komme"
– Herr Jesus Christus, Verkünder des Reiches, Bruder der Armen, Freund der Sünder:
 Akklamation: „Sein Friede komme"
oder:
– GL 694,1–3: „Jesus Christus ist der Herr"

Eröffnungsgebet
Allmächtiger, ewiger Gott, dein einziger Sohn ist in unserem Fleisch sichtbar erschienen. Bei der Taufe im Jordan kam der Heilige Geist herab auf ihn, an dem du dein Wohlgefallen hast. Gib, dass auch wir, die aus dem Wasser und dem Heiligen Geist wiedergeboren sind, als deine Kinder aus der Fülle dieses Geistes leben. Darum bitten wir durch Christus, unsern Bruder und Herrn.

2. Verkündigung des Wortes Gottes

Hinführung zur Ersten Lesung (Jes 42,5a.1–4.6–7)
Gott hat den Gottesknecht erwählt, um durch ihn Heil und Gerechtigkeit aufzurichten für alle Menschen und Völker, nicht mit Macht und Gewalt, sondern mit behutsamer Zuwendung.

Psalm / Gesang
– GL 123,1.2: „Der Herr schenkt seinem Volk den Frieden" mit VV. 1–2.4.7.8.9.

Hinführung zur Zweiten Lesung (Apg 10,34–38)
In der Begegnung mit dem Heiden Kornelius und seinem Haus erkennt Petrus: Jesus Christus ist Gottes Heilsangebot für alle Völker.

Ruf vor dem Evangelium
– GL 530,5: „Halleluja" mit GL 527,5: „Der Herr vergibt die Schuld", – „Halleluja"

Hinführung zum Evangelium (Mk 1,7–11)
Was in der Lesung als die ideale Knechtsgestalt Gottes angekündigt wird, das stellt das Evangelium klar heraus: Jesus, der sich von Johannes im Jordan taufen lässt, ist der Erwählte Gottes, der das geknickte Rohr nicht brechen und den glimmenden Docht nicht auslöschen wird.

Predigt / Auslegung
– *Stille / Instrumentalmusik*

3. Antwort der Gemeinde

Tauferneuerung
(Die Gemeinde steht)
L.: Schwestern und Brüder, das heutige Fest der Taufe Jesu am Jordan ist auch unser Tauffest. Wir sind in die Taufe Christi hineingenommen. Wir haben Anteil an seinem Auftrag. Christus ist das große Geschenk Gottes an uns. Wenn wir jetzt unsere Taufe erneuern, wollen wir uns verstärkt dem Lebensstrom Christi öffnen.
So lasst uns beten: Gott, du bist das Leben, du bist die Liebe. Wir rufen dich an über dem Wasser, mit dem wir zum Gedächtnis unserer Taufe besprengt werden. Wir loben dich. A.: Wir preisen dich.
Im Wasser erkennen wir deine Liebe zur ganzen Schöpfung. Gott, du bist der Quell des Lebens. Wir loben dich. A.: Wir preisen dich.
Im Wasser des Jordan ließ sich Jesus von Johannes taufen. Du hast ihn mit deinem Heiligen Geist gesalbt, ihm zum Herrn und Christus erhoben. Wir loben dich. A.: Wir preisen dich.
Auch uns, die wir auf den Tod und die Auferstehung Jesu Christi getauft sind, hast du angenommen als geliebte Töchter und Söhne. Wir loben dich. A.: Wir preisen dich.
Berühre uns jetzt mit deinem erfrischenden Geist, damit wir in allem dein Reich suchen. Wir loben dich. A.: Wir preisen dich.
Lasst uns gemeinsam unseren Glauben bekennen, auf den wir getauft wurden:
– GL 2,5: „Ich glaube"
oder:
– GL 356: „Wir glauben"

Während der Austeilung des Weihwassers
– GL 635: „Ich bin getauft"
– GL 220,1.3.4: „Das ist der Tag"

Allgemeines Gebet / Fürbitten
Lasset uns beten zu Gott, der bei der Taufe Jesu im Jordan auf wunderbare Weise das Geheimnis seines Sohnes geoffenbart hat:
Ruf: V./A.: GL 246: „Send uns deines Geistes Kraft!"
– Für die Kirche: dass die Getauften wachsen in der Erkenntnis und in der Liebe deines Sohnes.
– Für die Anhänger nichtchristlicher Religionen: Zeige ihnen in Jesus Christus die Erfüllung ihres Suchens und ihrer Sehnsucht.
– Für die Menschen, die keinen Ausweg wissen: Zerreiße die Nacht, die ihr Leben umfängt und belastet.
– Für alle, die in diesem Jahr einen neuen Lebensabschnitt beginnen: Lasse sie auf vielfache Weise erfahren, dass du mit ihnen gehst.
– Für unsere Gemeinde: Gib uns die Kraft, so zu leben, dass auch wir dein Wohlgefallen finden.

– Für uns selbst: Erfülle uns durch den Heiligen Geist mit der Gewissheit, dass wir deine Töchter und Söhne sind.
Herr, du bist gekommen, nicht nur mit Wasser, sondern mit dem Heiligen Geist zu taufen. Dir sei Ehre und Lobpreis heute und in Ewigkeit.

Vater unser
So beten wir, wir Jesus uns gelehrt hat:

Loblied / Danklied
– GL 297,1.2.4.7: „Gott liebt diese Welt"
– GL 268,1.2: „Singt dem Herrn ein neues Lied"

Text zur Meditation
Zerreiß den Himmel.
Nimm von uns das Gefühl, verloren zu sein.
Beende die Trennung zwischen dir und uns.

Sende uns deinen Geist.
Kläre in uns, wer wir sind.
Zeige, wozu du uns rufst.
Führe uns an den Platz,
wo du uns haben willst.

Sprich uns an als deine Söhne und Töchter.
Ruf uns beim Namen.
Lass dein Angesicht über uns leuchten.
Gib, dass wir dir ganz vertrauen.
Peter Granig

4. Abschluss

Schlussgebet
Gott, du unser Vater, in der Taufe Jesu, deines Sohnes und unseres Bruders und Herrn, haben wir uns unserer eigenen Taufe erinnert. Wir danken dir für dieses Geschenk. Lass uns aus unserem Taufbewusstsein heraus als deine Töchter und Söhne unseren Alltag gestalten. So bitten wir durch Christus, unseren Bruder und Herrn.

Segensbitte / Entlassung
Gott, unser Vater, hat uns aus der Finsternis in sein wunderbares Licht gerufen; er segne uns und stärke uns im Glauben, in der Hoffnung und in der Liebe.
Christus, der am Jordan bei der Taufe von Gott mit dem Heiligen Geist getauft wurde, gebe uns die Kraft, unseren Schwestern und Brüdern zu dienen.
Wir sind mit Christus getauft und mit ihm verbunden. Er gebe uns Wachstum in Glaube, Hoffnung und Liebe.
Das gewähre uns der dreieinige Gott, der Vater und der Sohn und der Heilige Geist.

Schlusslied
– GL 268,3.4: „Hat er nicht zu aller Zeit"

2. Sonntag im Jahreskreis

I. Predigt (1 Kor 6,13c–15a.17–20)

Neue Leiblichkeit

Paulinische Wende
Ein großer Theologe und Meister des religiösen Lebens aus dem 4. Jahrhundert n.Chr. liefert uns heute ein drastisches Wort: „Wie eine Säule auf dem Fundament steht, so bildet die Sattheit des Leibes die Grundlage für das Laster der Unzucht." Das ist hart und ist ein heißes Eisen. – Dieser Zusammenhang von Sattheit und Unzucht erinnert an das Schlagwort der Korinther: „Die Speisen sind für den Bauch da und der Bauch für die Speisen." Diese Verbindung Speisen, Bauch und Unzucht greift der Apostel Paulus auf – und er greift in diese Argumentation ein. Die theologische Tiefe und Klarheit, mit der er das tut, hätte eigentlich grundlegend und bahnbrechend werden können für die christliche Auffassung von der leiblichen Existenz des Menschen. Leider ist das weithin ausgeblieben. – Staunenswert ist auch, mit welchem Mut Paulus dieses heikle Thema in der verrufenen Hafenstadt Korinth auf die Tagesordnung setzt. Wir müssen nämlich davon ausgehen, dass die betroffenen Männer in der Gemeindeversammlung anwesend waren, als der Brief des Apostels vorgelesen wurde. Dass seine Worte akzeptiert wurden, lässt auf die hohe Autorität des Apostels schließen.

Theologie des Leibes
„Meidet die Unzucht!" – So fasst Paulus seine Ermahnung zusammen. Aber eigentlich hält er den Korinthern keine Moralpredigt, sondern versucht, eine falsche und verengte Auffassung vom „Leib" zu korrigieren. Der Körper, der Bauch, die Sexualität waren für die hellenistisch-gnostisch angehauchten Christen in Korinth etwas rein Äußerliches und Belangloses in Bezug auf das Personensein des Einzelnen und unwichtig für das Heil. Solche Ausklammerung des Körpers und seiner Funktionen – hier sind Essen und Sexualität genannt – lässt der Apostel nicht gelten. Als Gegenentwurf entfaltet er eine Theologie des Leibes.
„Leib" ist das entscheidende Stichwort, das in seinen Dimensionen entfaltet wird. Kein Autor der Bibel hat so viel, so Tiefes und Richtungsweisendes über den „Leib" geschrieben wie Paulus. „Leib" bedeutet bei Paulus und bei uns nicht dasselbe. Wir verstehen unter „Leib" meist das rein Körperliche des Menschen, seine Organe und Funktionen. In der Antike war Leibverachtung die Mode – heute die Leibvergötzung. Das zeigt sich auf viele Weise: in der Überbewertung von Kraft und sportlicher Leistung, im Fitness- und Wellnessboom, in der Apparatemedizin, im Kult von Gesundheit und Schönheit, im hemmungslosen Genuss und auch im isolierten Sex – was aber doch wieder nur eine Form von Leibverachtung ist.

„Anonym – geil – Katastrophe ..."
Man lese einmal die Ergebnisse einer Umfrage, die das Jugendmagazin „Jetzt" zu 15 großen Fragen des Lebens präsentiert hat (2002); unter anderem zu der Frage: Wie war dein erster Sex? Hier einige Antworten: „Ich hatte noch keinen." (Victor, 17) – „Ich bin eingeschlafen." (Sepp, 17) – „Richtig geil." (Julie, 15) – „Anonym und einseitig." (Hans, 24) – „Lahm, weil ich total besoffen war." (Thomas, 16) – „Peinlich." (Michael, 21) – „Ernüchternd." (Nina, 20) – „Katastrophe." (Danny, 20) – „Zum Kotzen." (Eva, 15)

Solch kommunikations- und verantwortungslosem Umgang mit dem Leib stellt Paulus seine Alternative entgegen: „Leib" ist mehr als „Körper". Leib ist der Mensch in allen seinen Dimensionen – den körperlichen, emotionalen und geistigen. Der Mensch hat nicht nur einen Leib, sondern er ist Leib-Person, Ich, Selbst. In der Integration aller seiner Fähigkeiten, nicht in der Spaltung von Körper, Geist und Gemüt, findet der Mensch zur vollen Identität. Daher sind auch Essen und Sexualität nichts Belangloses, sondern berühren das Menschsein im Kern.

Das wird von Paulus noch theologisch vertieft: Zunächst ruft er ins Bewusstsein, dass der Mensch durch Glaube und Taufe dem Herrn *leibhaft* verbunden und für ihn da ist, wie auch umgekehrt der Herr für ihn. Diese Kommunikation geschieht nicht nur geistig, sondern leibhaftig. Außerdem wird die Auferweckung von den Toten den Christen auch in seiner Leiblichkeit berühren und vollenden. – Des Weiteren vollzieht sich das Leben in der christlichen Gemeinde leibhaftig: die Verkündigung, Gebet und Gesang, der Dienst an den Armen, die Entfaltung der Charismen, Aufbau der Gemeinde brauchen „handfestes Tun". – Sodann erinnert der Apostel daran, dass der Leib der Getauften Wohnort des Geistes Gottes ist, dazu berufen, die Verherrlichung Gottes zum Ausdruck zu bringen. – Und schließlich macht Paulus klar, dass der Christ seine Freiheit bis in die leiblichen Vollzüge hinein bewähren muss. Denn christliche Freiheit bedeutet *vollständige* Bindung an den Herrn in allem – gerade auch im Intimbereich.

Radikale Korrektur
Wenn man sich in diesen Paulusbrief vertieft, dann kann man sich nur wundern, dass die kirchliche Verkündigung in Sachen „Leiblichkeit" nicht schon seit Jahrhunderten die Vorreiterrolle übernommen hat. Sie hat im Gegenteil diese Chance vielfach verpasst. Statt sich in die Offenbarung zu vertiefen, wurden Christen zu „Verächtern des Leibes" (Nietzsche) erzogen. Aber auch die befremdlich lockeren Auffassungen heutiger Christen sind nicht die Lösung. Eine radikale Korrektur ist erforderlich. Dazu müssen wir die paulinische Botschaft „Der Leib ist für den Herrn da" ausbuchstabieren. Die Liturgie ist dafür ein geeigneter Ausgangspunkt:
Wissen wir, wie wichtig unsere *leibhaftige* Anwesenheit beim Gottesdienst ist und wie schwerwiegend das Fehlen? Wie lebt die heutige Feier von unserer Stimme, von unseren Bewegungen, Haltungen, vom aufmerksamen Hören, vom gesammelten Blick? Wie leiblich wird die Eucharistiefeier durch das Essen des Leibes Christi! Wie sieht das Leben in Ehe und Familie aus, wenn ganzheitliche Bindung an Christus im Alltag konkret wird? Was heißt „Der Leib ist für den Herrn da" in der Erziehung? Was heißt dies für meinen persönlichen Lebensstil (in Arbeit, Ernährung, Freizeit, Erholung ...)? – Wir müssen es wagen, von allen Ausflüchten und allen gängigen Trends Abschied zu nehmen, die den Leib und alles, was dazu gehört, aus dem Vorgang der Erlösung ausklammern wollen. Der Weg Jesu und seiner Apostel sagen uns unmissverständlich: Heil im christlichen Sinn ist nicht Erlösung vom Leib, sondern Erlösung des Leibes – d.h. des Menschen in allen seinen Dimensionen. Wir sind ganz und gar, mit Haut und Haaren Eigentum des Herrn. „Denn um einen teuren Preis seid ihr erkauft worden. Verherrlicht also Gott in eurem Leib!"

Peter Granig

II. Elemente für eine Wort-Gottes-Feier

1. Eröffnung

Eröffnungsgesang
– GL 298,1.3.4: „Herr, unser Herr"
– GL 669,1.2: „Aus meines Herzens Grunde"

2. Sonntag im Jahreskreis

Liturgischer Gruß / Einführung
Im Namen des Vaters ...
Kann man in einem finsteren Raum eine schwarze Blume sehen? – Nein. Aber ihr Duft verrät, dass sie da ist. So ist es mit der Gegenwart Gottes: Wir können ihn nicht sehen, nicht mit Händen greifen, aber ahnen können wir ihn, irgendwie wahrnehmen. Er hinterlässt seine Spuren. Er verrät sich in Zeichen und in seinem Wort. Nur still sein müssen wir und aufmerksam. – Weil wir aber oft ganz zerstreut und selber voller Gerede sind, bitten wir mit der ganzen Christenheit um Gottes Erbarmen.

Christus-Rufe
– GL 495,6: „Herr Jesus, du bist unser Friede"
– GL 429: „Herr, erbarme dich unser"

Eröffnungsgebet
Gott, du liebst uns Menschen und du rufst uns. Lass uns dir begegnen, wenn wir dein Wort hören; lass uns deine Gegenwart erahnen in unserem Alltag und lass uns offen werden für deine Nähe. Darum bitten wir durch Jesus Christus, deinen Sohn, der mit dir lebt und herrscht in alle Ewigkeit.

2. Verkündigung des Wortes Gottes

Hinführung zur Ersten Lesung (1 Sam 3,3b–10.19)
Der Glaube kommt vom Hören: Was wirklich entscheidend ist, können wir uns nicht selbst sagen. Wir können es uns nur sagen lassen. Und dafür müssen wir hellwach sein wie der junge Samuel.

Psalm / Gesang
– GL 170,1.2: „Lehre uns, Herr, deinen Willen zu tun" mit VV. 4.6.7–8

Hinführung zur Zweiten Lesung (1 Kor 6,13c–15a.17–20)
Tief in uns steckt die Versuchung, den Leib abzuwerten. Für die einen ist er nur ein notwendiges Übel, für die andern ein Kultobjekt. Gottes Heilswille will aber auch den Leib des Menschen erreichen und verwandeln. Erst dann ist er am Ziel.

Ruf vor dem Evangelium
– GL 530,5: „Halleluja" mit V. – GL 446: „Christus, Gottes Lamm, der du hinweg nimmst die Sünde der Welt", – „Halleluja"

Hinführung zum Evangelium (Joh 1,35–42)
„Seht, das Lamm Gottes, das hinwegnimmt die Sünde der Welt." Endlich jemand, der uns alle Last abnimmt und uns bedingungslos freispricht! Endlich eine Perspektive, die uns aufatmen und durchatmen lässt. In der Gemeinschaft mit Jesus beginnt etwas Neues.

Predigt / Auslegung
– *Stille* –

3. Antwort der Gemeinde

Lobpreis
L.: In Dankbarkeit dafür, dass Gott uns als ganze Menschen, mit Haut und Haar erlösen will, übergeben wir ihm Leib, Seele und Leben.

- GL 615,1.2: „Alles meinem Gott zu Ehren"
- GL 669,3: „Gott will ich lassen raten"
- GL 851,1.2: „Herr, ich bin dein Eigentum" (Salzburg)
- Kanon: „Vater, ich preise dich" (Melodie wie: „Höre und schweige", Unterwegs 112)

Allgemeines Gebet / Fürbitten
Brüder und Schwestern! Lasset uns beten zu Jesus Christus, dem wir leibhaftig begegnen können.
- Für die Glaubenden, die sich heute zum Gottesdienst versammeln: dass sie deine Nähe leibhaftig erfahren und mit allen ihren Fähigkeiten Gott verherrlichen. GL 563: V./A.: „Erhöre uns, Christus!"
- Für die Eltern, Erzieher und Berater: dass sie den Kindern und Jugendlichen helfen, ihre Identität in leiblicher, emotionaler und geistiger Hinsicht zu entfalten.
- Für die Frauen und Männer, die in therapeutischen Berufen tätig sind: dass sie den körperlich, geistig und seelisch Kranken beistehen, ihre verborgenen Kräfte zu entdecken und auch ihre Grenzen anzunehmen.
- Für die Menschen, die durch Ausleben ihrer Leidenschaften und Süchte in Schuld geraten sind: dass sie zu Maßhalten und Verantwortung für ihre Gesundheit finden.
- Für die Christen und Christinnen in unserer Gemeinde, die besondere Verantwortung für die Gestaltung der Liturgie übernommen haben: dass der Gottesdienst die Mitfeiernden mit allen Sinnen anspricht.
- Für die Theologen und Lehrer des geistlichen Lebens: dass sie aus den Quellen der Offenbarung eine neue Spiritualität der Leiblichkeit entfalten und verständlich vermitteln.

Denn wir gehören nicht uns selbst, sondern dir, der uns aus Sünde und Tod freigekauft hat. Dafür danken wir dir. Dafür preisen wir dich heute und in alle Ewigkeit.

Vater unser
Als Söhne und Töchter Gottes lasst uns beten, wie Jesus es uns gelehrt hat: „Vater unser"

Loblied / Danklied
- GL 614,1–2: „Wohl denen, die da wandeln"
- GL 635,3: „Christus, der Herr, hat mich erwählt"

Text zur Meditation
Leben meines Lebens,
immer will ich mich bemühen,
meinen Körper rein zu halten, wissend,
dass auf allen meinen Gliedern die Berührung
deiner Hände liegt.

Immer will ich mich bemühen, meinem Denken fernzuhalten
jede Art von Lüge, wissend, dass das Licht
vernünftigen Denkens, das du in mir entzündest,
deinen Namen trägt.

Und es sei mein ganzes Streben, dich
in meinem Tun zu offenbaren, wissend,
dass es deine Macht ist,
die mir Kraft zum Handeln gibt.
Rabindranath Tagore

4. Abschluss

Schlussgebet
Gott, du Lebendiger und Verlässlicher, du hast uns in dieser Feier dein Vertrauen geschenkt. Wir danken dir für deine Ermutigung. Lass uns wachsen im Glauben, in der Hoffnung und in der Liebe. Forme uns zu Menschen, die als dein Eigentum dich in ihrem Leib verherrlichen. Das erbitten wir durch Jesus Christus, unseren Herrn.

Segensbitte / Entlassung
Gott, unser Vater, segne uns mit seiner Liebe und rühre uns an mit seiner Kraft; Jesus Christus, sein Sohn, rufe uns in seine Nachfolge und lasse uns zu treuen Weggefährten werden; der Heilige Geist stärke und ermutige uns, unser Leben ganz in den Dienst an Gott und den Menschen zu stellen.
So segne uns und alle Menschen der Vater, der Sohn und der Heilige Geist.

Schlusslied
– GL 615,3: „Alles meinem Gott zu Ehren"
– GL 614,3: „Dein Wort, Herr, nicht vergehet"

3. Sonntag im Jahreskreis

I. Predigt (Jona 3,1–5.10)

Zwischen Gericht und Gnade

Unangenehmer Auftrag
Da wird ein Israelit namens Jona von JHWH nach Ninive geschickt, der großen Stadt, Sitz der assyrischen Großkönige, die über Jahrunderte hin eine imperialistische Politik verfolgten und jeden Widerstand erbarmungslos niederwarfen. Kein Wunder, dass Jona vor diesem Auftrag die Flucht ergreift, um ans andere Ende der damaligen Welt, nach Spanien, zu gelangen (1,1–3). Doch JHWH holt ihn ein. Im Bauch eines großen Fisches findet er sich an der Küste Palästinas wieder (2,1.11), wo er gleichsam an Land „gekotzt" wird. Und hier trifft ihn der Befehl JHWHs ein zweites Mal. Jona gehorcht – aber dies nur mit äußerstem Widerwillen. Warum soll er diesem verkommenen Sündenbabel Umkehr predigen? Dann bekehren die sich vielleicht gar noch! Sollen sie doch umkommen! Was geht das mich, Jona aus dem erwählten Volk Israel, an! Und so tut denn Jona nur das Allernötigste: Er geht nur eine Tagesreise weit in die große Stadt hinein. Und auch seine Predigt reduziert er auf ein Minimum; nur einen Satz bringt er über seine Lippen: „Noch vierzig Tage, und Ninive ist zerstört." Er nennt weder seinen Auftraggeber noch den Grund für die Gerichtsansage. Mag doch das Unheil über diese Feinde des erwählten Volkes kommen! Wieso kümmert sich JHWH überhaupt um diese Heiden!

Die Umkehr der Niniviten
Aber das, was Jona eigentlich verhindern wollte, geschieht. Die Bewohner der Stadt lassen sich von der Drohbotschaft beeindrucken – an der Spitze der König. Sie ahnen, dass in ihr eine Warnung „verpackt" ist, ihren bisherigen Lebensstil – privat und öffentlich – weiter zu verfolgen; dass ihnen die Frist zur Umkehr gesetzt ist und damit eine Chance, dem angekündigten Untergang zu entgehen. Sie „glauben an Gott", den sie hinter der Verkündigung des Propheten vermuten müssen, und unterziehen sich – samt ihrem Vieh – harter Buße. Der König geht ihnen dabei mit gutem Beispiel voran.

Er gibt den Befehl: „Sie sollen laut zu Gott rufen und jeder soll umkehren und sich von seinen bösen Taten abwenden und von dem Unrecht, das an seinen Händen klebt." Daran wird deutlich, dass wirkliche Umkehr die Abkehr von allem bösen Tun, von aller Gewalttat gegen den Mitmenschen verlangt, dass das Rufen zu Gott um Errettung und der Verzicht auf jegliches Unrecht nicht zu trennen sind. Der König erkennt aber auch, dass alle Umkehr nicht ausreicht, um das drohende Verderben abzuwenden, dass man vielmehr auf Gottes Erbarmen angewiesen bleibt. Da funktioniert kein Automatismus; Gottes Erbarmen ist keine geschuldete Gegenleistung für unsere Umkehr. Gott bleibt immer souverän. Das hat der König offenbar verstanden; darum sagt er: „Wer weiß, vielleicht reut es Gott wieder und er lässt ab von seinem glühenden Zorn, so dass wir nicht zugrunde gehen." – Solch demütige Hoffnung beantwortet Gott mit seinem Erbarmen. Ihn reut das angedrohte Unheil, und „er tat es nicht" – knapper Ausdruck der freien Souveränität Gottes auch gegenüber der Schuld der Menschen.

Wir sind gemeint
Das Buch Jona ist eine Lehrerzählung. Es will nicht von längst Vergangenem berichten, sondern uns Heutige treffen. Ninive ist dabei der Typus der gottfeindlichen Stadt, der gottfeindlichen Macht, die sich wie gegen Gott auch voller Gewalttet gegen die Mitmenschen richtet. Mit den Einwohnern Ninives sind wir angesprochen, die Einwohner von Berlin, Wien, Zürich, Frankfurt ... Wir alle sind verstrickt in Schuld – in die Schuld früherer Generationen, in das weltweite strukturelle Unrecht von heute, durch das die Reichen immer reicher, die Armen immer ärmer werden, nicht zuletzt aber auch in das eigene Versagen gegenüber Gott und dem Nächsten. So droht auch uns das Gericht Gottes. Die Lesung aus dem Jonabuch kann uns in dieser Situation Hoffnung spenden. Geht es doch in ihr um die Spannung zwischen dem göttlichen Gericht und der göttlichen Gnade. „Das Buch erzählt von Gott, der verzeiht und gnädig ist – selbst bei einem ‚Höchstmaß' an menschlicher Schuld" (U. Struppe). Von uns ist allerdings die Umkehr gefordert, vor allem aber der Glaube an JHWH, Israels Gott, den Vater Jesu Christi, der grenzenlos barmherzig ist, wenn nur wir uns dieser Barmherzigkeit öffnen.
Jesus steht ganz in der vom Jonabuch gekennzeichneten Linie, wenn er im heutigen Evangelium seinem Volk trotz seiner Schuldverfallenheit nicht das Gericht, sondern Gottes rettende Herrschaft ankündigt – und das ohne jede Vorbedingung. Gottes Herrschaft ist mit dem Auftreten Jesu da. Umkehr und Glaube sind nur unsere Antwort auf diesen Schritt, den Gott – vor aller menschlichen Leistung – auf uns hin tut.

Franz Josef Stendebach

II. Elemente für eine Wort-Gottes-Feier

1. Eröffnung

Eröffnungsgesang
– GL 265,1–3: „Nun lobet Gott"
– GL 260,1–3: „Singet Lob unserm Gott"

Liturgischer Gruß / Einführung
Im Namen des Vaters ...
Gottes Gnade und Erbarmen ist mit uns allen.
„Bei Umkehr wiegen Taten mehr als Worte ... Daher wird nicht gesagt, dass Gott ihre Gebete erhörte, sondern dass er ihre Taten sah." Dieser Satz eines jüdischen Theologen bezieht sich auf die Umkehr der Bewohner der assyrischen Hauptstadt Ninive, von der die Erste Lesung erzählt. Er gilt aber auch uns, die wir im Evangelium von Jesus zu Umkehr und Glaube gerufen werden.

3. Sonntag im Jahreskreis

Christus-Rufe
- GL 523: „Du rufst uns, Herr"
- GL 462,1.2: „Zu dir, o Gott, erheben wir"

Eröffnungsgebet
Gütiger Gott, du gibst keinen verloren; auch den nicht, der dich vergessen hat und weit weg ist von deinen Weisungen. Mehr als wir dich suchen, bist du auf der Suche nach uns. Hole uns zurück in deine Gemeinschaft, damit wir in deiner Liebe bleiben, heute und in Ewigkeit.

2. Verkündigung des Wortes Gottes

Hinführung zur Ersten Lesung (Jona 3,1–5.10)
Gottes Erbarmen mit seinen Menschen ist grenzenlos, wenn diese sich nur in Umkehr und Glauben diesem Erbarmen öffnen. Davon erzählt die Lesung aus dem Buch Jona.

Psalm / Gesang
- GL 714,1.2: „Herr, du hast Worte", VV. 1–6.

Hinführung zur Zweiten Lesung (1 Kor 7,29–31)
Als Christen sollen wir darum wissen, dass diese unsere Welt nicht das Letzte, sondern nur das Vorletzte ist. Das bedeutet nicht, dass wir uns aus ihr zurückziehen müssen, sondern dass wir ihr mit einer inneren Freiheit begegnen können.

Ruf vor dem Evangelium
- GL 530,5: „Halleluja" mit GL 529,5: „Hört auf die Stimme des Herrn" *oder mit* GL 742,2: „Lobe den Herrn, meine Seele", – „Halleluja"

Hinführung zum Evangelium (Mk 1,14–20)
„Gottes Reich ist nah" – das ist der Kern der Verkündigung Jesu. Zugleich hören wir, wie Menschen alles stehen- und liegenlassen, weil sie seine Botschaft begriffen haben.

Predigt / Auslegung
– *Stille* –

3. Antwort der Gemeinde

Lobpreis
- GL 637,1–3: „Lasst uns loben, freudig loben"
- GL 634,1.5: „Dank sei dir, Vater"

Allgemeines Gebet / Fürbitten
Herr Jesus Christus, du hast verkündet, dass die Herrschaft Gottes mit deinem Kommen begonnen hat. So bitten wir dich: – GL 762,3: „Christus, höre uns"
– Lass diese Herrschaft sich in unserer Welt und Geschichte immer mehr durchsetzen.
– Schenke den Völkern, vor allem im Heiligen Land, die Bereitschaft zu Frieden und Versöhnung.
– Berufe Frauen und Männer, um Menschen für dich zu gewinnen.
– Öffne uns deinem Ruf zu Umkehr und Glaube.
– Nimm unsere Toten auf in das Reich deines Vaters.

Vater unser
Gott, unser Vater, durch Jesus hast du uns zu deinen Töchtern und Söhnen gemacht. Deshalb beten wir voll Vertrauen: „Vater unser"

4. Sonntag im Jahreskreis

Loblied / Danklied
nach Instrumentalmusik
– GL 275,1.2: „König ist der Herr"
– GL 260,4.5: „Singet Lob unserm Gott"

Text zur Meditation
– Man fragte die Tora: Der Sünder, was ist seine Strafe? Sie antwortete: Er soll ein Opfer bringen, und er wird Sühne erlangen.
– Man fragte die Propheten: Der Sünder, was ist seine Strafe? Sie antworteten: „Die sündige Seele wird sterben."
– Man fragte David: Der Sünder, was ist seine Strafe? Er antwortete: „Die Sünder werden von der Erde vergehen."
– Man fragte die Weisheit: Der Sünder, was ist seine Strafe? Sie antwortete ihnen: „Den Sünder wird das Böse verfolgen."
– Man fragte den Herrn, den Heiligen, gepriesen sei er: Der Sünder, was ist seine Strafe? Er antwortete ihnen: Er soll Umkehr tun, so werde ich ihn annehmen. Denn es steht geschrieben: Gütig und gerecht ist Gott; er weist die Sünder auf den rechten Weg."

(Aus dem Jerusalemer Talmud, zitiert nach U. Simon)

4. Abschluss

Schlussgebet
Gott, wir haben das Wort deines Sohnes vernommen und danken dir dafür. Lenke unser Tun nach deinem Willen, dass wir reich werden an guten Werken und Frucht bringen im Alltag. Darum bitten wir dich durch ihn, Jesus Christus, unseren Bruder und Herrn. Sei gepriesen in Ewigkeit!

Segensbitte / Entlassung
Wir wollen gehen
behütet von unserem Schöpfer,
begleitet von unserem Bruder Jesus Christus,
erneuert durch die Liebe des Heiligen Geistes. –
Im Namen des Vaters und des Sohnes und des Heiligen Geistes.
Singet Lob und Preis! – A.: Dank sei Gott!

Schlusslied
– GL 275,3: „König ist der Herr"
– GL 634,6: „Gedenke, Herr, die Kirche zu erlösen"

4. Sonntag im Jahreskreis

I. Predigt (Dtn 18,15–20)

Abschiedsworte als Wegweisung

Abschiednehmen wie Mose
Abschiedssituationen sind etwas ganz Besonderes; erst recht, wenn es um einen endgültigen Abschied geht. Da gewinnt jedes Wort an Gewicht und prägt sich ein. Auch

an der Weise des Abschiednehmens zeigt sich, wie ein Mensch wirklich ist; ob er verbittert und unversöhnt ist oder gelassen, großzügig und versöhnt. – Die Erste Lesung des heutigen Sonntags spricht vom Abschiednehmen des Mose. Dieser Prophet, der das Volk Israel mit Hilfe Jahwes aus Ägypten herausgeführt hat, verabschiedet sich von seinem Volk. Was er sagt, ist sein letztes Vermächtnis und legt die wahre Größe dieses Mannes offen. Denn Mose erweist seine Größe, indem er sich selbst klein macht und auf einen größeren Propheten hinweist, den Jahwe aus dem Volk erstehen lassen wird.

Er rückt zum Schluss nicht seine großen Taten in den Mittelpunkt, um sich bei seinem Volk in unvergesslicher Erinnerung zu halten. Er ist auch nicht verbittert, weil ihm das verheißene Land vorenthalten wird; – er darf nur einen Blick hinein werfen und muss dann sterben. Mose, der sein Volk unter großer Kraftanstrengung durch die Wüste geführt hat, das Murren in der Wüste und den Abfall zum Götzendienst ertragen musste; der das Feuer der Gottesbegegnung ausgehalten hat und in allem der einsamste Mensch inmitten einer großen Menschenmenge gewesen ist: Er muss seinen Dienst quittieren, ohne den Lohn Gottes erhalten zu haben. Andere nach ihm kommen in den Genuss der Früchte, für die er sich in Gottes Auftrag abgemüht hat. – Abschiednehmen in der Art des Mose heißt also, von sich selbst absehen können. Und indem er loslässt, bindet er die Menschen umso enger an Jahwe, den er verkündet hat.

Abschiedsworte des Mose

Die zentrale Botschaft seiner Rede ist jedoch der Aufruf an das Volk, auf den Herrn zu hören, der durch die Worte der Propheten spricht. Hören, richtig hören, die Worte Gottes aufnehmen und bedenken – vielleicht erscheint uns das als letztes Vermächtnis viel zu unbedeutend. Aber horchen wir genauer hin, was „hören" im biblischen Sinn meint.

Hören im biblischen Sinn

Der Glaube kommt vom Hören – so wissen wir nicht erst seit Paulus; auch das Buch Deuteronomium enthält an zahlreichen Stellen die Aufforderung zum Hören. Das große Glaubensbekenntnis Israels beginnt mit der Aufforderung zum Hören: „Höre Israel, JHWH, unser Gott, JHWH ist einzig." Auch die große Ordensregel des Heiligen Benedikt beginnt mit der Aufforderung zum Hören: „Schweige und höre, neige deines Herzens Ohr, suche den Frieden." Richtig hinhören und aufnahmefähig sein ist eine Fähigkeit, die eingeübt sein will. Es reicht beim Hören nicht aus, die gesprochenen Wörter zu registrieren und die Sprache der Grammatik zu verstehen. Zum rechten Hören gehört noch mehr; da muss man auf den Tonfall achten, die begleitende Mimik und Gestik, die Wortwahl des Betreffenden, das, was zwischen den Zeilen gesagt ist und nicht offen ausgesprochen wird. Hören – das verlangt, sich einfühlen zu können in die anderen. Hören ist ein anstrengendes Geschehen, das man nicht nur nebenbei tun kann. Man kann nur aufmerksam zuhören, wenn man nicht abgelenkt ist. Durch rechtes Zuhören kann man sogar etwas beim Sprechenden bewirken: Wenn jemand seine Sorgen und Nöte erzählt und ihm wird aufmerksam zugehört, dann kann das Zuhören bereits Erleichterung bewirken. Hören und Erhören liegen dann ganz dicht beieinander – wie beim Beten auch. – Mose fordert bei seinem Abschied das Volk Israel zu diesem aktiven und aufmerksamen Hören auf. Das Hören auf das Wort Gottes ist ihm am Ende seines Lebens das Wesentliche; es ist der Ertrag seines Lebens. Er hat zeitlebens auf Gottes Weisung gehört und diese mitgeteilt; er ist ein zutiefst Hörender und Verstehender geworden. Und jetzt fordert er das Volk nicht auf, auf seine vielen Worte, die er gesprochen hat, zu hören, sondern auf das Wort Gottes. Beim Abschied weist er weit von sich weg und auf JHWH hin. Er war nur Mittler, Instrument Gottes, Brücke und Sprachrohr. Es ist eine Bewegung auf Gott zu, die Mose in Gang setzen will.

Hören des Wortes Gottes

Erst nach dem Hören kommt das Sprechen. Diese Reihenfolge können wir an diesem Sonntag aus der Gegenüberstellung von Lesung und Evangelium erkennen. In der Lesung steht das Hören im Mittelpunkt, im Evangelium das vollmächtige, wirkmächtige Wort Jesu. Seine Worte, die aus der schweigenden Stille des hörenden Gebetes kommen, bewirken Heil und Heilung im Menschen. Das laut herausgeschriene Wort des Kranken kommt nicht aus der schweigenden, hörenden Stille, sondern aus seiner inneren Zerrissenheit. –
Die wenigen vollmächtigen Worte Jesu in diesem Evangelium sind heute zu uns gesprochen; denn auch wir erleben im Alltag immer wieder unsere innere Zerrissenheit – so wie der Besessene. Darum sagt Jesus jetzt auch zu uns: „Schweig!" – Höre in Zeiten des Übergangs auf die Stimme Gottes, die sich im Wort der Heiligen Schrift, in den Sakramenten und durch Menschen uns offenbart. – „Schweig!" – Bringe deine Zweifel zum Schweigen, alles dunkle Murren, dass Gott nicht handelnd eingreift. – „Verlass ihn!" – Lass los von deiner inneren Zerrissenheit, deinen Zweifeln und Sorgen, vertrau auf Gottes wirkmächtiges Wort. – „Verlass ihn!" – Lass los von allen falschen Anhänglichkeiten, von Leidenschaften, die dein Herz besetzt halten.
So klingt durch das Evangelium noch einmal die Aufforderung an unser Ohr, im Schweigen zum rechten Hören zu finden. „Schweig – lass los – höre!"

Beate Kowalski

II. Elemente für eine Wort-Gottes-Feier

1. Eröffnung

Eröffnungsgesang
– GL 623,1–3: „Worauf sollen wir hören"
– GL 270,1–3: „Kommt herbei"

Liturgischer Gruß / Einführung
Wir haben uns im Haus Gottes versammelt; er hat uns gerufen, sein Wort zu hören und es zu feiern. In seinem guten Namen wollen wir diese Feier beginnen: Im Namen des Vaters, des Sohnes und des Heiligen Geistes.
Wir wollen alles ablegen, was uns hindert, Gott zu begegnen, seine Stimme zu hören und auf seine Weisung zu antworten.

Christus-Rufe
– GL 495,7: „Herr Jesus, du rufst die Menschen."

Eröffnungsgebet
Herr, unser Gott, du hast uns erschaffen, damit wir dich preisen. Gib, dass wir dich mit ungeteiltem Herzen anbeten und die Menschen lieben, wie du sie liebst. Darum bitten wir durch Jesus Christus, deinen Sohn, unseren Herrn und Gott, der in der Einheit des Heiligen Geistes mit dir lebt und herrscht in alle Ewigkeit.

2. Verkündigung des Wortes Gottes

Hinführung zur Ersten Lesung (Dtn 18,15–20)
Die heutige Lesung aus dem Buch Deuteronomium ist das Abschiedswort des Mose. Vor der Landgabe durch Jahwe erhält das Volk Weisung für die Zukunft. Auf Gottes Wort hören, das ist die beste Wegweisung.

4. Sonntag im Jahreskreis

Psalm / Gesang
- GL 750,1.2: „Herr, du hast Worte" mit VV. 1–4.7.10.
- GL 270,4.5: „Wir sind taub"
- Unterwegs 112 Kanon: „Schweige und höre"

Hinführung zur Zweiten Lesung (1 Kor 7,32–35)
In der Zweiten Lesung spricht Paulus in die Situation des Neuanfangs der korinthischen Gemeinde hinein. Viele Fragen sind noch ungeklärt. Der Apostel rät zu einem ungeteilten, entschiedenen christlichen Leben. Dafür muss jeder die richtige Form finden.

Ruf vor dem Evangelium
- GL 748,1.2: „Halleluja" mit „Lobet den Herrn", – „Halleluja"

Hinführung zum Evangelium (Mk 1,21–28)
Wie jeder erwachsene Jude hat auch Jesus das Recht, in der Synagoge zu sprechen; aber anders als die Schriftgelehrten verkündet er eine Lehre aus eigener Vollmacht. Diese Vollmacht beweist er in der Heilung durch die Tat: Er ist der gottgesandte Befreier, der die Mächte der Welt überwindet.

Predigt / Auslegung
– *Stille* –

3. Antwort der Gemeinde

Glaubensbekenntnis
Wir haben Gottes Wort gehört, aus dem unser Glaube kommt. In diesem Glauben sprechen wir das Bekenntnis: „Ich glaube an Gott."

Allgemeines Gebet / Fürbitten
Gott, öffne deine Ohren für unsere Nöte und erhöre unsere Bitten und Sehnsüchte, die nur du erfüllen kannst:
– Gib den Mächtigen Gedanken des Friedens und der Gerechtigkeit.
– Bewahre die Völker vor Orientierungslosigkeit und schenke ihnen deine Weisung.
– Mache die Kirche zu einem Ort der Hoffnung und des Glaubensmutes.
– Heile alle innere Zerrissenheit und überwinde die Widerstände gegen dein Wort.
– Schenke den Sterbenden liebevolle Begleitung und lass sie versöhnt Abschied nehmen.
Gott, öffne all unsere Sinne für deine verborgene Gegenwart in der Welt, damit wir dich loben unser ganzes Leben lang und bis in Ewigkeit.

Vater unser
Alle unsere Bitten münden ein in das Gebet, das Jesus Christus uns zu beten gelehrt hat. Lasset es uns beten im Glauben, dass unser Vater im Himmel jederzeit offene Ohren hat für unsere Nöte und zur rechten Zeit uns erhört. Vater unser ...

Loblied / Danklied
– GL 712,1.2: „Du führst mich hinaus" mit VV. 1.2.4.6–10.

Text zur Meditation
Schweigende Stille
DU
nichts zu hören
nichts zu sehen
DU
in den Herzen der Menschen
anwesend – gegenwärtig – verborgen

Schweigende Stille
DU
Grund des Verstehens
Kraft der Rede
Quell der Verkündigung

Du, der Du die schweigende Stille bist
   der Du in unserem Herzen wie ein Feuer brennst,
   der Du unbegreiflich nah und fern zugleich bist
   der Du einfach bist,
   der Ich-bin-da für uns.
   Nur einfach
DU.

Beate Kowalski

4. Abschluss

Schlussgebet
Gütiger Gott, wir haben dein Wort empfangen als Kraft für unseren Weg. Lass es in uns wachsen und reifen, damit es nicht leer zu dir zurückkehrt. Darum bitten wir dich durch Christus, deinen Sohn, unseren Herrn.

Segensbitte / Entlassung
Gott sei uns nahe und behüte uns. Er lenke unsere Schritte auf den rechten Weg, der uns zum Ziel unseres Lebens führt. So segne uns und alle Menschen der gute und menschenfreundliche Gott, der Vater, der Sohn und der Heilige Geist.

Schlusslied
– GL 473,1.3: „Im Frieden dein"

5. Sonntag im Jahreskreis

I. Predigt (Mk 1,29–39)

Erfahrungen mit Jesus

Trouble in Kafarnaum
Haben wir eigentlich schon einmal versucht uns vorzustellen, was in Kafarnaum los war, als Petrus, Andreas, Jakobus und Johannes verlauten ließen, dass sie ab jetzt mit diesem Jesus weggehn wollten? Familien, Verwandte, Nachbarn, Freunde müssen völlig perplex gewesen sein. Es kam in Galiläa zwar öfter vor, dass junge Männer in die Guerilla-Szene abtauchten, um für die Befreiung von den verhassten Römern zu kämpfen. Aber gleich vier, und darunter der Chef eines Fischereibetriebes! Die Gemüter waren erregt; die Emotionen haben hohe Wellen geschlagen. Besonders im Haus des Petrus. Ratlosigkeit, Kopfschütteln, Aufregung, Verbitterung, Streit. Außer der Frau und den Kindern, den Mitarbeitern und Mägden ist da auch die Schwiegermutter. Sie führt offenbar das Regiment. Da sind wohl die Fetzen geflogen zwischen ihr und dem Schwiegersohn. Der – auch nicht gerade von der sanften Art – war ja sonst ein vernünftiger und gestandener Mann. Und jetzt das! Wie sollte denn der Betrieb weiterlaufen, wenn der Chef durch die Lande streunt? Wie soll denn Geld ins Haus kommen?

Wer kümmert sich denn um Aussaat und Ernte, um die Anschaffungen, um die Reparaturen am Haus, an den Booten und Netzen? Und dann das Gerede der Leute ... Nein nein, wenn dieser Jesus ein Gottesmann wäre, dann wüsste er, dass Gott Ordnung, Pflichtbewusstsein, Anstand und Treue will, nicht Anarchie, Willkür und Durcheinander! Schluss jetzt, und kein Wort mehr von diesem Herumtreiber.

Jesu Ausstrahlung
Wer wollte es der Schwiegermutter des Petrus verdenken, dass sie an einem geregelten und ordentlichen Leben interessiert ist. Kein Wunder, dass sie gleich Fieber bekommt, als ihr Schwiegersohn den Besuch Jesu ankündigt. „Keinen Finger mach ich für diesen Menschen krumm!" Sprach's und wurde krank. – Aber die Geschichte geht ganz anders weiter, als es sich die Schwiegermutter ausgemalt hat. Petrus geht nicht in sich; er lässt sich durch den Fieberanfall der Schwiegermutter nicht erpressen und nicht von seinem Vorhaben abbringen. Aber wie den Streit im Haus beenden? Am besten, seine Familie samt Verwandtschaft lernt diesen Jesus selber kennen; denn Petrus vertraut darauf, dass eine solche Begegnung so viel Kraft hat, dass sie nicht nur ihn selbst verändert. – Und er hat Recht. –
Welch eine Ausstrahlung muss von Jesus ausgegangen sein! Der Evangelist Markus führt uns das vor, indem er einfach einen Tag in der Heimatstadt der neuen Jünger erzählt:
Sie bleiben noch einen Tag in Kafarnaum. Anscheinend müssen sie noch ein paar Dinge regeln, bevor es los geht. Es wird kein einfacher Tag gewesen sein. Diskussionen, Fragen, Vorwürfe. Die Jünger müssen sich rechtfertigen und wissen doch einfach nur von der Sehnsucht, die dieser Jesus in ihnen freigelegt hat, von den wieder erwachten Hoffnungen. Vielleicht ahnen sie, dass ihr Leben durch diesen Jesus ganz anders werden wird. Vielleicht spüren sie, dass sie auf so einen wie diesen Jesus schon lange gewartet haben. Wie sonst ließe sich die spontane Bereitschaft zur Nachfolge erklären?

Von Jesus berührt werden
Wie dem auch sei. Wir erfahren jedenfalls, dass die Schwiegermutter durch die Begegnung mit Jesus geheilt wurde. Er berührte sie mit der Hand und richtete sie auf. Wenn die Heilung nicht nur irgendeine äußerliche Angelegenheit gewesen sein soll, nicht nur die wundersame Beseitigung eines grippalen Infekts, dann muss sie auch innerlich etwas mit dieser Frau gemacht haben. Wenn die Heilung nicht nur äußerlich gewesen sein soll, dann muss die Schwiegermutter auch in ihrer Seele Heil erfahren haben. Vielleicht hat auch sie eine Ahnung bekommen von dem, was wirklich Halt gibt im Leben. Vielleicht hat sie geahnt, was ein tragfähiges Fundament des Lebens wirklich ausmacht: Nicht nur das Funktionieren, nicht nur das Nicht-Auffallen im gesellschaftlichen Umfeld, sondern das Verwirklichen der Anlagen, die Gott in uns grundgelegt hat. –
So gesehen ist eine Begegnung mit Gott gefährlich, da sie mich verändern kann und will. Gott liebt mich, wie ich bin; aber er ruft mich zu mir selbst und erwartet, dass ich immer wieder neu mit ihm aufbreche. Das gilt für jeden von uns als Einzelnen, wie für uns als Gemeinde. Denn wie oft sehen wir als Kirche einem bürgerlichen Verein zum Verwechseln ähnlich? Wie oft zählen auch bei uns Konventionen mehr als der Ruf Gottes? – Eines der größten Wagnisse unseres christlichen Lebens ist das Wagnis, dem Leben zu trauen und unser Leben ganz in die Hand Gottes zu legen. Uns wirklich in unserem Innersten von ihm berühren zu lassen.

Verbindung mit Gott
Auch Jesus selbst konnte ohne solche Berührungspunkte mit Gott nicht leben. „Er ging an einen einsamen Ort, um zu beten." (Mk 1,35) – Und wir? Wir schauen fern, lassen uns den ganzen Tag mit Musik berieseln und von der Freizeitindustrie betäuben. Wir lassen uns zerstreuen, statt unser Leben zu sammeln. Ja sogar in unseren Gottesdiensten können viele

mit der Stille nur mehr wenig anfangen, werden unruhig, wenn „vorne" am Altar mal nichts läuft, kein Lied gesungen wird, die Orgel schweigt und einfach nur mal Ruhe ist. Da recken sich die Hälse, ob wohl ein Regiefehler unterlaufen ist. Und erst die peinlich lange Pause nach der Kommunion ... Und nach abgeleisteter Sonntagspflicht: nichts wie raus, um nur ja nicht in der Stille mit sich und Gott allein sein zu müssen. Blaise Pascal, ein französischer Naturwissenschaftler und Philosoph, sagte einmal: „Alles Unglück der Menschen entstammt einem, nämlich dass sie unfähig sind, in Ruhe allein in ihrem Zimmer bleiben zu können" (Pensées 139): Ich denke, er hat Recht damit. Ohne Zeiten der Ruhe, in denen wir mit Jesus ganz allein und eng verbunden sind, können wir nicht leben. Ohne Zeiten der Besinnung können wir keine Sinnerfahrung machen. Mag sein, dass wir uns nicht gerne mit uns selbst konfrontieren; dass wir deshalb dauernd vor uns davonlaufen, uns in unnötige Beschäftigungen stürzen und von einem Vergnügen zum anderen jagen. Mag sein, dass wir das Gebet als Raum der Stille und der Gottesbegegnung erst wieder neu erlernen müssen. Doch wenn es uns gelingt, dann kann Gott auch uns mit der Hand berühren und aufrichten. –

Auch jetzt, wenn wir Eucharistie feiern. Glauben wir ihm. Er kann uns aufrichten. Er nimmt uns bei der Hand. Er ruft uns zu uns selbst, zu sich, in die Stille, in das volle Leben.

Heiko Merkelbach

II. Elemente für eine Wort-Gottes-Feier

1. Eröffnung

Eröffnungsgesang
– GL 163,1–3: „Aus tiefer Not"
– GL 292,1.3: „Herr, dir ist nichts verborgen"

Liturgischer Gruß / Einführung
Im Namen des Vaters ...
Jesus Christus, der uns Leben von seinem Leben schenken will, ist mit uns.
Manchmal könnte man verzweifeln ob des Leides und des Elends in unserer Welt. Haben wir schon einmal daran gedacht, Gott zu fragen, warum dies so ist? Oder gar zu klagen, dass wir diese Welt nicht verstehen und auch nicht bereit sind, eine solche Welt, die voll ist von menschlichem Elend und Leid, als eine von ihm so gewollte Welt anzunehmen? Wer solche Gedanken als gotteslästerlich abtut, wird von den biblischen Texten dieses Sonntags eines Besseren belehrt. – Treten wir ein in die Begegnung mit Christus, unserem Herrn, und begrüßen wir ihn in unserer Mitte.

Christus-Rufe
– GL 311: „Mit lauter Stimme ruf ich"
oder:
– Herr Jesus Christus, du siehst das Elend der Menschen. Du hörst das Stöhnen der Gequälten.
Ruf: GL 506: „Christus, Herr, erbarme dich"
– Herr Jesus Christus, du bist gekommen, die Menschen zu retten. Du hast dich liebevoll der Kranken angenommen. – „Christus erbarme dich."
– Herr Jesus Christus, du hast uns in deine Nachfolge gerufen. Du willst, dass wir einander nahe sind. – „Christus, Herr, erbarme dich."

5. Sonntag im Jahreskreis

Eröffnungsgebet
Gott, unser Vater, wir sind dein Eigentum und setzen unsere Hoffnung allein auf deine Gnade. Bleibe uns nahe in jeder Not und Gefahr und schütze uns. Darum bitten wir durch Jesu Christus.

2. Verkündigung des Wortes Gottes

Hinführung zur Ersten Lesung (Ijob 7,1–4.6–7)
Auch Klage ist eine Form des Gebetes. Wer klagt, nimmt sein Leben wahr, stellt sich vor Gott und erhofft von ihm Heil und Heilung. Ijob kann sein Unglück nicht als Strafe für begangene Sünden begreifen. So wendet er sich an seinen Gott.

Psalm / Gesang
– GL 752,1.2: „Vertrau auf den Herrn" mit VV. 1–5.7

Hinführung zur Zweiten Lesung (1 Kor 9,16–19.22–23)
Paulus hat auf alle Vorteile und Eigeninteressen verzichtet. Sein einziges Anliegen ist, dass das Evangelium durch ihn und durch die Gemeinde die Menschen erreiche.

Ruf vor dem Evangelium
– GL 530,7: „Halleluja" mit Rufen aus GL 564,3: „Heiland der Kranken", „Retter der Sünder", „Bruder der Menschen", – „Halleluja"

Hinführung zum Evangelium (Mk 1,29–39)
Jesus hat Jünger berufen, dass sie ihm folgen. Dazu müssen sie aber auch von ihren Familien, ihrem Beruf und ihrer Stadt Abschied nehmen. Seine Ausstrahlung zieht alle in ihren Bann.

Predigt / Auslegung
– *Stille* –

3. Antwort der Gemeinde

Glaubensbekenntnis
– GL 467: „Wir glauben an den einen Gott"

Allgemeines Gebet / Fürbitten
Jesus heilte viele, die an allen möglichen Krankheiten litten. Im Vertrauen, dass er auch heute noch Heil und Heilung schenkt, beten wir:
– Für alle, die in unserer Gemeinde erkrankt sind und die an Leib und Seele leiden. – *Stille* –
Jesus, Heiland und Erlöser – A.: Wir bitten dich, erlöse uns.
– Für alle, deren Rechte mit Füßen getreten werden und die um ihre Würde kämpfen müssen. – *Stille* –
– Für die Menschen, die in Abhängigkeiten geraten sind; für jene, die ihren Halt verloren und sich selbst aufgegeben haben. – *Stille* –
– Für die Frauen und Männer, die Christus nachfolgen wollen und sein Evangelium in Wort und Tat bezeugen. – *Stille* –
– Für die Jugendlichen in unserer Gemeinde, die nach ihrem Weg in der Kirche fragen; für jene, die nach dem Ziel und dem Sinn ihres Lebens suchen. – *Stille* –
– Für die Menschen, die um ihren Arbeitsplatz bangen, und für jene, die jeden Tag um das Überleben kämpfen müssen. – *Stille* –

– Für unsere Verstorbenen: um die Erfüllung ihrer Sehnsucht. – *Stille* –
Gott, unser Vater, ohne dich wären wir in dieser Welt verloren und unser Leben sinnlos. Wir danken dir für deine Begleitung und deine Treue heute und alle Tage bis in Ewigkeit.

Vater unser
Nun fassen wir alle unsere Bitten zusammen im Gebet des Herrn: Vater unser ...

Loblied / Danklied
– GL 258,2.3: „Lobe den Herren, der alles so herrlich regieret"
– GL 292,4.5: „Du hast geformt mein Wesen"

Text zur Meditation
Eine Menschenkette, die du geschmiedet hast,
  sollen wir sein.
Eine Menschenkette für Frieden und Gerechtigkeit
  über die ganze Welt.

Ein Zeichen, das du gesetzt hast,
  sollen wir sein.
Ein Zeichen der Hoffnung und der Kraft
  in der ganzen Welt.

Ein Volk, das du gesammelt hast,
  sollen wir werden.
Ein Volk von Brüdern und Schwestern
  in der ganzen Welt.

Ein Leib, den du belebst,
  sollen wir sein.
Ein Leib voll Kraft und Leben
  in der ganzen Welt.

(Auszüge aus einem Gebet von A. Rotzetter, Gott, der mich atmen lässt, Verlag Herder, Freiburg, 17. Gesamtausgabe)

4. Abschluss

Schlussgebet
Herr, unser Gott, du hast uns in dieser Feier mit deinem Wort aufgerichtet und gestärkt. Gib uns deinen Geist, damit wir den Weg gehn, den du uns führen willst. Gewähre uns diese Bitte durch Jesus, unseren Bruder und Herrn.

Segensbitte / Entlassung
Gott, der die Wunden verbindet und die Gebeugten aufrichtet, stärke uns und führe uns in die Fülle des Lebens. So segne uns der Vater, der Sohn und der Heilige Geist.

Schlusslied
– GL 558,5–7: „Ich danke dir, du wahre Sonne"
– GL 266,1–3: „Nun danket alle Gott"

6. Sonntag im Jahreskreis

I. Predigt (Mk 1,40–45)

Geheilt werden – Heil werden

Therapeutische Religion
Der bekannte Schriftsteller Heinrich Böll hat einmal geschrieben: „Selbst die allerschlechteste christliche Welt würde ich der besten heidnischen vorziehen, weil es in einer christlichen Welt Raum gibt für die, denen keine heidnische Welt je Raum gab: für Krüppel und Kranke, Alte und Schwache, und mehr noch als Raum gab es für sie: Liebe, für die, die der heidnischen wie der gottlosen Welt nutzlos erschienen und erscheinen." Dass Menschen von der Kirche noch vor aller moralischen Wegweisung Heilung erwarten, ist angesichts der Praxis Jesu völlig berechtigt. „Das Christentum ist die große Religion, die es auf Heilung und die Erhebung des Menschen angelegt hat" (E. Biser). Solche Aussagen können jedem Einzelnen von uns und jeder Gemeinde zur Gewissenserforschung dienen.

„Ich bin der Herr, dein Arzt"
„Ich, Jahwe, bin dein Arzt", so versichert es Gott seinem Volk (Ex 15,26). Auch Jesus wurde in den ersten Jahrhunderten als Arzt angerufen. „Hilf, Christus, du bist unser einziger Arzt" (vgl. dazu Mk 2,17). Und wenn der Auferstandene den Jüngerinnen und Jüngern seine Wundmale zeigt, erscheint er sogar als der „verwundete Arzt", der um die Wunden und Verwundungen der Menschen weiß, weil er selbst verwundet worden ist. Jesus selbst bietet sich den Menschen an als Heiland und Entlaster, wenn er ihnen zuruft: „Kommet alle zu mir, die ihr euch plagt und schwere Lasten zu tragen habt. Ich werde euch Ruhe verschaffen" (Mt 11,28). Nicht Friedhofsruhe oder die Ruhe eines Spießbürgers meint der Heilandsruf, sondern „Schalom", das Wohl und Heil des ganzen Menschen.

Heilung durch Nähe
Als Arzt und Therapeut begegnet Jesus dem Aussätzigen im Evangelium. Schauen wir die Szene im Zeitlupentempo an: Jesus sieht den Kranken – zuinnerst erregt – streckt seine Hand aus – fasst ihn an – berührt ihn – spricht das Lebenswort: „Ich will es – werde rein!" Er fasst ihn an! Jesus fasst den Aussätzigen an! Das ist eine unerhörte Durchbrechung der Tabuschranke. Aussätzige waren ja in Quarantäne: Verbannt in Höhlen, ausgestoßen, ohne menschlichen Kontakt und – was noch schlimmer war – ohne menschliches Mitleid, ohne Zuwendung. Galten sie doch als von Gott Gestrafte, der bürgerlichen Gemeinschaft und der Kultgemeinde nicht zumutbar. – Aber da ist ein Aussätziger, der dieses Urteil und Schicksal nicht apathisch hinnehmen will; einer, der sich aufrafft und vorwagt, alle Schranken durchbricht und diesen Jesus anspricht. Er bettelt ihn an, er fällt vor ihm auf die Knie: „Wenn du willst ... du kannst es doch!" Und Jesus – ganz ohne Berührungs- und Ansteckungsängste – bestätigt die Kühnheit und das Vertrauen dieses Mannes. Er weist ihn nicht empört zurück, sondern er streckt seine Hand aus und berührt ihn! Weiß dieser Jesus denn nicht, dass jeder, der einen Aussätzigen berührt, selber unrein und damit gottesdienstunfähig wird? Weiß er nicht, dass er sofort selber in Quarantäne gesteckt und abgesondert werden müsste? Dieser Jesus erlaubt sich Unerhörtes! – Es ist die Nähe durch die Berührung Jesu, die heilt und neues Leben schenkt – mehr noch als sein Wort. Menschliche Nähe und Mitgefühl nach so viel Verachtung, Diskriminierung und Isolation – das muss für diesen Menschen eine umwerfende Erfahrung gewesen sein. Darum hält er sich auch nicht an das Redeverbot Jesu, sondern erzählt überall und bei jeder Gelegenheit, was Großes an ihm geschehen ist, wie er gesund und heil geworden ist.

Therapeutisches Christsein

Enthält dieses Evangelium für uns irgendetwas Hilfreiches? Könnte es sein, dass die Begegnung mit „Aussätzigen" verschiedener Art für uns Christen auch heilsam wäre? Wie war das doch mit dem jungen Franz von Assisi: Beim Anblick eines Aussätzigen überkam ihn ein Widerwille, ein Ekel bis zum Erbrechen. Aber Jesus rührt ihn von innen her an, so dass er diesen natürlichen Abscheu besiegt, vom hohen Ross steigt, den Aussätzigen umarmt und dann dessen Friedensgruß empfängt. Da wurde dem Franz klar, dass er seine Identität auch da findet, wo er sich einlässt auf Aussätzige jeglicher Art, auf Menschen am Rand der Gesellschaft: all die Nichtetablierten und Nichtintegrierten, die „Kastenlosen", die zu keiner Partei und keinem Verein gehören; all die „Unberührbaren" und Outcasts.

Das ist ja das eigentlichen Leiden: nicht so sehr die körperliche Krankheit, sondern das, was Mutter Teresa erkannt und gesagt hat: „Die größte Krankheit heute ist nicht die Lepra oder die Tuberkulose, sondern vielmehr unerwünscht zu sein, ohne Fürsorge und verlassen von allen. Das größte Übel ist der Mangel an Liebe und Nächstenliebe, die schreckliche Gleichgültigkeit gegenüber dem Nachbarn, der am Wegrand lebt, von Ausbeutung, Verderbnis, Armut und Krankheit heimgesucht." Gegen diese Krankheiten, die besonders in unseren coolen westlichen Gesellschaften grassieren, helfen keine medizinischen Apparaturen, sondern nur Zusagen und Zeichen der Nähe und des Erwünschtseins.

Im Evangeliar von Echternach findet sich ein beeindruckendes Bild von der Heilung des Aussätzigen, wie Jesus auf den vom Schicksal Heimgesuchten zugeht und ihn berührt. Hinter Jesus sind zwei Jünger mit ihm auf dem Weg. Diese schauen ihm genau auf die Finger. Jüngersein – Christsein heißt von Jesus heilenden Umgang untereinander lernen. Und hinter den Jüngern sind nochmals drei Personen zu sehen, Zeitgenossen des Künstlers: Sie blicken in die Ferne und halten Ausschau nach Menschen, die in Zukunft Jesu heilendes Tun fortsetzen. Hier haben die Christen von damals uns heute im Blick.

Wie könnte Jesu Therapie heute konkret werden? Ich zähle auf, was mir in den Sinn gekommen ist: Zuhören, wo jemand eine Klagemauer braucht. – Im Altenheim oder im Krankenhaus Besuche machen, einfach menschliche Nähe und Wärme im Dasein vermitteln. – Vergebung zulassen bzw. Verzeihung gewähren, nicht von oben herab, sondern von Herzen, weil wir selber von Gottes Erbarmen leben. – Für das Deutsche-Aussätzigen-Hilfswerk spenden. Usw. Der Fantasie sind keine Grenzen gesetzt. Bei all dem müssen wir aber wissen, dass der persönliche Einsatz, die Beteiligung des Herzens, die respektvolle Nähe gefordert sind. Keine technischen Hilfsmittel können außer Kraft setzen, dass der Mensch für den Menschen die beste Medizin ist. (4)

Karl Heidingsfelder

II. Elemente für einen Wortgottesdienst

1. Eröffnung

Eröffnungsgesang
– GL 668,1.2: „Morgenglanz der Ewigkeit"
– GL 519,1–3: „Komm her"

Liturgischer Gruß / Einführung
Im Namen des Vaters …
Der Herr, der rettet und heilt, ist mit uns.
Wir haben uns zum sonntäglichen Gottesdienst versammelt, jeder mit seinen größeren oder kleineren Problemen und Sorgen. Hier dürfen wir sie ablegen. Wir dürfen uns bei

Gott entlasten. Sein Wort will uns Kraft und Lebensmut schenken. Nehmen wir es wie eine heilende Medizin. Preisen wir ihn, dem jede menschliche Not zu Herzen geht:

Christus-Rufe
– Jesus, Bruder der Armen, Hoffnung der Kranken.
 Akklamation: GL 562: „Lob dir, Christus, König und Erlöser!"
– Jesus, Freund der Sünder, Guter Hirte. – „Lob dir, Christus"
– Jesus, heilendes Wort, Quell der Freude. – „Lob dir, Christus"

Eröffnungsgebet
Gott, du liebst deine Geschöpfe. Deshalb hast du deinen Sohn als rettendes Wort in die Welt gesandt. Gib uns ein neues und reines Herz, das bereit ist, sich von seiner Botschaft berühren und heilen zu lassen. Das erbitten wir durch ihn, unseren Heiland und Herrn.

2. Verkündigung des Wortes Gottes

Hinführung zur Ersten Lesung (Lev 13,1–2.43ac.44ab.45–46)
Wer aussätzig ist, ist mehrfach bestraft. Er ist nicht nur krank, sondern wird als Sünder betrachtet und vom Volk isoliert.

Psalm / Gesang
– GL 527,7: „Behüte mich, Gott" mit GL 721,2: „Wohl dem, dessen Frevel vergeben", VV. 1.2.6.7.8.13

Hinführung zur Zweiten Lesung (1 Kor 10,31–11,1)
Die Freiheit, die wir in Christus genießen, erfährt ihre Einschränkung dort, wo ein bestimmtes Verhalten anderen zum Ärgernis wird. Die Rücksicht auf die Schwachen darf nicht verletzt werden.

Ruf vor dem Evangelium
– GL 532,2: „Halleluja" mit GL 716,1: „Herr bleibe mir nicht fern", – „Halleluja"

Hinführung zum Evangelium (Mk 1,40–45)
Jesu Wort des Erbarmens, Jesu Zeichen der Zuwendung machen den Kranken gesund und gesellschaftsfähig. So zeigt sich erneut, welche göttliche Kraft dem Wort Jesu innewohnt.

Predigt / Auslegung
– *Stille / Instrumentalmusik*

3. Antwort der Gemeinde

Heilungsgebet
L.: Wir wissen, dass Jesus kranke und von Nöten gequälte Menschen geradezu magisch angezogen hat. Sie alle haben seine Nähe gesucht, denn: „Es ging eine Kraft von ihm aus und heilte alle." (Lk 6,19) Er ist auch heute der Heiland aller, die an Seele oder Leib verwundet sind und Schmerzen leiden. Deshalb lade ich Sie alle ein, nach vorne zu treten und sich die heilsame Zuwendung Jesu zusprechen zu lassen.
L.: Sei gepriesen, Gott, allmächtiger Vater: Für uns und zu unserem Heil hast du deinen Sohn in diese Welt gesandt. Wir loben dich. A.: Wir preisen dich.
L.: Sei gepriesen, Gott, eingeborener Sohn: Du bist in die Niedrigkeit unseres Menschenlebens gekommen, um unsere Krankheiten zu heilen. Wir loben dich. A.: Wir preisen dich.

6. Sonntag im Jahreskreis

L.: Sei gepriesen, Heiliger Geist, du unser Beistand: Du stärkst uns in den Gebrechlichkeiten unseres Leibes mit nie erlahmender Kraft. Wir loben dich. A.: Wir preisen dich. *(vgl. GL 76)*
Der Herr baut uns wieder auf. Er heilt die gebrochenen Herzen und verbindet die schmerzenden Wunden. Groß ist unser Herr und gewaltig an Kraft. –
Dann legt der / die L. jedem, der dies wünscht, die Hand auf den Kopf und spricht:
„Der Herr, der dich von Sünden befreit, lege seine Hand auf deine Wunden; er schenke dir Heil und Heilung!"
Abschließend:
– GL 281,1.2: „Danket dem Herrn" mit VV. 1–4.9–12.

Allgemeines Gebet / Fürbitten
Herr Jesus Christus, durch dein Wort hast du den Aussätzigen geheilt. Wir wissen: Du hast Worte des ewigen Lebens. Deshalb bitten wir:
– Um Trost für die Kranken und Kraft für jene, die sie pflegen.
– Um Erbarmen für alle Beladenen und einen neuen Anfang.
– Um Mut und Zuversicht für die Verkündiger deiner Botschaft.
– Um wahrhaftige Worte und Taten für deine Kirche, die die Herzen der Menschen erreichen.
– Um dein Wort des Friedens für unsere Toten.
Mit dir, Christus, preisen wir den Vater im Heiligen Geist heute und in Ewigkeit.

Vater unser
Dem Wort unseres Herrn und Erlösers gehorsam …
Vater unser

Friedenszeichen
Geben wir einander ein Zeichen des Friedens.

Loblied / Danklied
– GL 260,1–3: „Singet Lob unserm Gott"
– GL 269,1.2: „Nun saget Dank"

Text zur Meditation
Deine Kirche sprach mit dir
auch über mich, Herr,
in dieser Feier hier.
Sie bat dich, mich zu heilen.
Ich bin krank.
Da kommst du, lieber Herr,
und siehst mich an,
streckst deine Hand aus,
rührst mich an.

Dein Licht bricht in mein Herz
und heilt mir den Verstand
und macht mich rein.
Du tauschst dein Leben
gegen meinen Tod.
Herr, dass du kommst,
macht mich gesund.

(Nach Motiven von Silja Walter, Das Wort ist Brot geworden. Kommunionpsalter, Verlag Herder, Freiburg i. Br. ²1992)

4. Abschluss

Schlussgebet
Gott, in Wort und Zeichen hat dein Sohn an Kranken seine Kraft und Macht erwiesen. Hilf uns, durch ein Leben aus deinem Wort die Menschen auf dich zu verweisen. Wir danken dir und preisen dich in Ewigkeit.

Segensbitte / Entlassung
Der Gott allen Trostes und aller Verheißung segne uns: der Vater, der Sohn und der Heilige Geist.

Schlusslied
- GL 260,4.5: „Singet Lob unserm Gott"
- GL 269,3: „Hoch tut euch auf"

7. Sonntag im Jahreskreis

I. Predigt (Mk 2,1–12)

Die Konzession zur Sündenvergebung

Sakrament statt Streckübung
Eine alte, gehbehinderte Frau, die das Bußsakrament und die Krankenkommunion empfangen wollte, empfing mich in ihrer Wohnung. „Gerade eben", erzählte sie, „habe ich den Krankengymnasten weggeschickt. Aus Versehen hatte ich ihn zur selben Zeit wie Sie bestellt. Mit dem Hinweis, dass mir Beichte und Kommunion wichtiger seien als seine heilsamen Übungen, habe ich ihn auf nächste Woche vertröstet." Momentan fühlte ich mich geschmeichelt, welche Ehre mir da erwiesen wurde. Aber ich kannte die Frau gut und wusste, dass sie diese Entscheidung nicht meinetwegen, sondern um Gottes willen getroffen hatte. Bei der Wahl, etwas Gutes für ihren Leib oder ihre Seele zu tun, hatte sie nicht gezögert und sich für die Seele entschieden.

Heilung statt Sündenvergebung
Anders steht es mit den Prioritäten der Menschen im heutigen Evangelium. Freunde und Helfer haben sich mit dem Gelähmten auf den Weg zu Jesus gemacht. Sie scheuen keine Mühe, damit er den kranken Leib heilt. An Sündenvergebung denken sie nicht einmal. Jesus staunt über den Glauben, der aus der ungewöhnlichen Aktion dieser Männer spricht. Denn in gemeinschaftlichem Glauben schleppen sie den Gelähmten zu Jesus und lassen sich durch kein Hindernis abhalten. Deswegen tut Jesus mehr, als nur den Heilungswunsch des Gelähmten und seiner Freunde zu erfüllen. Er vergibt ihm als erstes seine Sünden. – Die Verwunderung des Kranken und aller Umstehenden kann man wohl an ihren Gesichtern ablesen. Was ist los? Ist er denn nicht der, von dessen Wunderheilungen man gehört hat? Von Tauben, deren Ohren geöffnet wurden, von Stummen, die wieder sprechen konnten, von Aussätzigen, die rein wurden, von Besessenen, aus denen Dämonen ausfuhren. Diese Berichte hatten in dem Gelähmten und seinen Freunden die Hoffnung geweckt, dass neues Leben in seine Beine zurückkehren würde. Statt dessen vergibt ihm Jesus die Sünden der Vergangenheit? – Doch noch bevor sich die Sprachlosigkeit des Mannes und der anderen in Enttäuschung verwandeln kann, entspricht Jesus auch noch ihrem ursprünglichen Wunsch und heilt den Gelähmten ganz.

Sündenvergebung und Heilung
Diese spektakuläre Geschichte erzählt von der menschlichen Sehnsucht, körperlich unversehrt und heil zu sein. Jesus selbst sieht sich häufig mit diesem Bedürfnis konfrontiert. Eigentlich will er predigen, die Frohe Botschaft vom guten Gott verbreiten, zur Umkehr aufrufen. Seine Heilungen sind Nebenprodukte, sie unterstreichen seine

Glaubwürdigkeit, seine Liebe zu den Schwachen und Kranken, ja sie veranschaulichen die Botschaft vom Reich Gottes. Jesus weiß, dass er die Tauben, Blinden, Aussätzigen und Gelähmten nicht wegschicken, vertrösten darf. Er respektiert den menschlichen Urwunsch, gesund zu sein. Für uns wird er deshalb auch zum Arzt, zum Leibheiler. – Sein bevorzugtes Metier ist jedoch die Behandlung der Seele. Sobald er hier tätig wird, reagieren die Schriftgelehrten sofort. Sie haben gelernt: Die Konzession, die Seele zu behandeln, Sünden zu vergeben, besitzt allein Gott. Deshalb klagen sie Jesus wegen Gotteslästerung an. Dabei ahnen sie nicht, dass sie damit gerade die wahre Identität Jesu und den Kern seiner Sendung aufgedeckt haben. Gebrochene Herzen, kaputte Seelen, zerstörte Existenzen durch Vergebung der Sünden von innen her neu beleben, dazu ist er vor allem anderen gekommen.

Kompetenz der Kirche
Die Gewichtung der Bedürfnisse, wie sie uns in der Geschichte des Gelähmten begegnet, hat sich verschoben. In Sachen Leibheilung wenden sich auch gläubige Menschen an einen Arzt und hoffen selbst in äußerster Not kaum auf ein Wunder. An Jesus Christus glauben wir als den Sohn Gottes, dem wir die Vergebung unserer Sünden und die Heilung unserer seelischen Wunden zutrauen. Seelsorger sind viel gefragt als Gesprächspartner bei Problemen der Seele, auch wenn sie darin in Konkurrenz zu den Psychologen stehen. Einer popularisierten Psychoanalyse ist es zu verdanken, dass seelsorgliche Gespräche Hochkonjunktur haben. Dabei wird ein wesentlicher Unterschied oftmals verwischt: Ein Seelsorgegespräch ist etwas anderes als eine Beichte. Beichte ist nicht einfach menschliche Zuwendung, sondern ein Handeln Gottes, das der Priester nur vermittelt. Beichte ist heute so zeitgemäß wie kaum je. Denn wir wissen um die furchtbare Realität von Schuld. Als nicht eingestandene und unvergebene kann sie Menschen buchstäblich lähmen und krank machen. Schuld sitzt viel tiefer als das Strafrecht reicht. Beichte ist, was kein Mensch von sich her leisten kann: nämlich die Zusage: Gott hat in Jesus Christus deine Schuld vergeben, ausgelöscht. Nicht weil wir sie etwa „aufgearbeitet" hätten sondern weil Gott Mitleid hat mit unserer Not. „Du hast mir mit deinen Sünden Arbeit gemacht", klagt Gott über Israel, „mit deinen üblen Taten hast du mich geplagt. Ich, ich bin es, der um meinetwillen deine Vergehen auslöscht, ich denke nicht mehr an deine Sünden." (Jes 43,24b f.) Beichte heißt sich selbst begegnen, aber dann auch dem vergebenden Gott. –
Die Kompetenz der Kirche auf diesem Gebiet ist eine Kompetenz, die sich unmittelbar auf Jesus bezieht. Sie ist unsere Stärke im Umgang mit Menschen in seelischer Not. Ein Seelsorger, der seine Kraft aus dem Glauben an Jesus, den Sohn Gottes, schöpft, wird eine große Anziehungskraft auf die Menschen ausüben. Sie werden zahlreich zu ihm kommen, weil sie von ihm ein heilames Wort für ihre leidende Seele und Gottes vergebendes Wort für ihre quälende Sündenlast erwarten. (5)

Michael Bär

II. Elemente für eine Wort-Gottes-Feier

1. Eröffnung

Eröffnungsgesang
– GL 301,1.2.4.5: „Herr, deine Güte"
– GL 263,1.2.5: „Dein Lob, Herr"

7. Sonntag im Jahreskreis

Liturgischer Gruß / Einführung
Im Namen des Vaters ...
Jesus Christus ist Gottes Ja zu uns Menschen. Er ist mitten unter uns.
Wir können uns kaum vorstellen, wie groß die Anziehungskraft Jesu war: Die Menschen hingen förmlich an seinen Lippen und konnten sich an seinen Worten nicht satthören. Seine Ausstrahlung war so heilsam, dass die Kranken nichts unversucht ließen, an ihn heranzukommen. – Jesu Anziehungskraft hat auch uns heute hierher geführt, in seine Nähe; wir wollen uns von seinem Wort beschenken, heilen und stärken lassen.

Christus-Rufe
Herr Jesus Christus, du bist gekommen, um uns heil zu machen.
Akklamation GL 493: A.: „Kostet und seht, wie gütig der Herr ..."
Herr Jesus Christus, du versammelst uns bei dir, damit wir dein Wort hören. – A:
Herr Jesus Christus, du vergibst uns unsere Sünden. – A:

Eröffnungsgebet
Gott, unser Vater, in Jesu Leben, Worten und Taten hast du uns gezeigt, wie du selber bist: ein Gott der Menschen, uns zugewandt, um uns zu heilen und die Sünden zu vergeben. Öffne unsere Herzen für seine Botschaft und nimm alles, was uns hindern könnte, dir zu begegnen. Darum bitten wir durch deinen Sohn, Christus, unseren Herrn.

2. Verkündigung des Wortes Gottes

Hinführung zur Ersten Lesung (Jes 43,18–19.21–22,24b–25)
Gott hat Mühe mit unseren Sünden. Wir sind ihm eine Last. Trotzdem hält er nicht fest an seiner Enttäuschung, sondern vergibt seinem geliebten Volk immer wieder.

Psalm / Gesang
– GL 742,1.3: „Der Herr vergibt die Schuld" mit VV. 1–6.8.10–12.

Hinführung zur Zweiten Lesung (2 Kor 1,18–22)
Paulus wird von der korinthischen Gemeinde immer wieder in Frage gestellt und angefeindet. Deshalb betont er: Der treue Gott bürgt dafür, dass auch sein Wort an die Gemeinde zuverlässig ist.

Ruf vor dem Evangelium
– GL 531,1: „Halleluja" mit GL 496: „Lobet den Herrn", – „Halleluja"

Hinführung zum Evangelium (Mk 2,1–12)
Von Anfang an wollen viele Menschen Jesus sehen, sie wollen seine Worte hören und von ihm geheilt werden. Doch Jesu Anspruch gilt nicht nur dem Körper. Jesus will den ganzen Menschen frei machen und erlösen.

Predigt / Auslegung
– Stille –

3. Antwort der Gemeinde

Predigtlied
– GL 227,1–5: „Danket Gott, denn er ist gut"
– GL 278,1–3: „Ich will dir danken, Herr"
– Lied: „Vergiss nicht zu danken" – V./A. (Erdentöne 270)

7. Sonntag im Jahreskreis 84

Allgemeines Gebet / Fürbitten
Gott, unser Vater, du hast deinen Sohn zu uns gesandt, damit er alles heil mache. Wir rufen zu dir:
– GL 8,2: Herr, – lass das Böse geringer werden und das Gute um so kräftiger sein.
Gott und Vater: „Wir bitten dich, erhöre uns"
– Lass die Traurigkeit schwinden und Freude um sich greifen.
– Lass uns annehmen und geben können und einander behilflich sein.
– Lass die Missverständnisse aufhören und die Enttäuschten Mut gewinnen.
– Lass die Kranken Trost finden und die Sterbenden deine Erbarmung.
– Lass uns wohnen können auf Erden und die Ernten gerecht verteilen.
– Lass Frieden unter den Menschen sein, Frieden im Herzen – rund um die Erde.

Vater unser
Im Vertrauen darauf, dass Gott es gut mit uns Menschen meint, wollen wir beten: Vater unser ...

Loblied / Danklied
– GL 227,6–12: „Er hat Israel befreit"

Text zur Meditation
Herr,
die an dich glauben
    gehen durch die Mauern
gehn wie im Traum durch verschlossene Türen
  Die an dich glauben
    gehen durch Flammen
  lebende Fackeln die doch nicht verbrennen
Die an dich glauben
    gehn durch das Dunkel
scheinen zu sterben und siehe sie leben

(Aus: Lothar Zenetti, Sieben Farben hat das Licht, J. Pfeiffer Verlag, München, 2/2000, 124; gekürzt und leicht verändert; © Lothar Zenetti, Frankfurt)

4. Abschluss

Schlussgebet
Guter und treuer Gott, in deinem Wort hast du uns Gemeinschaft geschenkt mit Jesus und untereinander. Wir danken dir dafür. Bleibe bei uns mit deinem Ja und hilf uns, keine Mühe zu scheuen, um dir zu begegnen und deinem Sohn, der im Heilien Geist mit dir lebt in Ewigkeit.

Segensbitte / Entlassung
Gott offenbare an uns seine Herrlichkeit und Gnade, damit die Menschen ihn erkennen und preisen. – Dazu segne uns der Vater, der Sohn und der Heilige Geist.
Singet Lob und Preis. – A.: Dank sei Gott, dem Herrn.

Schlusslied
– GL 473,1.3: „Im Frieden dein"
– 595, 1.2.4: „Maria, breit den Mantel aus"

8. Sonntag im Jahreskreis

I. Predigt (Mk 2,18–22)

Gott erneuert

Neu ist in
„Brandaktuell", „Noch nie dagewesen", „Total neu" – solche Schlagworte kennen wir aus der Werbung in Fernsehen, Internet und von den Plakatwänden zur Genüge. Wenn heute etwas verkauft werden will, dann muss es neu sein, anders als alles, was man schon kennt. Was von gestern ist, so wird uns suggeriert, ist out, überholt; die Halbwertszeit der Dinge ist in unserer Gesellschaft atemberaubend kurz geworden.
Auch im Evangelium ist heute von etwas Neuem die Rede. Doch es ist von anderer Art. Nicht einfach etwas, das es vorher nicht gab und das morgen alt sein wird, sondern das Neue, das verändert, das erneuert. Und zwar die ganze Welt und Menschheit.

Alt und Neu
In der Rede Jesu geht es um den Widerstreit von Alt und Neu. Wir kennen es aus unserem Leben. Etwas hat sich verändert, ist neu geworden; und irgendwann stellen wir fest: Es ist nicht mehr, wie es war. Vielleicht geht es uns so in einer vertrauten Beziehung. Vielleicht geht es uns so mit dem Glauben. Was früher gestimmt hat, passt nicht mehr. Wir sind herausgewachsen aus alten Selbstverständlichkeiten und auf der Suche nach neuen Wegen. Das Leben, so erfahren wir alle, bringt Veränderungen mit sich. – Manchmal geschehen solche Veränderungen auch ganz plötzlich durch unvorhergesehene Ereignisse. Das kann ein Unfall sein, aber auch ein Glücksgefühl, eine neue Arbeit, eine neue Begegnung. Und wir merken: Wenn sich innerlich etwas verändert hat, dann muss auch äußerlich eine neue Form gefunden werden. Nur dann kann das Neue seine Kraft entfalten! – Dieses Wissen muss sich auch in den kleinen Dingen unseres alltäglichen Lebens bewähren. Wir erleben es selber oft als heilsam, wenn wir etwas Äußeres in unserem Leben verändern; einmal etwas Neues ausprobieren; uns von alten Dingen trennen. Dann verstehen wir: Das Neue braucht auch neuen Raum, um zu leben und sich zu entfalten. Innere Veränderungen kommen erst dann zur vollen Auswirkung, wenn sie sich auch in neuen angemessenen Formen ausdrücken können.

Nur keine Veränderung
Von dieser Erfahrung spricht Jesus. Es geht ihm aber nicht um solch kleine Veränderungen wie das Umgruppieren der Möbel oder den Austausch alter Geräte gegen neue. Es geht ihm um etwas viel Grundlegenderes: Die Gottesherrschaft auf Erden hat begonnen, und das sollte der Anfang einer neuen, glücklichen Zeit sein. Warum war das für manche Menschen zur Zeit Jesu so schwer zu verstehen – besonders für die Frommen und theologischen Fachleute? Nun, Veränderungen machen oft Angst, besonders wenn sie so existentielle Dinge betreffen wie den Glauben. Anstatt mit Offenheit zu reagieren und nachzudenken, verschließen sich Menschen allzu oft und klammern sich ängstlich an die alten Formen. Das ist heute so und war damals auch so.

Alles wird neu
Was das Fasten betrifft, so können Jesu Gegner sagen: „Wieso machen die denn das nicht? So haben wir es doch immer gemacht!" – Jesus aber ist an dieser Stelle des Evangeliums sehr klar. Wenn es um die Gottesherrschaft geht, dann lässt sich über Altes nicht verhandeln. Die Gottesherrschaft ist von solch neuer Qualität, dass unser

Leben darauf reagieren muss. Nicht sie muss in unser Leben passen, sondern unser Leben wird sich nach ihr ausrichten. Dieses Neue bricht sich Bahn. Wie neuer Wein, der in alten Schläuchen nicht zu halten ist. Jesu Kommen und seine Botschaft ist dieses Neue, das alles Bisherige in Frage stellt und eine ungeheure Sprengkraft entwickelt. Mit Gott tritt nicht einfach etwas Neues in unser Leben; nein, Gott will unser ganzes Leben erneuern, das private und das gesellschaftliche. Es geht also nicht nur um dies und das, sondern um alles. Genau das verdeutlicht Jesus anhand der Fastenfrage.

Die hohe Zeit ist da
Es geht Jesus ja nicht darum, ob etwa nur von morgens bis mittags gefastet werden muss oder vielleicht doch bis zum Abend. Es geht vielmehr darum, dass all die alten Rituale weichen müssen vor der neuen Realität. Und die ist: die Hoch-Zeit der Gottesherrschaft, die jetzt schon angebrochen ist. Kann man da noch pedantisch und miesepetrig am Absolvieren von Rubriken festhalten? Kann es da noch einen einzigen geben, der an dieser Hochzeitstafel sitzt und nicht mitfeiert, mitschmaust, mitbechert? – Unvorstellbar! Das ist Jesu Argument! Es geht ihm nicht um kleine oder größere Reformen, um das bloße Korrigieren von Fehlentwicklungen. Es geht ihm darum, dass alles Bisherige sich an diesem völlig Neuen messen lassen muss: an der Hochzeit, die Gott mit Israel und der ganzen Menschheit feiern will, an diesem Freudenfest. Das soll das Leben der Menschen in der neuen Heilszeit prägen. Diese Freude ist wie ein Wirbelsturm; nichts hält ihm stand. Und diese Freude sucht sich ganz neue Formen, die ihr angemessen sind. – Wer das nicht will, wer nicht offen sein will für das Überraschende, wer sich nicht verändern lassen will, der könnte das Fest verpassen. Stattfinden wird es trotzdem – freilich ohne jene, die partout nicht Gottes Einladung folgen wollen. Das gibt Jesus immer wieder zu denken. –
Ein neuer Flicken zerreißt den alten Stoff. Neuer Wein sprengt alte Schläuche. Die Dynamik des Neuen ist dem Alten gefährlich. So neu ist die Gottesherrschaft! Sie erfordert ein radikal neues Denken und eine völlig neue Praxis. So werden wir auch offen für die ganz große Überraschung, mit der Gott uns am Ende der Zeit erwartet: „Siehe, ich mache alles neu." (Offb 21,5)

Zwischen Alt und Neu
Bleibt allerdings die Frage, warum wir Christen dann eigentlich noch fasten. Antwort: Weil der Bräutigam von uns genommen ist. – Und warum ist er von uns genommen? Antwort: Weil das Bräutlein Israel sich verweigert hat. Die Hochzeit konnte nicht stattfinden. Das große Freudenfest, das sich schon angekündigt hatte, musste vertagt werden. – Deshalb leben wir Christen im Zwielicht von Alt und Neu; zwischen Fasten und Fest; aber immer im Aufbruch aus dem Alten ins Neue. Denn im Hochzeitssaal werden die Instrumente schon gestimmt ... (6)

Martina Kreidler-Kos

II. Elemente für eine Wort-Gottes-Feier

1. Eröffnung

Eröffnungsgesang
– GL 110,1: „Wachet auf, ruft uns die Stimme"
– GL 272,1.3: „Singt das Lied der Freude"

8. Sonntag im Jahreskreis

Liturgischer Gruß / Einführung
Im Namen des Vaters …
Jesus Christus, der uns die Frohbotschaft von Gottes Liebe gebracht hat, ist mitten unter uns.
Jesus ist gekommen, um Israel und uns eine Freudenbotschaft auszurichten: Gott will einen Neuanfang machen. Alle frühere Untreue soll vergessen sein. Er will mit den Menschen ein Fest der Liebe feiern. Jesus kommt als Gottes Brautwerber. Wo er angenommen wird, da beginnt die neue hohe Zeit, die alles Alte außer Kraft setzt. – Wir sind die ersehnten Gäste dieses Festes, eingeladen, die Begegnung mit Gott zu feiern. – Ihn, der uns die Freudenbotschaft ausrichtet, wollen wir bei uns begrüßen:

Christus-Rufe
Spr. 1: Herr Jesus Christus, wir preisen dich! Du hast die Gottesherrschaft ausgerufen. Aus Dörfern und Städten liefen die Menschen dir zu, neugierig und hoffnungsvoll. Denn sie wussten sich eingeladen.
Kv. V./A.: Eingeladen zum Fest des Glaubens, eingeladen zum Fest des Glaubens.

(Aus: Erdentöne - Himmelsklang, 285, © Strube Verlag, München)

Spr. 2: Herr Jesus Christus, wir preisen dich! Du bist der Freudenbote. Scharenweise kamen sie zu dir: die Kranken und Behinderten, die Mühseligen und Alten, die Frauen und Kinder. Denn sie wussten sich angenommen: – Kv. V./A.

Spr. 3: Herr Jesus Christus, wir preisen dich! Du bringst die Vergebung des Vaters. Die Schuldbeladenen, die Ausgegrenzten und Ausweglosen kamen zu dir - manche offen, andere nur verstohlen. Denn sie wussten sich erwartet. – Kv. V./A.

Spr. 4: Herr Jesus Christus, wir preisen dich! Du bist der Brautwerber Gottes. Mit dir begann die neue Zeit, die hohe Zeit. Menschen lernten zu teilen und Wunden zu heilen. Sie beteten um Gottes Reich und Wille. Denn sie wussten sich geliebt. – Kv. V./A.

Spr. 5: Herr Jesus Christus, wir preisen dich! Du hast Menschen in deinen Bann gezogen. Sie hungerten nach deinen Worten und deiner Nähe. Du hast sie aus dem alten Trott herausgerissen. Sie ließen alles stehn; sie folgten dir und wurden Boten der Freude. Denn du hast sie gerufen. – Kv. V./A.

Abschließend den Kv. noch einmal auf erhöhter Tonstufe.

oder:

– Herr Jesus Christus, du Verkünder des Gottesreiches.
  Akklamation: „Lob sei dir, Halleluja!" *(Melodie: GL 260)*

– Herr Jesus Christus, du Mittler der Vergebung des Vaters.
– Herr Jesus Christus, du Bringer der Freude.
– Herr Jesus Christus, du Brautwerber Gottes.
– Herr Jesus Christus, du Aufgang der hohen Zeit.
– Herr Jesus Christus, du Anfang der Zukunft.

Eröffnungsgebet
Gott, in Jesus, deinem Sohn, wendest du dich uns Menschen zu und bietest uns ein Fest der Liebe an. Hilf uns, alles loszulassen, was uns hindert, deinem Werben bereitwillig zu folgen. Das erbitten wir durch Christus, unseren Herrn, der mit dir im Heiligen Geist gepriesen sei in Ewigkeit.

2. Verkündigung des Wortes Gottes

Hinführung zur Ersten Lesung (Hos 2,16b.17b.21–22)
Der Prophet Hosea beschreibt die Geschichte Gottes mit seinem Volk als eine Liebesgeschichte: Gott, der närrische Liebhaber, und Israel, das launische Bräutlein, das diese Liebe aufs Spiel setzt. Aber Gott macht immer wieder einen Neuanfang.

Psalm / Gesang
– GL 742,2.3: „Lobe den Herrn, meine Seele" mit VV. 1–4.8.10–12.

Hinführung zur Zweiten Lesung (2 Kor 3,1b–6)
Der Apostel Paulus bezeichnet sich in der Lesung als „Diener des Neuen Bundes"; denn durch Jesu Tod und Auferstehung hat die Geschichte Gottes mit den Menschen noch einmal neu und befreiend begonnen.

Ruf vor dem Evangelium
– GL 530,5: „Halleluja" mit – GL 627,1: „Mein Leben lobsinge Gott", - „Halleluja"
– GL 530,8: „Halleluja" mit GL 627,2: „Die Freude an Gott", – „Halleluja"

Hinführung zum Evangelium (Mk 2,18–22)
Mit Jesus ist das Neue gekommen, dem das Alte nicht standhalten kann. Als Brautwerber Gottes lädt er Israel ein zur Hochzeit. Wo Menschen diesem Werben folgen, da beginnt das Fest.

Predigt / Auslegung
– *Stille* –

3. Antwort der Gemeinde

Lobpreis
– GL 272,2.4: „Singt das Lied der Freude"
– GL 261,1–2: „Den Herren will ich loben"

Allgemeines Gebet / Fürbitten
Gott, du willst uns Menschen immer wieder neu begegnen. Wir bitten dich:
– Schaffe den Menschen, die in Politik und Wirtschaft Einfluss haben, einen Sinn für Verantwortung und Gerechtigkeit.
– Erfülle deine Kirche mit lebensschaffendem Geist, damit sie neue Formen der Verkündigung wagt.
– Gib den Menschen, die zu einem Neuanfang aufbrechen, Mut und Kraft.
– Schenke den Menschen, die dich suchen, deine überraschende und beglückende Gegenwart.

– Öffne den Menschen, die sich ihre Zukunft verbaut haben, neue Wege.
Gott, deine Liebe ermutigt uns, Altes loszulassen und dem Fest der Freude entgegenzugehen mit Jesus, unserem Bruder und Herrn. Sei gelobt in Ewigkeit!

Vater unser
Lasset uns nun beten, wie Jesus, der Freudenbote, uns gelehrt hat: Vater unser ...

Loblied / Danklied
– GL 261,3: „Jetzt hat er sein Erbarmen"
– GL 264,1–2: „Mein ganzes Herz"

Text zur Meditation

Seht,
das in allen Dingen angebrochene
ewige Gottesfest
ist hier und jetzt.

Wer dich liebt,
dem öffnet sich die Tür,
und er tritt ein.

Dein Sohn
kredenzt uns Freudenwein.
Die Angst,
die immer wieder Löcher reißt
in unsre Zuversicht,
verwandelst du.
Die alten Kleider
flickst DU nicht.
Du schenkst ein
neues Kleid und Herz.

(Nach Motiven von Silja Walter, aus: Das Wort ist Brot geworden. Kommunionpsalter, Verlag Herder, Freiburg i. Br. ²1992)

4. Abschluss

Schlussgebet
Gott, du hast uns begreifen lassen, dass mit dem Kommen deines Sohnes Neues in unsere Welt gekommen ist. Lass uns nicht im Alten ersticken, sondern gib uns den Mut, für die überraschende Neuheit deiner Liebe offen zu sein und sie mit Gegenliebe zu beantworten. Du, der mit Jesus Christus, deinem Sohn, in der Freude des Heiligen Geistes lebt in alle Ewigkeit.

Segensbitte / Entlassung
Gott, der unser Leben erneuern und mit Freude erfüllen will, segne uns: der Vater, der Sohn und der Heilige Geist.

Schlusslied
– GL 264,3: „Herr, ob den Himmeln"
– GL 258,1.4: „Lobe den Herren"

1. Fastensonntag

I. Predigt (Mk 1,12–15)

Versuchung Jesu – Versuchung des Menschen

Sein Leben war das eines Menschen
Noch knapper als der Evangelist Markus vom vierzigtägigen Aufenthalt Jesu in der Wüste und von seiner Versuchung dort berichtet, kann man diese wichtige Sache gar nicht zur Sprache bringen. Es sind nur drei Sätze. Anders bei Matthäus und Lukas; sie erzählen ausführlich von drei Versuchungen Jesu und stellen fest: Jesus ist seiner Berufung treu geblieben und hat sich als Sohn Gottes, wie er in seiner Taufe vom Himmel ausgerufen wurde, bewährt. Er hat den Versuchungen des Bösen getrotzt mit Worten, die allesamt seiner hebräischen Bibel entstammen. Jesus wird gezeigt als einer, der auf jede Art von Machtausübung und Sensationsmache verzichtet, die ihn auf kurzem Weg und unter Umgehung seiner Sendung zu Erfolg und weltlicher Herrschaft hätte führen können. Seine einzige Macht liegt in der Lebensweisung des Wortes Gottes. – Was aber will der Evangelist Markus mit seinen drei Sätzen sagen? Worin wird Jesus von Satan versucht? Was ist mit Versuchung gemeint? Eine altjüdische Geschichte soll uns weiterhelfen.

Versuchung des Menschen
Darin heißt es: Als Gott nämlich die wilden Tiere erschaffen, freute er sich über die geschaffene Kreatur. Eines Tages ließ er alle Tiere in einer großen Prozession an sich vorüberziehen: die Büffel und die Nashörner, die Schlangen und Tiger, die Löwen und Krokodile. Sie alle waren mit vielerlei Werkzeugen ausgestattet: mit Stoßzähnen, mit Krallen, mit Panzern und giftigen Drüsen. Es waren alles zuschlagende, beißende, vernichtende Waffen.
Abseits davon stand ganz traurig, in sich geduckt und wie verloren, ein Lamm. Es fürchtete sich. Denn es hatte nichts, mit dem es sich vor Angreifern hätte wehren können, geschweige denn, dass es verletzende oder vernichtende Waffen hätte gebrauchen können. Voller Angst fragte es schließlich den Schöpfer: „Warum gabst du allen so gefährliche Waffen? Du weißt doch, dass sie Schlimmes damit anrichten können und anrichten werden. Es wird zwischen ihnen Mord und Totschlag geben." – Da reute es den Schöpfer, die Tiere so kämpferisch ausgestattet zu haben. „Was soll ich dir geben zu deinem Schutz?" fragte er das Lamm. Doch das Lamm wollte nichts von all dem, was es da vor sich sah. Es lehnte jedes Angebot des Schöpfers ab. Da gab ihm Gott die drei Waffen des Friedens: Geduld, Demut, Hingabe. –
Diese Tiergeschichte ist in Wahrheit eine Menschengeschichte. Genau das ist unsere Versuchung, dass wir das, was Gott uns als Werkzeuge für das Leben gegeben hat, als Waffen gegen andere einsetzen: Statt zu lächeln Zähne zeigen; Hände zu Fäusten ballen oder als Krallen benutzen; mit Worten Gift versprühen, bis wir einen Kollegen fertig gemacht haben; uns panzern, so dass alles abprallt, was uns eigentlich zu Herzen gehen müsste usw. Wir sind immer versucht, unsere Begabungen, Fähigkeiten und Möglichkeiten nicht menschlich einzusetzen, sondern tierisch: für Gewalt und Rache, bis der Schwächere erledigt ist; im Kleinen und Großen darauf bedacht, die eigene Macht auszuspielen, sich eine Machtposition zu sichern; wie im Tierreich: der Stärkste sein, die Alpha-Position erkämpfen, imponieren, das Revier beherrschen, die besten Stücke der Beute an sich reißen können. Das ist unsere Versuchung, dass wir, die von Gott als Geistgeschöpfe entworfen worden sind, uns hinunter begeben auf Tierni-

veau. – Hinter unserem Macht- und Imponiergehabe steckt aber noch mehr. Die große Versuchung des Menschen liegt in seinem Verlangen nach Selbstherrlichkeit und Selbstmächtigkeit, die niemanden über sich dulden will, auch Gott nicht. Die Schlange im Paradies wusste genau, wie sie den Menschen ködern konnte: „Wenn ihr davon esst, werdet ihr sein wie Gott."
Wo Menschen in diese Versuchungen fallen, da entstehen Streit, Neid, Krieg, Raffgier, Eifersucht und Angst. Darum lässt uns Jesus beten: „Führe uns nicht in Versuchung" (Mt 6,13). Führe uns in der Versuchung, damit wir nicht in die Fallen stürzen, sondern widerstehen. Führe uns aus der Versuchung wieder heraus in die Freiheit der Kinder Gottes.

Versuchungen bestehen
Von Jesus heißt es: „Er lebte bei den wilden Tieren, und die Engel dienten ihm" (Mk 1,13). Mehr erfahren wir nicht. Kein Wort über irgendwelche Dämonenkämpfe. Nur Jesus in der Gesellschaft von Tieren und Engeln. Das hat Meister des geistlichen Lebens nachdenklich gemacht. Ist es bei uns nicht ähnlich? Wenn wir uns ganz ehrlich anschauen, wenn wir den Blick wagen auf das Tierische in uns und das Schwache, Hinfällige, Irdische in uns; wenn wir unsere Grenzen und Schatten und Fallen und Schwächen nicht verleugnen sondern uns eingestehen, dann ist das eine Hilfe, Versuchungen zu durchschauen und zu überwinden. –
Aber auch das andere gilt es zu bejahen; dass wir zugleich den „Engel in uns" in den Dienst unserer Menschwerdung stellen. „Engel" ist alles, was über das Erdhafte unserer Existenz hinausweist: unsere Sehnsucht nach größerem Leben, unsere Sehnsucht nach Gott.
„Engel" – das sind auch die Lebensweisungen Gottes, die uns Jesus verkündet und vorgelebt hat. Sie in Freiheit bejahen und zu Herzen nehmen, lässt Versuchungen bestehen und Menschsein gelingen.
„Er lebte bei den wilden Tieren, und die Engel dienten ihm." Diese Bemerkung in der Versuchungsgeschichte nach Markus hat versöhntes Leben im Blick und eröffnet die Dimension des Reiches Gottes: den Himmel auf Erden – schon jetzt. Mit Jesus und im Anschluss an ihn beginnt Reich Gottes hier und heute zu wachsen. Er kämpft, aber nur mit den Waffen des Lammes, den Waffen des Friedens: Geduld, Demut, Hingabe. Ja, er selbst ist „das Lamm Gottes". Bewusst und entschieden geht er seinen Weg in Versuchung und Leiden. Seine Treue zu sich selbst, zu seinem Auftrag und seiner Sendung zeigt auch uns, wie wir unser Leben mit allen Gefahren bestehen können.

Ein Blick in die Zukunft
Im Standhalten in der Versuchung kündigt sich bereits der Sieg Jesu über alle Mächte der Finsternis an. Indem er von Engeln und wilden Tieren umgeben dargestellt wird, soll uns vor Augen geführt werden, dass Jesus den paradiesischen Zustand der Welt wiederherstellen wird: die versöhnte Einheit zwischen Gott und Mensch, Mensch und Tier; und die Menschen sind eins mit sich selbst und eins untereinander.
Das letzte Buch des Neuen Testaments, die Offenbarung des Johannes, entwirft ein überwältigendes Trostbild für alle, die das Tierische in sich besiegen wollen und dem Lamm folgen: Sie stehen in weißen Gewändern vor dem Thron und dem Lamm und erweisen Gott die Ehre. Wer sind sie? „Das sind jene, die aus der großen Bedrängnis kommen." Gemeint sind nicht nur die äußeren Bedrängnisse und Verfolgungen, sondern auch die inneren Bedrängnisse und Kämpfe, die Versuchungen. Sie tragen Siegespalmen in den Händen; d.h. sie haben überwunden; sie haben die Versuchungen bestanden. Aber nicht in eigener Kraft, sondern: „sie haben ihre Kleider weiß gewaschen im Blut des Lammes"; jenes Menschensohnes, der es abgelehnt hat, die Waffen von Tieren zu

gebrauchen; um sich so selber zu Gott zu machen. Dieses Trostbild sei uns eine Kraftquelle, die Versuchungen und Bedrängnisse des täglichen Lebens zu bestehen.(7)

Karl Heidingsfelder

II. Elemente für eine Wort-Gottes-Feier

1. Eröffnung

Eröffnungsgesang
– GL 293,1.2: „Auf dich allein ich baue"
– GL 302,1.2: „Erhör, o Gott, mein Flehen"
– GL 160,1–3.7: „Bekehre uns"; *im 7. Vers:* „... zum Quell der Freude"

Liturgischer Gruß / Einführung
Im Namen des Vaters ...
Unsere Hilfe ist im Namen des Herrn. – A.: Der Himmel und Erde erschaffen hat.
Kehrt um und glaubt an das Evangelium! – Diese Worte, die Jesus Christus heute an uns richtet, laden uns ein und fordern uns heraus. Das Evangelium will uns frei machen nicht nur von unseren Belastungen; es fordert uns auch heraus, jetzt die Einladung anzunehmen und diese Freiheit wirksam werden zu lassen. Diesen Weg gehen wir nicht allein. Jesus ist in allem uns gleich geworden – ganz Mensch – bis hinein in die Versuchbarkeit. Als unser Bruder und Herr gibt er uns Kraft, dass wir den Versuchungen nicht erliegen.

Christus-Rufe
Nach der Melodie GL 56,1:
– Herr Jesus, du rufst die Menschen zur Umkehr – Kyrie eleison
  Du sagst uns die frohe Botschaft –
– Herr Christus, dein Leben war das eines Menschen – Christe eleison
  Du hast selbst Angst und Versuchung erfahren –
– Herr Jesus, du wendest dich den Sündern zu – Kyrie eleison
  Du bringst uns die Vergebung des Vaters –
oder:
– GL 518,1.2.3.4.9: „Herr Jesus, König ewiglich"

Eröffnungsgebet
Gütiger Gott, du schenkst uns diese heiligen vierzig Tage, damit unser Leben neu werden kann. Lass uns mit offenen Ohren und liebenden Herzen dein Wort hören und immer tiefer eindringen in deine frohmachende Botschaft, damit wir deinen Sohn erkennen und aus seinem Geist leben. Darum bitten wir durch Christus, unseren Bruder und Herrn.

2. Verkündigung des Wortes Gottes

Hinführung zur Ersten Lesung (Gen 9,8–15)
Immer wieder bleiben Menschen hinter dem zurück, was Gott ihnen zutraut. Trotzdem setzt er immer wieder einen Neuanfang. Der Gott des Lebens und des Bundes will Gemeinschaft mit Welt und Menschen.

1. Fastensonntag

Psalm / Gesang
- GL 527,2: „Dein Erbarmen, o Herr" mit GL 698,2: „Wer im Schutz des Höchsten wohnt", VV. 1.2.10–15

Hinführung zur Zweiten Lesung (1 Petr 3,18–22)
Die Lesung aus dem ersten Petrus-Brief spricht von der Bedeutung der Auferstehung Jesu Christi für uns Menschen. So wie Gott Jesus Christus nicht fallen ließ, so lässt er auch uns nicht fallen. Dafür steht die Taufe.

Ruf vor dem Evangelium
- GL 173,1: „Lob sei dir, Herr" mit Vers Mt 4,4b
- GL 226,4: „Ich will von Sünden auferstehen"

Hinführung zum Evangelium (Mk 1,12–15)
Jesus war ganz Mensch. Auch er wurde versucht. Doch er ist der neue, ganz heile Mensch. In ihm leuchtet die vollendete Schöpfung auf.

Predigt / Auslegung
– *Stille* –

3. Antwort der Gemeinde
– *Instrumentalmusik* –

Erneuerung des Taufbekenntnisses
(Es sollte für alle gut sichtbar ein schönes Gefäß mit Taufwasser aufgestellt werden)
L.: Heute sprechen beide Lesungen von der großen, vernichtenden Flut, aus der Gott gerettet hat. Diese Flut ist für immer zum Symbol des übermächtig angeschwollenen Bösen geworden, das Verderben und Tod bringt. Wie im Alten Bund die Arche zur rettenden Zuflucht wurde, so ist es im Neuen Bund die Taufe der Kirche – aufgrund des Todes und der Auferstehung Jesu. Wir Getauften sind durch die Flut des Todes hindurch errettet zum Leben. – Dessen wollen wir uns heute besonders bewusst werden, indem wir unser Taufbekenntnis erneuern. Wer dieses Bekenntnis dann auch noch durch ein Zeichen vertiefen will, kann vortreten, um sich mit dem Taufwasser ein Kreuz in die offene Handflächen zeichnen zu lassen.

Ich frage euch, die ihr getauft seid:
Gott der Vater hat euch als seine Töchter und Söhne angenommen und sein unwiderrufliches Ja-Wort gegeben. Wollt ihr ihn dafür loben? dann antwortet: Amen, das wollen wir. – „Amen, das wollen wir!"
Jesus Christus, Gottes Sohn, lebt in euch und schenkt euch seine Gegenwart. Wollt ihr ihn dafür lieben? dann antwortet: Amen, das wollen wir. – „Amen, das wollen wir!"
Gott der Heilige Geist führt euch zur Gemeinde zusammen und baut euch auf zum Leib Christi. Wollt ihr ihn dafür ehren? dann antwortet: Amen, das wollen wir. – „Amen, das wollen wir!"

Gott wird zur Vollendung bringen, was er in euch begonnen hat.
L.: Ich lade Sie nun ein, nach vorn zu treten und das Zeichen des Lebens zu empfangen. – *Instrumentalmusik* –
L.: *zeichnet mit Taufwasser ein Kreuz in die geöffnete Handfläche und spricht:* „Der Herr ist deine Kraft und dein Sieg!" *oder:* „Im Kreuz Jesu ist das Leben!" *oder:* „In diesem Zeichen wirst du siegen!"

Wenn alle wieder auf den Plätzen sind:
- Lied: Fest soll der Taufbund immer stehen
  als unser Ja und Amen,
  denn Großes ist an uns geschehen,
  weil wir zum Leben kamen:
  Aus Wasser und dem Heilgen Geist
  sind wir geboren, darum preist
  den Gott, der uns erkoren.
  Michael Bär

Allgemeines Gebet / Fürbitten
Herr Jesus Christus, du bist der siegreiche Überwinder des Bösen und des Todes. Wir bitten dich:
Ruf: GL 162,8: Erhebe dich in deiner Macht, stärke uns im Kampf"
oder: GL 526,5: „Herr, erhebe dich, hilf uns und mach uns frei"
– Reiße unsere Welt heraus aus einer Zivilisation des Todes; dämme ein die Flut des Bösen und des organisierten Verbrechens.
– Stärke die Verantwortlichen unserer Kirche im Kampf für Wahrheit und Gerechtigkeit.
– Stehe uns Christen bei im Widerstand gegen menschenverachtende Gesetze und Praktiken.
– Höre die Hilfeschreie der Ausgebeuteten, Unterdrückten, Verfolgten und allein Gelassenen.
– Hole uns heraus aus den Tiefen von Angst und Mutlosigkeit und schenke uns neue Freude am Glauben.
Herr, du willst alle Verwundungen heilen und uns zur Fülle des Lebens führen. Brich siegreich ein in diese Welt und in unsere Herzen. Dank sei dir in Ewigkeit.

Vater unser
– GL 691: „Vater unser" (*ohne Einleitung*)

Loblied / Danklied
– *nach Instrumentalmusik* GL 304,1.2: „Zieh an die Macht"
– GL 241,1.4.5: „Komm, Heilger Geist"

Text zur Meditation
Gott,
ich stelle viele Fragen:
Warum muss es gerade jetzt sein?
Warum muss es gerade hier sein?
Warum muss es gerade das sein?
Warum muss es gerade ich sein?

Gott,
du stellst nur eine einzige Frage:
Warum nicht?
  Christoph Schmitz-Hübsch

Oder:

Führe mich zurück in die Oase deines Wortes.
Hol mich heraus aus dem Land von Fluch und Schicksal.
Werde in mir Wachsamkeit, Geduld, Gedächtnis, Vernunft, Treue.
Mache mich nach deinem Bild zu einem Zukunftsmenschen.
Ewiger, lehre mich die Sprache, worin ich dich verstehe.
Führe mich zurück in die Oase deines Wortes.

Huub Oosterhuis
(Quelle unbekannt)

4. Abschluss

Schlussgebet
Gütiger Gott, du hast uns mit dem Brot deines Wortes genährt. Lass uns daraus Kraft schöpfen, unser Leben nach deinem Evangelium auszurichten. Forme uns durch dein Wort zum Bilde deines Sohnes Jesus Christus, der mit dir lebt und uns liebt in alle Ewigkeit.

Segensbitte / Entlassung
Der Herr erfülle unseren Mund mit Lobpreis, unsere Herzen mit Freude, unsere Arme mit Kraft, unsere Seelen mit Kampfesmut. Er mache uns fähig, der Hoffnung ein Gesicht zu geben. So segne uns Gott, der Vater, der Sohn und der Heilige Geist.

Schlusslied
– GL 263,4.5: „Behüt mich vor der stolzen Welt"
– GL 257,11: „Herr, erbarm, erbarme dich"

2. Fastensonntag

I. Predigt (Gen 22,1–2.9a.10–13.15–18)

Abrahams Glaubensgehorsam

Ein grausamer Gott?
Der Gott des Alten Testaments – ein grausamer Gott? Diese Erzählung, in der Gott Abraham auf die Probe stellt und seinen Sohn Isaak als Opfer fordert, mutet uns einiges zu. Sie stellt auch unser Gottesbild auf die Probe. Ist das ein Gott der Liebe, der von einem Vater die Opferung seines Sohnes fordert? Ist das nicht eine ungeheuerliche Forderung, jenseits aller Menschlichkeit? Kann ich mich einem solchen Gott anvertrauen, oder beschränke ich mich lieber auf das Neue Testament? – Diese Geschichte scheint alle üblichen Vorurteile gegen das Alte Testament zu bestätigen. Man kann sie aus der Perspektive eines Gottes lesen, der mit den Menschen sein Spiel treibt, dem es auf ein Menschenleben nicht ankommt, der sich wie ein Willkürherrscher gebärdet und nichts will als nur blinde Unterwerfung. Wenn das der Gott der Bibel wäre! ...

Abraham auf der Suche nach Gott
Eine andere Perspektive ist die des Abraham: Er ist auf dem Weg. Er sucht Gott. Und er ist bereit, für diese Suche manches aufzugeben: Er zieht weg von zuhause, aus sei-

nem Heimatland und macht sich auf den Weg (Gen 12,1–9). Der Grund dieses Aufbruchs ist eine Verheißung Gottes, die Abraham erfahren hat. Gott sagt: „Geh in das Land, das ich dir zeigen werde" (Gen 12,1). Wo dieses Land sein wird, wo er es finden wird, weiß Abraham nicht. Aber um dieses Land gezeigt zu bekommen, muss er aufbrechen – und das tut er. Er wandert mit seiner Frau, seinen Knechten und Mägden und seinem Vieh los. In besonderen Momenten erfährt er die Verheißung Gottes. Aus diesen Momenten nimmt er die Kraft, weiterzuziehen.

Nach langer Zeit des Wanderns und Suchens, ohne dass etwas Entscheidendes geschieht, resigniert Abraham schon fast. Und in diesem Moment verspricht ihm Gott trotz seines hohen Alters noch einen Sohn: Isaak. – Isaak ist der einzige direkte Nachkomme Abrahams; auf ihm ruhen alle seine Hoffnungen. Er ist der Beweis, dass die Verheißung, der Abraham gefolgt ist, wahr wird. Er ist die „Fleisch-gewordene" Hoffnung, aus der Abraham lebt und an der er sich an seinem Lebensabend erfreut.

Die Erprobung
Und nun erlebt Abraham die wohl größte Herausforderung an seinen Glauben und sein Leben. Er woll Isaak verlieren. Alle Hoffnung, aus der er gelebt hat, wird mit einem Schlag zunichte. Alles, wofür er sein Leben und Tun eingesetzt hat, war damit vergeblich. Isaak, das Geschenk Gottes, soll er hergeben. Enttäuschung und Verzweiflung müssen wie ein Gebirge auf Abraham gelastet haben. –
Aus der Sicht des Erzählers erscheint die geforderte Opferung Isaaks als eine Prüfung Gottes. Damit stand der Erzähler ganz im Denken seiner Zeit. Was immer ein Mensch erlebt: Glück oder Unglück oder Krankheit – es kommt von Gott. Krankheit wurde als Strafe für Sünden verstanden oder – bei unschuldigen Menschen – als eine Prüfung Gottes. Glaube und Gehorsam werden gleichsam auf den Prüfstand gestellt; das Vertrauen wird einem Belastbarkeitstest unterzogen – so stellt das der Erzähler dar.

Abrahams Gehorsam
Abraham erweist sich seinem Gott gegenüber als gehorsam. Er macht sich daran, Gottes Auftrag auszuführen und Isaak zu opfern. Der Erzähler nimmt sich viel Zeit, das Verhalten Abrahams zu beschreiben. Wie er sein Schicksal annimmt, weder in Klagen versinkt noch gegen Gott murrt noch in Verzweiflungsschreie ausbricht, obgleich ihm bei all dem fast das Herz bricht – das ist zu Herzen gehend. Er handelt einfach gemäß dem Auftrag Gottes. Der Erzähler baut eine fast unerträgliche Spannung auf. Erst als Abraham schon mit dem Messer zustoßen will, ruft der Engel Gottes: „Halt ein!" Dann erst sieht Abraham im Gestrüpp einen Widder, den Ausweg aus der ausweglosen Situation. Zuerst aber musste er bis an den Ort der Opferung gehn und das Dunkel der Gottferne aushalten. –
Aus dieser schweren Prüfung geht Abraham gestärkt hervor. Nach Angst und Verzweiflung empfängt er mit einem Schwur Gottes Segen und Verheißung.

Die Abrahamsgeschichte – eine Gegengeschichte
Wenn man diese Geschichte gehört hat, fragt man sich, warum sie in der Heiligen Schrift steht. Abraham hatte doch schon einmal seinen Glauben bewiesen; und auch der Segen Gottes war ihm schon zugesagt worden. Weshalb nun das alles gesteigert noch einmal? – Vielleicht sollten wir nicht immer nur auf Abraham schauen, sondern auch einmal auf das, was in dieser Geschichte mit Gott geschieht; – oder besser: mit dem Bild, das sich Israeliten damals offenbar von Gott gemacht haben.
Damals, das meint die sehr frühe Zeit. Wir müssen bedenken, die Stämme Israels lebten in heidnischem Umfeld; unter Religionen, in denen es üblich war, Göttern, besonders dem Gott Baal Menschenopfer darzubringen. Das Alte Testament enthält Zeugnisse davon. Um ein Unheil abzuwenden oder um eine Stadtgründung gelingen zu las-

sen, wurde ein Kind, ein Sohn, eine Tochter geopfert. Im dritten Jesajabuch macht Jahwe Israel zum Vorwurf: „... ihr, die ihr in Tälern und Felsenklüften Kinder schlachtet!" (Jes 57,5) Und das Buch Levitikus (18,21) enthält das ausdrückliche Verbot, Kinder für Baal / Moloch „durch das Feuer gehen" zu lassen. Offensichtlich waren Israeliten in früher Zeit in Gefahr, das Bild des heidnischen, Menschenopfer fordernden Götzen auf Jahwe zu übertragen. Offenbar meinten sie, auch Jahwe habe Gefallen an solchen Menschenopfern. Genauso wird Jahwe ja im ersten Teil der Abrahamsgeschichte dargestellt. Aber dann wandelt er sich: „Halt ein!", ruft der Engel Gottes, als Abraham in falsch verstandener Frömmigkeit seinen Sohn schlachten will. Israel hat verstehen gelernt: Unser Gott Jahwe ist kein Baal / Moloch. Er will und braucht keine Menschenopfer. Die Abrahamsgeschichte ist also eine Gegen-Geschichte, mit der die heidnische Praxis zurückgewiesen wird.

Die Abrahamsgeschichte – ein Programm
Hat das nun irgendetwas mit uns zu tun? Ich meine schon. Ein Prophetenbuch kann uns auf die Sprünge helfen: Immer wieder musste Jahwe durch Propheten mit seinem Volk ins Gericht gehn; so auch durch den Propheten Micha. Der nennt als Schuld religiöse, kultische Vergehen, aber noch mehr die sittlichen Vergehen: raffgierige Reiche, unbarmherzige Gläubiger, betrügerische Geschäftsleute, gespaltene Familien, bezahlte Priester, bestechliche Richter; – eine vernichtende Bilanz. Das Volk weiß überhaupt nicht mehr, wie es das alles gutmachen soll: „Wie soll ich vor Jahwe hintreten?", fragt es sich. Mit Brandopfern von Kälbern? Mit einer Herde von Widdern? Mit Krügen von Öl? Oder: „Soll meinen Erstgeborenen ich opfern als Sühne für meine Schuld?" (Mich 6,6 f.) Aber Jahwe lehnt das alles ab; auch das Menschenopfer. Er weist dem Volk einen viel einfacheren Weg: „Es ist dir gesagt, Mensch, was gut ist und was Jahwe von dir fordert: nichts als Recht tun, die Güte lieben und in Ehrfurcht den Weg gehn mit deinem Gott." (Mich 6,8) –
Dies ist ein Programm für die Fastenzeit. Nicht Rituale sind gefragt, sondern das schlichte Tun des Guten. (8)

Christoph Michels

II. Elemente für eine Wort-Gottes-Feier

1. Eröffnung

Eröffnungsgesang
– GL 290,1.5: „Gott wohnt in einem Lichte"
– GL 302,1.2: „Erhör, o Gott"

Liturgischer Gruß / Einführung
Im Namen des Vaters ...
Gott, der seinen geliebten Sohn für uns hingegeben hat, schenkt uns seine Gnade. Der heutige Sonntag ist einerseits geprägt von der Verklärung Jesu auf dem Berg. Andererseits weisen uns die Lesungen zurück in die bisweilen harte Realität, in der Gott uns unverständlich wird. Wie Jesus so hat auch schon Abraham die Bewährungsprobe bestanden: durch sein unerschütterliches Vertrauen. – Rufen wir zum verklärten Herrn, der alle Not des Zweifels und der Verzweiflung überwunden hat:

Christus-Rufe
– Herr Jesus, du Erstgeborener von den Toten, du rufst auch uns zum Leben.
Ruf aus GL 462: „Lass leuchten, Herr, dein Angesicht, erfüll uns mit der Gnade Licht

und schenk uns dein Erbarmen"
– Herr Jesus, lass uns tot sein für die Sünde und lass uns leben im Licht deiner Gnade.
Ruf: „Lass leuchten, Herr"
– Herr Jesus, du sitzest zur Rechten des Vaters; wandle uns in das Bild deiner Herrlichkeit.
Ruf: „Lass leuchten, Herr"

Eröffnungsgebet
Lebendiger Gott, in der Verklärung deines Sohnes dürfen wir Menschen erahnen, was unser aller Zukunft ist. Wir bitten dich: Gib uns Kraft für den Weg der Nachfolge deines Sohnes, damit wir ihn auf den Bergen des Glücks und in den Tälern des Leids als den erfahren, der mit uns geht – bis hinein in deine Ewigkeit.

2. Verkündigung des Wortes Gottes

Hinführung zur Ersten Lesung (Gen 22,1–2.9a.10–13.15–18)
Gott stellt Abraham auf die Probe. Er verlangt – so scheint es – ein grausames Opfer. Aber Gott ist anders. Er will nicht Schlachtopfer, sondern Liebe; er will nicht den Tod, sondern das Leben.

Psalm / Gesang
– GL 301,4.5: „Wenn ich nichts hören kann"
– GL 733,1.2: „Gott, bleib nicht fern von mir" mit VV. 1–6.9.13

Hinführung zur Zweiten Lesung (Röm 8,31b–34)
Gottes Gerechtigkeit ist seine Barmherzigkeit. Gott ist für uns. Aus dieser Überzeugung schöpft der Apostel Zuversicht und Kraft, die er an die Gemeinde in Rom und an uns weitergeben will.

Ruf vor dem Evangelium
– GL 173,1: „Lob, sei dir, Herr" mit V. aus Lektionar

Hinführung zum Evangelium (Mk 9,2–10)
Im heutigen Evangelium wird der Vorhang, der die Zukunft verhüllt, für einen Augenblick zur Seite geschoben. Wir ahnen, wie es sein wird, wenn wir uns von Jesus mitnehmen lassen auf den Weg dem Kommenden entgegen.

Predigt / Auslegung
– *Stille* –

3. Antwort der Gemeinde

Glaubensbekenntnis
Auf dem „Tabor" hat Gott uns Jesus als seinen geliebten Sohn bezeugt. So bekennen wir unseren Glauben an den dreifaltigen Gott:
– GL 356: „Wir glauben an den einen Gott"
oder:
– Lied: „Lass mich an dich glauben" 1.–4. (Aus: die mundorgel, 40, Köln[3] 1968)

Allgemeines Gebet / Fürbitten
– GL 563: „Christus gestern, Christus heute"
mit den VV. 1–6 *(ohne die Heiligen-Anrufungen! – Übergeleitet zu)*

Vater unser
– GL 691: „Lasst uns beten"
– *Instrumentalmusik* –

Loblied / Danklied
– GL 295,1.3: „Wer nur den lieben Gott lässt walten"
– GL 289,2: „Bei dir, Herr, ist des Lebens Quell"

Text zur Meditation
Du kommst zu mir, Geheimnis, Gott,
dass ich im Glauben dich anbet
und lobe. –

O Dunkler Gott, was soll nun mit mir sein?
Du stellst wie Abraham
mich auf die Probe.

Wie sehr
bist du im Dunkel um mich her,
wo ich dein Schweigen nach mir rufen hör. –

Geheimnis, Gott,
und riefest du nur immer
aus der Nacht nach mir,
ich sage: Hier
bin ich. –

(Aus: Silja Walter, Das Wort ist Brot geworden. Kommunionpsalter, Verlag Herder, Freiburg i.Br., ²1992, 32 f.)

4. Abschluss

Schlussgebet
Gott, du hast uns durch dein Wort gestärkt für ein Leben in der Nachfolge Jesu. Gib uns den Mut, auch dann an dir festzuhalten, wenn wir deine Wege nicht verstehn. Darum bitten wir durch Jesus, deinen Sohn, der bei dir für uns eintritt heute und in Ewigkeit.

Segensbitte / Entlassung
Gott sei uns gnädig und segne uns! Er lasse über uns sein Angesicht leuchten, damit auf Erden sein Weg erkannt wird und unter allen Völkern sein Heil. Die Nationen sollen sich freuen und jubeln! So segne uns Gott, unser Gott: der Vater, der Sohn und der Heilige Geist. Singet Lob und Preis! – Dank sei Gott, dem Herrn!

Schlusslied
– GL 293,4: „Der Herr sei hochgepriesen"
– GL 302,3.4: „Mein Bitten hast erhöret"

3. Fastensonntag

I. Predigt (Ex 20,1–17)

Die Zehn Gebote: Urkunde der Freiheit

Befreiender Gott
Die Gebote Gottes kennen wir von klein auf. Doch wir kennen sie in einer zurechtgestutzten Form. Man hat sie im Laufe der Jahrhunderte so verändert, dass sie zur Erziehung gehorsamer Kirchenmitglieder geeignet waren. Doch dadurch wurde ihr Sinn verändert. Wir müssen genau hinhören, neu hinhören, um zu verstehen, was Gott von uns erwartet.
„Ich bin der Herr, dein Gott. Du sollst keine falschen Götter neben mir haben." So haben es zumindest die Älteren unter uns gelernt. Ich bin der Herr. Ich habe das Sagen. Also: Füge dich! So kam es dann vielfach rüber. Doch da fehlt ein wichtiger Teil der Selbstvorstellung Gottes. In der Bibel heißt es: „Ich bin Jahwe, dein Gott, der dich aus Ägypten geführt hat, aus dem Sklavenhaus. Du sollst neben mir keine anderen Götter haben." Also nicht: Ich bin der Herr, du hast zu gehorchen, sondern: Ich bin der Gott, dessen befreiendes Wirken du schon erfahren hast. Ich bin der Gott, der dir wohl will. Ich bin der Gott, der deine Freiheit will. Nun sieh zu, dass du nicht in neue Unfreiheit gerätst. Da klingt das schon ganz anders! – Ich bin Jahwe, dein Gott, der dich aus der Knechtschaft in das Land der Freiheit führte! Das gibt sofort allen Geboten einen ganz neuen Klang: Die Gebote Gottes sind Wege in die Freiheit. Er will nicht ein Volk von Knechten. Er will freie Menschen, die ihre neu geschenkte und gewonnene Freiheit nicht wieder an andere Götter preisgeben. Andere Götter – das sind heute nicht irgendwelche Götterbilder und Tempel, sondern z.B. das Geld oder die Macht, der Kampf um die ersten Plätze, der Kampf, der so schrecklich viele Opfer kennt. –
Jahwe ein Gott der herausführt. Wie sehr ist dieser Befreiungsgedanke in christlichen Katechismen verkürzt worden! Gott, einseitig als allmächtiger Befehlsgeber verstanden – wie sehr wurde auf diese Weise Gott den Menschen madig gemacht und vermiest. Ein Psychologe beklagt sich, dass man ihm Gott vergiftet hat. Ganz zu schweigen von Leuten wie Hitler, die vom Fluch des Sinai gesprochen haben, weil damit Juden und Christen die angeblich wunderbaren Instinkte verdorben worden seien. Wir Christen waren an solchen Missverständnissen nicht unschuldig.

„Jahwe"
Im hebräischen Text steht auch nicht „Ich bin der Herr, dein Gott", sondern „Ich bin Jahwe, dein Gott". Jahwe, das ist der Gottesname, den gläubige Juden bis heute nicht auszusprechen wagen. Ins Griechische wurde er übersetzt mit „Kyrios", und im Deutschen steht meistens „Herr". Doch das hatte weitreichende Auswirkungen auf das Gottesbild. Das hebräische Wort „Jahwe" bedeutet, wenn man es wörtlich übersetzt: „Ich bin da" oder „Ich werde da sein". In diesem hebräischen Gottesnamen drückt sich die tiefe Glaubensüberzeugung aus: Gott ist uns ganz nah, er ist für uns da, auf ihn kann man sich verlassen, er hält uns Menschen unbedingt die Treue. Übersetzt man den hebräischen Gottesnamen mit „Herr", besteht zumindest die Gefahr, dass das Gottesbild sich verschiebt – vom fürsorgenden zum autoritären Gott.
Ich bin Jahwe, dein Befreier, ich bin für euch da, habe euch aus Ägypten befreit. Und nun hört. Da bekommen die Zehn Gebote einen ganz neuen Klang. Ich habe euch befreit, nun seht zu, dass ihr nicht in neue Knechtschaft fallt.

Befreiende Freiheit

Wer sich auf den Gott des jüdischen Volkes beruft, auf den Gott, den Jesus seinen Vater nennt, wer nur ihn als seinen Gott annimmt, der ist frei allen anderen gegenüber, die das letzte Wort über mich beanspruchen. Das mögen Diktatoren sein, wie wir es unter Hitler erlebt haben, oder der Götze Markt, der Menschen für uns wie Sklaven arbeiten lässt, sie ausbeutet und unterdrückt, oder die mancherorts neu auftretenden Götter der eigenen Nation, des Volksstammes oder auch der Religion. Da brauchen wir nicht erst auf manche islamische Staaten verweisen. Nordirland mit seinem Konflikt zwischen Protestanten und Katholiken oder Bosnien mit dem Konflikt zwischen den katholischen Kroaten und den orthodoxen Serben liegen viel näher.

Wer keine anderen Götter neben dem einen Gott hat, der ist frei gegenüber allen anderen Mächten. So haben wir es erlebt und erleben es heute noch vielfach, dass Menschen aufstehen um des Evangeliums willen, um der Würde der Armen und Ausgestoßenen willen und das Unrecht der Mächtigen anklagen. Die Mächtigen schäumen vor Wut, weil sich da Menschen ihrem Machtdenken verweigern. Sie foltern und morden, hinten herum oder direkt im Namen des Staates. Aber sie spüren, dass ihre Machtmittel an diesen freien Menschen zerbrechen. An diesen Menschen können wir ablesen, was das erste Gebot Gottes bedeutet: Keine anderen Götter anzubeten oder ihnen zu dienen, sondern nur dem einen Gott, der selber für die Freiheit und die Würde aller Menschen eintritt, der keine Sklaverei will, sondern das Leben.

Dienst an der Freiheit

Die Zehn Gebote sind Urkunde der von Gott geschenkten Freiheit, sie wollen einladen an der Befreiungsgeschichte mitzuwirken, die Gott in der Welt in Gang gebracht hat. Sie wollen ermutigen, sich auch in unserer Zeit für Leben und Freiheit einzusetzen. Bei den frommen Juden des Ostens – Chassidim genannt – findet sich die folgende Geschichte: „Man fragte Rabbi Bunam: Es steht geschrieben: Ich bin der Herr, dein Gott, der dich aus Ägypten führte. Warum heißt es nicht: Ich bin der Herr, dein Gott, der Himmel und Erde schuf? – Rabbi Bunam erklärte: Himmel und Erde – dann hätte der Mensch gesagt: Das ist mir zu groß, da traue ich mich nicht hin. Gott aber sprach zu ihm: Ich bin's, der ich dich aus dem Dreck geholt habe, nun komm heran und hör." An jedem der Zehn Einzelgebote könnte man beispielhaft zeigen, dass sie im Grunde Leben fördern, zu einem gelingenden menschlichen Miteinander beitragen wollen. Die Einzelgebote des Dekalogs schreiten „beispielhaft jene Felder ab, auf denen die Befreiungsgeschichte Gottes besonders gefährdet ist, wo besonders viel Dreck liegt" (E. Zenger). Genau das sollen die Hörer des Dekaloqs spüren: Ich habe dich aus dem Dreck gezogen – nun hilf mit, andere aus dem Dreck zu ziehen. Ich habe dir Recht verschafft und dir Leben in Freiheit ermöglicht, nun geh hin und verschaffe auch anderen Recht und ermögliche ihnen ein Leben in Freiheit und Würde! –

Das muss sich natürlich besonders die Kirche gesagt sein lassen. Wenn sie nach diesem ersten Gebot leben will, dann müssen die Verkündigung und das kirchliche Leben glaubwürdig werden als Dienst an der Freiheit. Zugespitzt könnte man das erste Gebot auch so formulieen: Du sollst keine anderen Götter neben mir haben, auch nicht die kirchliche Obrigkeit. Dieses so verstandene Gebot richtet sich dann an alle in der Kirche, an Papst, Bischöfe, Klerus und an alle getauften und gefirmten Mitglieder dieser Kirche, aller christlichen Kirchen. Dies ist sicher für alle eine Einladung, das erste Gebot neu zu bedenken. Denn kirchliches Verhalten wird oft nicht deutlich als Dienst an der Freiheit, deren einziger Bezugspunkt Gott selber ist. Nicht durch Druck auf die Gewissen, sondern nur in diesem Dienst an der Freiheit wird die Kirche heute neu glaubwürdig, in diesem Dienst an den Menschen, an unserer Gesellschaft mit ihren vielen neuen, oft ungefragt hingenommenen Göttern und Menschenopfern.

3. Fastensonntag

Die Last der Freiheit
Die entscheidende Frage an uns bleibt: Wollen wir diese Freiheit, die Gott uns einräumt? Oder wollen wir lieber zu den Fleischtöpfen Ägyptens zurück, wo wir unfrei leben müssen? Es ist ja so viel bequemer, anderen die Verantwortung zuzuschieben. Man kann dann einfach mitschwimmen, in scheinbarer Bescheidenheit dem Geschenk der Freiheit und der Verantwortung ausweichen. Aber damit schaden wir unserer eigenen Würde, die Gott uns zugedacht hat. Vielleicht ist dies eine ganz neue, heute wichtige Sicht der Gebote Gottes: Verkriech dich nicht! Nimm deine Freiheit wahr! Wir spüren den großen Atem Gottes in dieser Einladung, die unsere oft kleinliche Enge sprengt: Ich bin Jahwe, dein Gott, der dich herausführt aus aller Enge und Ängstlichkeit. Ihr sollt teilhaben an meiner Freiheit, die sich äußert als Liebe zu allen Menschen!

Sonntag – Feier der Befreiung
Wenn wir uns hier am Sonntag zum Gottesdienst versammeln, dann ist das keine Sonntagspflichterfüllung, sondern dann bekennen wir uns zu dem Gott, der unsere Freiheit will, unser Leben, damit wir uns nicht sinnlos verbrauchen und verbrauchen lassen für unseren Konsum. Wir danken Gott, dass er uns Menschen gewollt hat nach seinem Bild, nach dem Bild seiner schöpferischen Freiheit und Liebe, und dass Jesus am Kreuz Gottes Befreiungstat vollendet hat durch die Befreiung von Tod und Sünde. Die Zehn Gebote sind für uns also viel mehr als nur ethische Handlungsanweisungen. Sie wollen unsere Existenz, unsere Freiheit und unsere Identität als universales, „katholisches" Volk Gottes sicherstellen. (9)

Ferdinand Kerstiens

II. Elemente für eine Wort-Gottes-Feier

1. Eröffnung

Eröffnungsgesang
– GL 298,1.2.4: „Herr, unser Herr"
– GL 270,1.4–6: „Kommt herbei"

Liturgischer Gruß / Einführung
Im Namen des Vaters …
Gottes Nähe und Treue ist mit uns.
Der Gott der Bibel ist ein Gott, der uns einlädt, mit ihm zu gehen. Der Dekalog – die zehn Worte – sind eine Einladung zum „Mitwandern mit Gott". Sie weisen unseren Lebensweg in eine Richtung, die zu Glück, Freude, Frieden, Gerechtigkeit und Heil führt. Wer mit Gott geht, bindet sich nicht an Gesetze, Anordnungen und Vorschriften. Er bindet sich an eine Person, an den lebendigen Gott selbst, der seine ganze Liebe uns im Kreuzestod Jesu und in seiner Auferweckung von den Toten gezeigt hat.

Christus-Rufe
– GL 523: „Du rufst uns, Herr"
– GL 167,1.2.4: V.: „ O höre Herr, erhöre mich" – *statt A.:* „Mein Herr und Gott"
  GL 506: A.: „Christus, erbarme dich" *(Nur diese zweite Anrufung!)*

Eröffnungsgebet
Herr, guter Gott, du hast uns zu deinem Volk erwählt. In deinen Weisungen und in deinem Sohn hast du uns gezeigt, wie wir leben sollen. Hilf uns, allein deinen Willen zu tun und nach deiner Ordnung zu leben. Das erbitten wir durch Christus, unseren Herrn.

2. Verkündigung des Wortes Gottes

Hinführung zur Ersten Lesung (Ex 20,1–17)
Gottes Wille – das sind seine Gebote, die er durch Mose verkündet hat. Heute sollten wir diese 10 Worte neu verstehen lernen als Wege zum Leben und zur Freiheit.

Psalm / Gesang
– GL 687: „Dein Wort ist Licht und Wahrheit"

Hinführung zur Zweiten Lesung (1 Kor 1,22–25)
Gottes Wege sind unbegreiflich, sein Wille ist dunkel. Allen einfachen Erkärungen steht das Kreuz Jesu im Wege. Auch wir kommen nicht darum herum. Wir müssen vielmehr darüber stolpern, damit wir neu ahnen, was Gott will – zu unserem Heil.

Ruf vor dem Evangelium
– GL 194: „So sehr hat Gott die Welt geliebt" mit GL 562: „Lob dir, Christus"

Hinführung zum Evangelium (Joh 2,13–25)
Gott ist an keinen heiligen Ort und an keine rituelle Handlung gebunden. Es kommt die Stunde, in der die Menschen nur noch im Geist und in der Wahrheit anbeten werden. Die Wahrheit aber ist Christus, der gekreuzigte und auferstandene Herr. Er allein ist der Weg zum Vater.

Predigt / Auslegung
– *Stille* –

3. Antwort der Gemeinde

Lobpreis und Bitte
– GL 170,1.2: „Lehre uns, Herr, deinen Willen zu tun"
– GL 263,1–3: „Dein Lob, Herr"

Allgemeines Gebet / Fürbitten
Treuer Gott Israels, deine Worte sind ewiges Leben, und deine Weisung führt in die Freiheit. Wir rufen zu dir um dein Erbarmen und bitten:
– Um die Erneuerung des Glaubens unserer Gemeinden auf dem Weg zur Feier der österlichen Geheimnisse.
– Um die Stärkung der bedrängten Menschen in Stunden der Verzweiflung und Angst, der Dunkelheit und Gottesferne.
– Um die Bewahrung der Völker vor der Entfesselung von Hass, Gewalt und Terror.
– Um die Achtung der Würde des menschlichen Lebens in der medizinischen und biologischen Forschung.
– Um die wachsende Einheit im Glauben und in der Liebe für die getrennten christlichen Kirchen.
– Um Barmherzigkeit und ewige Freude für unsere Verstorbenen.
Gütiger Gott, du hast uns deinen Sohn geschenkt als unseren Bruder und Wegbegleiter im Glauben. Wir können nicht aufhören, von deiner Treue und Güte zu singen und dich als Grund unseres Lebens zu preisen, heute und alle Tage bis in Ewigkeit.

Vater unser
All unsere Bitten fassen wir zusammen im Gebet des Herrn: Vater unser …

Loblied / Danklied
– GL 558,1.4.5: „Ich will dich lieben"
– GL 614,1–3: „Wohl denen, die da wandeln"

3. Fastensonntag

Text zur Meditation
Ich bin ein Christ.

Als Christ bin ich:
Taufscheininhaber
Kirchensteuerzahler
Gemeindemitglied
Gottesdienstbesucher
Predigtzuhörer
Sakramentenempfänger

Beseelsorgter
Pfarrgemeinderatsmitglied
Caritsssammler
Gruppenleiter ...
Oder sollte man ganz einfach sagen:
Als Christ bin ich Jünger Jesu?

Bin ich ein Christ?

(Vgl. Andreas Blum)

Oder:

Pfarrgemeinderat
Von Programmen sprachen wir
   und Tagesordnungspunkten
von Aktionen sprachen wir
   und von Sofortmaßnahmen
von Modellen sprachen wir
   und von neuen Perspektiven
von Problemen sprachen wir
   und Meinungsäußerungen
von Strukturen sprachen wir
   und von Gemeindebildung

Von den Weisungen Gottes
sprachen wir nicht
Von Jesus Christus auch nicht
und seine Meinung war nicht gefragt
so hing er still am Kreuz
aus Oberammergau

(Aus: Lothar Zenetti, Texte der Zuversicht – Für den Einzelnen und die Gemeinde, Verlag J. Pfeiffer, München 1972, S. 176, © Lothar Zenetti, Frankfurt a.M.)

4. Abschluss

Schlussgebet
Gott, in dieser Feier hast du uns dein rettendes Wort geschenkt. Lass uns wachsen in Vertrauen und Liebe zu dir, und gib uns Kraft, deine Wege zu gehn. Sei gepriesen durch Jesus, deinen Sohn, in Ewigkeit.

Segensbitte / Entlassung
Gott, der Jesus von den Toten auferweckt hat, durchdringe unser ganzes Leben mit Zuversicht. Er lasse seine Freude aus unseren Taten strahlen.
So segne uns der Vater, der Sohn und der Heilige Geist.

Schlusslied
– GL 514,1–3: „Wenn wir jetzt weitergehen"
– GL 616,1–2: „,Mir nach', spricht Christus"

4. Fastensonntag

I. Predigt (Eph 2,4–10)

Tod oder Leben

Eidechse – Symboltier der Bußzeit
Haben Sie schon einmal an einem sonnigen Tag in den Weinbergen oder an einer alten Steinmauer eine Eidechse gesehen und beobachtet, wie sie sich häutet? Die alte Haut an Brust und Rücken löst sich in großen Stücken ab, und darunter kann man schon die neue, glänzende Schuppenhaut erkennen. – Was soll das in einer Predigt? Es kann uns helfen, uns in dieser Zeit zwischen Aschermittwoch und Ostern zu einer Art „Häutung" zu entschließen. Dem nachzuspüren, was in unserem Leben abgestorben, tot ist oder was wir als Ballast mit uns herumschleppen und besser abwerfen sollten. So etwas geschieht selten von heute auf morgen, sondern erfordert eine gewisse Zeit, eine anstrengende Zeit. Auch eine Eidechse sieht während der Häutung nicht sonderlich attraktiv aus.

Häutungen
Fastenzeit ist Bußzeit; d. h. Zeit der Hinkehr zum Leben, das Gott uns anbietet. Es ist die Zeit, in der wir intensiver als sonst der Frage nachgehen sollen, was uns – also mich und dich – an einem eigentlichen Leben hindert, was dich und mich einengt; was dir und mir die Lebensenergie auffrisst.
Da sind einmal die großen und kleinen Abhängigkeiten, in denen wir stecken. Das mag bei dem einen z. B. das sein, was die Clique oder die Kollegen so meinen und wo dann die Angst auftaucht, nicht mehr dazu zu gehören, wenn wir nicht übereinstimmen. – Bei einem/einer anderen mag es das Gefühl sein, nicht mehr ohne Geräuschkulisse sein zu können, immer das „Gedudel" von Fernseher oder Radio im Hintergrund haben zu müssen, weil das von den eigenen Problemen und Ängsten ablenkt und die Stille sonst nicht auszuhalten wäre. – Auch im täglichen Miteinander, im Zusammenleben machen wir die Erfahrung, dass Leben eingeschränkt, gefährdet ist. Es kann todbringend für eine Beziehung sein, wenn Routine einkehrt, wenn manches einfach selbstverständlich geworden ist. Dann kann es passieren, dass ich den anderen gar nicht mehr richtig wahrnehme, dass ich aus dem Blick verliere, was ihm wichtig ist, vielleicht weil ich so sehr mit mir selbst beschäftigt bin. Dann höre ich vielleicht gar nicht mehr so genau hin, versuche nicht mehr zu verstehen, was der andere sagt, sondern glaube gleich zu wissen, was gemeint ist. – Sehr oft ist es die Angst, selbst zu kurz zu kommen, die sich zeigt in Konkurrenzdenken, dauerndem Vergleichen und Lauern, was andere können und sind und haben; in Pöstchengier, Machtgier, Neid, Eifersucht und hässlichem Kleinmachen der anderen. So viel Negatives verbraucht unsere Kraft und frisst uns auf. – Fastenzeit als Zeit, das loszulassen und abzustoßen, was mein eigentliches Leben einengt und erstickt.

Entscheidungszeit
Fastenzeit ist aber auch die Zeit, in der ich in den Blick nehme, was wirklich wesentlich sein soll in meinem Leben; was den ersten Platz verdient; was mehr Raum und Zeit bekommen soll. Was dient dem eigentlichen Leben – bei mir und den anderen? – Die Frage, die sich uns in der österlichen Bußzeit besonders zugespitzt stellt, heißt: Tod oder Leben? Totes, erstarrtes, ersticktes Dahinleben oder lebendiges, volles Leben? Ein Paulusschüler schreibt im Brief an die Epheser: „Wir waren tot infolge unserer Sünden." – Das haben wir soeben gesehen. Wir selbst, unsere eigenen Sünden und die Sün-

den anderer Menschen sind es, die uns oft das Leben abschneiden; die uns versteinern, verknöchern und verkrusten lassen. Wir spüren aber auch, dass Neuaufbrüche in unserem Leben möglich wären. Immer wieder bedrängt uns Gott in unserer innersten Tiefe, dass wir doch den Schritt zu mehr Leben wagen sollen. Wir wissen genau, es liegt an uns; es ist unsere Entscheidung, was von beidem unser Leben bestimmen soll: Tod oder Leben. Zwar sind wir durch die Taufe jetzt schon hineingenommen in Tod und Auferstehung Jesu. Und wir wissen, dass nicht der Tod das letzte Wort hat, sondern das Leben. Wir sind schon erlöst. Aber Gott respektiert unsere eigene Entscheidung. Er rettet uns nicht über unsere Köpfe hinweg, sondern fordert uns auf, mit unserem Leben auf seine Liebe zu antworten. Lebe ich aus dieser Überzeugung, aus der Gewissheit, erlöst zu sein? Wie sieht meine eigene persönliche Lebensantwort auf die Liebe Gottes aus? Glaube ich daran, dass er mein Leben verändern kann?

Gott zur Freude
Der heutige Sonntag in der Mitte der Fastenzeit steht unter der Aufforderung: „Freue dich!" Das meint nicht schenkelklatschendes Gelächter oder Happy-Getue. Vielmehr soll unser ganzes Handeln bestimmt sein von der Gewissheit: Ich bin erlöst. Gott will, dass ich nicht zugrunde gehe, sondern dass ich das Leben habe. Damit sind die dunklen Seiten des Lebens und das Leid nicht weggezaubert. Aber ich kann sogar das noch als Chance ergreifen, mich von Lebensfeindlichem zu befreien und weiter zu wachsen. Jeder von uns hat die Zusage: Wenn dir die Augen aufgehen und du verstehst, dass Gott mit seiner Liebe dich ganz persönlich meint; wenn du dich einlassen willst auf seine Liebe zu dir und den andern und wenn du damit wirklich ernst machen willst, dann steht Gott schon da und wartet darauf, dir beim Häuten zu helfen und deinen Neuanfang zu ermöglichen. – Dann freut sich Gott. Auch das ist Sonntag „Laetare".

Gaby Hüben-Rösch

II. Elemente für eine Wort-Gottes-Feier

Wichtig: Am vorausgehenden Sonntag soll die Gemeinde aufgefordert werden, dass jeder – auch Kinder und Jugendliche – ein altes, abgetragenes, zu klein / zu eng gewordenes (gewaschenes) Kleidungsstück mitbringt – eine Bluse, ein T-Shirt, ein Hemd o.Ä. –
Im Mittelgang der Kirche ist ein großes Kreuz aufgestellt oder an ein Pult angelehnt. (Einzelelemente sind auch für eine Bußfeier verwendbar)

1. Eröffnung

Eröffnungsgesang
– GL 278,1–3: „Ich will dir danken, Herr"
– GL 292,1–3: „Herr, dir ist nichts verborgen"

Liturgischer Gruß / Einführung
Wir kommen zusammen als Schwestern und Brüder in Gottes Namen:
Gott, aus dessen Herz alles Leben kommt;
Jesus, aus dessen Leben alle Liebe fließt;
Geist, aus dessen Liebe alle Kraft kommt
für unsere Herzen und Wege.
Neu anfangen zu können, ohne dass uns Altes, Belastendes fesselt und lähmt; eine neue Chance zu bekommen, wo alles festgefahren zu sein scheint – das ist sicher eine erlö-

sende Perspektive, die sich mancher von uns schon herbeigesehnt hat. Heute, am Sonntag Laetare, was „Freue dich!" heißt, sprechen mitten in der österlichen Bußzeit alle Texte, die wir im Gottesdienst hören, davon: Bei Gott haben wir diese Chance. Seine Liebe macht möglich, wonach wir uns sehnen. Sein Erbarmen übersteigt all unsere Vorstellungen.

Christus-Rufe
– GL 161,1–3: „Gottes Lamm Herr Jesu Christ"
– GL 175: „Christus, Gotteslamm"

Eröffnungsgebet
Gott, in deinem Sohn hast du uns gezeigt, wie unvorstellbar groß deine Liebe zu uns Menschen ist. Lass uns im Vertrauen auf diese Liebe neue Wege wagen und voll Freude auf Ostern zugehen. Darum bitten wir dich durch Jesus Christus, unseren Freund und Bruder, der mit dir lebt und herrscht in Ewigkeit.

2. Verkündigung des Wortes Gottes

Hinführung zur Ersten Lesung (2 Chr 36,14–16.19–23)
Sich von Gott abwenden heißt: Sich dem Leben verschließen. – Schmerzvoll muss Israel diese Erfahrung machen. Doch selbst jetzt schenkt Gott einen neuen Anfang.

Psalm / Gesang
– GL 735,1: „Richte uns wieder auf" mit GL 754,2: „An den Strömen von Babel", VV. 1–6.
– GL 169,1–4: „O Herr, aus tiefer Klage"
– Erdentöne 16,1.3: „Ich lobe meinen Gott"

Hinführung zur Zweiten Lesung (Eph 2,4–10)
In Jesus Christus erfahren wir, wer Gott für uns ist: Ein Gott, der ganz auf unserer Seite steht, ein Gott der Liebe und des Erbarmens. Sein Erbarmen ist unverdientes Geschenk.

Ruf vor dem Evangelium
– GL 205,1: V.: „Im Kreuz ist Heil" – A.: „Christus ist Sieger, Christus ist König, Christus ist Weltenherr"
V.: Im Kreuz ist Heil, im Kreuz ist Gnade, im Kreuz ist Vergebung. –
V.: Im Kreuz ist Heil, im Kreuz ist Leben, im Kreuz ist Auferstehung. –
V.: Im Kreuz ist Heil, im Kreuz ist Recht, im Kreuz ist Freiheit.
V.: Im Kreuz ist Heil, im Kreuz ist Kraft, im Kreuz ist Beistand.
V.: Im Kreuz ist Heil, im Kreuz ist Trost, im Kreuz ist Hoffnung.

(T: Thomas von Kempen, Nachfolge Christi M: nach „Laudes regiae" 8. Jh., vgl. – GL 811; Freiburg/Rottenburg-Stuttgart)

Hinführung zum Evangelium (Joh 3,14–21)
Gottes Liebe ist grenzenlos. Nicht Gericht, sondern Rettung will er uns bringen. Für uns kommt es darauf an, ob wir das Wagnis des Glaubens eingehen.

Predigt / Auslegung
– *Stille* –
– *Instrumentalmusik / Recorder*

3. Antwort der Gemeinde

Bußritus

L.: Gott freut sich, wenn er uns zu einem Neuanfang helfen kann. Er wartet darauf, dass wir Verstaubtes, Vergammeltes und zu eng und zu klein Gewordenes aufstöbern und uns davon trennen. Er wartet darauf, dass wir unsere Enge aufreißen, damit Neues nachwachsen kann; dass wir abstreifen, was uns am vollen Leben hindert und uns die Freude raubt, die er für uns vorgesehen hat.

Spr. 1: Es hindert mich am Wachsen, dass ich mich vor mir selbst verstecke; dass ich die dunklen Winkel in mir nicht anschauen will. –
Es hindert mich am Wachsen, dass ich an meinem Versagen rechthaberisch festhalte, dass ich meine Schuld nicht vor mir selbst eingestehe und nicht beim Namen nenne. – *Stille* –

Spr. 2: Es raubt mir die Freude, dass ich mich dauernd mit andern vergleiche, dass ich toller und beliebter sein will als andere und dauernd mit ihnen konkurriere. –
Es hindert mich am Leben, dass ich mich selbst nicht annehmen kann und mit mir unzufrieden bin. – *Stille* –

Spr. 3: Es hindert mich am Leben, dass ich unbedingt so sein will wie andere; dass ich andern ihre Erfolge nicht gönne, statt meine eigenen guten Gaben zu nutzen und zu entfalten. –
Es hindert mich am Leben, dass ich für meine Begabungen nicht dankbar bin und dass ich unzufrieden bin mit Gott. – *Stille* –

Spr. 4: Es raubt mir die Freude, dass ich Gott nicht verzeihen kann, dass er mich anders gemacht hat, als ich mich gerne hätte. –
Gott, ich kann dir nicht verzeihen, dass manches in meinem Leben falsch gelaufen ist und du das nicht verhindert hast. – *Stille* –

– GL 523,2.3: „Lass uns glauben an deine Liebe"

Spr. 1: Gott, ich schaue mich an und erkenne: Solche Gefühle, Gedanken und Verhaltensweisen bedrohen mein Leben und meine Freude wie eine Krankheit. Du bist mir ziemlich gleichgültig. Deine Worte kommen bei mir oft nicht an; ich höre nur oberflächlich hin und laufe vor ihnen davon. Denn ich bin zu beschäftigt mit mir selbst und meinen Ideen. Fixiert auf mich; andauernd besorgt um mich und mit Vergleichen beschäftigt, statt nach dir zu fragen. Herr, das schnürt mich ein und nimmt mir den freien Atem; es lässt mich nicht wachsen; es macht mich selber eng und freudlos. Herr, ich leide an mir selbst. –

Spr. 2: Gott, ich rufe dich! Gott, du kannst mich neu machen, und du willst es. Herr, ich möchte freikommen, freiwerden, ein neues Leben leben! Befreie mich! Hilf mir heraus aus diesem engen Denken und Fühlen! Hilf mir heraus aus den alten Gewohnheiten, die mich einschließen und einengen wie eine alte, zu eng gewordene Haut! Hilf mir zu lebendigem Leben!
Dann wirst du meine Traurigkeit in Freudentänze verwandeln.
– *Stille* –

Liebe Gemeinde, jede/r von ihnen, die/der nun entschlossen ist, sich von solch zu kleinen, zu engen, lebenshindernden Gefühlen, Gedanken und Taten zu trennen, kann nun vortreten und hier auf dem Boden unter dem Kreuz das alte Kleidungsstück, dieses Stück seiner alten Haut ablegen.
– *Instrumentalmusik* –

Wenn alle wieder auf ihren Plätzen sind:
– GL 258,4: „Lobe den Herren, was in mir ist, lobe den Namen"
– GL 289,2: „Bei dir, Herr, ist des Lebens Quell"

(Die alten Kleider werden einer Sammlung zugeführt)

Sigrid M. Seiser

Allgemeines Gebet / Fürbitten
Gottes Sohn kam in unsere Welt und hat sich hingegeben, damit wir das Leben haben. Zu ihm rufen wir:
– Für die Menschen, die unter Gewalt und Terror, unter Krieg und Verfolgung leiden, besonders für die Menschen in …
– Für alle, die Verantwortung tragen für Frieden und Gerechtigkeit in der Welt, im Nahen Osten, in Afghanistan, in den Ländern Afrikas.
– Für alle, die auf der Suche nach der Wahrheit sind, und für alle, die aus Gleichgültigkeit oder Enttäuschung das Suchen aufgegeben haben.
– Für alle, die gedemütigt oder überfordert werden, für alle, die in ihrem Leben mutlos geworden sind.
– Für alle Christen, die sich mühen, aus ihrem Glauben zu leben und die etwas von Gottes Licht in die Welt tragen.
– Für unsere Gemeinden, dass Zuversicht, Liebe und Fantasie in ihnen lebendig bleiben.
– Für alle, die sich in Enttäuschung, Verbitterung und Hoffnungslosigkeit eingeschlossen haben.
– Für unsere Verstorbenen und für alle, die um sie trauern.
Herr Jesus Christus, du bist das Licht, das unsere Finsternis hell macht. Auf dich hoffen wir, dich preisen wir, jetzt und in Ewigkeit.

Vater unser
Lasst und beten, wie Jesus uns gelehrt hat: „Vater unser"

Loblied / Danklied
– *Instrumentalmusik / Recorder*

Text zur Meditation
Ich verließ das Sinnlose.
Ich kehrte um zum Höchsten, meinem Gott
und wurde reich durch seine Gnadengabe.
Ich ließ die Torheit zurück, weggeworfen auf die Erde;
Ich legte sie ab, warf sie von mir.
Und der Herr machte mich neu durch sein Gewand
und erwarb mich durch sein Licht.

(Aus: Oden Salomos 11,4: Übersetzung von M. Lattke, Verlag Herder, Freiburg 1995 (= Fontes christiani 19), 127)

4. Abschluss

Schlussgebet
Du unser Gott! Du hast uns zuerst geliebt. Wenn wir versagen, lässt du uns nicht fallen. Wenn wir unterliegen, hilfst du uns wieder auf. Wenn wir umkehren, schenkst du uns einen neuen Auftrag. Wir danken dir und bitten dich: Hilf uns, die Liebe weiterzugeben, die wir von dir empfangen haben durch Jesus Christus, unseren Bruder und Herrn.

Segensbitte / Entlassung
Gott, der uns ins Leben rief und der will, dass wir glücklich sind, segne uns: Der Vater, der Sohn und der Heilige Geist.

Schlusslied
– GL 297,1.2.5: „Gott liebt diese Welt"

5. Fastensonntag

I. Predigt (Jer 31,31–34)

Neuer Bund im Alten Bund

Jüdisch-christliche Sündenfixierung?
Der christliche Glaube steht seit geraumer Zeit in Verdacht, eine falsche Sündenfixierung zu betreiben. Bei Juden und Christen – so wird geargwöhnt – drehe sich alles um Sünde und Schuld, um das Übertreten von Gesetzen und Normen. Dieser Glaube habe offenbar ein Interesse, die Menschen klein zu halten. – Nun war dies auch über längere Zeit der Fall: Ganze Generationen von Gläubigen wurden davon geprägt, dass die christliche Unterweisung vor allem um das Sündigwerden kreiste und damit ein völlig verzerrtes Gottesbild vermittelt wurde. Im Blick auf ein solches verzerrtes Gottesbild hat dann Sigmund Freud Gott als die Universalneurose der Menschheit bezeichnet und als die Krankheit, von der die Welt geheilt werden müsse. Nicht wenige Menschen wurden durch diese Sündenfixierung vom Glauben entfremdet; und für nicht wenige war dies einer der Gründe, warum sie sich von Kirche und Christentum abgewandt haben. Bei manchem blieb der Eindruck hängen, dem Christentum gehe es in erster Linie darum, dem Einzelnen überallhin nachzuspüren, jede Handlung auf die Goldwaage einer kleinlichen Bewertung zu legen. In den Zehn Geboten sah man oftmals eher die Grenzmarkierung einer engen Moral und nicht das Hilfsmittel zu einem menschenwürdigen Leben. Ganz extrem hat sich Hitler, der Hasser alles Jüdisch-Christlichen, dazu geäußert: Er hat vom Fluch des Sinai gesprochen, vom teuflischen Du Sollst und vom dummen Du Sollst Nicht. Mit Hilfe der Gebote hätten Juden und Christen die sog. „freien und wunderbaren Instinkte des Menschen" verdorben. – Wie wenig wird das dem biblischen Anliegen gerecht; und wie wenig haben es Christen verstanden, den Menschen die zentrale biblische Botschaft zu vermitteln.

Neues Angebot
Das zeigt sich auch an dem Abschnitt aus dem Buch Jeremia, den wir heute gehört haben: „Ich lege mein Gesetz in sie hinein und schreibe es auf ihr Herz. Ich werde ihr Gott sein und sie werden mein Volk sein ... Ich verzeihe ihnen die Schuld, an ihre Sünde denke ich nicht mehr." Die Bibel verschweigt also die Sünde nicht. Aber es geht ihr im Letzten nicht um sie. Dem Gott der Bibel geht es nicht um die Schaffung eines Systems von Gesetzen, Befehlen und Schranken, die das Leben behindern. Die Bibel

nennt die Sünde, was sie ist. Sie geht nicht verharmlosend über sie hinweg. Sie weiß um die zerstörerische Macht der Sünde. Aber das ist ihr nicht das Eigentliche. Der Gott der Bibel bietet den Menschen einen Neuen Bund an. Er will ihnen nahe sein. Er schaut letztlich nicht auf ihre Untreue, auf ihre schuldhaften Taten. Er bietet neue Wege an. Von diesem Gott spricht Jeremia, wenn er sagt: Ich schließe einen Neuen Bund mit ihnen. Ich werde ihr Gott sein und sie mein Volk. Ihrer Sünden gedenke ich nicht mehr.

Er ist derselbe
Der Neue Bund beginnt also nicht erst im Neuen Testament, sondern schon im ersten Teil der Bibel. Bereits dort ist er fester Bestandteil. Wir Menschen waren und sind es doch, die sich Gott gegenüber immer wieder als unverlässliche Bündnispartner erwiesen haben und erweisen. Die Menschen des Alten Testaments genauso wie die des Neuen Testaments. Gott hat sich trotzdem immer wieder als der Treue erwiesen. Der Gott, der Jesus nicht im Tod belassen hat, ist derselbe, der Israel aus dem Sklavenhaus Ägypten befreit hat. Der Gott des Ersten Testaments will ebenso das Heil des Menschen wie der Gott des Zweiten Testaments. Er ist derselbe. Er bleibt sich treu. Beide Teile der Bibel verkünden dieselbe Botschaft: die Botschaft von einem Gott, der sich der Menschen erbarmt, der eine Beziehung zu ihnen unterhält, der sie lebendig macht, der ihnen immer wieder einen Neuanfang ermöglicht, der eben sagt: Ich schließe mit ihnen einen Neuen Bund. Ihrer Sünden gedenke ich nicht mehr.

Christlicher Glaube
Was ist der Glaube der Christen? Jedenfalls keine falsche Sündenfixierung. Was ist der Glaube der Juden? Jedenfalls kein Glaube an einen Gott ohne Erbarmen. Christen und Juden müssen damit leben, dass der Gott der Befreiung, der Gott und Vater Jesu, missverstanden wird. Beide müssen sich aber auch der Frage stellen: Was heißt es für Menschen heute, an einen Gott zu glauben, der sich barmherzig erweist? –
Heute treibt die Menschen weniger die Angst um, ob sie in Gott einen barmherzigen Richter finden. Auch nicht die Frage Luthers: Wie kriege ich einen gnädigen Gott? Die Frage nach dem barmherzigen Gott stellt sich heute anders. Der moderne Mensch meint, sich selbst zu dem machen zu können, was er ist oder sein will. Er hat es verlernt, sich Wesentliches schenken zu lassen. Er will von nichts und niemandem abhängen, auf nichts und niemanden angewiesen sein. Er ist, was er kann, so meint er wenigstens. Er ist, was er leisten kann. Und wer viel leisten kann, der soll sich viel leisten können. –
Ganz anders die Botschaft des Gottes der Juden und Christen: Nicht du machst dich zu dem, was du bist. Ein vollwertiger Mensch bist du nicht deshalb, weil du Leistungen vorweisen kannst.
Das Wort des Gottes, der sich der Menschen erbarmt, lautet vor diesem Hintergrund: Ich halte zu dir, auch wenn du meinst, auf mich verzichten zu können. Du findest bei mir trotz allem offene Türen. Selbst wenn du scheiterst oder meinst gescheitert zu sein: Mein Bund gilt dir dennoch. Selbst wenn du meinst, nichts zu können, nichts zu sein, dir selbst nicht zu genügen, ich stehe auf deiner Seite. –
Ich nehme dich gegen deine selbstzerstörerischen Kräfte in Schutz. Du hast einen unveräußerlichen Wert, unabhängig davon, welchen Wert du dir selbst zumisst. Ich kenne dich. Ich kenne deinen Namen und rufe dich bei diesem Namen. Ich schließe einen Bund mit dir und den Deinen. Und ich stehe zu meinem Wort. Ich bin ein verlässlicher Gott. Du musst nicht verzweifeln. Du darfst auf mich zählen. Das ist es auch, was heute gemeint ist, wenn wir hören: „Ich lege mein Gesetz in sie hinein und schreibe es auf ihr Herz. Ich werde ihr Gott sein, und sie werden mein Volk sein ... Ich verzeihe ihnen die Schuld, an ihre Sünde denke ich nicht mehr."

Klaus Nientiedt

II. Elemente für eine Wort-Gottes-Feier

1. Eröffnung

Eröffnungsgesang
- GL 165,1.4.6: „Sag ja zu mir"
- GL 183,1–3: „Wer leben will wie Gott"

Liturgischer Gruß / Einführung
Im Namen des Vaters ...
Gott, der immer zu verzeihen bereit ist, schenkt uns jetzt sein Erbarmen.
Gott hält zu uns Menschen. Auch und sogar dann, wenn wir nicht nach ihm fragen. Zwar redet die Bibel von Gottes Zorn über menschliche Treulosigkeit, aber sie ist sich sicher: Gott liebt uns so sehr, dass er immer wieder vergibt. Unser Versagen ist für ihn der Grund, einen neuen Bund zu schließen: einen Bund, dessen Gesetz in die Herzen der Menschen geschrieben steht.

Christus-Rufe
- GL 311: „Mit lauter Stimme"
- GL 160,1.3.7: „Bekehre uns" (*im 7.Vers statt* „Mahl der Freude"– „Quell der Freude")

Eröffnungsgebet
Gott, unser Schöpfer und Vater, du hast den Menschen deinen Bund angeboten. Du hast ihnen deine Zuneigung zugesagt, dich zu ihnen bekannt. Wir bitten dich: Kündige uns deine Treue nicht auf, und schenke uns Kraft, wenn unsere Kräfte nachlassen. Darum bitten wir dich im Namen und Auftrag deines Sohnes und unseres Bruders Jesus Christus, der mit dir lebt in Ewigkeit.

2. Verkündigung des Wortes Gottes

Hinführung zur Ersten Lesung (Jer 31,31–34)
Die Worte des Propheten Jeremia, die wir heute hören, sind Worte für die Zukunft: „Siehe, es werden Tage kommen." Gott will mit uns den Bund erneuern. Das Gesetz dieses Bundes ist nicht der Buchstabe, sondern die Liebe.

Psalm / Gesang
- GL 685,1.2: „Der Herr hat uns befreit", VV. 1.2.6–9.

Hinführung zur Zweiten Lesung (Hebr 5,7–9)
Jesus Christus hat ganz auf Gott gesetzt. In seiner Todesangst hat er zu ihm geschrien, und Gott hat ihn erhört. Seinen Weg ist er konsequent zu Ende gegangen, zu einem bitteren Ende, das zum Ausgangspunkt von unser aller Heil wurde.

Ruf vor dem Evangelium
- GL 620,1: „Das Weizenkorn muss sterben" mit GL 562: „Lob dir, Christus"

Hinführung zum Evangelium (Joh 12,20–33)
Das Weizenkorn fällt in die Erde, stirbt und bringt reiche Frucht. Dieses Bild steht für den Lebensweg Jesu. Zugleich ist es ein Modell, wie menschliches Leben gelingen kann: Sterben, um zu leben. Sich verschenken, um beschenkt zu werden. Sich an andere verlieren, um im letzten zu gewinnen.

Predigt / Auslegung
– *Stille* –

3. Antwort der Gemeinde

Wir bekennen unseren Glauben:
- GL 356: „Wir glauben an den einen Gott"
- GL 448: „Ich glaube an Gott"

Allgemeines Gebet / Fürbitten
Guter Gott, du willst uns in deinem Bund nahe sein. Wie Jesus, der seine Bitten vor dich getragen hat, rufen wir zu dir:
- Für Juden und Christen: Lass sie die gemeinsamen Wurzeln des Glaubens an dich, den Gott Israels und Jesu, entdecken.
- Für die Menschen in den christlichen Kirchen: Stärke ihr Zeugnis für dich, der den Menschen einen Bund anbietet.
- Für die Menschen aller Völker und Staaten: Schärfe ihr Bewusstsein für die Würde und Unantastbarkeit des menschlichen Lebens.
- Für die Menschen in den reichen Ländern der Erde: Gib ihnen ein Gespür für weltweite Gerechtigkeit und sozialen Frieden.
- Für die Menschen, die sich ausweglos in Schuld verstrickt haben und deren Leben von Angst bestimmt ist, schicke ihnen Menschen, die ihnen neue Wege öffnen.
- Für die Verstorbenen: Sei du ihnen auch über den Tod hinaus ein treuer und sorgender Gott.

Gott, erhöre uns, wenn wir zu dir rufen, rette und befreie deine Menschen und deine Schöpfung. Darum bitten wir durch Christus unseren Bruder und Herrn.

Vater unser
Wir sprechen das Gebet des Herrn: Vater unser ...

Loblied / Danklied
- GL 183,4.5: „Die Menschen müssen füreinander sterben"
- GL 616,1.4: „Mir nach, spricht Christus"

Text zur Meditation
Ich halte ein Samenkorn in der Hand. Mein einziges Korn.
   Sie sagen, ich soll mein Korn schützen, mein einziges Korn.
   Ich habe nie erlebt, dass es Frühling gibt.
   Sie sagen, es wächst neues Leben aus dem Korn.
   Ich verliere mein Korn, mein einziges Korn.
   Ich habe nie erlebt, dass es Frühling gibt.
   Sie sagen, ich muss mein Korn riskieren, mein einziges Korn.
   Aber ich habe nie Frühling erlebt.
   Mein Geliebter sagt: Es gibt Frühling! –
   Ich lege mein Korn in die Erde.
(Quelle unbekannt; bisweilen dem Schriftsteller Reiner Kunze zugesprochen – das trifft nicht zu)

4. Abschluss

Schlussgebet
Gott, dein Sohn hat in seinem ganzen Leben auf dich gehört und sich durch nichts und niemanden von dir abbringen lassen. Lass uns mit ihm verbunden sein und so wie er das wahre Leben finden. So bitten wir durch ihn, Christus, unsern Herrn.

Segensbitte / Entlassung
Es segne uns
der dreieinige Gott,

der Vater, aus dessen Herz
alles Leben kommt,
der Sohn, aus dessen Leben
alle Liebe fließt,
der heilige Geist, aus dessen Liebe
uns alle Kraft zukommt
für unsere Herzen und Wege.
Amen.

(Heinz-Günter Beutler-Lotz, Andacht I, in: Ders. (Hg), Die Bußpsalmen, Vandenhoek & Ruprecht, Göttingen 1995, 80.)

Schlusslied
– GL 616,5: „So lasst uns denn"

Palmsonntag

I. Predigt (Mk 11,1–10)

Was für ein Bewusstsein!

Karwoche
Mit dem heutigen Fest stehen wir am Beginn der Karwoche – einer Woche, die an die letzten Tage des Jesus von Nazaret erinnert. Gerade der Palmsonntag zeigt, wie spannungsreich die Erfahrungen mit dem Mann aus Galiläa waren: Jesus löste Jubel aus, ehrliche Freude. Doch dieser Jubel verstummte auch wieder. Es wurde still um Jesus – totenstill. In den letzten Tagen in Jerusalem verdichtete sich das, was sich während der kurzen Wirkzeit Jesu in Galiläa immer wieder ereignet hat: Annahme und Ablehnung. Um den Jubel um Jesus zu verstehen und auch sein Scheitern, tut es gut, sich die Situation in Jerusalem im April des Jahres 30 zu vergegenwärtigen.

Dieser Unruhestifter ein Friedensfürst?
In jenem April befanden sich etwa 80.000 Pilger aus dem In- und Ausland in der 40.000-Einwohner-Stadt Jerusalem, um hier das Paschamahl zu feiern. Jesus aus Nazaret war einer der Pilger. In jenen Tagen muss es sehr hektisch zugegangen sein: In einer überfüllten Stadt galt es, passende Rastplätze und vor allem Räumlichkeiten für die Pascha-Feier zu organisieren. Es mussten fehlerlose, männliche Lämmer – nicht älter als ein Jahr – gefunden werden, ebenso Zutaten für die traditionellen Speisen und Wein in der vorgeschriebenen Menge. Um überhaupt am Fest teilnehmen zu dürfen, brauchten die Menschen etwa eine Woche für die notwendigen Reinigungsriten. Diese Hektik erreichte schließlich ihren Höhepunkt am offiziellen Vorbereitungstag zum Pascha (genannt „Rüsttag"), wo am Nachmittag die Lämmer (zwischen 10.000 und 15.000 Stück!) für das abendliche Mahl geschlachtet wurden.
Inmitten dieser Betriebsamkeit ereignete sich nun Unvorhergesehenes. So gab es einen eigenartigen Empfang. Nicht stolz auf einem Pferd, sondern auf einem jungen, unberittenen Esel zog ein Mann ein – ganz dem Friedensfürst aus dem Prophetenbuch Sacharja entsprechend. Etwas später wird derselbe Mann den Tempel kritisieren, gefangen genommen und schließlich am Kreuz hingerichtet. Wie passt das zusammen, dieses Einreiten als Friedensfürst und dieses Nicht-zurück-Scheuen vor Unruhe? Worum ging es Jesus wirklich?

„Königliches" Bewusstsein statt Kleineleute-Moral
Gleich zu Beginn des Markusevangeliums begegnet uns das Lebensprogramm Jesu: Das Reich Gottes ist nahe, darum denkt um und glaubt an das Evangelium. Im Zentrum seines Lebens, seines Tuns und Redens steht also das Kommen, die Erwartung der Gottesherrschaft – und er selbst verkörpert die Herrschaft, macht sie konkret. Die Erfahrungen von Menschen der damaligen Zeit mit Jesus zeigen, in welchem Sinn diese Gottesherrschaft erlebt wurde. Diese Herrschaft war nicht weltfremd und lebensfern. Sie unterdrückte nicht und machte nicht unselbstständig. Diese Herrschaft wurde nicht mit Mitteln der Gewalt ausgeübt – auf Kosten menschlicher Freiheit. Vielmehr erleben die Menschen um Jesus, wie sehr diese Herrschaft aufleben lässt, wie gut die Nähe Gottes tut. Jesus lebte es selbst vor und machte es für Menschen auch konkret erfahrbar: Gott und menschliche Größe, Gott und menschliche Entfaltung, Gott und die Weitung des Lebens gehören zusammen.

Die Begegnung mit dem Mann aus Galiläa eröffnete somit dem, der sich nicht verschloss, einen neuen Lebensstil, eine neue Lebenssicht – und einen neuen Zugang zu Gott. Jesus ermutigte zu Verhaltensweisen, die – unabhängig von äußeren Machtpositionen – eine innere Größe und Souveränität verleihen. Im Besonderen vermittelte Jesus gerade den Kleinsten, den Armen und Unbedeutenden, ein „königliches" Bewusstsein und mutete ihn zu, auf menschliche Größe zu setzen. So wie sie dürfen auch wir es wagen und sollen wir es uns leisten, großzügig zu sein – in der Zuwendung, im Geben und Vergeben, im Vertrauen, im Versuch zu lieben, weil Gott, der Herr, selbst großzügig zu uns ist.

Konflikt, wo Gott und Mensch auf dem Spiel stehen
Umgekehrt scheute der Mann aus Galiläa aber auch nicht vor Konflikten zurück. Vor allem dort, wo an die Stelle Gottes und an die Stelle der Menschlichkeit verzerrte Gottes-Bilder bzw. ungebührliche Forderungen und Gebote im Mittelpunkt stehen, entlarvte Jesus diese Bilder, kritisierte er diese Gebote und versuchte er den Blick auf Gott und für den Menschen wieder freizulegen. In seiner Tempelkritik und der symbolischen Tempelreinigung zeigt sich das besonders anschaulich. Dieser besondere Zugang zu Gott, dieses Einstehen für unbedingte Menschlichkeit aber wurde dem Mann aus Galiläa schließlich zum Verhängnis. Führende Männer seines Volkes machten Jesus den Prozess – in Zusammenarbeit mit den Vertretern Roms.

Jesus, der Messias: Ein Grund zum Jubeln
Wir feiern heute Palmsonntag. Alle vier Evangelisten erzählen, wie Jesus von den Menschen als Friedensfürst, als Friedensmessias bejubelt wird. Lassen wir uns mitnehmen in ihren Jubel. Wir sollen uns aufrichtig freuen, weil wir ihn, den Messias, als unseren Bruder und Weggefährten, als unseren Impulsgeber und Herrn an der Seite haben – ihn, der unser Leben verwandeln und weiten kann, ihn, der einen neuen Zugang zu Gott und zur Welt eröffnet, ihn, der uns „größer" macht.

Stefan Schlager

II. Elemente für eine Wort-Gottes-Feier

1. Eröffnung
Die Gemeinde versammelt sich außerhalb der Kirche zur Weihe der Palmzweige.

Eröffnungsgesang
– GL 197,1–5: „Ruhm und Preis und Ehre sei dir"
– GL 196: „Hosanna dem Sohne Davids!"

Palmsonntag

Eröffnungsworte
Wir beginnen die Feier der Heiligen Woche im Namen des Vaters und des Sohnes und des Heiligen Geistes.
Jesus, der Sohn Davids, der Friedensfürst sei gepriesen.
Heute haben wir uns außerhalb des Gotteshauses versammelt, um in der Prozession zur Kirche Jesu Einzug in Jerusalem zu feiern und neu seine Gegenwart zu erfahren. – Jesus war in seinem Leben nie „auf dem hohen Ross". Deshalb verwendet er auch bei seinem Einzug einen jungen Esel, das Lasttier der kleinen Leute; das Tier, das uns Jesu Gewaltlosigkeit und Friedensliebe kündet und ans Herz legt.
Mit dem Palmsonntag beginnt aber auch die Heilige Woche, in der wir das Leiden und Sterben Jesu und darin seine Liebe zu uns feiern. Deshalb hören wir im Wortgottesdienst die Leidensgeschichte. Sie führt uns vor Augen, wie weit Jesus in seiner Liebe zu uns geht.

Segnung der Palmzweige: Messbuch

Hinführung zum Evangelium (Mk 11,1–10)
Bei seinem Einzug in Jerusalem wird Jesus als „Sohn Davids" begrüßt. Die Menschen legen ihre Kleider und Zweige vor ihm auf den Weg aus Freude über den Messias. Aber er war ein ganz anderer Messias als erwartet. Deshalb wird er in Jerusalem nicht nur bejubelt, sondern auch verspottet und gekreuzigt.

Prozession
Mit den Palmzweigen in unseren Händen wollen auch wir unsere Freude über Jesus Einzug bei uns ausdrücken und und ihm als Messiaskönig huldigen.
– GL 560,1–4: „Gelobt seist du"
– GL 815,1–3: „Singt dem König" (Freiburg/Rottenburg-Stuttgart)

Wenn keine Prozession stattfindet:

Eröffnungsgesang
– GL 197,1–5: „Ruhm und Preis und Ehre"
– GL 560,1–4: „Gelobt seist du"
– GL 815,1–3: „Singt dem König" (Freiburg/Rottenburg-Stuttgart)

Liturgischer Gruß / Einführung
Im Namen des Vaters …
Jesus, der Sohn Davids, der ersehnte Messiaskönig ist in unserer Mitte.
Mit der heutigen Feier treten wir ein in die Heilige Woche. Jesus zieht ein in die heilige Stadt und wird von den Menschen als Davidssohn und Messias bejubelt. Aber er ist ein Messias, der sich nicht den Vorstellungen der Menschen anpasst. Deshalb wird er einige Tage später hinausgestoßen und gekreuzigt. – Geben wir dem die Ehre, der nur den Willen des Vaters gesucht hat und unser Heil.

Christus-Rufe
– GL 199: „Hosanna dem Sohne Davids"

Eröffnungsgebet
Herr, unser Gott, dein Sohn ist aus Liebe zu uns Mensch geworden und hat sich voll Vertrauen dem Tod unterworfen. Lass uns in seiner Liebe bleiben und mit deiner Gnade aus ihr leben. Darum bitten wir durch Jesus Christus, deinen Sohn, unsern Herrn und Gott, der in der Einheit des Heiligen Geistes mit dir lebt und herrscht in Ewigkeit.

2. Verkündigung des Wortes Gottes

Hinführung zur Ersten Lesung (Jes 50,4–7)
Jahrhunderte vor Jesus spricht ein unbekannter Prophet von einem von Gott erwählten Menschen, der trösten kann, der andere aufmuntert und ihnen Mut zuspricht und doch von ihnen missverstanden und abgelehnt wird. Er aber bleibt seiner Sendung treu, denn er weiß Gott auf seiner Seite.

Psalm / Gesang
- GL 191,1.2: „Beim Herrn ist Barmherzigkeit", VV. 1–9
- GL 737,1.2: „Wie schön ist es, dem Herrn zu danken", VV. 1.2.4.5.7.12.

Hinführung zur Zweiten Lesung (Phil 2,6–11)
Das folgende Christuslied der Urkirche spricht von Jesu Weg: Aus der Herrlichkeit des Vaters kommend, wird er ganz Mensch und geht den Lebensweg eines Menschen bis in einen erbärmlichen Tod hinein. Für seinen Gehorsam hat Gott ihn mit königlicher Macht beschenkt. Seinetwegen wird Gott auch uns die Treue halten – über den Tod hinaus.

Ruf vor der Passion
- GL 564: V./A.: „Christus Sieger" mit V. GL 176,3: „Christus war für uns gehorsam"
- „Christus Sieger"

Hinführung zum Evangelium (Mk 14,1–15,47)
Jesus wird Opfer menschlicher Bosheit und Gewalt, wie so viele vor ihm und nach ihm – bis heute. Er wird zum Bruder all derer, die um ihr Leben und Glück von anderen betrogen werden. Seine Passion ist eine unglaubliche Herausforderung – bis heute!
(Wenn eben möglich, sollte man die Passion mit verteilten Rollen lesen. Es empfiehlt sich auch, das Vorlesen mehrfach zu unterbrechen. Z.B. nach 14,1–42; 14,43–72; 15,1–37; 15,38–47. – Allerdings wäre es gut, die Stille nicht mit Liedern auszufüllen, sondern nur mit leiser Musik; noch besser mit Geräuschinstrumenten.)

Predigt / Auslegung
– Stille –

3. Antwort der Gemeinde

Lobpreis und Bitte
- GL 619,1–3: „Was ihr dem geringsten Menschen tut"
- GL 185,6.8.9: „Herr, präge uns dein Angesicht"
- GL 553,1–3: „Du König auf dem Kreuzesthron"

Allgemeines Gebet / Fürbitten
Jesus, wahrhaftig Gottes Sohn, wir feiern heute deinen Einzug, dein Leiden und Sterben in Jerusalem. Wir rufen zu dir: GL 358,3: „Lasset zum Herrn uns beten":
- Für das Gottesvolk des Neuen Bundes: Lass es mit dir unterwegs bleiben zum himmlischen Jerusalem und stärke es durch die Feier deines Todes und deiner Auferstehung.
- Für das Gottesvolk des Ersten Bundes: Schenke ihm Glaubensfreude und Zuversicht aus den Heiligen Schriften und erleuchte es, deine Wege zu begreifen.
- Für alle Verantwortlichen in den unterschiedlichen Gesellschaftssystemen unserer Welt: Gib ihnen Entschlusskraft, sich für Frieden, Gerechtigkeit und Bewahrung der

Mitwelt einzusetzen und lass sie nicht müde werden, wenn der Erfolg auf sich warten lässt.
– Für die Kranken, Behinderten und alle Benachteiligten in unserem Land: Sende zu ihnen Menschen, die ihre Leidensgeschichte einfühlsam verstehen und ihnen im Leiden und im Kampf gegen das Leid beistehen.
– Für unsere Gemeinde: Führe uns durch das Geheimnis deines Todes und deiner Auferstehung immer mehr zu einer Gemeinschaft des Glaubens, der Hoffnung und der Liebe zusammen und lass uns das Osterlicht, das wir empfangen dürfen, an andere weitergeben.
Vater, wir verkünden den Tod deines Sohnes und preisen seine Auferstehung heute und alle Tage bis in Ewigkeit.

Vater unser
Wir beten, wie Jesus uns vorgebetet hat: Vater unser …

Loblied / Danklied
– GL 549,1–3: „O Herz des Königs"

Text zur Meditation

O Herr,
wer kann das verstehen?

Jubel, Lobgesänge,
Anerkennung, Schulterklopfen
– und dann
ein Fall –
nach unten,
für das Gericht,
die Henker,
das Grab.

Gott sei dank
warst du da,
in jeder Sekunde
des Jubels,
in jeder Sekunde
des Leids,
in der großen Leere
des Todes
– allen Unkenrufen zum Trotz.

Stefan Schlager

Oder:
Meditatives Lob-/Danklied *(dann fällt das Lied GL 549 weg)*

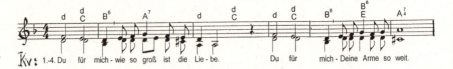

Kv: 1.-4. Du für mich - wie so groß ist die Lie - be. Du für mich - Deine Arme so weit.

Spr. 1: Du am Kreuz, das ist mehr als ich fassen kann,
eine Quelle der Gnade und so ziehst du mich an.

Spr. 2: Du am Kreuz, das ist Ohnmacht, die stärker ist,
als der Hass und das Dunkel. Welch ein Licht du doch bist!

Spr. 3: Du am Kreuz, das ist Kraft zur Versöhnung hin,
so wie du zu vergeben, alle Hoffnung darin.

Spr. 4: Du am Kreuz, das ist Weg und ist Ziel zugleich,
will das Leben ich finden, in der Armut reich.

(Lied zum Pilgerweg des Weltjugendtagskreuzes. © 2002 MUSIK UND WORT, Lärchenstr. 22, D-84544 Aschau a. Inn)

4. Abschluss

Schlussgebet
Herr, unser Gott, du hast uns dein Wort geschenkt und uns im Glauben gestärkt. Lass uns in schönen und in schweren Tagen unser Leben begreifen als Abbild des Lebens und Sterbens, aber auch der Auferstehung deines Sohnes, unseres Herrn Jesus Christus, der bei dir lebt, heute und alle Tage und in Ewigkeit.

Segensbitte / Entlassung
Der Herr segne und behüte uns! Der Herr lasse sein Antlitz über uns leuchten und sei uns gnädig! Der Herr wende uns sein Angesicht zu und gewähre uns Heil! So segne uns und unsere ganze Welt der Vater, der Sohn und der Heilige Geist.

Schlusslied
– GL 616,1–3: „Mir nach, spricht Christus"
– GL 183,1.2.5: „Wer leben will wie Gott"

Hochfest der Auferstehung des Herrn – Am Tag

I. Predigt (Mk 16,1–8)
(V. 8 sollte unbedingt mitgelesen werden!)

Jesus, der tot war, lebt!

Unglaubliche Botschaft
„Edel gefühlt, aber begrifflich unscharf", diagnostiziert ein Beobachter über manch gut gemeinte fromme Gesänge. Edle Gefühle, aber unzureichendes Verstehen prägen auch die landläufige Ostertagsstimmung. Das liegt gewiss auch daran, dass die Osterbotschaft nicht leicht eingeht. Der im Schnellverfahren zum würdelosesten Tod Verurteilte und an einem Pfahl Aufgehängte lebt? Einer, der nicht nur klinisch tot war, auch nicht gehirntot, sondern ganz und gar tot, mausetot und schon beerdigt, so einer lebt? Das ist für jeden normalen Menschenverstand völlig unglaublich, heute wie damals. Kein Mensch käme auch nur auf eine solche Idee, heute nicht und damals nicht. – Eine Auferstehung der Toten irgendwann am Ende der Geschichte, das mag ja noch angehen. Aber mitten in der Geschichte, am dritten Tag? Ganz unmöglich!
Und doch ist dies Grundlage und Angelpunkt unseres christlichen Glaubens: Der gekreuzigte Jesus von Nazaret ist nicht tot, er lebt. Das ist unser Auferstehungsglaube. Er ruht auf dem Zeugnis der Frauen und Männer, die dem Auferstandenen begegnet sind. Es ist wichtig für uns, dass wir uns nicht irgendwelchen trostreichen Wunschvorstellungen oder fromm gemeinten Anmutungen überlassen, sondern die Botschaft bedenken und richtig verstehen. Heute wollen wir das tun auf der Grundlage des Mk-Evangeliums. Wie war das mit den Frauen und Männern, die uns die Auferweckung Jesu bezeugen?

Unerledigte Totenehrung
Nehmen wir zuerst die Frauen. Dass sie die ersten Auferstehungszeuginnen waren, ist unbezweifelbar. Keiner hätte so etwas erfunden. Denn weder bei den Römern noch bei den Juden waren Frauen – juristisch gesehen – zeugnisfähig. Wenn also in allen Evangelien Frauen die ersten aus dem Jüngerkreis waren, die Erfahrung machten mit der

Wirklichkeit der Auferstehung Jesu Christi, dann muss das sehr tief in der Jesustradition verankert gewesen sein. –
Was aber wollten die Frauen am ersten Wochentag in aller Herrgottsfrühe beim Grab? – Einfacher zu beantworten ist, was sie sicher NICHT wollten: Sie wollten sicher nicht dem Auferstandenen begegnen. So etwa anzunehmen, wäre einfach absurd. Sie rechneten doch genauso wenig wie die Jünger mit einer Auferstehung Jesu. Alle waren sie der Auffassung: Es ist aus! Es ist endgültig zu Ende! Unsere Hoffnungen und Erwartungen sind zerronnen. In ihnen war Karfreitag, nicht Ostern. Aber während sich die Jünger verkrochen und sich ihrer Depression und Resignation hingaben, reagierten die Frauen anders. Sie waren ganz in Beschlag genommen von dem Gedanken: Es ist etwas zu tun. Was war zu tun? –
Für fromme Juden zur Zeit Jesu gab es einen klaren Ablauf, wie man mit einem Toten umzugehen habe. Folgende Schritte waren vorgegeben: Es werden dem Toten die Augen geschlossen. Der Leichnam wird gewaschen und gesalbt: mit Myrrhe – das ist ein mit Olivenöl vermischtes wohlriechendes Harz –, sodann mit Aloe, dem Saft der aromatischen Aloepflanze, und schließlich noch mit Balsam, dem duftenden Öl des Balsamstrauches. Anschließend wird der Leichnam in Leinentücher eingebunden und im Obergemach des Hauses aufgebahrt, wo Klagefrauen den Toten beweinen. Schließlich setzt sich der Trauerzug in Bewegung, und der Tote wird ins Grab gelegt – möglichst noch am Todestag –, meist etwa acht Stunden nach Eintritt des Todes. –
Wenn wir nun davon ausgehen, dass Jesus um 15 Uhr am Kreuz gestorben ist, dann kamen die Frauen und Männer, die den Leichnam Jesu pflegen wollten, in Zeitnot. Denn Jesu Todestag war, wie wir wissen, der Rüsttag vor dem folgenden Ostersabbat. Dieser begann schon am Vorabend – gegen 18 Uhr. Da pflegt die Hausgemeinschaft das Paschalamm / das Osterlamm zu essen in Erinnerung an die Errettung aus der Sklaverei in Ägypten. Jeder Israelit musste dann zu Hause sein und mitfeiern. – Den Freunden Jesu blieben also lediglich drei Stunden, um von Pilatus den Leichnam Jesu zu erbitten, die Abnahme vom Kreuz zu organisieren und ein Grab zu besorgen. Und da der Richtplatz außerhalb der Stadt lag, war ein beträchtlicher Fußweg vonnöten. Deshalb konnten Jesu Freunde seinen Leichnam nur notdürftig ehren und nur anfanghaft vollziehen, was im Judentum einem geliebten Menschen zukommt. Und das wollten die Frauen, sobald nur irgend möglich, nachholen. – Also nicht Osterspaziergang, sondern Friedhofsbesuch.

Das Widerfahrnis
Auch der Ostersabbat endete – wie jeder Sabbat – bereits am Abend gegen 18 Uhr. Dann folgte die Nacht. – Unser Text sagt nun: Die Frauen gehen bei der „Morgendämmerung" zum Grab. Es ist der erste Arbeitstag der jüdischen Woche – unser heutiger Sonntag. Sie wollen nach dem Grab sehen. Genauer: Sie gehen, um Jesus zu salben. Sie wollen also das Versäumte nachholen. Doch dann geschieht etwas ganz Unerwartetes: Dort am Grab haben sie ein – im vollen Wortsinn – umwerfendes, furchterregendes Erlebnis. Der Text in der Mt-Fassung spricht davon in Bildern: Erdbeben, ein Blitz, eine glanzvolle Erscheinung im weißen Gewand – das sind Manifestationen Gottes, den Juden aus dem AT wohl bekannt. Gott und seine Boten / Engel zeigen ihr Wirken häufig unter solchen erschreckenden Zeichen an. Auch für die Frauen ist klar: Hier war Gott in erschreckender Weise am Werk! Hier ist Bestürzendes geschehen. Doch sogleich folgt die befreiende Botschaft: Ich weiß, ihr sucht Jesus, den Gekreuzigten. Er ist nicht hier, denn er ist auferweckt worden. Kommt her und seht euch die Stelle an, wo er hingelegt worden ist. – Das alles löst aber bei den Frauen nur helles Entsetzen aus. Wie jeder, der mit der Herrlichkeit Gottes und der Wucht seines Wirkens konfrontiert wird, so werden auch die Frauen von Furcht und Schrecken gepackt

und ergreifen die Flucht. So reagiert keiner, der sich vorweg eine Auferstehung ausfantasiert hat!

Leeres Grab
Aber der Engel weist doch die Frauen auf das leere Grab hin. Führt das zum Osterglauben? Etwa in folgenden Gedankenschritten: Wir haben den Leichnam Jesu in diesem Grab abgelegt. Wir sehen: Das Grab ist leer, also muss er auferstanden sein? Keineswegs! Genauso nicht! Die Frauen verlassen ganz im Gegenteil fluchtartig und mit Entsetzen den Ort des Geschehens. Nirgendwo im Neuen Testament erscheint das leere Grab als Auslöser für den Auferstehungsglauben. Diese „Beweiskette" wäre auch allzu schwach und brüchig. Niemals in all den Jahrhunderten hat die Kirche die Osterbotschaft so verkündigt! –
Aber schon 20 Jahre vor der Abfassung unseres Evangeliums hat die junge Kirche ihr erstes Auferstehungsbekenntnis formuliert. Der Apostel Paulus zitiert in einem Brief an die Korinther das älteste Glaubensbekenntnis, das er selber schon vorgefunden hat und das er um das Jahr 50 der Gemeinde bei der Gründung übergeben hat. Es lautet:
„Christus ist für unsere Sünden gestorben,
gemäß der Schrift,
und ist begraben worden.
Er ist am dritten Tage auferweckt worden,
gemäß der Schrift,
und erschien dem Kephas." (15,3b–5a)
Hier ist von Tod und der Auferstehung Jesu die Rede; aber kein Wort vom leeren Grab. Es fehlt gänzlich. Das leere Grab, auf das der Engel im heutigen Evangelium hinweist, ist also nicht die Initialzündung für den Osterglauben, sondern lediglich ein Hinweis auf die Auferstehung! – Wichtig ist aber etwas anderes, das uns wirklich sagt, wie der Auferstehungsglaube entstanden ist:

ER hat sich sehen lassen
In dem ältesten Glaubensbekenntnis des Paulus, das ich eben zitiert habe, heißt es am Schluss: Der Auferstandene erscheint dem Kephas – also dem Petrus – und noch anderen Auferstehungszeugen. Er erscheint! Wörtlich übersetzt heißt das: Er lässt sich sehen. Er gibt sich zu sehen. Er zeigt sich. Er, der Auferstandene, ergreift die Initiative. In voller, souveräner, göttlicher Freiheit gewährt er Begegnung. Den irdischen Jesus konnte man von sich her aufsuchen. Nicht so beim Auferstandenen. Vielmehr: Er muss sich zeigen! Er muss sich zu sehen geben. Warum? Weil er als Auferstandener nicht mehr den Gesetzen dieser Welt unterliegt, sondern in die Welt Gottes „erhöht" worden ist – wie das NT das ausdrückt. Deshalb ist er nicht mehr verfügbar, sondern muss sich von sich her zeigen; sich selbst offenbaren, sich selbst gewähren. Das ist gemeint, wenn es heißt: Er erscheint; er erschien. Das Erscheinen des Auferstandenen hat also nichts zu tun mit einer Vision; sie entstammt keiner Autosuggestion; keiner kollektiven Euphorie oder Kollektivhypnose der Jünger. Sondern einzig ER lässt sich sehen – wann, wo und wem er es will. – Es war ein völlig überraschendes, objektives Widerfahrnis, das von außen auf die Frauen und Männer zukam. Es konnte weder herbeigeredet noch inszeniert werden. Für dieses Sehen musste der Auferstandene den Frauen und Männern, die als Zeugen dienen sollten, erst die Augen öffnen; sie müssen von ihm mit Oster-Augen beschenkt werden, um ihn überhaupt sehen zu können. Und erst wenn er sich sehen lassen wollte, gingen ihnen die Augen auf. –

Es sind also diese Begegnungen mit dem Auferstandenen, die in den Frauen und Männern die unbesiegbare Gewissheit hervorgerufen haben: Der Gekreuzigte ist nicht tot.

Er lebt! Er zeigt sich! Er offenbart sich! Nicht das leere Grab, sondern dies und nur dies ist die Basis unseres Osterglaubens! –
Solche Begegnung mit dem auferstandenen Christus ist für uns nicht wiederholbar. Das ist auch gar nicht nötig. Wir haben die Zeugen, denen er sich als Auferstandener zu sehen gegeben hat. Auf ihrem Sehen gründet unser Glaube. Ihr ganzes Leben lang haben sie nur noch von diesem alles umstürzenden Geschehen gesprochen.

Geht und verkündet!
Als die Ordnungskräfte von Jerusalem den Jüngern verbieten wollten, Jesus als den auferweckten Messias zu verkünden, da antwortet Petrus: „Wir können unmöglich schweigen über das, was wir gesehen und gehört haben." Auch die Frauen konnten die Erfahrung, dass der Herr lebt, nicht für sich behalten. Sie werden dazu aufgefordert, zu den Jüngern Jesu zu gehen und ihnen zu berichten. Was als Grabesgeschichte begann, wandelt sich zu einer Lauffeuer-Geschichte. Klagefrauen und Totenbestatterinnen werden zu freudigen Botinnen des Lebens und der Auferstehung Jesu.

Unsere Begegnung mit dem Auferstandenen
In jedem Gottesdienst – besonders aber in jeder Eucharistiefeier – proklamieren wir unseren Auferstehungsglauben: „Deinen Tod, o Herr, verkünden wir und deine Auferstehung preisen wir, bis du kommst in Herrlichkeit!" Laut rufen wir es aus: Der gekreuzigte und auferstandene Christus ist unter uns gegenwärtig als der Lebendige! Er sagt uns sein Wort. Und im Hören des Wortes Gottes ereignet sich die Geschichte Gottes mit den Menschen aufs Neue: hier und jetzt, mitten unter uns. So werden wir zu Zeugen von Gottes Heilshandeln – im Hören. – Begegnen will der auferstandene Herr uns auch im alltäglichen Leben. Da will er für uns erfahrbar werden. Doch dies alles sehen und bemerken wir nur mit Augen des Glaubens; mit Oster-Augen, die er uns jetzt schenken will. –
In einigen französischen Dörfern hat sich ein schöner Brauch erhalten: Wenn am Ostersonntag in der Frühe zum ersten Mal die Kirchenglocken läuten, laufen Kinder und Erwachsene zum Dorfbrunnen und waschen sich die Augen mit dem kühlen und klaren Brunnenwasser. Sie wollen, dass ihnen die Augen aufgehen für den auferstandenen Herrn; dass sie ihn mit Augen des Glaubens sehen.
Das ist heute unsere Freudenbotschaft an die ganze Schöpfung: Freut euch! Jesus, der tot war, lebt! Der Tod ist nicht mehr das Letzte! Er ist ein für allemal besiegt! Halleluja!

Bernhard Krautter

II. Elemente für eine Wort-Gottes-Feier

1. Eröffnung

Eröffnungsgesang
– GL 220,1–3: „Das ist der Tag"
– GL 222,1–3: „Nun freue dich"
– GL 818,1–2: „Christus ist erstanden" (Freiburg/Rottenburg-Stuttgart)

Liturgischer Gruß / Einführung
Im Namen des Vaters ...
Christus ist auferstanden und immer bei uns. Halleluja! Sein Friede und seine Freude sollen in unserem Leben wirksam sein.
Ostern kündet eine unglaubliche Botschaft. An einen Gott glauben, das mag noch an-

gehen. Aber eine Auferstehung und ein leibhaftes Leben nach dem Tod? Es ist heute wie damals: Wo diese Botschaft nicht verkürzt oder verharmlost wird, da löst sie Zweifel und Furcht aus, Betroffenheit, ja Fassungslosigkeit – wie bei den Frauen und Jüngern. So wollen wir uns heute mit unseren Osterfragen hineinbegeben in die Feier der Auferstehung unseres Herrn.

Christus-Rufe
– GL 214: „Christus, Sieger" – *aber nur mit der Akklamation 4. Zeile:* „Dir sei Preis und Ruhm!"

oder: mit Akklamation GL 530,5: „Halleluja"

Eröffnungsgebet
Allmächtiger, ewiger Gott, am heutigen Tag hast du durch deinen Sohn den Tod besiegt und uns den Zugang zum ewigen Leben erschlossen. Darum begehen wir in Freude das Fest seiner Auferstehung. Schaffe uns neu durch deinen Geist, damit auch wir auferstehen und im Licht des Lebens wandeln. Darum bitten wir durch Jesus Christus, deinen Sohn, unseren Herrn und Gott, der in der Einheit des Heiligen Geistes mit dir lebt und herrscht in alle Ewigkeit.

2. Verkündigung des Wortes Gottes

Hinführung zur Ersten Lesung (Apg 10,34a.37–43)
Petrus bezeugt vor den Heiden die Gewissheit, dass der Gekreuzigte auferweckt worden ist und die Apostel mit der Verkündigung beauftragt hat.

Psalm / Gesang
– GL 236,1: „Das ist der Tag" mit GL 235,4: „Danket dem Herrn", VV. 1.6–10.

Hinführung zur Zweiten Lesung (Kol 3,1–4)
Die Auferweckung Jesu Christi ist kein Privatereignis. Vielmehr hat sie unmittelbare Auswirkungen auf die Seinen und soll im Leben der Getauften zur Geltung kommen.

Ruf vor dem Evangelium
– GL 216: „Singt das Lob dem Osterlamme", abschließend 530,7: „Halleluja" mit V. aus dem Kantorenbuch
– GL 218,4: *beginnend mit 3. Zeile* V./A.: „Halleluja" – 4. Strophe: „Er ist erstanden"

Hinführung zum Evangelium (Mk 16,1–8) *(V. 8 unbedingt lesen)*
Die Botschaft von der Auferstehung des Gekreuzigten ist nicht eingängig, sondern erschreckend. Dennoch ist sie für immer der Grund unseres Glaubens.

Predigt / Auslegung
– *Stille* –

3. Antwort der Gemeinde

Glaubensbekenntnis
– GL 423: „Credo in unum Deum"

Oder:

Hochfest der Auferstehung des Herrn – Am Tag

1. Es ist wahr, daß Jesus lebt, Halleluja! Daß er unter den Seinen lebt, Halleluja!
2. Es ist wahr, die Welt ist erlöst, halleluja, in dem Herren Jesus Christ, halleluja!
3. Es ist wahr, das Glück ist in Gott, halleluja! Ihm sei Ehre, ihm sei das Lob! Halleluja!
4. Es ist wahr, vollkommen ist er, halleluja, Vater, Sohn und Heiliger Geist, halleluja!

(Eventuell: Text: V.: Halleluja: A.)
(Text und Melodie: Kommunität Gnadenthal, © Präsenz-Verlag Gnadenthal)

Allgemeines Gebet / Fürbitten
Am Ostertag stehen wir als neue Menschen vor Gott, denn er hat seine Hand auf uns gelegt. In diesem wunderbaren Wissen beten wir zu ihm: GL 358,3: „Lasset zum Herrn uns beten:"
– Für das erwählte Volk Gottes in der ganzen Welt: um Wachstum im Glauben, in österlicher Hoffnung und in der Liebe.
– Für den Papst, die Bischöfe und die Seelsorger: um die Kraft des Heiligen Geistes.
– Für die Neugetauften und für alle in der Buße Wiederversöhnten: um die Freude der Christusgemeinschaft.
– Für die Verantwortlichen in Politik und Kirche: um Mut, allem Lebensfeindlichen zu widerstehen.
– Für die Einflussreichen in dieser Welt: um Entschiedenheit im Kampf gegen Unrecht und Machtmissbrauch.
– Für die benachteiligten und ausgebeuteten Völker: um Teilhabe an den Gütern der Erde, um Freiheit und Frieden.
– Für die Zweifelnden und Kleingläubigen: um glaubwürdige Zeugen der Auferstehungsbotschaft.
– Für die Sterbenden: um Beistand, und für die Toten: um Vollendung im ewigen Leben.

Vater, dein Sohn hat unser Leben geteilt bis in den Tod. In seiner Auferstehung hast du uns die Quelle der Hoffnung gegen alle Hoffnung erschlossen. Wir danken dir und preisen dich mit dem auferstandenen Christus im Heiligen Geist heute, alle Tage und in Ewigkeit.

Vater unser
– GL 362: „Vater unser im Himmel"

Loblied / Danklied
– *Instrumentalmusik / Recorder*

Text zur Meditation

Spr. 1: Wisch weg die Spuren der Nacht.
Verjag den Tod aus mir.
Lass mich dich sehen, der selbst erschienen ist!

Spr. 2: Lass mich hier sein,
mach mich gegenwärtig.
Gib mir Augen des Glaubens.
Lass mich niemals mehr fallen in Dunkelheit.

Spr. 1: Wisch weg die Spuren der Nacht.
Verjag den Tod aus mir.
Lass mich dich sehen, der selbst erschienen ist.

Spr. 2: Führe den Tag der Gerechtigkeit
schneller herbei.
Schau nicht länger zu,
dass in dieser Welt Menschen gefoltert werden,
und Kinder getötet.
In unserem Gewissen
wecke Zorn und Scham,
damit wir umkehren,
zurück zu deinem Wort.

Spr. 1: Wisch weg die Spuren der Nacht.
Verjag den Tod aus mir.
Mach mich heller
als der heraufkommende Tag.
Lass mich dich sehen,
der selbst erschienen ist,
eingehüllt in das Licht dieses Tages.
Halleluja!

(Nach Huub Oosterhuis, Du bist der Atem und die Glut, Verlag Herder, 4/1996, S.25)

– GL 238: „Auferstanden ist der Herr" mit Magnificat GL 127

4. Abschluss

Schlussgebet
Gütiger Gott, du hast deiner Kirche und dieser Gemeinde durch die österlichen Geheimnisse neues Leben geschenkt. Halte uns fest in deiner Liebe und führe uns zur Herrlichkeit der Auferstehung. Darum bitten wir durch Christus, unseren Herrn.

Segensbitte / Entlassung
Der allmächtige Gott hat uns durch die Auferstehung seines Sohnes aus Sünde und Tod befreit; er segne uns und schenke uns seine Freude. –
Christus, mit dem wir auferstanden sind durch den Glauben, bewahre in uns die Gabe der Erlösung. –
Gott hat uns in der Taufe angenommen als Kinder seiner Gnade; er schenke uns das verheißene Erbe. –
So segne und behüte uns der allmächtige und barmherzige Gott, der Vater, der Sohn und der Heilige Geist.

Schlusslied
- GL 576,1–4: „Freu dich, du Himmelskönigin"
- GL 220,4.5: „Wir schauen auf zu Jesus Christ"
- GL 818,3.4: „Christus ist erstanden" (Freiburg/Rottenburg-Stuttgart)

2. Sonntag der Osterzeit

I. Predigt (Joh 20,19–31)

Kein Ostern ohne Kreuz

Verwundet sein
Im Angesicht des herannahenden Todes schrieb der Jesuitenpater Alfred Delp im Konzentrationslager Dachau: „Gott umarmt uns mit der Wirklichkeit." Es ist ein Wort voller Hoffnung und vertrauensvoller Liebe. Das Bild von der Umarmung lässt an einen liebevollen, zärtlichen und bergenden Schutz denken. Doch der Inhalt dieses Wortes steht in scharfem Kontrast zum Ort seiner Entstehung, zu der tödlichen Wirklichkeit, die Delp erlebte. Dass Gott ihn mit dieser bedrückend ausweglosen Situation umarmt – ist das nicht etwa nur ein Lesefehler? Kann man an die Umarmung Gottes glauben angesichts eigener Momente in unserem Leben, in denen unser Herz schreit: Wie soll es bloß weitergehen? Können wir das annehmen, dass Gott uns umarmt in Krankheit, enttäuschten Hoffnungen, in Sackgassen von Schuld oder in zerbrochenen Beziehungen? In den Wunden unseres Lebens? Je nachdem, in welcher Lebenssituation wir stehen, erleben wir eigene Grenzen oder Schwäche als eine persönliche Wunde. Es sind persönliche, aber auch unüberlegte politische und wirtschaftliche Entscheidungen, die Wunden reißen. Die Wunden in den Frauen und Männern, deren Arbeitsplätze durch milliardenschwere Fusionen ihrer Unternehmen gestrichen wurden; die Wunden in den Menschen, die aus Angst vor dem Verlust ihres Arbeitsplatzes sogar gegen ihre ethischen Überzeugungen handeln müssen; die Wunden in den von Abschiebung in ihre von Krieg geschüttelte Heimat bedrohten Menschen.

Der Auferstandene feiert sein Fest in uns
In dreifach sich steigernder Freude haben wir mit dem Halleluja in der Osternacht den Sieg des Lebens über den Tod gefeiert. Der auferstandene Christus feiert an Ostern sein Fest in uns. In jedem von uns wiederholt sich seine Auferstehung und eröffnet den Sieg, den er schon über die Welt und damit auch über alle Wunden errungen hat (vgl. Zweite Lesung). Es gibt Erfahrungen in unserem Leben, die uns froh einstimmen lassen in das österliche Halleluja. Doch beim Blick auf die Wunden der Menschen kann die österliche Stimmung schnell wieder verfliegen.

Kein Ostern ohne Kreuz
Mit dieser Erfahrung finden wir uns wieder in der Person des Thomas. Er kann nicht ohne weiteres den Schritt wagen zu einem glaubenden Vertrauen auf Jesus. Zu tief sind bei ihm die Eindrücke des Karfreitages und zu groß die Enttäuschung, die er mit dem Tod Jesu erlebt hatte. Er hatte alle seine Träume und Hoffnungen auf Jesus gesetzt und musste hilflos mit ansehen, wie sein Traum von einer gerechten Welt Gottes wie eine Seifenblase zerplatzte. Diese Enttäuschung hat in ihm tiefe Wunden hinterlassen. Sie sind Teil seines Lebens geworden, und er kann darüber nicht hinweggehen, ohne sich selbst untreu zu werden. Deshalb äußert er den unangenehmen, fast peinlichen Wunsch,

die Wunden Jesu zu berühren. In unserer Spaßgesellschaft werden Wunden oft versteckt und dürfen nicht zum Thema werden, weil sie unbequem und anstrengend sind. Sie werden nicht weggeredet, sondern weggeschwiegen. Auf den Fernsehbildschirmen kommen sie nicht vor. Hier ist man jung, erfolgreich, gutaussehend, gutgekleidet und lebt in Wohnungen, die von Top-Designern eingerichtet sind. Persönliche Wunden und politische Wunden geraten immer mehr ins Private. Sie spielen nur noch eine untergeordnete Rolle. Fast könnte man meinen, es gebe sie nicht. Thomas holt die Wunden aus ihrem Versteck und aus dem Vergessen hervor. Er begreift die Wunden als Teil des Lebens und diskutiert sie nicht weg. Erst als er erkennt, dass der Auferstandene auch der Gekreuzigte ist, findet er zum glaubenden Bekenntnis: Mein Herr und mein Gott.

Thomas als Prototyp des österlichen Menschen
Seit dem ersten Ostertag bezeugen wir, dass es eine österliche Kraft gibt, die uns in der Erfahrung unserer Wunden verwandeln kann. Wir geben Zeugnis davon, dass Christus lebt – trotz allen eigenen Erlebens von Tod und Leid. So liegt in uns bereits der Keim des neuen Lebens und die Berufung zum Licht. Dieser Glaube will uns in Bewegung setzen und uns verwandeln. Damit sind die Wunden nicht weggeredet. Österlicher Glaube ist keine Leidvermeidungsstrategie oder Problemlösungsveranstaltung. Die Wunden sind durch den Glauben an den Auferstandenen nicht verschwunden. Vielmehr kommen sie noch mehr und deutlicher zum Vorschein. Ostern feiern mutet uns zu, angesichts vieler Wunden trotzdem zu hoffen. Österliche Hoffnung ist also eine Hoffnung wider alle Hoffnung. Die Hoffnung, die aus dem Sieg Jesu am Kreuz geboren ist, besitzt die Kraft, Durststrecken zu überstehen, in den bedrängenden Wunden Mut zum Weiterleben und zum Verändern zuzusprechen.
Thomas wird mit seinem Wunsch, die Wunden Jesu berühren zu dürfen, zum Prototypen eines österlichen Menschen und bewahrt vor dem Vergessen einer grundlegenden Wahrheit unseres menschlichen Lebens: Dass wir Grenzen haben und dass Wunden zu uns gehören, aber dass es auch eine Kraft gibt, die uns gerade dann tragen will. So umarmt uns Gott mit der Wirklichkeit auch dann, wenn sie uns bedrängt.
Der evangelische Theologe Dietrich Bonhoeffer, der auch im KZ sein Leben verlor, schreibt: „Der auferstandene Christus trägt das letzte herrliche Ja Gottes zum neuen Menschen in sich. Zwar lebt die Menschheit noch im Alten, aber sie ist schon über das Alte hinaus. Zwar lebt sie noch in einer Welt des Todes, aber sie ist schon über den Tod hinaus. Zwar lebt sie noch in einer Welt der Schuld, aber sie ist schon über die Schuld hinaus. Die Nacht ist noch nicht vorüber, aber es tagt schon."

Stefan Böntert

II. Elemente für eine Wort-Gottes-Feier

1. Eröffnung

Eröffnungsgesang
– GL 219,1–3.6: „Die ganze Welt"
– GL 218,1.4.6: „Gelobt sei Gott"

Liturgischer Gruß / Einführung
Im Namen des Vaters …
Die Liebe und Hoffnung des Auferstandenen ist mit uns allen.
Seit Jesus auferstanden ist, ist das Kreuz nicht mehr ein Zeichen des Todes, sondern der Hoffnung, aus der wir leben. Doch für viele Christen bleibt das Problem: Wo und

2. Sonntag der Osterzeit

wie kann ich den Auferstandenen fühlen und erfahren, besonders in Leiden und Ängsten? Wie geht das zusammen: die Herrlichkeit des Auferstandenen und die Leiden und Wunden unserer Zeit? Die Erfahrung des Thomas kann uns weiterhelfen.

Christus-Rufe
– GL 495,5: „Herr Jesus, du Erstgeborener"; *statt* „Kyrie eleison" GL 530,8: „Halleluja"
– GL 213,1–3: „Christ ist erstanden"

Eröffnungsgebet
Barmherziger Gott, jedes Jahr verjüngst du den Glauben deines Volkes durch die Feier der österlichen Geheimnisse. Lass uns immer tiefer begreifen, was in der Taufe an uns geschehen ist: dass wir erkauft sind um den Preis deines Sohnes und wiedergeboren durch den totenerweckenden Geist. Wir danken dir dafür und preisen dich heute und in Ewigkeit.

2. Verkündigung des Wortes Gottes

Hinführung zur Ersten Lesung (Apg 4,32–35)
Schon die Urgemeinde fragte sich, wie sie im Alltag dem Anspruch Jesu entsprechen könnte. Die Apostelgeschichte gibt eine Antwort: Das Erste sind nicht beeindruckende Aktionen, sondern das Zusammenkommen im Glauben an Jesu Tod und Auferstehung. Wo alle mit ganzem Herzen und aller Kraft Gottes Herrschaft suchen, da wachsen auch Geschwisterlichkeit und Solidarität.

Psalm / Gesang
– GL 235,1.2: „Danket dem Herrn" mit VV. 1.4–6. und von GL 236,2 die VV. 4–6.11.

Hinführung zur Zweiten Lesung (1 Joh 5,1–6)
„Liebe und Gehorsam" – zwei Begriffe, die nicht jeder und jede sogleich miteinander verbinden. Für den Verfasser des 1. Johannesbriefes ist der Zusammenhang ganz klar: Wer Gott von ganzem Herzen liebt, der hält auch seine Gebote. Denn wer Gott liebt, der glaubt.

Ruf vor dem Evangelium
– GL 532,2: „Halleluja" mit GL 238: „Auferstanden ist der Herr", – „Halleluja"
– GL 531,6: „Halleluja" mit GL 192: „Durch seine Wunden sind wir geheilt", – „Halleluja"

Hinführung zum Evangelium (Joh 20,19–31)
Wie viele von uns, so will auch Thomas nicht bloßen Worten glauben, sondern sich selber überzeugen. Doch als er an den Wundmalen erkennt, dass der Auferstandene derselbe ist wie der Gekreuzigte, findet er zum Glauben an ihn als seinen Herrn und Gott.

Predigt / Auslegung
– *Stille* –

3. Antwort der Gemeinde

Lobpreis und Bitte
– GL 227,1–3.6–8.11.12: „Danket Gott, denn er ist gut"
– GL 820,1–3: „Freu dich, erlöste Christenheit" (Freiburg/Rottenburg-Stuttgart)

2. Sonntag der Osterzeit

Allgemeines Gebet / Fürbitten
Herr Jesus Christus, wir bekennen dich als unseren Herrn und Gott. Du willst auch durch verschlossene Türen zu uns kommen. Deshalb bitten wir dich:
– Für die Völker, die unter Gewalt und Krieg zu leiden haben: Zeige ihnen den Weg zu Versöhnung und Frieden.
– Für die Regierenden: Ermutige sie im Einsatz für Gerechtigkeit und Menschenwürde.
– Für die Verantwortlichen in der Kirche: Hilf ihnen Raum zu schaffen für persönliche Glaubenswege.
– Für die getauften Christen: Mache sie bereit, ihr Leben ganz vom Glauben bestimmen zu lassen.
– Für alle, die sich nach Auferstehung und persönlicher Begegnung mit dir sehnen: Zeige ihnen deine Nähe.
– Für alle, die verwundet sind an Leib und Seele: dass sie deine heilsame Gegenwart spüren.
– Für unsere Gemeinde: Festige sie im Glauben und leite sie durch deinen Geist, damit sie zu einer Geschwisterlichkeit findet, die deinem Anspruch gerecht wird.
Jesus Christus, unser Herr und Gott: Du willst das Heil aller Menschen. Dafür bist du am Kreuz gestorben und zur Herrlichkeit auferstanden. Dafür danken wir dir jetzt und in Ewigkeit.

Vater unser
In Gemeinschaft mit dem Auferstandenen beten wir, wie er uns gelehrt hat: Vater unser …

Loblied / Danklied
– GL 221,1.7–11: „Halleluja … Ihr Christen singet"
– Kanon: „Halleluja" (*Melodie wie „Gehet nicht auf", Unterwegs 132*)

Text zur Meditation

Mein Herr und Gott,
ich wusste nicht, dass ich
gestorben war.
Da geht in mir die Türe auf,
und du trittst ein,
du einzig mein
lebendiges Leben, mein Licht.
Und da erfahre ich,
das, was wir Leben nennen,
ist es nicht.

In deiner Speise erst
seh ich es wunderbar entbrennen.
Jetzt kann ich dich, mein Herr und Gott,
erkennen.
Nun bin ich nicht mehr tot! Halleluja!

(Aus: Silja Walter, Das Wort ist Brot geworden. Kommunionpsalter, Verlag Herder, Freiburg i.Br., ²1992, 45, gekürzt)

4. Abschluss

Schlussgebet
Gott und Vater, an seinen verklärten Wunden haben wir deinen Sohn als unseren Herrn erkannt. Hilf uns zu begreifen, dass es keinen anderen Weg in seine Herrlichkeit gibt als durch die Berührung seiner Wunden in unseren Schwestern und Brüdern. Das gewähre uns durch deinen Sohn Jesus Christus. Sei mit ihm gepriesen im Heiligen Geist alle Tage bis in Ewigkeit.

Segensbitte / Entlassung
Gott, unser Schöpfer, schenke uns Lebenskraft und Hoffnung. Jesus Christus, unser Bruder und Herr, begleite uns. Der Heilige Geist entzünde in uns die Sehnsucht nach göttlichem Leben. – So segne uns der dreifaltige Gott: Vater, Sohn und Heiliger Geist.

Schlusslied
- GL 221,12: „Halleluja ... An diesem Tag"
- GL 218,5: „Nun bitten wir dich"
- GL 574: „Regina coeli, laetare" (*oder*: GL 575, deutsch)

3. Sonntag der Osterzeit

I. Predigt (Apg 3,12a.13–15.17–19)

Meine, deine, unsere, eure Schuld

Judenhetze
Stellen wir uns vor, die Siegermächte des 2. Weltkrieges begännen heute ohne irgendeinen Anlass, unser Land wirtschaftlich zu boykottieren, politisch zu isolieren, sogar militärisch zu attackieren – mit der Begründung: „Ihr" habt damals den Krieg angefangen und Millionen von Toten auf dem Gewissen. Über derart absurde Gedankengänge und Schlussfolgerungen würde jeder von uns nur den Kopf schütteln und sagen: Wieso wir? Wieso sind denn wir jetzt schuld? Wir dürfen diesen Teil unserer Geschichte zwar nicht leugnen, und wir müssen wachsam bleiben. Aber schuldig? Wir? – Genauso ist es Jahrhunderte lang den Juden geschehen. Sie und nur sie seien schuld am Kreuzestod Jesu, des Sohnes Gottes; sie seien Gottesmörder; und zwar auch noch die Juden nach weit über tausend Jahren. Deshalb meinten im 12. und 13. Jh. die Kreuzfahrer – Ritter und Landser und zwielichtiges Gesindel –, sie müssten vor ihrem Aufbruch ins Heilige Land noch mit den Juden eine Rechnung begleichen. So veranstalteten sie vor allem in Deutschland in den jüdischen Ghettos Judenpogrome, Plünderungen, Raub, Vergewaltigung; nicht nur weil sie angeblich Gottesmörder seien, sondern weil man ihnen auch sonst alles Böse zutraute: Vergiftung von Brunnen, Verbreitung von Seuchen. – Es ist schlimm: Auch die kirchliche Verkündigung hat sich an solcher Propaganda beteiligt. In manchen Karfreitagspredigten wurden die Gläubigen regelrecht aufgehetzt gegen „die Juden". Folglich taten Juden besser daran, sich in der Karwoche nicht auf der Straße zu zeigen, sondern Haus und Hof abgeschlossen zu halten und zu verbarrikadieren. Diese kollektive Beschuldigung der Juden hielt sich bis ins zwanzigste Jahrhundert. Ich erinnere mich, wie wir als Kinder am Freitagnachmittag bei unserer Großmutter gemeinsam beteten: „Es sind Finsternisse entstanden,als die Juden den Herrn Jesus gekreuzigt haben ..." Es gab bildliche Darstellungen, wie Männer – oft noch gekennzeichnet durch die sprichwörtliche „Judennase" – mit sadistisch verzerrten Gesichtern Jesus kreuzigten. Ich denke an solche Erfahrungen mit Scham zurück.

Schuld am Tod Jesu?
Wie lassen sich derartige Hassausbrüche gegen Juden erklären? Was ich jetzt sage, mag uns schmerzen, dennoch ist es wahr: Neutestamentliche Texte haben mit dazu beigetragen; und dazu gehört auch der Text aus der Apostelgeschichte, den wir in der Lesung gehört haben. Da heißt es: „Der Gott Abrahams ... hat seinen Knecht Jesus verherrlicht, den ihr verraten und vor Pilatus verleugnet habt, obwohl dieser entschieden hatte, ihn frei zu lassen. Ihr aber habt den Heiligen und Gerechten verleugnet und die Freilassung eines Mörders gefordert. Den Urheber des Lebens habt ihr getötet."
Die Römer werden in diesem Text entlastet, die Juden kollektiv belastet. Ihnen wird vorgeworfen, dass sie Jesus einen Mörder vorgezogen haben und vor allem, dass sie

„den Urheber des Lebens" getötet haben. Das kommt nahe an den Vorwurf des Gottesmordes heran. – In Wahrheit hatten die Juden zur Zeit Jesu jedoch gar kein Recht, die Todesstrafe zu verhängen; das sog. ius gladii (= Recht des Schwertes) war den Römern vorbehalten. Folglich haben die Römer Jesus verurteilt; und römische Soldaten haben die Kreuzigung Jesu durchgeführt. Unbestreitbar haben die einflussreichen und wortführenden jüdischen Kreise Jesus abgelehnt; und sie waren es auch, die den Tod Jesu gefordert haben; aber auch nicht alle; schon gar nicht kollektiv „die Juden". – Und was ist mit Jesu Jüngern und Freunden, die ihn verraten und verkauft, verleugnet und verlassen haben – bis auf ganz wenige? *Alle* Gruppierungen waren damals beteiligt! Es ist also ungerecht und geradezu unsinnig, einzig die Juden und noch dazu sie allesamt und noch nach tausend Jahren für den Tod Jesu verantwortlich zu machen.

Hintergründe
Wie sollen wir mit einem solchen Text umgehen? – Dazu müssen wir zunächst wissen, dass dieser Text, der uns etwas ratlos macht, ca. 90 n.Chr., also in der dritten Generation von Christen geschrieben worden ist. Den Hintergrund bildet die Trennung der jungen Kirche von der Synagoge. Dies war ein überaus schmerzhafter Vorgang mit vielen gegenseitigen Verletzungen. Es gibt im Neuen Testament noch mehr Texte von dieser Art; z.B. im Johannesevangelium, wo oft nur noch von „den Juden" die Rede ist, die alle gegen Jesus intrigieren, streiten und seine Verurteilung betreiben. Es gibt da eine unübersehbare Frontstellung: hier Jesus – dort „die Juden"! Auch hier steht die schmerzhafte Trennung zwischen den Geschwistern Synagoge und Kirche im Hintergrund. Es ist wie im alltäglichen Leben: Wenn Geschwister sich heillos zerstreiten, dann ist das ganz besonders schmerzhaft. – Aber es erhebt sich sogleich eine zweite Frage, der wir gar nicht ausweichen können: Darf man solche Kritik an neutestamentlichen Texten üben? Ja, man darf es; man muss es sogar! Denn in den biblischen Schriften des Alten und Neuen Bundes ist das Wort Gottes im zeitgebunden-fehlbaren Menschenwort gegeben. Es ist sozusagen in Menschenwort transformiert, mehr noch: im Menschenwort inkarniert und damit als Menschenwort naturgemäß mit Fehlern behaftet und Sünden unterworfen. Das nimmt den alt- und neutestamentlichen Schriften nichts vom Offenbarungsgehalt der Texte. Wichtig ist, dass die Kirche, unsere Kirche, auch dieses Erbe aufarbeitet, damit sie endlich im Frieden mit unseren älteren Geschwistern im Glauben leben kann. Denn wir alle sind Kinder Abrahams dem Glauben nach.

Hoffnungsperspektive
Bemerkenswert ist allerdings, dass dieser Text keineswegs nur Anklagen gegen „die Juden" enthält; er bietet auch einen positiven Ausblick, eine Hoffnungsperspektive: Denn es heißt weiter: „Nun, Brüder, ich weiß, ihr habt aus Unwissenheit gehandelt, ebenso wie eure Führer." Diese Aussage wurde in der Vergangenheit viel zu wenig beachtet. Die Juden werden also zuerst belastet, jetzt aber entlastet. Das heißt, es wird ihnen im Zusammenhang mit dem Tod Jesu nicht blanke Bosheit unterstellt, sondern Unwissenheit. Sie konnten ja tatsächlich nicht ahnen, dass in Jesus von Nazaret uns Gott selber in einer einzigartigen und unüberbietbaren Weise gegeben ist. – Nun kann man einwenden: Aber dass man mit einem Menschen nicht so sadistisch umgeht, das hätten sie doch wissen können! Richtig! Auch kein noch so großer Eifer für die Frömmigkeit kann rechtfertigen, dass man einen Menschen, der – anscheinend! – von religiösen Gesetzen abweicht, derart fanatisch bespitzelt, verfolgt, falsch anschuldigt und an die Justiz liefert. Das hätten „die Juden" wirklich wissen können. – Aber: Werfen wir doch einen Blick auf uns Christen – in der Geschichte und bis heute: Da entdecken wir, dass wir „den Juden" in nichts nachstehen, wenn es darum geht, Menschen, die uns nicht passen, zu stigmatisieren, ihnen alles Böse nachzusagen, sie auszugrenzen und ihnen

das Leben zur Hölle zu machen. Vielleicht hatten und haben wir Christen gerade deshalb die Neigung, „die Juden" zu unseren Sündenböcken zu machen. – Die Juden konnten damals auch nicht ahnen, dass sich im Kreuzesgeschehen die Versöhnung zwischen Gott und Mensch vollzog. Aus all dem ergibt sich der hoffnungsvolle Ausblick: Israel ist von Gott nicht verworfen, sondern Gott selbst steht zu seinem Volk – nach wie vor! Es bleibt Gottes eigenes Volk!

Trostbotschaft für Juden und Heiden
Am Ende klingt der Text versöhnlich aus für alle, die das Todesleiden Jesu, des Gerechten, verursacht haben – Juden wie Heiden. Ich meine den Hinweis auf die prophetischen Worte des Alten Bundes: „Gott aber hat auf diese Weise erfüllt, was er durch den Mund aller Propheten im Voraus verkündet hat: dass sein Messias leiden werde." Im Licht der prophetischen Schriften des Alten Bundes kommt erst die eigentliche und tiefste Dimension des Leidens Jesu in den Blick: Die Gottesknechtslieder (Jes 53,2b–5; vgl. Jes 50,4–9) sprechen von dem Gerechten, einem Knecht Gottes, der von Leiden, Krankheit und Schmerz aller Art buchstäblich zerdrückt und zermalmt wird und deshalb auch noch den Abscheu und die ganze Verachtung der Menschen auf sich zieht. Und noch mehr: Weil er so viel zu leiden hatte, meinten alle, er sei von Gott gestraft; und das war ein Grund, ihn noch mehr zu verachten. – Bis ihnen dann, nachträglich, die Erkenntnis dämmert: Zu unserem Heil und für uns ist das geschehen: „Wir meinten, er sei von Gott geschlagen, von ihm getroffen und gebeugt. Doch er wurde durchbohrt wegen unserer Verbrechen, wegen unserer Sünden zermalmt. Zu unserem Heil lag die Strafe auf ihm, durch seine Wunden sind wir geheilt." – Erst im Licht dieser Prophetenworte konnte das Leiden des Messias Jesus also richtig verstanden werden. –
„Durch seine Wunden sind wir geheilt" – darin besteht bis heute der ganz unverdiente Trost für alle Schuldiggewordenen, Juden wie Christen: Wo wir alle Chancen und Angebote Gottes und wahrhaft guter Menschen vertan haben; wo alles verfahren ist und wir am Ende sind, da kann Gott aus freier allmächtiger Liebe das Wunder der Umerschaffung wirken. Das schmälert zwar nicht unsere Verantwortung. Sünde bleibt Sünde; und die Leiden, die wir andern und der Schöpfung zufügen, bleiben furchtbar; daran ist nichts zu beschönigen. Aber Gott kann all das umschaffen – zum Heil für uns und andere. Er muss es nicht, und er ist es uns auch nicht schuldig. Aber er *kann* es tun, wenn wir ihm unsere Schuld und Auswegslosigkeit klagen und ihn darum bitten. Oder – wie es ein wunderschönes Bildwort ausdrückt: Gott weiß aus jeder Dorne eine Rose zu ziehen.

Bernhard Krautter

II. Elemente für eine Wort-Gottes-Feier

1. Eröffnung

Eröffnungsgesang
– GL 222,1–3: „Nun freue dich, du Christenheit"
– GL 226,1.2: „Nun freut euch hier"

Liturgischer Gruß / Einführung
Im Namen des Vaters …
Der Geist Jesu Christi, des Auferstandenen, leitet und belebt uns.
Jesus, der tot war, ist wirklich lebendig. Das ist eine unglaubliche Botschaft. Nicht weniger umwerfend ist, wie Gott an den Menschen handelt, die seinen Sohn in den Tod

geschickt haben: Er gibt ihnen eine Chance, an den auferstandenen Gekreuzigten zu glauben. Ein Lichtblick für alle Menschen, die sich hartnäckig Gott verweigern. – Wir wollen unseren auferstandenen Herrn preisen für seine Großmut:

Christus-Rufe
– GL 184,1–6: „Wir schlugen ihn" *(gesprochen)* mit Akklamation GL 562: „Lob dir, Christus"
oder:
– GL 353,6: „Herr Jesus Christus, du bist vom Vater gesandt" *statt Kyrie eleison jeweils Akklamation*: „Dir sei Preis und Dank" *(wie bei Hochfest der Geburt des Herrn – Am Tag)*

Eröffnungsgebet
Allmächtiger Gott, lass die österliche Freude in uns fortdauern, denn du hast deiner Kirche neue Lebenskraft geschenkt und die Würde unserer Gotteskindschaft in neuem Glanz erstrahlen lassen. Gib, dass wir den Tag der Auferstehung voll Zuversicht erwarten als einen Tag des Jubels und des Dankes. Darum bitten wir durch Jesus Christus, deinen Sohn, unseren Herrn und Gott, der in der Einheit des Heiligen Geistes mit dir lebt und herrscht in alle Ewigkeit.

2. Verkündigung des Wortes Gottes

Hinführung zur Ersten Lesung (Apg 3,12a,13–15.17–19)
Petrus hält dem Volk in Jerusalem seinen Unglauben vor: Sie haben nicht geglaubt, dass in Jesus Gottes Heil gegenwärtig ist; sie haben ihn hinausgestoßen. Doch nun besteht für sie die Chance umzukehren und an Jesus, den Gekreuzigten und Auferweckten, zu glauben.

Psalm / Gesang
– GL 753,1.2: „Der Herr hat Großes an uns getan", VV. 1–8

Hinführung zur Zweiten Lesung (1 Joh 2,1–5a)
Es reicht nicht aus, nur zu sagen, dass es Gott gibt, oder nur zu sagen, dass Jesus lebt. Der Glaube vollendet sich im Tun. Ohne ein Leben in der Nachfolge Jesu kann niemand von sich sagen, dass er wirklich glaubt.

Ruf vor dem Evangelium
– GL 530,8: „Halleluja" mit GL 237: „Christus ist erstanden"

Hinführung zum Evangelium (Lk 24,35–48)
Jesus offenbart sich den Jüngern als wahrhaft Auferweckter. Seine Worte münden in den Satz: „Ihr seid Zeugen." Jesus will, dass sein österliches Leben weiterlebt durch jene, die an ihn glauben und sich in seine Nachfolge rufen lassen. – Wir sind gemeint!

Predigt / Auslegung
– *Stille –*

3. Antwort der Gemeinde

Glaubensbekenntnis
– GL 467: „Wir glauben an den einen Gott"
oder:
– GL 281,1.2: „Danket dem Herrn … Halleluja" mit VV. 1–3.5–7.

3. Sonntag der Osterzeit

Allgemeines Gebet / Fürbitten
Herr Jesus Christus, du hast versprochen, mitten unter uns zu sein, wenn wir in deinem Namen versammelt sind. Höre unser Beten:
Um Frieden in der Welt und die Befreiung aller Menschen.
V./A.: Herr, bitten wir dich!
– Für die Christen, dass sie unermüdlich nach sichtbarer Einheit suchen. –
– Um Aufrichtigkeit im politischen Leben, um Gerechtigkeit in der Gesellschaft. –
– Um das erlösende Wort der Vergebung für die Menschen, die sich heillos in Schuld verstrickt haben. –
– Für alle, die Mühe haben, ihren Lebensunterhalt zu sichern. –
– Für alle, denen es verwehrt ist, ihre Fähigkeiten einzusetzen. –
– Für alle, die kein Zuhause, kein Obdach haben. –
– Für alle, die unter Einsamkeit und Verlassenheit leiden. –
– Für alle, die missbraucht oder verleumdet werden. –
– Für alle, die sich um Menschen kümmern, die den Boden unter den Füßen verloren haben. –
Jesus, du liebst jeden Menschen. Du willst keinen verlorengeben, du willst vielmehr unser Leben und unsere Freude. Dank dir und Ehre in Ewigkeit!

Vater unser
Lasset uns beten, wie uns der Herr gelehrt hat: Vater unser …

Loblied / Danklied
– GL 226,3.4: „O Lebensfürst"
– GL 281,1.2: „Danket dem Herrn", VV. 9–12.
– Unterwegs 79,1–3: „Erde singe"

Text zur Meditation

Man hat ihn totgesagt	Man hat sich von ihm losgesagt
Man hat ihn totgeschwiegen	Man hat sich von ihm losgeschwiegen
Man hat ihn totgeglaubt	Man hat sich von ihm losgeglaubt
Man hat ihn totdiskutiert	Man hat sich von ihm losdiskutiert
Man hat ihn begraben	Er konnte sich begraben lassen
	Ich habe später gehört:
	Er ist auferstanden
	um ihretwillen

(Aus: Manfred Henkes, Auf-Brüche. Wege zu Gott und den Menschen. © beim Autor)

4. Abschluss

Schlussgebet
Gott, in Jesus bist du uns ganz nahe gekommen. Und noch immer willst du unser Leben teilen. Bleibe bei uns mit deiner Liebe. Lass uns niemals fallen, bis auch wir mit verklärtem Leib auferstehen. Darum bitten wir durch Christus, unseren Herrn.

Segensbitte / Entlassung
Es segne und stärke unseren Glauben und unser Handeln der Gott, der die Liebe und das Leben ist: der Vater und der Sohn und der Heilige Geist.

Schlusslied
– GL 272,1.4: „Singt das Lied der Freude"
– GL 576,1–4: „Freu dich, du Himmelskönigin"

4. Sonntag der Osterzeit

I. Predigt (Joh 10,11–18)

Der Herr ist mein Hirte

Hirtenbilder
Haben Sie irgendwo in Ihrer Wohnung ein Hirtenbild aufgehängt oder aufgestellt? Nein? Sollten Sie aber! Ein Hirte mit dem Lamm auf seiner Schulder ist nicht nur ein Bild aus dem Alltagsleben Israels, es ist auch ein Gottesbild. In den römischen Katakomben, den unterirdischen Grabstätten der Christen der ersten Jahrhunderte, findet man dieses Bild besonders häufig. Ein Schriftsteller schreibt dazu: Auf meiner Fahrt zurück zum Kolosseum ging mir eine Eigentümlichkeit der Katakomben im Kopf herum. In den viele hundert Kilometer langen Gängen kommt nicht ein einziges Mal das Bild von Christus am Kreuz vor. Der Christus in den Katakomben ist der Gute Hirte: eine jugendliche Gerstalt im griechischen Gewand, die auf den ersten Blick auch Apollo oder Orpheus darstellen könnte. Die ersten Christen kannten die in der Kunst der späteren Zeit so breiten Raum einnehmenden Passionsdarstellungen nicht. Es ist eine Welt des Glaubens und Vertrauens dort unten. Die Grabinschriften sind voll glücklicher Zuversicht, als gingen die Toten nur auf die Reise und winkten lächelnd zum Abschied.

Ja, das ist wirklich erstaunlich: In der denkbar schlimmsten Verfolgungszeit der ersten Jahrhunderte halten sich die Christen an das alte Gottesbild aus dem 23. Psalm: „Der Herr ist mein Hirte, nichts wird mir fehlen ... Muss ich auch wandern in finsterer Schlucht, ich fürchte kein Unheil; denn du bist bei mir!" (Ps 23,1.4) Und sie halten sich an die Worte Jesu aus dem heutigen Evangelium: „Ich bin der gute Hirt; ich kenne die Meinen, und die Meinen kennen mich ... und ich gebe mein Leben hin für die Schafe." (Joh 10,14 f)

Das verstoßene Lämmchen
In unserer Kirche hängt zur Zeit ein Bild vom Guten Hirten, das unsere Kommunionkinder gestaltet haben. Jedes der 29 Schäfchen, die auf dem Bild den guten Hirten umringen, trägt einen Namen. Es sind die Namen unserer diesjährigen Kommunionkinder. Jesus soll für jedes einzelne Kind der gute Hirte seines Lebens sein.
Zur Vorbereitung auf die Erstkommunion haben wir auch einen Schäfer und seine Herde besucht. Es war eine schöne Erfahrung für die Kinder, als sie wie der Gute Hirte ein kleines Lämmchen auf den Arm nehmen durften. Aber wir wurden bei unserem Besuch auch Zeuge einer Begebenheit, die ich selber noch nie gesehen habe und die ich den Kindern gerne erspart hätte. In der Schafherde befand sich ein Muttertier, das vor zwei Stunden zwei Lämmchen geboren hatte: ein großes und kräftiges und ein kleines, ganz schwaches. Das Unfassbare war nun, dass das schwache Tier von der Mutter nicht angenommen wurde. Um das kräftige Lamm kümmerte sie sich ganz liebevoll – aber so verzweifelt das schwache Lamm auch versuchte, in die Nähe seiner Mutter zu kommen, es wurde jedesmal von ihr brutal zurückgestoßen. Das Verhalten des Mutterschafes war so grausam, dass wir es nicht mitansehen konnten. Aber unsere Kommunionkinder reagierten großartig. Sie fragten den Schäfer, ob sie nicht die Patenschaft für das verstoßene Lämmchen übernehmen könnten. Der Schäfer sagte den Kindern: „So grausam geht es in der Natur zu. Nur die Starken überleben. Die Schwachen haben keine Chance!" Aber er versprach, sich um das verstoßene Lämmchen zu kümmern (Leider ist es trotzdem am übernächsten Tag gestorben).

Anders als Menschen und Tiere

Auf der Rückfahrt haben wir noch lange über dieses schreckliche Erlebnis gesprochen. Ich sagte den Kindern, dass es nicht nur unter den Schafen, sondern auch unter den Menschen manchmal so grausam zugeht. Auch unter Menschen gilt das Gesetz des Stärkeren. Wer Schwäche zeigt, muss damit rechnen, verstoßen zu werden. Und viele von unseren Kommunionkindern konnten diese Erkenntnis schon durch Erfahrungen aus ihrem eigenen Schulalltag bestätigen: Ja, so ist das auch manchmal auf unserem Schulhof. Die Stärkeren haben das Sagen und die Schwachen werden verstoßen. Sie werden unterdrückt und einige sogar verprügelt oder beklaut.

Dann erzählte ich den Kindern, dass auch Jesus solch ein verstoßenes Lamm gewesen ist. Und nach ihm sind es unzählige Christen gewesen, die wie Jesus den Weg der Gewaltlosigkeit und wehrloser Liebe gegangen sind. Oft mussten die ersten Christen an das Wort Jesu denken: „Seht, ich sende euch wie Schafe mitten unter die Wölfe!" (Mt 10,16) Aber noch mehr trugen sie das Bild vom Guten Hirten in ihrem Herzen. Und sie malten es als Gegenbild gegen all die Schrecken und Grausamkeiten, die sie erlebten, an die Wände ihrer unterirdischen Verstecke. Das Gottesbild vom guten Hirten sagte ihnen: Gott verhält sich anders als Menschen und Tiere. Er verstößt das Schwache nicht. Er geht den Verlorenen nach und rettet sie. Er nimmt das verlassene Lämmchen auf seine Schultern und trägt es sicher nach Hause.

Im Unterschied zur oberirdischen Welt sind die Katakomben eine Welt des Glaubens und Vertrauens. Die Grabinschriften sind voll glücklicher Zuversicht: „Der Herr ist mein Hirte, nichts wird mir fehlen ... Muss ich auch wandern in finsterer Schlucht, ich fürchte kein Unheil; denn du bist bei mir!"

Hängen Sie sich ein Hirtenbild in Ihrer Wohnung auf und sehen Sie es oft an, und holen Sie sich etwas von dieser Welt in Ihren Alltag!

Norbert Tillmann

II. Elemente für eine Wort-Gottes-Feier

1. Eröffnung
Eine Darstellung des Guten Hirten im Mittelgang der Kirche gut sichtbar aufstellen.

Eröffnungsgesang
– GL 223,1–5: „Wir wollen alle fröhlich sein"
– GL 224,1–4: „Vom Tode heut erstanden ist"

Liturgischer Gruß / Einführung
Im Namen des Vaters ...
Jesus Christus, der Gute Hirte unseres Lebens, ist in unserer Mitte.
Am Sonntag des Guten Hirten begrüße ich Sie alle ganz herzlich beim Gottesdienst. Der Gute Hirte ist ein Bild für Gott, das sich sowohl im Alten wie im Neuen Testament findet. – Bilder können Wege zu Gott sein – man darf sie nur nicht wörtlich verstehn. Denn sie wollen durch etwas Vorstellbares etwas Unvorstellbares ausdrücken. So ist es auch mit dem Bild vom Guten Hirten.

Christus-Rufe
Herr Jesus, du bist auferstanden von den Toten. (*Melodie GL 495*)
Akklamation: „Kyrie eleison"/ostkirchlich *(wie bei Hochfest Erscheinung des Herrns)*

Herr Jesus, du hast die Macht des Bösen bezwungen.
Herr Christus, du wandelst unsere Nächte.
Herr Christus, du bist die Tür zum Leben.
Herr Jesus, du erfüllst uns mit tiefer Freude.
Herr Jesus, du bewahrst uns in deiner Liebe.

Eröffnungsgebet
Ewiger Gott, schon zu alten Zeiten hast du als Hirte Israels dein Volk aus der Gefangenschaft in die Freiheit geführt. In Jesus Christus hast du uns einen Guten Hirten gegeben, der sein Leben für seine Freunde hingab. Er ist siegreich auferstanden und geht uns voraus. Hilf uns, seinen Spuren zu folgen, damit wir auf dem Weg bleiben, der uns Heil und Segen bringt von nun an bis in Ewigkeit.

2. Verkündigung des Wortes Gottes

Hinführung zur Ersten Lesung (Apg 4,8–12)
Petrus findet im Verhör vor dem Hohen Rat ein schönes Bild für Jesus. Er nennt ihn den Eckstein, der den ganzen Bau zusammenhält. Nicht auf Petrus kommt es an, sondern auf diesen Schlussstein. Wo er herausgebrochen wird, bricht das ganze Gebäude zusammen – so beeindruckend es auch aussieht. Auf ihn, den Herrn Jesus, kommt es an!

Psalm / Gesang
– GL 718,1.2: „Der Herr ist mein Hirt"

Hinführung zur Zweiten Lesung (1 Joh 3,1–2)
Das Verhältnis zwischen Gott und uns Menschen ist nicht eine Beziehung von Drohung und Angst, sondern eine Intimbeziehung der Liebe. Gott schenkt uns seine große Liebe; so dürfen wir uns Kinder Gottes nennen; und wir sind es.

Ruf vor dem Evangelium
– GL 686: „Amen, Halleluja"

Hinführung zum Evangelium (Joh 10,11–18)
Es gibt nur einen, der Menschen zum bleibenden Leben in Gott führen kann; das ist der auferstandene, erhöhte Christus. Darum ist er der einzige Gute Hirt und keiner sonst. Er liebt uns und kennt uns, wie er den Vater kennt und liebt. Aus der Kraft der Liebe zwischen Vater und Sohn liebt er die Seinen.

Predigt / Auslegung
– *Stille* –

3. Antwort der Gemeinde

Glaubensbekenntnis
– *Instrumentalmusik / Recorder*

Spr. 1: Ich glaube an Gott, dem
jeder einzelne Mensch wichtig ist
ob klein oder groß,
ob arm oder reich,
ob schwarz oder weiß. –
– V./A. GL 448: „Amen, wir glauben!"

Spr. 2: Ich glaube an Gott, dem die ganze Welt wichtig
ist, Sterne und Erde,
Luft und Wasser,
Pflanzen und Tiere. –

Spr. 3: Ich glaube an Gott, der nicht will, dass Menschen
unglücklich sind,
hungrig und krank,
einsam und obdachlos,
unterdrückt und verachtet. –

Spr. 4: Ich glaube an Gott, der uns Menschen die Welt
übergeben hat, dass wir pflanzen und bauen,
erfinden und gestalten,
helfen und heilen,
damit wir alle gut miteinander leben und Gott
danken.

Allgemeines Gebet / Fürbitten
Herr Jesus Christus, du bist der Gute Hirt. Du hast dein Leben für die Menschen hingegeben. Du kennst jeden von uns und liebst uns. Wir bitten dich:
– Für die christlichen Kirchen: Führe sie auf den Weg zur Einheit.
– Für die Führungskräfte der Staaten, denen die Völker anvertraut sind: Schenke ihnen Gedanken des Friedens und der Gerechtigkeit.
– Für alle, die sich verloren und verlassen fühlen: Lass sie einen Guten Hirten finden, der sie zur Gemeinschaft führt, in der sie sich zuhause fühlen können.
– Für alle, die unter einem falschen Gottesbild leiden: Lass sie Jesus, den Guten Hirten, als Bild des Vaters entdecken.
– Für uns alle, die wir unsere Führungsqualitäten in der Welt einbringen dürfen: Lass uns nach deinem Vorbild auch dem Verlorenen nachgehen.
– Für alle Menschen, die unsere Welt verlassen haben: Lass sie alle beim Guten Hirten geborgen sein.
Guter Gott, ob wir leben oder sterben, du kennst uns und bist bei uns. Darauf dürfen wir vertrauen heute und in Ewigkeit.

Vater unser
In Gemeinschaft mit dem Guten Hirten beten wir: Vater unser …

Loblied / Danklied
– GL 219,1–6: „Die ganze Welt"

Text zur Meditation
Du hast mich zur Quelle
des Lebens geleitet.
Ich tauch mein beflecktes Gewand
darin ein.
Denn wäre meine Sünde
wie Purpur so rot,
du machtest sie rein
wie Schnee.

Und was ich nicht seh, noch versteh:
du Lamm weidest selber
und legst dich zur Ruh
im tiefen Tal meiner Sehnsucht.

(Aus: Silja Walter, Das Wort ist Brot geworden. Kommunionpsalter, Verlag Herder, Freiburg i.Br., ²1992, S. 49 [gekürzt])

4. Abschluss

Schlussgebet
Gott, du Guter Hirte deines Volkes, schau mit Erbarmen auf alle, für die Jesus sein Leben dahingab. Lenke unsere Schritte auf die Wege, die er uns vorausging. Lass nicht zu, dass wir auf Abwege geraten und das Ziel unseres Lebens verfehlen. So bitten wir durch Christus, unseren Bruder und Herrn, der mit dir lebt und herrscht in Ewigkeit.

Segensbitte / Entlassung
Der Herr behüte uns, wenn wir aufbrechen und wenn wir müde werden, wenn wir nicht mehr weiter wissen und wenn wir heimkehren von nun an bis in Ewigkeit. So segne uns Gott, der Vater, der Sohn und der Heilige Geist.

Segensbitte / Entlassung
– GL 638,1–4: „Nun singe Lob"

5. Sonntag der Osterzeit

I. Predigt (Joh 15,1–8)

Die große Vereinfachung

Bleibt in mir
Man muss einmal durch Weinberge gegangen sein, um zu begreifen, was Jesus mit dem Bild vom Weinstock und den Reben sagen will. Da kann einem der Kern des heutigen Evangeliums und der ganzen christlichen Spiritualität aufgehen. Er, Jesus, ist es, der eine ganz enge Beziehung zu uns wünscht; zu jedem Einzelnen von uns; zu dir, zu mir. Eine so enge Verbundenheit, wie sie zwischen einem Weinstock und seinen Reben besteht. Es geht Jesus um das Bleiben; genauer um das wechselseitige Bleiben: Er in uns und wir in ihm. Aus diesem Bleiben ergeben sich dann alle fruchtbaren Auswirkungen in meinem, deinem, unserem Leben. Unser ganzes Christsein zieht sich gleichsam auf diesen Quellpunkt zusammen. Es geht nicht mehr darum, sich in vielerlei Überlegungen und komplizierten spirituellen Programmen zu zersplittern. Alles kommt auf dieses Eine, Einfache an: Nur nicht herausfallen aus der Verbundenheit mit dem Herrn; nur nicht auf sich selbst zurückfallen, auf die eigenen egoistischen Ziele, auf die gängigen Trends, auf das Gerede und die oberflächlichen Ratschläge. Sondern ganz einfach: „Bleibt in mir" – wie die Rebe am Weinstock!

Alles oder nichts
„Getrennt von mir könnt ihr nichts vollbringen", sagt Jesus. Ein unglaublicher Anspruch, an Präzision nicht zu überbieten. Nur im engen Schulterschluss mit Jesus kann unser Christsein in dieser Welt gelingen und glaubwürdig gelebt werden. Es genügt also nicht, nur so nebenbei auch noch zu glauben; schon gar nicht genügt es, nur das Etikett „christlich" für sich in Anspruch zu nehmen und selbstherrlich zu definieren, was das sei. Glauben – ein anderes Wort für das Bleiben in Jesus – fordert uns ganz. Vielleicht erschrecken wir über diese Radikalität der Forderung Jesu. „Bleibt in mir", das heißt bei Jesus sicher nicht: Hängt euch ein religiöses Mäntelchen um; zelebriert eure Rituale; das reicht dann schon. Es heißt auch nicht: Haltet euch klug heraus aus allem, was in dieser Welt, in unserer Gesellschaft geschieht. Nein, Jesus hat seine Jünger in die Welt hinausgeschickt, in eine Welt, die auch damals ihre Unruheherde hatte,

die nicht befriedet war – trotz der Pax Romana –, die auch damals von religiösen Streitigkeiten gekennzeichnet war. Jesus selbst ist ein Opfer dieser Auseinandersetzungen geworden. „Bleibt in mir", das meint auch: Geht mit mir in die Welt, gestaltet sie, macht sie bewohnbar für alle – aus dem Geist der Liebe heraus. Aber dies alles eben in engster Verbundenheit mit dem Herrn. Ein Rebzweig, der nur locker am Weinstock hängt, bringt nur kümmerliche Früchte. Das bewahrheitet sich handgreiflich an Kirchengemeinden, deren „Engagierte" insgeheim nur die eigene Karriere im Blick haben, nur auf Machtpöstchen aus sind, nur Prestige für sich und die Clique, den Clan, die Parteifreunde suchen. Gemeinden, die nur am Rande nach dem Auftrag Jesu fragen, in Wirklichkeit aber nach dem eigenen Kopf agieren, von ganz anderen Motiven geleitet sind, Programme basteln, inszenieren, organisieren, imponieren, als wären sie irgendein Verein: alles im Dienste der Selbstdarstellung und des Konkurrenzdenkens. Gemeinden, die den Anschein erwecken, sie würden florieren; doch auf den zweiten Blick entdeckt man: Das ist nur scheinchristliches, klapperndes Funktionieren; das Eigentliche fehlt. Nur wo der Glaube sich festhält an Jesus Christus, da ist er lebendig und da reift auch gute Frucht. Es geht also wirklich um ein Alles oder Nichts, wenn Jesus sagt: „Getrennt von mir könnt ihr nichts vollbringen." Dabei meint er selbstverständlich nicht nur das Gelingen des Gemeindelebens, sondern die Weltgestaltung aus dem Glauben. Weil der Glaube aber kein allzeit sicherer Besitz ist, fordert uns Jesu Wort heraus, in Verbindung mit ihm zu handeln. Tut alles in Einheit mit mir, lautet sein Appell an uns; und zwar an jeden von uns; an jeden ganz „gewöhnlichen" Christen.

Zur Verherrlichung des Vaters
Das Ziel von Jesu Aufforderung ist die Verherrlichung des Vaters: „Dadurch wird mein Vater verherrlicht, dass ihr reiche Frucht bringt und meine Jünger werdet." Das ist ganz charakteristisch für Jesus: Es geht ihm nicht um sich; es geht ihm nicht darum, Parteigänger und Claqueure für sich zu gewinnen. In allem hat er die größere Ehre des Vaters im Blick. Und wir sollen es ihm nachtun durch unser Fruchtbringen und Jüngerwerden. Ist das nun doch wieder ein kompliziertes Programm? Nein! Das Fruchtbringen wächst ganz organisch aus der engen Verbundenheit mit Jesus heraus – wie bei einem Weinstock. Und mit der Jüngerschaft verhält es sich genauso: Wenn Jesus zu seinen Jüngern sagt, sie sollen seine Jünger werden, so wächst auch das aus einer immer engeren Verbundenheit mit ihm, dem Weinstock heraus. Nicht dies und das müssen wir tun, sondern nur das Eine: in ihm bleiben. Dieses Bleiben wird ganz von alleine fruchtbar; wir müssen nicht wissen, wie. „Automate" trägt die Erde ihre Frucht, sagt das Evangelium an einer anderen Stelle. „Automatisch" wird die Rebe schön und voll; aber nur unter der Bedingung, dass sie am Weinstock bleibt; dass wir engstens mit Jesus verbunden bleiben (Mk 4,28).

Bleiben – konkret
Aber wie geht das konkret, dieses Bleiben in Jesus, aus dem alles andere herauswächst? Zunächst heißt Bleiben anderes als nur das Sakrament empfangen, dann aber hinausgehen und alles in Gerede, Gedankenlosigkeit, Oberflächlichkeit sofort ersticken, was Gott an uns gewirkt hat. So bleibt es fruchtlos. Bleiben heißt, sein Wort mit sich herumtragen, es wirken lassen. – Bleiben heißt, auch mitten in unserem Alltag seine Nähe und Gegenwart suchen; sich an ihn erinnern: mit einem Aufblick zu ihm, mit einem Lobpreis, mit einem Aufschrei. Es heißt, den Alltag immer wieder zu unterbrechen und sich an ihn, den Herrn, zu hängen. Das kann man überall: In der Straßenbahn, bei einer Sitzung, auf dem Fußballplatz, in einer Wahlversammlung. Es genügt, ihn bei seinem Namen zu rufen oder ihm zu sagen: „Jesus, Meister, erbarme dich!" oder: „Jesus, Sohn Gottes, ich preise dich!" Wichtig ist nur, dass wir immer

wieder die Verbindung mit ihm suchen und so in ihm bleiben. – In ihm bleiben, das heißt auch mit ihm sprechen; ihm unser Leben und unsere Pläne vorlegen; ihn fragen, vor ihm schweigen, sich seine Wünsche sagen lassen, sich von ihm widersprechen lassen; darauf achten, was er mir ins Herz spricht. Wann haben Sie zum letzten Mal den Herrn nach seinen Wünschen gefragt?? – Bleiben heißt ganz wesentlich auch, in seinen Geboten bleiben, in seiner Liebe bleiben, besonders dort, wo es die Wahrheit und Gerechtigkeit, die Hilfe für die Schwachen und Benachteiligten erfordert. Noch so fromme Worte und Anmutungen bleiben fruchtlos, wenn wir nicht tun, was er durch uns hindurch tun will. Aber wenn wir immer enger in ihm bleiben, dann wird er uns wandeln zu immer selbstloserer Liebe. –
Das heutige Evangelium befreit und entlastet uns. Es sagt uns: Christsein ist ganz einfach. Einziger Programmpunkt: „Bleibt in mir!" Der Rest ist Frucht. (10)

Sigrid M. Seiser

II. Elemente für eine Wort-Gottes-Feier

An den Altarstufen soll ein großes Plakat aufgehängt / aufgestellt werden mit der Collage eines großen Weinstocks mit Reben, Blättern und Trauben. Das Plakat könnte in Jugend- oder Kindergruppen, auch im Frauenkreis gebastelt werden.

1. Eröffnung

Eröffnungsgesang
– GL 222,1–3: „Nun freue dich"
– GL 221,1.2.5.12: „Halleluja ... Ihr Christen, singet"

Liturgischer Gruß / Einführung
Im Namen des Vaters ...
Der erbarmende Gott, der größer ist als unser Herz, umgibt uns mit seiner Liebe. Wir kommen jeden Sonntag zusammen, um unsere Beziehung zu Gott zu pflegen. Mit dem Kreuzzeichen haben wir uns bewusst in die Gemeinschaft mit ihm gestellt. Die Verbindung mit dem auferstandenen Herrn soll unser ganzes Leben prägen. Je mehr wir uns auf ihn ausrichten, desto reichere Früchte werden wir bringen. – Begrüßen wir nun den auferstandenen Gekreuzigten mit österlichem Jubel:

Christus-Rufe
– GL 214: „Christus, Sieger"; als Akklamation: GL 218,3. Zeile: „Halleluja"

Eröffnungsgebet
Gott, unser Vater, durch Jesus, deinen Sohn, hast du uns aus allen unheilvollen Verstrickungen erlöst und ein Leben in der Freiheit der Kinder Gottes eröffnet. Binde uns immer enger an ihn, und lass uns zu Zeugen deiner Menschenliebe werden durch Christus, unseren Herrn.

2. Verkündigung des Wortes Gottes

Hinführung zur Ersten Lesung (Apg 9,26–31)
Paulus ist vom auferstandenen Herrn überwältigt worden. Mit dieser Bekehrung beginnen für ihn die Probleme. Doch gerade er, der frühere Christenverfolger, dem zunächst misstraut wird, bringt in die Urgemeinde den entscheidenden missionarischen Impuls ein.

5. Sonntag der Osterzeit

Psalm / Gesang
- GL 717,1.2: „Herr, deine Treue" mit VV. 1.5–8.10.
- GL 235,3.4: „Halleluja" mit VV. 1.2.5–10.

Hinführung zur Zweiten Lesung (1 Joh 3,18–24)
In einer Zeit, da Irrtümer in den Gemeinden kursieren, erinnert der Verfasser des 1. Johannesbriefes an die entscheidenden Grundlagen: Glaube an Gott, den Vater, und Jesus Christus und tatkräftige Liebe zu den Schwestern und Brüdern.

Ruf vor dem Evangelium
- GL 218,3. Zeile: „Halleluja" mit GL 233,6: „Der Herr hat sein Volk befreit", – „Halleluja"

Hinführung zum Evangelium (Joh 15,1–8)
Ostern muss Auswirkungen haben in unserem Leben. Wie das geschehen kann, zeigt das Johannesevangelium im Bild vom Weinstock und den Reben. Nur wer in enger Verbindung mit Jesus bleibt, kann Früchte bringen. Ohne ihn geht nichts.

Predigt / Auslegung
– Stille –

3. Antwort der Gemeinde

Bekenntnis
– Instrumentalmusik / Recorder

L.: Jesus hat sich für uns entschieden. Er hat uns in die enge Lebensgemeinschaft mit sich hineingezogen, uns zu seinen Rebzweigen gemacht. Nun hängt alles davon ab, dass auch wir uns für ihn entscheiden. – Wir haben hier ein großes Plakat mit einem schönen Weinstock gemalt / gebastelt. – Wer sich für Jesus entscheiden will und auch im Alltag im engen Kontakt mit ihm leben will, der soll jetzt in seinem Herzen nachsprechen:
– Jesus, ich entscheide mich jetzt für dich. Du sollst mein Herr sein. – *Stille –*
– Nimm weg, was zwischen mir und dir steht und mich von dir trennt. – *Stille –*
– Präge dich meinem Denken, Fühlen und Handeln ein, damit ich als dein Jünger / deine Jüngerin erkennbar werde. – *Stille –*

Langsam und mit Pausen gesprochen:
– Wachse, Jesus, wachse in mir. In meinem Geist, in meinem Herzen, in meiner Vorstellung, in meinen Sinnen. – Wachse in mir in deiner Milde, in deiner Reinheit, in deiner Demut, deinem Eifer, deiner Liebe. – Wachse in mir mit deiner Gnade, deinem Licht und deinem Frieden. – Wachse in mir, zur Verherrlichung deines Vaters, zur größeren Ehre Gottes.

Pierre Olivaint

L.: Wer sich jetzt neu für Jesus entschieden hat, kann vorkommen und seinen (Vor)Namen in die Blätter und Trauben des Weinstocks eintragen.

– Währenddessen: Instrumentalmusik

Abschließend:
- GL 289,2: „Bei dir, Herr, ist des Lebens Quell"
- Unterwegs, 195,2.2. Str.: „Weinstock du der Reben"
- Unterwegs 112: 1. „Vater, ich preise dich, schenke dir mein Leben. Ich liebe dich."
 (Melodie: „Schweige und höre")
 2. „Jesus Christus, ich preise dich …" 3. „Heiliger Geist, ich preise dich …"

5. Sonntag der Osterzeit

Allgemeines Gebet / Fürbitten
Guter, Gott, du hast dich in Jesus Christus auf uns Menschen eingelassen und willst, dass auch wir uns ganz auf dich einlassen. Was uns bewegt, bewegt auch dich. Deshalb bitten wir voll Vertrauen:
– Für unsere Kirche, dass sie in Wort und Sakrament den Menschen entgegenkommt und ihnen nahe ist in Freud und Leid.
– Für die Politiker und alle, denen in Kirche und Staat Macht über andere Menschen anvertraut ist, dass sie nicht sich selbst suchen, sondern ihre Macht zum Wohl aller nutzen.
– Für alle, die mit ihrem Leben unversöhnt sind und mit Gott hadern: Lass sie erfahren, um wieviel größer und gütiger du bist als unser Herz.
– Für alle Mitläufer-Christen, die ihr Leben nicht ändern wollen: um eine zweite Bekehrung.
– Für unsere Gemeinde hier: dass wir den Mitmenschen das Zeugnis unseres Osterglaubens nicht schuldig bleiben und selbst auferstehn zu einer neuen Lebenspraxis.
– Für alle, die heute sterben: dass sich an ihnen deine göttliche Lebenskraft erweise.
Barmherziger Gott, auf dich setzen wir unser Vertrauen, lass uns erfahren, dass du uns nahe bist und all unsere Wege mit uns gehst, weil wir dir wichtig sind. Wir preisen dich durch Christus, unseren Herrn.

Vater unser
– GL 362: „Vater unser"

Loblied / Danklied
– *Instrumentalmusik / Recorder*

Text zur Meditation

Wer sein Leben	Bringt er ein
Nicht zu geben	Was ihm gehört
Sich beeilt –	Wird er leben –
Wer unter vielen	Aufgezehrt
Miteinander	Weiß er dass sein
Es nicht teilt	Leben währt
Der geht verloren.	

(Aus: Huub Oosterhuis, Du bist der Atem und die Glut, Gesammelte Meditationen und Gebete, © Verlag Herder Freiburg ⁴1996, S. 305)

4. Abschluss

Schlussgebet
Gütiger Gott, wir danken dir, dass wir durch Jesus in Wahrheit von dir gehört haben. Wir danken dir, dass du uns berufen hast, an dich zu glauben und deinen Sohn zu bekennen. Bewahre uns in seiner Gemeinschaft, damit wir Zeugnis geben von deiner Liebe und von ihm, unserem auferstandenen Herrn, der mit dir lebt in Ewigkeit.

Segensbitte / Entlassung
Der Herr begleite uns und mache uns zu Boten seines Friedens. Dazu segne uns der Vater, der Sohn und der Heilige Geist.

Schlusslied
– GL 219,3.5.6: „Jetzt grünet, was nur grünen kann"
– GL 834,1–3: „Gott, du bist Sonne" (Freiburg/Rottenburg-Stuttgart)
– Lied: „Erde singe", 1.–3. (Unterwegs 79)

6. Sonntag der Osterzeit

I. Predigt (Apg 10,25–26.34–35.44–48)

Der Geist weht, wo er will

Heidenmission

Wenn wir von der frühchristlichen Heidenmission sprechen, denken wir sofort an Paulus. In Wirklichkeit war es aber Petrus, der den ersten entscheidenden Grenzüberschritt zu den Heiden gemacht hat. In der heutigen Lesung haben wir davon gehört, leider nur einen Teil. Denn es entbehrt nicht einer gewissen Komik, wie Gott den Petrus bearbeiten muss, damit er versteht: Gott will für alle Menschen und bedingungslos das Heil.

Eine Lektion für Petrus

In der Geschichte spielt ein römischer Hauptmann mit Namen Kornelius eine Rolle, der am Ende getauft wird. Aha, denken wir, Bekehrung des Heiden Kornelius. Wer aber wirklich bekehrt werden musste, und zwar gründlich, das war Petrus. Der war völlig in seinen jüdischen Vorstellungen und Ritualen gefangen. Nun muss ihm Gott eine Lockerungsübung besonderer Art verordnen: Petrus ist auf der Terrasse; er ist müde von der Reise; es knurrt ihm der Magen. Ob er wohl ein Nickerchen gemacht hat? Auf jeden Fall überkommt ihn etwas wie ein Traum: In einem großen Tuch, das vom Himmel herunterhängt, krabbelt alles mögliche Getier, Vierfüßler und Kriechtiere. Und nun wird Petrus aufgefordert, an diesem unappetitlichen Angebot seinen Hunger zu stillen. Petrus wehrt natürlich ab: „Niemals!" Das würden wir auch sagen; aber Petrus fügt hinzu: „Noch nie habe ich etwas Unheiliges und Unreines gegessen." – Das also ist der springende Punkt. Das jüdische Gesetz hat genaue Unterschiede gemacht zwischen reinen und unreinen Tieren und Menschen. Mit den einen kann man Gemeinschaft pflegen, an die andern streift man nicht einmal an. Gott aber antwortet nun dem Petrus ganz überraschend: „Was Gott für rein erklärt, sollst du nicht unrein nennen." – Mit diesem Wort wird die ganze Weltsicht des Petrus ausgehebelt; werden sämtliche Reinheitsgesetze für bedeutungslos erklärt. Dieses Erlebnis hat den Petrus buchstäblich umgedreht. Und ohne das wäre es nie zu der Begegnung mit dem heidnischen Hauptmann Kornelius gekommen.

Der Geist weht, wo er will

Es war also keinesfalls selbstverständlich, dass Petrus sich überhaupt zu Kornelius auf den Weg machte. Den Juden war es nicht gestattet, Nicht-Juden in ihrem Haus zu besuchen. Petrus war im Konflikt, er hielt sich eigentlich streng an die jüdischen Gesetze. Nun aber hatte er die Botschaft verstanden: Vor Gott gibt es keine reinen und unreinen Menschen. Auch die Heiden sind vor Gott würdig. Und so geht Petrus in das Haus des Kornelius.

Die Begrüßungsszene haben wir in der Lesung gehört. Das ist eine schöne Szene. Petrus möchte nicht, dass Kornelius vor ihm niederkniet. „Steh auf, ich bin auch nur ein Mensch!", sagt er und verzichtet auf eine überlegene Machtposition. Er hat kein Interesse mehr, den Abstand zu betonen oder diesen Heiden zu diskriminieren. Vorher war er den sog. Gottesfürchtigen gegenüber voller Vorbehalte, denn sie waren als Heiden zwar der jüdischen Gemeinde eng verbunden, wollten aber keine Beschneidungen. Als Judenchrist meinte Petrus jedoch, die Beschneidung sei als Bedingung für die Taufe erforderlich. Und wieder muss der Heilige Geist ihn gleichsam überrumpeln, um seine Auffassung zu korrigieren: Petrus erzählt der Hausgemeinschaft von seinem merkwürdigen Bekehrungserlebnis und wie ihm aufgegangen ist, dass Gott nicht auf die Person schaut, sondern ihm jeder willkommen ist, der ihn fürchtet und das Rechte tut. Und er verkündet ihnen Jesus, den Auferstandenen: Er ist der Herr aller; und in seinem Namen kann jeder, der glaubt, Vergebung der Sünden erlangen. Diese Botschaft, dass sie nicht ausgeschlossen sind, dass sie für Gott auch zählen und nicht einfach der verachtete letzte Dreck sind, das muss diese Heiden hingerissen haben. Und wie zur Bestätigung der Worte des Petrus ereignet sich ein wahrer Überfall des Heiligen Geistes. Er erfasst die ganze heidnische Hausgemeinschaft; sie brechen in Lobpreis und Zungenreden aus. – Wir können uns die totale Fassungslosigkeit des Petrus und seiner jüdischen Begleiter nicht anschaulich genug vorstellen. Gott hatte ihnen die Regie buchstäblich aus der Hand genommen. Er bestimmte auch das weitere Geschehen. Petrus bleibt nichts anderes mehr übrig, als das Wirken Gottes zu ratifizieren: Wir können denen doch nicht mehr die Taufe verweigern! Sie haben ja schon den Heiligen Geist empfangen! – Es ist geradezu kurios zu sehen, wie Gott die angeblich einzig zulässige liturgische Reihenfolge: erst Taufe, dann Firmung einfach auf den Kopf stellt. Petrus, der Wortführer der Apostel und der Verantwortliche der jungen Gemeinde, wird vom Heiligen Geist regelrecht vorgeführt. – So wirkt Gott.

Bekehrung zum Dienst
Es heißt, Petrus sei noch einige Tage im Haus des Kornelius geblieben. Wir können davon ausgehen, dass ein Fest des Glaubens gefeiert wurde. Judenchristen finden sich mit den ersten Heidenchristen zu einer Gemeinschaft des Glaubens zusammen. Ein Miteinander ohne Machtspielchen, ohne Übermächtige und Kniefällige, ohne Vorurteile und vermeintliche Überlegenheit. Gott selbst hatte zur gegenseitigen Achtung geführt und so die Begegnung gelingen lassen. –
Als Christen können wir diese Begebenheit und die Worte des Petrus nicht ohne Beschämung hören. Was haben wir Christen uns doch an Überheblichkeit und Abwertung von Menschen anderer Religionen geleistet! Es ist höchste Zeit, dass wir uns die Einsicht von Petrus zu Herzen nehmen: Jeder ist Gott in jedem Volk willkommen, der ihn fürchtet und recht tut. Es war ein unvergesslicher Eindruck, welche Atmosphäre sich ausbreitete und wie die Gesichter sich öffneten, als genau diese Stelle aus der Apg beim Requiem für Papst Johannes Paul II. vorgetragen wurde; – vor einer Versammlung von Prominenten und Politikern aus aller Welt, nicht nur von anderen christlichen Konfessionen, sondern auch von Juden, Moslems, Hindus und Agnostikern. „Jeder ist Gott in jedem Volk willkommen, der ihn fürchtet und recht tut." Wir müssen dem Heiligen Geist Raum geben, uns wandeln lassen; unser Denken und unsere Gefühle reinigen lassen. Denn Gott wirkt weit über die Ränder der Kirche hinaus. Sein Geist weht auch nicht nur heute bei den Gottesdienstbesuchern.
Wenn das aber so ist, welche besondere Rolle haben dann noch wir, die getauften Christen? Auch darauf gibt Petrus eine Antwort: „Uns hat er aufgetragen zu predigen und zu bezeugen" – nämlich Jesus Christus, den Auferstandenen. Wir haben unsere besondere Rolle als Wegbereiter; als Mitarbeiter am Heil für die Menschen und als Diener ihrer Freude. (11)

Sigrid M. Seiser

6. Sonntag der Osterzeit

II. Elemente für eine Wort-Gottes-Feier

1. Eröffnung

Eröffnungsgesang
- GL 270,1–3.6: „Kommt herbei"
- GL 224,1–4: „Vom Tode heut erstanden ist"

Liturgischer Gruß / Einführung
Im Namen des Vaters …
Der Friede und die Freude des auferstandenen Herrn ist mit uns.
Der heutige Sonntag sagt allen Menschen, die Gottes Liebe noch nicht kennen, eine beglückende Botschaft: Gott ist der Herr und Vater aller Menschen, und er ist für jeden da, der ihn aufrichtig sucht – in welcher Religion auch immer. Und noch eines können wir heute lernen: Gott ist immer für Überraschungen gut; er tut Dinge, mit denen keiner rechnet. – Bitten wir ihn, dass er uns heute so überrasche wie damals den Petrus im Haus des Kornelius.

Christus-Rufe
Herr Jesus Christus, wenn wir erstarren, Formen, Bräuche und Menschengebote zum Maß unseres Urteils machen, dann erbarme dich und ruf uns zur Umkehr:

Ruf:

(= GL 253,1 mit – GL 217, Kv)

Wenn wir unduldsam reagieren, weil wir nicht stark genug sind, die Vielfalt der Meinungen und Lebensweisen dulden zu können, dann erbarme dich und brich unsere Enge auf. – *Ruf*
Herr Jesus Christus, wenn wir uns in Gruppen abkapseln und vor dem Gespräch drücken; wenn wir vergessen, dass Gottesliebe in der Liebe zum Menschen Wirklichkeit wird, dann erbarme dich und schenke uns ein neues Herz. – *Ruf*

Eröffnungsgebet
Gott, du Herr und Vater aller Menschen, lass uns diese österliche Zeit in dankbarer Freude preisen, damit die Auferstehung deines Sohnes und das Wirken deines Heiligen Geistes unser ganzes Leben verwandeln. Darum bitten wir durch Christus, unseren Herrn.

2. Verkündigung des Wortes Gottes

Hinführung zur Ersten Lesung (Apg 10,25–26.34–35.44–48)
Die junge Christengemeinde in Jerusalem meinte zuerst, Gott würde nur ihnen, den Getauften, seinen Geist schenken. Aber Gottes Geist ist souverän; er hält sich nicht an nationale Grenzen und religiöse Vorschriften. Doch mit besonderer Vorliebe kehrt er bei Menschen ein, die Gott suchen.

Psalm / Gesang
– GL 149,1: „Alle Enden der Erde" mit GL 484,2: „Singet dem Herrn", VV. 1–6.

Hinführung zur Zweiten Lesung (1 Joh 4,7–10)
Gott ist Liebe, dreifaltige Gemeinschaft. Weil er uns davon mitteilen wollte, hat er seinen Sohn gesandt, damit wir als seine Töchter und Söhne an seiner reichen Liebe teilhaben können.

Ruf vor dem Evangelium
– GL 531,4: „Halleluja" mit GL 626,4: „Dies ist mein Gebot", – „Halleluja"

Hinführung zum Evangelium (Joh 15,9–17)
Die Worte Jesu im heutigen Evangelium klingen wie ein Vermächtnis: In Jesu Liebe bleiben und sie weitergeben. Das hat jedoch nichts mit Gefühlen zu tun. Diese Liebe muss sich messen lassen an Jesu radikaler Lebenshingabe, die bis ans Kreuz geht.

Predigt / Auslegung
– *Stille* –

3. Antwort der Gemeinde

Lobpreis
Als Antwort auf das gehörte Wort Gottes wollen wir unseren Glauben singend ausrufen:
– GL 226,1–2: „Nun freut euch"
– GL 263,1–3: „Dein Lob, Herr"

Allgemeines Gebet / Fürbitten
Herr Jesus Christus, deinem Willen entsprechend haben deine Freunde die Grenzen der eigenen jüdischen Gemeinschaft gesprengt und Menschen aus allen Völkern zu deinen Jüngern gemacht. Wir rufen zu dir: GL 563: „Erhöre uns, Christus"
– Für alle, die im Vertrauen auf dich menschengemachte Schranken überspringen.
– Für alle, die sich für Völkerverständigung und ein friedvolles Zusammenleben einsetzen.
– Für alle, die den Dialog zwischen den Religionen fördern.
– Für die Rechthaberischen, Engstirnigen und Fanatischen.
– Für die Gleichgültigen, Nachlässigen und sich autonom Dünkenden.
– Für alle, die sich fern von dir glauben.
– Für die Menschen, die ohne Liebe aufwachsen, und für jene, die dem Satanismus verfallen sind.
– Für alle, die Gott aufrichtig suchen und dabei keinen Kontakt zu glaubwürdigen christlichen Gemeinden finden.
– Für die Missionare, die durch fanatische Anhänger anderer Religionen oder durch die Handlanger von Machthabern bedroht sind.
Gott, du willst das Heil aller Menschen. Deine Liebe werden wir preisen in Ewigkeit.

Vater unser
Wir beten, wie Jesus uns gelehrt hat: Vater unser …

Loblied / Danklied
– GL 226,3.4: „O Lebensfürst"
– GL 283: „Danket, danket dem Herrn" (Kanon)

Text zur Meditation

Herr, du kommst zu mir.
Nicht, weil ich gut bin.
Gut bist du allein.
Du kommst zu mir,
dass ich dich heilig fürchten lerne,
denn nur durch dich
kann ich in deinem Wohlgefallen sein.

Dich fürchten, Herr,
heißt nicht, vor dir in Angst vergehn.
Nichts als mich selbst,
mich, willst du in mir sehn:
mich, deine Tochter,
deinen heimgekehrten Sohn.
Uns schenkst du dich als Heil
in Gnade und Person.

(Aus: Silja Walter, Das Wort ist Brot geworden. Kommunionpsalter, Verlag Herder, Freiburg i.Br., ²1992, S. 52 f., gekürzt)

4. Abschluss

Schlussgebet
Gott, deine Liebe zu uns Menschen ist grenzenlos. Du lässt dich von menschlichen Vorurteilen und Verboten nicht beeinflussen. Du blickst auf uns mit den Augen des Herzens. Gestärkt von deiner Liebe können wir unser Leben annehmen und die Herausforderungen des Alltags bestehen. Dafür danken wir dir durch Christus, unseren Bruder und Herrn.

Segensbitte / Entlassung
Der allmächtige Gott hat uns durch die Auferstehung seines Sohnes aus Sünde und Tod befreit; er segne uns und schenke uns seine Freude. –
Christus, mit dem wir auferstanden sind durch den Glauben, bewahre in uns die Gabe der Erlösung. –
Gott hat uns in der Taufe angenommen als Kinder seiner Gnade; er schenke uns das verheißene Erbe. –
So segne und behüte uns der allmächtige und barmherzige Gott, der Vater, der Sohn und der Heilige Geist.

Schlusslied
– GL 263,4.5: „Behüt mich"
– GL 576,1–4: „Freu dich, du Himmelskönigin"

Hochfest Christi Himmelfahrt

I. Predigt (Apg 1,1–11)

Die Fußspuren Jesu

Gefährlich und hilfreich zugleich
„Was es ist: Christus gen Himmel gefahren und sitzend zur Rechten Gottes, wissen wir nicht. Es gehet nicht also zu, wie du aufsteigst auf einer Leiter im Haus. Sondern das ist's, dass er über allen Kreaturen und in allen Kreaturen ist."
So vorsichtig wie Martin Luther in seinen Gedanken zum Fest Christi Himmelfahrt waren die Maler seiner Zeit nicht. Sie wussten genau, was es ist: Christus gen Himmel gefahren ... Auf ihren Bildern ist der in den Himmel entschwindende Jesus zu sehen, oder besser gesagt: Meist ragen nur noch seine beiden Füße und der Saum seines Gewandes aus der Wolke am oberen Bildrand. Unter ihm ein kleiner Hügel, auf dem sich zwei leuchtende Fußabdrücke deutlich vom dunklen Erdreich abheben. Rings um den

Hügel stehen Maria und die Jünger und starren verständnislos nach oben. Am rechten und linken Bildrand stehen die beiden Männer in weißen Gewändern und tragen Spruchbänder in ihren Händen. Darauf ist in lateinischer Sprache zu lesen: „Ihr Männer von Galiläa, was steht ihr da und schaut zum Himmel empor?"
Diese Bilder des späten Mittelalters wirken auf den ersten Blick schlicht und kindlich – aber sie sind alles andere als ungefährlich. Sie verleiten zu dem Missverständnis, hier würde genau abgebildet, wie die Entrückung Jesu tatsächlich vor sich gegangen sei. Bei längerer Betrachtung lässt sich in diesen alten Bildern mit den Fußabdrücken allerdings eine tiefere Dimension entdecken. Da verlieren sie ihre Naivität und helfen uns, das Fest Christi Himmelfahrt richtig zu feiern. Denn sie geben zwei wichtige Impulse für unser Christsein heute.

Sucht seine Spuren hier auf der Erde!
„Was steht ihr da und starrt zum Himmel empor?" Diese Frage könnte man ergänzen: Warum schaut ihr nicht auf die „Eindrücke", die Jesus hier in unserer Welt hinterlassen hat? Sucht seine Spuren doch hier auf der Erde!
Sucht seine Spuren in den Geschichten, die er erzählt hat! Wenn ihr sie lest oder hört, dann spürt ihr doch etwas von seinem Geist, von seinen Ideen, von seinen Hoffnungen und Träumen, dann ahnt ihr, wie er sich gerechtes und gültiges Leben vorgestellt hat, dann werdet ihr hineingezogen in seine Vision von der neuen Welt Gottes, die er in immer neuen Farben ausgemalt hat; dann entdeckt ihr, wofür er gelebt und gekämpft hat, wofür er den Menschen die Augen öffnen wollte.
Sucht seine Spuren in dem Mahl, das ihr zu seinem Gedächtnis feiert! Wenn ihr Brot und Wein auf den Altar stellt, dann steht euch in diesen Zeichen sein Leben vor Augen, sein Dienst und seine Hingabe, sein „Sich-verzehren-lassen" von aller Menschen Not (GL 620), dann spürt ihr, welche stärkende Kraft von ihm ausgeht, dann erlebt ihr, wie die Gemeinschaft um seinen Tisch auch heute noch Mut macht und trägt.
Sucht seine Spuren in den Menschen, denen ihr begegnet! Wenn ihr sie mit ihren Fragen und Hoffnungen, mit ihren Sorgen und Ängsten ernstnehmt, wenn ihr sie offen und interessiert anschaut, dann entdeckt ihr in ihren Gesichtern den fragenden, den bittenden, den herausfordernden Jesus, der gesagt hat: „Was ihr für einen meiner geringsten Brüder getan habt, das habt ihr mir getan."
„Schaut nicht hinauf" – lautet der eine Impuls der alten Himmelfahrtsbilder. Sucht seine Spuren auf der Erde!

Tretet in seine Fußstapfen!
„Ihr werdet meine Zeugen sein" – lautet der andere Impuls, oder im Sinn der alten Himmelfahrtsbilder: Tretet in seine Fußstapfen! Erzählt seine Geschichten weiter und trefft euch, um sie zu besprechen und immer besser zu verstehen. Werdet erfinderisch und überlegt, wie ihr auch andere für seine Worte und für seine Ideen begeistern könnt. Tretet in seine Fußstapfen und ladet Leute ein um seinen Tisch; werdet eine einladende Gemeinschaft, in der anderen aufgeht: Hier finden wir etwas, das unseren Lebenshunger und Lebensdurst wirklich stillt; hier erleben wir, wie das Teilen von Brot und Wein verbindet. Tretet in seine Fußstapfen und geht wie er zu den Menschen. Macht Mut, helft mit, dass sie aufatmen und befreit lachen können, dass sie ein Ansehen haben und menschenwürdig leben können.

Der Herr allen Lebens
Martin Luther hatte recht: An Christi Himmelfahrt feiern wir, dass Christus über allen Kreaturen und in allen Kreaturen ist. Und die alten Bilder mit den großen Fußabdrücken Jesu können uns helfen, ihn immer mehr als den Herrn allen Lebens zu erkennen – wenn wir hier auf der Erde seine Spuren suchen und in seine Fußstapfen treten.

Wolfgang Raible

II. Elemente für eine Wort-Gottes-Feier

1. Eröffnung

Eröffnungsgesang
- GL 228: „Christ fuhr gen Himmel"
- GL 229,1–3: „Ihr Christen, hoch erfreuet euch"
- GL 825,1–3: „Öffnet eure Tore" (Freiburg/Rottenburg-Stuttgart)

Liturgischer Gruß / Einführung
Im Namen des Vaters ...
Viele reden heute vom Vatertag – und es gibt keinen Grund, warum wir das nicht auch tun können. Denn Christi Himmelfahrt lässt sich auch so umschreiben: Es führt eine Spur von Jesus zu dem Gott, den er Vater genannt hat. Und: Was Jesus hier auf Erden durch sein Reden und Tun gewirkt hat, das hat der endgültig bestätigt, den er Vater genannt hat. – Jesus Christus, aufgefahren in den Himmel, er sitzt zur Rechten Gottes, des allmächtigen Vaters – um dieses Bekenntnis kreisen heute unsere Gedanken, Gebete und Lieder. – Ehren wir miteinander Gott, den Vater, der uns mit seinem Sohn ein Stück Himmel auf die Erde schickt, und ehren wir Jesus Christus, der uns zeigt, dass der Himmel auch unser Ziel und unsere Heimat ist.

Christus-Rufe
– Christus, auferstanden von den Toten;
    König der Völker
    König des Friedens
Akklamation: GL 174: „Jesus Christus ist der Herr"
– Christus, aufgenommen in die Herrlichkeit,
    König des Weltalls
    König der Zeiten
Akklamation:
– Christus, thronend in göttlicher Vollmacht,
    geopfertes Lamm
    Sieger über Sünde und Tod
    König in Ewigkeit
Akklamation:

Eröffnungsgebet
Herr, unser Gott, nicht Abschied von Jesus, deinem Sohn, feiern wir heute, sondern seine bleibende Gegenwart. Nicht in der Ferne müssen wir ihn suchen, sondern in der Nähe lässt er sich finden. Wir bitten dich: Öffne uns für sein Wort, das wir jetzt hören und bedenken, und öffne uns für die Menschen, in denen er uns begegnen will. Darum bitten wir dich durch ihn, Christus, unseren Bruder und Herrn.

2. Verkündigung des Wortes Gottes

Hinführung zur Ersten Lesung (Apg 1,1–11)
„Wer den Himmel auf Erden sucht, der hat in Erdkunde geschlafen" – sagt ein irisches Sprichwort. Lukas denkt anders: Wer auf das schaut, was Jesus getan und gelehrt hat, wer sich von ihm begeistern lässt und anderen davon erzählt, der braucht nicht nach oben zu starren, der entdeckt hier auf der Erde Spuren des Himmels, Spuren des Reiches Gottes.

Psalm / Gesang
– GL 727,1.2: „Herr, du bist König" mit VV. 1.2.4–7.
– GL 232,5: „Gott steigt empor" mit GL 236,2: „Öffnet mir die Tore", VV. 1–6,10.11.

Hinführung zur Zweiten Lesung (Eph 1,16–23)
Der Epheserbrief spricht vom Ereignis der Himmelfahrt Jesu in feierlicher Sprache. Er besingt den erhöhten Herrn in seiner Macht über den gesamten Kosmos. Alles ist ihm unterstellt und wird neu geordnet – eine Vision für eine zerrissene und von zerstörerischen Mächten gefährdete Welt.

Ruf vor dem Evangelium
– GL 255: „Christus ist erhöht"
– GL 531,3: „Halleluja" mit GL 646,5: „Geht in alle Welt", – „Halleluja"

Hinführung zum Evangelium (Mk 16,15–20)
Jesus hat seinen Jüngern den Auftrag gegeben, den Himmel zum Sprechen zu bringen, dem Reich Gottes ihre Stimme zu leihen und der ganzen Welt das Evangelium zu verkünden. Und er hat ihnen verheißen: Der Himmel wird sprechen – er wird eure Verkündigung durch Zeichen bekräftigen.

Predigt / Auslegung
– *Stille* –

3. Antwort der Gemeinde

Glaubensbekenntnis
– GL 276,1–5: „Wir glauben Gott im höchsten Thron" (*Melodie auch: GL 474*)
– GL 257,5.6.7.9: „Dich, Gott Vater"

Allgemeines Gebet / Fürbitten
Gott, unser Vater, seit Jesus zu dir erhoben ist und als Fürsprecher für uns eintritt, gibt es kein Gebet, das nicht zu dir dringt. Deshalb sagen wir dir unsere Bitten: V./A.: Halte deinen Himmel für sie offen!
– Für die Wichtigen, Einflussreichen und Mächtigen und für die Bedeutungslosen, an den Rand Gedrängten: Lass sie erfahren, dass du sie liebst. –
– Für jene, die sich gar nicht himmlisch fühlen, die Alten, Einsamen, Verlassenen und Kranken: Finde Möglichkeiten, dass sie Freude erleben.
– Für die Opfer von Kriegen, Gewalt und Terror: Zeige Wege, dass sich der Friede durchsetzt. –
– Für alle, die auf Befreiung aus ihren Ängsten und Zwängen hoffen. –
– Für alle, denen die Worte der Kirche fremd geworden sind, und die auf eine neue Sprache warten. –
– Für alle, die Anfeindungen ausgesetzt sind und in einer vergifteten Atmosphäre leben müssen. –
– Für alle, die an Leib und Seele krank sind und sich nach Heilung sehnen. –
Gott, du sprichst uns an als deine Freunde. Du holst uns heraus aus der Furcht. Du willst, dass wir auf einen neuen Himmel und eine neue Erde hoffen. Sei gepriesen bis in die Ewigkeiten der Ewigkeit!

Vater unser
– GL 691: „Lasst uns beten"

Loblied / Danklied
– Instrumentalmusik / Recorder

Text zur Meditation

gott
lass uns nicht
ins leere schauen
lass uns nicht
in falsche richtung schauen
lass uns nicht
zeit verlieren
gib
dass wir uns nicht
vertrösten lassen
auf später

denn der himmel
ist an ort und stelle
der himmel ist zwischen uns
der himmel ist in uns
und unter uns
der himmel ist heute
und war gestern schon
der himmel wird morgen sein
und übermorgen

(Aus: Wilhelm Willms, mit gott im spiel, © Verlag Butzon & Bercker, Kevelaer 1982, S. 166, gekürzt)

4. Abschluss

Schlussgebet
Herr, unser Gott, du hast deinen Sohn nicht im Tod gelassen, sondern ihm neues Leben geschenkt – ein Leben an deiner Seite und ganz bei uns. Wer den Blick zur Erde richtet, kann ihn entdecken, und wer zu den Menschen geht, wird ihn finden. Wir bitten dich: Schenke uns die Kraft deines Geistes, damit wir seine Zeugen sein können und andere mit unserer Hoffnung anstecken. Darum bitten wir dich durch ihn, Christus, unseren Bruder und Herrn.

Segensbitte / Entlassung
Gehen wir hinein in die Welt, die Gott, der Vater, geschaffen hat.
Gehen wir hinein in die Welt, die Gott, der Sohn, erlebt und erlitten hat.
Gehen wir hinein in die Welt, die Gott, der Heilige Geist, mit unserer Hilfe verwandeln will.
Dazu segne uns der treue und lebendige Gott, der Vater, der Sohn und der Heilige Geist.

Schlusslied
– GL 275,1–3: „König ist der Herr"
– GL 223,1.4.5: „Wir wollen alle fröhlich sein"
– GL 241,1.6: „Komm, Heilger Geist"
– GL 830,1: „Du, Herr, gabst uns dein festes Wort" (Freiburg/Rottenburg-Stuttgart)

7. Sonntag der Osterzeit

I. Predigt (Joh 17,6a.11b–19)

In der Welt, aber nicht von der Welt

Christsein bedeutet ...
Unsere multikulturelle Gesellschaft und die Globalisierung stellen alte Fragen mit neuer Dringlichkeit an uns: Warum soll man Christ sein? Ist Christsein mehr als Menschsein? Ist Christsein etwas Besonderes? Was ist das Besondere an den Chris-

ten? Woran kann man sie erkennen? Wie zeigt sich ihr Glaube? So hat schon am Ende des 2. Jahrhunderts ein gewisser Diognet gefragt, ein vornehmer und wohlhabender Heide, der Näheres über das Christentum erfahren wollte. Und sein christlicher Freund, dessen Name wir nicht mehr wissen, hat ihm in einem ausführlichen Brief eine hochinteressante und sympathische Antwort gegeben. Er schreibt:
„Die Christen sind Menschen wie die übrigen; sie unterscheiden sich von den anderen nicht nach Land, Sprache oder Gebräuchen. Sie bewohnen keine eigene Stadt, sie sprechen keine eigene Mundart, und ihre Lebensweise hat nichts Ungewöhnliches ... Sie ragen auch nicht, wie das einige Gelehrte tun, durch menschliche Weisheit hervor. Sie wohnen vielmehr in den Städten der Griechen und der Barbaren, wie es einem jeden das Los beschieden hat, und folgen den jeweils einheimischen Gesetzen in Kleidung, Nahrung und im ganzen übrigen Leben.
Wie sie jedoch zu ihrem Leben als solchem stehen und es gestalten, darin zeigen sie erstaunliche und, wie alle zugeben, unglaubliche Besonderheiten.
Sie wohnen zwar in ihrer Heimat, aber wie Zugereiste aus einem fremden Land. An allem haben sie teil wie Bürger, ertragen aber alles wie Fremde. Jede Fremde ist ihnen Heimat und jede Heimat Fremde ... Sie sind im Fleisch, leben aber nicht nach dem Fleisch; sie weilen auf der Erde, aber ihre Heimat haben sie im Himmel ... Um es kurz zu sagen: Was die Seele im Leib ist, das sind die Christen in der Welt ... Die Seele wohnt im Leib, ist aber nicht vom Leib. Die Christen leben sichtbar in der Welt und sind doch nicht von der Welt."

... eine besondere „Weltanschauung" haben
In der Welt, aber nicht von der Welt sein – mit dieser Kurzformel fasst der Verfasser des Diognetbriefes seine Beschreibung der Christen zusammen, und er greift dabei auf die Worte zurück, die wir vorher im Evangelium gehört haben. – Eine unter vielen anderen Charakterisierungen des Christseins – aber eine, über die es sich lohnt, nachzudenken.

Christsein erscheint hier nicht als besonderes Verhalten, sondern als besondere Perspektive, als ein anderer Blickwinkel, von dem aus die Welt und das Leben betrachtet wird, als eine spezifische ‚Welt-Anschauung' und Deutung des Lebens. Nicht in erster Linie durch äußere Kennzeichen unterscheiden sich die Christen von ihrer Umwelt, sondern durch die Art und Weise, wie sie zu ihrem Leben als solchem stehen, wie sie die Wirklichkeit wahrnehmen.

... weder davonlaufen, noch klammern
In der Welt, aber nicht von der Welt sein – durch diese Kurzformel sind zwei Möglichkeiten für einen Christen grundsätzlich ausgeschlossen: Flucht vor der Welt und Verabsolutierung der Welt. Die Welt ist nicht der Himmel, nicht Gott – aber auch nicht die Hölle. Christsein heißt: sich in dieser Welt engagieren und sich mit den Menschen solidarisieren, oder mit den Worten des II. Vatikanischen Konzils:
„Freude und Hoffnung, Trauer und Angst der Menschen von heute, besonders der Armen und Bedrängten aller Art, sind auch Freude und Hoffnung, Trauer und Angst der Jünger Christi. Und es gibt nichts wahrhaft Menschliches, das nicht in ihren Herzen seinen Widerhall fände."
Christsein heißt aber auch: Sich nicht an diese Welt klammern und sich ihr nicht kritiklos anpassen.
In der Welt, aber nicht von der Welt sein – diese Kurzformel bringt die Sehnsucht ins Spiel, die zu unserem Glauben gehört: Nicht vom Brot allein leben, sondern auf Worte hoffen, die trösten und befreien. Sich nicht mit materiellen Dingen zufrieden geben, sondern auch dann noch eine Kraftquelle haben, wenn andere Quellen wie Erfolg, Besitz oder die eigene Leistungsfähigkeit erschöpft sind. Seinen letzten Halt, seine Verwurzelung, seine wahre Heimat in Gott finden.

... gelassen bleiben und sich engagieren

In der Welt, aber nicht von der Welt sein – in dieser Kurzformel schwingt für mich eine Grundhaltung mit, die man auch als ‚engagierte Gelassenheit' bezeichnen könnte: Wenn ich in dieser Welt nicht die letzte Wirklichkeit sehe, dann hat diese Perspektive eine doppelte Folge für mein Handeln. Zum einen werde ich mich mit ganzer Kraft in dieser Welt engagieren, mich nicht mit dem Status quo abfinden und, wo ich kann, an der Verbesserung und Vermenschlichung der Lebensbedingungen mitarbeiten. Zum anderen werde ich aber mit einer inneren Distanz, unverkrampft, gelöst und gelassen meine Aufgaben angehen, weil ich mich von Gott getragen weiß und von ihm die Vollendung erwarte. Ich kann vorletzte Dinge loslassen und aus der Hand geben, wenn ich im Letzten, in Gott, meinen Halt habe.

... einen spannenden Weg gehen

In der Welt, aber nicht von der Welt sein – diese Kurzformel bringt zum Ausdruck, dass Christsein etwas Spannendes ist und oftmals einen Balanceakt erfordert. Sich einmischen in diese Welt – aber sich nicht vermischen mit ihr; sich einlassen auf sie – aber sich nicht total verlassen auf sie; die Welt wahrnehmen – aber sie nicht als letzte Wahrheit nehmen; sich nicht auf das Jenseits vertrösten lassen – sich aber auch genauso wenig auf das Diesseits vertrösten lassen. –

In der Welt aber nicht von der Welt – das ist eine gute Formel, um zu beschreiben, was Christsein ist. Sie macht klar, dass Christsein zu allererst eine bestimmte Sicht, ein Blickwinkel ist, unter dem ich die Welt und mein Leben anschauen und deuten kann. Und unsere Gemeinden sollten Seh-Schulen sein, Orte, an denen dieser neue Blick eingeübt und trainiert wird – durch die Feier der Gottesdienste und durch das Weitererzählen von Lernerfahrungen, die wir durch dieses neue Sehen gewonnen haben. –

Oder wie würden Sie umschreiben, was Christsein für Sie bedeutet und warum Sie Christ sind?

Wolfgang Raible

II. Elemente für eine Wort-Gottes-Feier

1. Eröffnung

Eröffnungsgesang
– GL 223,1.2.4.5: „Wir wollen alle fröhlich sein"
– GL 218,1.2.4–6: „Gelobt sei Gott"

Liturgischer Gruß / Einführung
Im Namen des Vaters ...
Gott, der die Herzen aller kennt, ist mit uns.
Unser Leben ist Suche, ist Sehnsucht nach einer letzten Geborgenheit und einem letzten Halt. Unsere Gottesdienste sollen uns etwas davon ahnen lassen, dass es dieses endgültige Zuhause gibt, das wir Gott nennen; dass es das Wort endgültiger Wahrheit gibt und den Tisch, der unseren Lebenshunger und Lebensdurst wirklich stillen kann. Unser Feiern, Beten und Singen will uns auf Kurs halten zu dem Hafen voller Licht und Liebe, den wir Gott nennen.

Christus-Rufe
– GL 228,1–3: „Christ fuhr gen Himmel"
– GL 246: „Send uns deines Geistes Kraft"
– GL 485: „Der in seinem Wort uns hält"

7. Sonntag der Osterzeit

Eröffnungsgebet
Gott und Vater, wir bekennen, dass Jesus, unser Retter, bei dir in der Herrlichkeit ist. Erhöre unsere Bitte: Lass uns erfahren, dass er alle Tage bis zum Ende der Welt bei uns bleibt, wie er es uns versprochen hat. Er, unser Herr, der mit dir im Heiligen Geist gepriesen sei in Ewigkeit.

2. Verkündigung des Wortes Gottes

Hinführung zur Ersten Lesung (Apg 1,15–17.20a.c-26)
Mit den Worten und Taten Jesu vertraut sein und bezeugen, dass er lebt – das wird nicht nur von demjenigen erwartet, der nach dem Tod des Judas der neue 12. Apostel werden soll. Mit den Worten und Taten Jesu vertraut sein und bezeugen, dass er lebt – das ist auch eine Kurzformel für unser Christsein.

Psalm / Gesang
– GL 742,2.3: „Lobe den Herrn" mit VV. 1–6.8.11.
– GL 474,3–5: „Wie reich hat uns der Herr bedacht"

Hinführung zur Zweiten Lesung (1 Joh 4,11–16)
Wie kann man Gott erfahren? Woran kann man erkennen, dass der unsichtbare Gott existiert? Johannes nennt uns einen „Gottesbeweis": Wenn wir Christen einander lieben, dann ist Gott in uns am Werk.

Ruf vor dem Evangelium
– GL 255: „Christus ist erhöht"
– GL 221,12: „Halleluja ... An diesem Tag"

Hinführung zum Evangelium (Joh 17,6a.11b–19)
Jesu Abschiedsgebet fasst die wichtigsten Gedanken seines Evangeliums zusammen: Alle die zu ihm gehören, sollen eins sein, die Freude in Fülle in sich haben und das Wort der Wahrheit weitersagen.

Predigt / Auslegung
– *Stille* –

3. Antwort der Gemeinde

Glaubensbekenntnis
– GL 467: „Wir glauben an den einen Gott"

oder

(nach Instrumentalmusik)
Spr. 1: Wir glauben an Gott, den Vater, der uns in seiner Schöpfung die Fülle des Lebens schenkt und jedem Menschen eine unverlierbare Würde verliehen hat. Aklamation: A.: GL 686: „Amen. Halleluja"
Spr. 2: Wir glauben an Jesus Christus, seinen Sohn, der gekommen ist, uns die Sinne zu öffnen für die Fülle des Lebens und die Liebe Gottes zu uns. A.:
Spr. 3: Wir glauben an den Heiligen Geist, der uns daran erinnert, unser Leben von Gott her zu sehen, der uns in seiner Kirche begleitet, damit wir treu unserer Taufe uns zu Gott bekennen und so leben, dass wir mit Freuden eingehen in die Fülle göttlicher Ewigkeit. A.:

Allgemeines Gebet / Fürbitten
Treuer Gott, dein Sohn hat in der Stunde des Abschieds für seine Jünger gebetet. Heute machen wir uns seine Worte zu eigen:
– Jesus bittet: „Sie sollen eins sein wie wir." Gib allen Kraft und einen langen Atem, die sich in unseren Gemeinden und Kirchen um Versöhnung und Einheit bemühen. A.: Erhöre unser Gebet!
– Jesus bittet: „Bewahre sie in deinem Namen." Lass alle, die unsicher und müde geworden sind, bei dir Ruhe und Geborgenheit finden.
– Jesus bittet: „Sie sollen meine Freude in Fülle in sich haben." Schenke auch denen, die heute dein Wort verkünden, Freude und Begeisterung.
– Jesus bittet: „Heilige sie in der Wahrheit." Lass uns entdecken und spüren, dass dein Wort uns zur Wahrheit, zu einem neuen und erfüllten Leben führt.
Treuer Gott, Jesus hat uns deinen Namen geoffenbart. Er hat uns deine Güte und Menschenfreundlichkeit gezeigt. Er hat uns zu deinen Töchtern und Söhnen gemacht. Deshalb beten wir mit den Worten, die er uns gelehrt hat:

Vater unser
Vater unser

Loblied / Danklied
– GL 457,1.2: „Allein Gott in der Höh sei Ehr"
– GL 476: „Dir Gott im Himmel Preis und Ehr"

Text zur Meditation

Menschen
die aus der Hoffnung leben
sehen weiter
Menschen
die aus der Liebe leben
sehen tiefer

Menschen
die aus dem Glauben leben
sehen alles
In einem anderen Licht

(Aus: Lothar Zenetti, Texte der Zuversicht, © beim Autor)

4. Abschluss

Schlussgebet
Gott und Vater, Jesus kam in deinem Namen und hat uns von seinem Geist gegeben, der uns in Bewegung bringt und nach dir suchen lässt. Lass diesen Geist in uns wirken, damit wir in der Welt dein Wort weitersagen und man uns erkennt an unserem Glauben, unserer Hoffnung und unserer Liebe. Darum bitten wir heute und für alle Tage unseres Lebens bis in Ewigkeit.

Segensbitte / Entlassung
Es segne uns der Vater, dessen Wort uns zur Wahrheit führt.
Es segne uns der Sohn, dessen Freude in uns ist.
Es segne uns der Geist, dessen Kraft uns auf den Weg Jesu schickt.
So gehen wir im Namen des Vaters, des Sohnes und des Heiligen Geistes.

Schlusslied
– GL 638,1.2.5: „Nun singe Lob"
– GL 574: „Regina caeli" *(oder deutsch GL 575)*

Pfingsten – Am Tag

I. Predigt (Apg 2,1–11)

Pfingsten – die Entwirrung Babels

Liebliches Fest?
„Pfingsten, das liebliche Fest war gekommen" ... Wir haben es alle im Ohr. Was Goethe in gehobener Sprache ausdrückt, benennt man heute banaler: Pfingsten, Fest für Ausflüge und bisweilen Sonnenbäder. Diese Beschreibung trifft das gängige Festtagsgefühl, auch das vieler Christen. Aber dies ist nur das bürgerliche Festverständnis, vom christlichen sozusagen Lichtjahre entfernt. Denn christlich ist Pfingsten ganz und gar kein liebliches Fest, schon gar nicht ein harmonisches. Es ist das Fest der Erschütterung, des Umsturzes, der Entwurzelung der menschlichen Machenschaften und des unerwarteten, menschlich nicht machbaren Neuanfangs von oben her, aus Gottes Kraft. Wir kennen alle die Geschichte vom Pfingstereignis: Nachdem Sturm und Feuerzungen, Zeichen des Umbruchs, sich gelegt hatten, zeigte sich das umwerfend Neue. Die Jünger mit Petrus an der Spitze, treten hinaus an die Öffentlichkeit und sagen vor aller Welt, was sie bisher nur hinter vorgehaltener Hand zu flüstern wagten, nämlich: Dieser Jesus war und ist der Christus Gottes. Ihr habe ihn beseitigt und alles zerstören wollen. Aber es ist ein Neuanfang möglich; kehret um! Und da geschieht das Neue und Unvorstellbare: Die Menschen aus aller Herren Länder verstehen die Jünger; sie hören sie in ihrer eigenen Muttersprache reden und verstehen sie. Was bedeutet das? War dies eine Art urchristliches Esperanto, eine urchristliche Weltsprache? Nein! Es geht bei diesem Ereignis um etwas ganz anderes, etwas ganz Zentrales, das Kirche und Gemeinde am Nerv trifft.

Turmbau zu Babel
Dieses Sprachenwunder spielt auf eine uralte Geschichte aus dem frühesten Erinnerungsvermögen Israels an: Da war eine Stadt, Babel genannt; die Menschen dort besaßen alle moderne Technologie; es gab Architekten, Baumeister und Handwerker; und es gefiel ihnen so gut in ihrer Stadt, dass sie beschlossen, den Auftrag Gottes, nämlich: „Seid fruchtbar und vermehrt euch und bevölkert die Erde" (Gen 1,28a) nicht zu erfüllen. Sie beschließen, beisammen zu bleiben und ihren eigenen Plänen und Vorstellungen zu folgen. Zudem befällt sie Größenwahn; sie wollen sich ein Denkmal setzen, einen Turm bauen, einen einmaligen, unübertrefflichen; dessen Spitze soll den Himmel Gottes ankratzen. Sie wollen austesten, was ihnen alles machbar ist. Und Gott? Er schaut herab und – nun wird die Ironie unüberhörbar – der Riesenturm der Menschen ist für ihn so winzig, dass Gott ihn sozusagen nicht einmal mit dem Fernglas ausmachen kann. Deshalb steigt er herab, um die lächerliche Gebilde begutachten zu können. Er sieht die Architekten und Handwerker, all die Menschen, die ganz von ihrer wichtigen Sache eingenommen sind, weil sie sich einen großen Namen machen wollen; und er hört ihre gotteslästerlichen Reden. Da erfasst ihn Zorn; er verwirrt die Sprache der Menschen, so dass sie einander nicht mehr verstehen. So bläst er die widerspenstigen Menschen auseinander: Das ist Babel!
Babel ist Verwirrung, Wirrwarr, Wirrsal, Durcheinander, Ungerechtigkeit, Unrecht, Unversöhnlichkeit. Babel bedeutet: Der Mensch will sein eigener Herr sein und deshalb ist er des anderen Menschen Wolf. Babel ist Hass, Lüge, Zwietracht, Neid, Streit, Eifersucht.

Pfingsten – Babel

Am Pfingsttag geschieht nun das umwerfend Neue: Alle Menschen, obwohl aus den verschiedensten Ländern, verstehen einander. Das Sprachengewirr ist aufgehoben. Pfingsten hebt Babel auf. Pfingsten ist das Gegenbild zu Babel! Kirche ist das Gegenbild zu Babel!

Kirche ist in ihrem Ursprung selbstlose Liebe, Gemeinsamkeit, Offenheit, Verstehen, Versöhnungsbereitschaft, Vergebung, Neuanfang, Geschwisterlichkeit, Einheit und Eintracht. Aber Kirche ist nicht ein verschwommenes, unverbindliches Verstehen und Miteinander; nicht wie bei einem Verein nach Lust und Laune und Sympathie, sondern Kirche ist ein anspruchsvolles Verstehen und Miteinander. Vom Geist Jesu Christi her und auf Christus als den einzigen Herrn hin; ein Verstehen und Miteinander, für das er allein den Maßstab setzt. Dies ist also Pfingsten; dies ist Kirche; dies ist die Aufhebung von Babel!

Können wir uns nun beruhigt zurücklehnen, weil doch seit Pfingsten alles so schön und gut ist? Nein, jeder von uns spürt den Widerspruch und den Stachel. Pfingsten ist kein Automatismus. Kirche hebt nicht einfach automatisch Babel auf. Pfingsten, das ist ein Angebot, ein Geschenk des Geistes Gottes. Wir können aber dieses Geschenk ausschlagen; die Kirche kann dies anstrengende, dies beunruhigende und bestürzende Geschenk des Geistes ausschlagen. Wir können uns gegen Gott und seinen Geist abriegeln, den Geist auslöschen, uns die Ohren zuhalten, das Herz verschließen, weil wir uns nicht dreinreden lassen wollen in unsere Pläne und Machenschaften. Wenn Kirche solches tut, verleugnet sie sich selbst; sie verliert ihr Innerstes. Kirche kann wieder Babel werden – und sogar schlimmer als Babel.

Kirche – Babel

Wie sieht das aus, wenn aus der Kirche Babel wird? Babylonische Kirche ist, wo es Parteiungen, Streit, Zwietracht in unseren Gemeinden gibt, wo Konservative und Progressive einander bösartig verdächtigen, einander den rechten Glauben absprechen; wo die Etablierten und die Jugendlichen einander nicht mehr anhören und verstehen wollen; wo ausgegrenzt wird: Da ist Babel! Wo aber jeder zu Wort kommen kann, wo nicht alle uniformiert im Gleichschritt marschieren müssen, sondern wo die Einheit in der Vielfalt von Diensten, Ämtern und Gnadengaben herrscht: Da ist Kirche! – Wo in der Kirche Größenwahn, Karrieredenken und Machtdenken herrschen, Pöstchen geschoben und Lieblingsinteressen verfolgt werden: Da ist Babel! Wo aber selbstlos dem Volk Jesu Christi gedient wird; wo auch noch das höchste Amt als ein Dienst verstanden wird, der allein und unbestechlich dem Maßstab Jesu Christi und des Evangeliums verpflichtet ist: Da ist Kirche! – Wo in der Kirche offener oder halbverdeckter Hass am Werk ist, Neid, Eifersüchteleien und hinterhältige Intrigenspiele: Da ist Babel! Wo aber Zusammenarbeit, Verzicht auf den eigenen Vorteil, Versöhnung in Gerechtigkeit und Wahrheit herrschen, da ist Kirche! – Wo in Gremien und Sitzungen taktiert wird, im Kirchengemeinderat, im Dekanatsrat, im Diözesanrat, in der Bischofskonferenz, in weltkirchlichen Gremien; wo man sich dauernd fragen muss, was will einer eigentlich mit dem, was er sagt? Was steckt eigentlich dahinter? Wo jeder eine undurchsichtige Maske trägt: Da ist Babel! Wo aber offen und ehrlich miteinander umgegangen wird, wo Konflikte, Erwartungen, Ärger, Verletztheit, auch Gefühle und Schuld benannt, ausgesprochen, angegangen, bewältigt und gemeinsam getragen werden: Da ist Kirche! – Wo Unwahrhaftigkeit, Verlogenheit und Täuschung in unserer Kirche ihr Unwesen treiben; wo viel von Frieden geredet wird, aber eigentlich nur die unbequemen Mahner klein gehalten werden sollen; wo kasuistisch verdreht und gelogen wird: Da ist Babel! Wo aber die Wahrheit in Liebe getan wird: Da ist Kirche!

Man könnte diese Litanei fortsetzen. Die Geschichte der Kirche und die Geschichte der Pfarrgemeinden in der Vergangenheit und auch in der Gegenwart bieten hinreichend Material dazu.

Offenheit für den Geist
Wenn aber unsere Kirche immer wieder in der Gefahr steht, Babel zu werden und es da und dort auch tatsächlich ist, was ist dann zu tun? Dann kann es nicht als erstes darum gehen, mit Sitzung und Satzung das Übel anzugehen, noch neue Organisationen zu gründen oder neue Gremien einzuberufen. Zwar müssen auch die Strukturen in der Kirche evangelisiert werden, und dies ist eine drängende Aufgabe; aber das babylonische Drachenhaupt in der Kirche ist nicht in erster Linie durch gekonntes Management in den Griff zu bekommen. Denn die Kirche ist am Pfingsttag, an ihrem Geburtstag, nicht aus einer Sitzung hervorgegangen, sondern aus einer doppelten Haltung: Die Jüngerinnen und Jünger im Saal in Jerusalem waren offen und bereit für das Wirken des Heiligen Geistes Gottes, auch für sein unvorhersehbares, überraschendes, beunruhigendes, sehr unbequemes Wirken. Und das Zweite: Sie haben gebetet, immer wieder und ernsthaft und ehrlich gebetet, neun Tage lang und auch danach. Ja, das ist es: Wir organisieren zuviel, wir beten zu wenig! Darum erkennen wir so schlecht, woher der Wind des Geistes weht!

Bernhard Krautter

II. Elemente für eine Wort-Gottes-Feier

1. Eröffnung

Eröffnungsgesang
– GL 241,1–3: „Komm, Heilger Geist"
– GL 249,1–3: „Der Geist des Herrn"

Liturgischer Gruß / Einführung
Im Namen des Vaters ...
Der Geist der Wahrheit, den uns Jesus Christus verheißen hat, falle auf uns herab!
Alle Welt redet von Erneuerung und Reformen – wir auch! Doch wie doppelzüngig solches Reden sein kann, erleben wir an der Politik: Sie sollten nicht „Reformen" sagen, sondern „Kürzungen", lautet ein spitzer Kommentar. – Auch in unserer Kirche ist nicht immer klar, was hinter der Reform-Rhetorik wirklich steckt. Was ist mit „Reform" gemeint? In welche Richtung soll denn erneuert werden? Eine zum Psychokonzern und Sozialdienstleister ausgedünnte Kirche, – ist es das? Oder eine umgestylte und für Machthaber handhabbar gemachte Kirche – ist es das? Ist das geistgewirkte Erneuerung? Entspricht das dem Wesen der Kirche Jesu Christi? Wir brauchen den Heiligen Geist, dass er uns unterscheiden lehrt. Bitten wir heute, Gott möge ihn herabfallen lassen auf uns, dass er uns und unserer ganzen Kirche die Wege zu jesusgemäßer Erneuerung zeige.

Christus-Rufe
– GL 518,1.8.9: „Herr Jesus, König ewiglich"
– GL 764,55–60: „Lass uns nicht fallen zurück in den Staub" *(gesprochen); nach je zwei Versen*

Pfingsten – Am Tag 160

Akklamation:

ostkirchlich

Eröffnungsgebet
Allmächtiger, ewiger Gott, durch das Geheimnis des heutigen Tages heiligst du deine Kirche in allen Völkern und Nationen. Erfülle die ganze Welt mit den Gaben des Heiligen Geistes, und was deine Liebe am Anfang der Kirche gewirkt hat, das wirke sie auch heute in den Herzen aller, die an dich glauben. Darum bitten wir durch Jesus Christus, deinen Sohn, unseren Herrn und Gott, der in der Einheit des Heiligen Geistes mit dir lebt und herrscht in alle Ewigkeit.

2. Verkündigung des Wortes Gottes

Hinführung zur Ersten Lesung (Apg 2,1–11)
Die Apostelgeschichte zeigt uns: Das Eigentliche der Kirche kommt „von oben", von Gott her, von Jesus Christus her. Er bewirkt, dass die ängstlichen Jünger sich plötzlich nach draußen wagen. Gottes Geist ermöglicht, dass Menschen Mut bekommen, Jesus Christus öffentlich zu bezeugen.

Psalm / Gesang
– GL 253,1.2: „Sende aus deinen Geist", VV. 1–8.

Hinführung zur Zweiten Lesung (Gal 5,16–25)
Im Galaterbrief beschreibt Paulus die Situation der Christen in der Welt und Gesellschaft – damals und heute. Er verwendet das Gegensatzpaar „Fleisch" – „Geist". „Fleisch" meint den Zeitgeist, die selbstherrliche, nur auf Spaß und Profit ausgerichtete Existenz; „Geist" meint die göttliche Gabe des auferstandenen Christus.

Ruf vor dem Evangelium
– GL 244: „Komm herab" (Pfingstsequenz) mit GL 532,1: „Halleluja" mit Vers aus dem Kantorenbuch oder Lektionar – „Halleluja"

Hinführung zum Evangelium (Joh 15,26–27;16,12–15)
Im heutigen Evangelium hören wir ein kühnes Wort über das Wirken des Heiligen Geistes: „Er wird uns in die ganze Wahrheit einführen." – Das meint nicht noch mehr Informationen, sondern dass Gottes Geist der Kirche hilft, ihre Sendung auch in neuen, schwierigen Zeiten zu erkennen und zu leben.

Predigt / Auslegung
– *Stille* –

3. Antwort der Gemeinde

Predigtlied
- GL 634,1.5.6: „Dank sei dir, Vater"
- GL 639,2.3.4: „Auf Zion hoch gegründet"

Allgemeines Gebet / Fürbitten
Gott, dein Heiliger Geist weht immer noch, wo er will. Lass ihn auch herabfallen auf unsere Kirche und Gemeinde, auf unsere Welt:
- Sende uns und der ganzen Kirche deinen Geist der Unruhe, der aus der lähmenden Bequemlichkeit aufschreckt.

Ruf:
V.A.:

oder GL 253,1: „Sende aus deinen Geist"

- Sende uns ... deinen Geist der Unterscheidung, der Klarheit schafft zwischen dem oberflächlichen Zeitgeist und dem Ruf Jesu. – A.:
- Sende uns ... deinen Geist der Lebendigkeit, der Stagnation und geistlose Rituale wegfegt. – A.:
- Sende uns ... deinen Geist der Sohnschaft, der vor Liebedienerei und Kungelei mit den Mächtigen bewahrt. – A.:
- Sende uns ... deinen Geist der Wahrheit, der Verharmlosung und Banalisierung der Botschaft Jesu entlarvt. – A.:
- Sende uns ... deinen Geist der Kraft, der aufrecht gehen lässt inmitten aufgeweichter Rückgrate. – A.:
- Sende uns ... deinen Geist, der trotz starker Strömungen gegen den Strom schwimmen lässt. – A.:
- Sende uns ... deinen Geist der Zuversicht, der Halt gewährt und noch im Aussichtslosen Funken schlägt. – A.:
- Sende uns ... deinen Geist der Menschlichkeit, der dazu drängt, diese Welt nach dem Vorbild deines Sohnes zu gestalten. – A.:

Gott und Vater, dir sei Ehre, Macht und Herrlichkeit in Ewigkeit.

Vater unser
Wir haben den Geist empfangen, der uns zu Kindern Gottes macht. Darum wagen wir zu beten:
- GL 362: „Vater unser"

Loblied / Danklied
- GL 245,1.3.5.6: „Komm, Schöpfer Geist"
- GL 830,1.3.4: „Du, Herr, gabst uns dein festes Wort" (Freiburg/Rottenburg-Stuttgart)

Text zur Meditation

Neue Hoffnung, neuer Geist:
Türme der Macht zerschellen,
Brücken des Verstehens führen zueinander;
Sprache der Herrschenden verwirrt,
Sprache des Geistes verbindet;
Verlangen nach Ehre sucht
eigene Größe,
selbstloser Dienst bringt
Segen.

Neue Hoffnung, neuer Geist:
Ängstlichkeit fasst Mut,
reißt Türen auf.
Kirche verjüngt
aus heiligem Ursprung.
Selbstherrlichkeit wandelt sich
in Verherrlichung
Gottes.

Absatz 1 von *M. Andrea Stratmann*

4. Abschluss

Schlussgebet
Gott und Vater, du Lebensspender, du hast den betenden Jüngern den Heiligen Geist gesandt. Lass ihn auch über uns kommen, dass er uns recht beten lehre und uns zu mutigen Zeugen Jesu forme. Darum bitten wir durch Jesus Christus, unseren Herrn.

Segensbitte / Entlassung
Der gütige Gott hat am heutigen Tag die Jünger durch die Eingießung des Heiligen Geistes erleuchtet; er segne uns und schenke uns den Reichtum seiner Gaben.
Jenes Feuer, das in vielen Zungen auf die Jünger herabkam, reinige unsere Herzen und entzünde in uns die göttliche Liebe.
Der Heilige Geist, der die vielen Sprachen im Bekenntnis des Glaubens geeint hat, festige uns in der Wahrheit und führe uns vom Glauben zu Schauen.
Das gewähre uns der dreieinige Gott, der Vater, der Sohn und der Heilige Geist.

Schlusslied
- GL 257,5: „Dich, Gott Vater auf dem Thron"
- GL 249,4: „Der Geist des Herrn"

Hochfest Dreifaltigkeitssonntag

I. Predigt (Röm 8,14–17)

Geistgewirkte Sohnschaft

Rückfall in die Barbarei
Es gibt schockierende Meldungen über Sklavenhandel und Sklaverei im Sudan. Dort sind es besonders reiche Muslime, die sich im Krieg „erbeutete" Kinder und Frauen der sog. „Ungläubigen" – das sind wir Christen – als Sklaven nehmen, um sie so zu demütigen. Wo Krieg, Hass und Feindschaft herrschen, da lebt solche Barbarei wieder auf, die wir längst überwunden glaubten.

Sklaverei im Neuen Testament

In der Zeit, in der das Neue Testament entstanden ist, war im ganzen griechisch-römischen Kulturraum Sklaverei eine Selbstverständlichkeit. Diese Tatsache hat auch im Neuen Testament Spuren hinterlassen. Dabei ist für uns überraschend, dass die Abschaffung der Sklaverei im Neuen Testament kein Topthema ist. Was wir heute als gravierende Menschenrechtsverletzung und strukturelles Unrecht verurteilen würden, wird zunächst einfach hingenommen. So wird im 1. Timotheusbrief nur gemahnt, die Sklaven sollen ihren Herren Ehre erweisen (6,1), und im Titusbrief, sie sollen ihren Herren gehorchen (2,9). Trotzdem ist der Vorwurf der Systemstabilisierung nicht gerechtfertigt, denn bei Paulus finden wir Ansätze, die Sklaverei von innen her zu überwinden. So etwa im Galaterbrief, wo er darauf hinweist, dass der Unterschied zwischen Sklaven und Freien prinzipiell aufgehoben ist: „denn ihr alle seid einer in Christus" (Gal 3,28). Solche Worte hatten auch gesellschaftliche Sprengkraft. Noch deutlicher im Philemonbrief, dem einzigen Privatbrief des Paulus: Darin bittet er den Christen Philemon, seinen entlaufenen Sklaven Onesimos, der inzwischen auch Christ geworden war, nicht zu bestrafen, sondern wieder aufzunehmen, und zwar nicht als Sklaven, sondern als geliebten Bruder. Es ist klar: Man kann nicht miteinander Eucharistie feiern und einander den Friedensgruß geben und dann wie Herr und Sklave miteinander umgehen. Von der Wurzel her wird im Neuen Testament also das Problem der Sklaverei angegangen. Denn mit der Eingliederung in Christus haben sowohl die Sklaven wie die Herren einen neuen Status erhalten.

Sklaven vor Gott?

Für uns ist nun noch wichtiger, dass der Apostel die Sklavenfrage theologisch nutzt, um unser Gottesverhältnis zu erhellen. Ein Beispiel dafür ist die heutige Lesung. Paulus und seine Adressaten wissen, dass in den heidnischen Religionen des griechisch-römischen Kulturraumes die Menschen Angst haben vor Gott und den Göttern. Sie fürchten, den Zorn der Götter zu erregen, so dass diese ihnen Schaden zufügen könnten, sie mit Unwettern, Erdbeben, Dürre heimsuchen und in Lebensgefahr bringen könnten. Man suchte also, die Götter günstig und geneigt zu stimmen durch verschiedene Opfer. All diese Rituale waren letztlich von Angst motiviert. –

Söhne und Töchter Gottes

Das ist nun eben nicht das Gottesverhältnis der Christen, sagt Paulus. Und er wird nicht müde, den neubekehrten Christen dieses Neue bewusst zu machen: So stehen wir Christen nicht vor Gott, dem Vater Jesu Christi, hören wir in der heutigen Lesung: „Denn ihr habt nicht einen Geist empfangen, der euch zu Sklaven macht, so dass ihr euch immer noch fürchten müsstet" (15a). Nein, wir sind keine Sklaven vor Gott; wir brauchen uns vor Gott nicht zu ängstigen; wir brauchen keine Besänftigungsriten anzuwenden, um Gott gnädig zu stimmen. Gott will uns nicht das Kreuz brechen und klein halten. Wir brauchen also nicht mit gekrümmtem Rücken vor Gott hinzutreten. Nein, wir dürfen uns aufrichten und den Blick frei zu Gott erheben. Wenn wir freiwillig vor Gott knien, dann nicht aus Zwang und sklavischer Furcht, sondern als Anerkennung seiner Größe und als Anbetung: „Du bist der unermesslich Überlegene, der Heilige, der Ursprung alles Seienden; wir sind aus dem Nichts genommen!" Weil wir keine Sklaven vor Gott sind, nennt Paulus uns Söhne und Töchter Gottes: „Ihr habt den Geist empfangen, der euch zu Söhnen und Töchtern macht, den Geist, in dem wir rufen: Abba, Vater!" (15b)

Abba

Wie zeigt sich konkret, dass wir Söhne und Töchter Gottes sind? Zum einen darin, dass wir zu Gott „Vater" sagen dürfen. So hat es Jesus uns gelehrt: „Wenn ihr betet, ... sagt:

Vater unser im Himmel." Genau genommen nennen wir Gott nicht Vater, sondern Abba. In der Muttersprache Jesu, also im Aramäischen, ist dies das Kosewort der kleinen Kinder für den Vater der Familie. Wir können es übersetzen mit „Väterchen, Vati oder Papi". So vertraulich hat Jesus Gott genannt und uns erlaubt, Gott ebenfalls so anzusprechen. Darin ist ein unglaublich enges und zärtliches Vertrauens- und Liebesverhältnis zwischen uns und Gott ausgedrückt. –
Unser Sohn- und Tochtersein vor Gott zeigt sich aber auch darin, dass wir uns vom Geist Gottes leiten lassen: „Denn alle, die sich vom Geist Gottes leiten lassen, sind Söhne und Töchter Gottes." (14) Gotteskindschaft verträgt sich nicht mit dem Hinterherrennen hinter jedem Trend, jeder Mode und jedem Gerede und mit Anpassung an das, was gerade in der Gesellschaft, der Clique, dem Clan „in" ist. Gotteskindschaft heißt, auf die Einflüsterungen des Heiligen Geistes hören, mit denen er uns die Worte Jesu in der jeweiligen Situation auslegt. Nur als Geistgeleitete erweisen wir uns als Söhne und Töchter Gottes.

Geistempfang
Wie kommt nun diese Gotteskindschaft zustande? Paulus sagt es uns: „Ihr habt den Geist empfangen, der euch zu Söhnen und Töchtern macht." Empfangen in der Taufe und Firmung und damit Anteil erhalten am Auferstehungsleben des Christus. Tief im Innersten unserer Existenz atmet der Geist Jesu Christi, der ihn schon in seinem irdischen Dasein belebt, angetrieben und erfüllt hat. Wir sind angeschlossen an den Lebenskreislauf Christi und deshalb seine Schwestern und Brüder und als solche auch Söhne und Töchter Gottes.

Erben
Schließlich zieht Paulus noch eine wichtige Schlussfolgerung aus unserer Gotteskindschaft: Wir sind „Erben Gottes und Miterben Christi". Der Sklave erbt nicht; er wird vererbt wie ein Gegenstand. Söhne und Töchter aber erben das Vermögen der Eltern. So erben wir den Reichtum Gottes. Wir werden Teilhaber am vollendeten Gottesreich; an der Freude nie endenden Lebens, an der Gemeinschaft des dreifaltigen Gottes. Wir werden hineingezogen in diesen lebendigen Austausch von Schenken und Empfangen, Mitteilen und Überraschen, Geben und Nehmen. Nicht zu einem einsamen, sich langweilenden Gott gehören wir, sondern zu dem Gott, der in sich dynamische Beziehung, sprudelndes Leben, dreifach gesteigerte Einheit von überquellender Liebe und Herrlichkeit ist. Der uns daran jetzt schon beteiligt, ist der Heilige Geist des Vaters und des Sohnes. „Wir glauben an den Heiligen Geist, der Herr ist und lebendig macht, der aus dem Vater und dem Sohn hervorgeht, der mit dem Vater und dem Sohn angebetet und verherrlicht wird." – So soll es geschehen, jetzt durch uns!

Bernhard Krautter

II. Elemente für eine Wort-Gottes-Feier

1. Eröffnung

Eröffnungsgesang
– GL 642,1–3: „Eine große Stadt"
– GL 457,1–3: „Allein Gott in der Höh sei Ehr"

Liturgischer Gruß / Einführung
Am heutigen Dreifaltigkeitsfest wollen wir den Gottesdienst ganz bewusst beginnen: Im Namen des Vaters und des Sohnes und des Heiligen Geistes.

Die Gnade unseres Herrn Jesus Christus, die Liebe Gottes des Vaters und die Gemeinschaft des Heiligen Geistes ist mit uns allen. Amen.
Das heutige Hochfest führt das ganze Kirchenjahr auf seinen Urgrund und sein Ziel zurück: auf den dreifaltigen Gott. Vom ewigen Vater geht alles Leben aus, sein Sohn Jesus Christus führt uns verirrte Menschen zum Vater zurück, sein Geist leitet die Kirche bis zur Rückkehr ihres Herrn, der dann sein Reich dem Vater übergibt. In diesem gewaltigen Prozess liegt der Sinn der Weltgeschichte und auch unseres Lebens verborgen. – Damit wir nicht gedankenlos vor Gott hintreten, wollen wir kurz innehalten.
– *Stille* –
Jesus Christus hat uns die rettende Liebe des Vaters gezeigt und seinen Geist geschenkt. Darum preisen wir ihn als unseren Herrn:

Christus-Rufe
Herr Jesus Christus, du hast uns die Liebe des Vaters geoffenbart. –
Akklamation: GL 174: „Jesus Christus ist der Herr"
    oder: „Lob sei dir, Halleluja!" (*nach GL 260,4. Zeile*)
Du zeigst uns den Weg zum Vater. –
Herr Jesus Christus, du bist die leibhafte Nähe Gottes. –
Du bist das menschliche Angesicht seiner Herrlichkeit. –
Herr Jesus Christus, du schenkst uns die Lebendigkeit des Geistes. –
In seiner Macht erhebst du uns zu Kindern und Erben des Reiches. –
(Kann auch auf die Melodie – GL 495 gesungen werden; dann muss die Akklamation entsprechend transponiert werden.)
oder:
„Herr Jesus, du Sohn des lebendigen Gottes" *(Melodie wie – GL 495)*
Akklamation: „Ehre sie dir mit dem Geist und dem Vater in den Höhen!" (*GL 486,4. und 5. Zeile*)
Du Gott von Gott und Licht vom Lichte. –
Herr Christus, du bist einer von uns geworden. –
Du bist auferstanden und erhöht zum Vater. –
Herr Jesus, durch dich hat Gott uns den Geist geschenkt. –
Du bist der Herr deiner Kirche. –

Eröffnungsgebet
Heiliger Gott, du bist unsagbar größer, als wir Menschen begreifen: Du bist einzigartig und doch dreifaltig; du wohnst in unzugänglichem Licht und doch bist du uns näher, als wir uns selber; du bist von Ewigkeit her und trittst doch in unsere Mitte; du bist erhaben und lebendig; du lässt dich erfahren und doch bleibst du uns fremd. Gib, dass wir heute mit Ehrfurcht vor dir stehen und froh werden in deiner Nähe. Darum bitten wir dich, den Vater, durch Christus, unseren Bruder, der in der Einheit des Heiligen Geistes mit dir lebt und mit uns geht – bis in die Ewigkeit.

2. Verkündigung des Wortes Gottes

Hinführung zur Ersten Lesung (Dtn 4,32–34.39–40)
Gott lässt sein Volk nicht im Dunkeln tappen. Er selbst ist als Schöpfer der Welt und als Urheber des Bundes mit seinem Volk ins helle Licht der Weltgeschichte getreten. Seine Gebote weisen den Weg zum Leben.

Psalm / Gesang
– GL 507: „Ehre sei Gott"
– GL 741,1.2: „Freut euch", VV. 1–6.

Hochfest Dreifaltigkeitssonntag

– V./A.:

(GL 876, gekürzt; Freiburg/Rottenburg-Stuttgart)

Hinführung zur Zweiten Lesung (Röm 8,14–17)
Der Geist Gottes macht uns aus Sklaven zu Töchtern und Söhnen Gottes, die jetzt schon am dreifaltigen Gottesleben teilhaben. Aber noch mehr: Wir sind auch mit Christus Erben der Gottesherrlichkeit – sofern wir uns vom Geist Gottes leiten lassen.

Ruf vor dem Evangelium
– GL 279,1–5: „Dreifaltiger verborgner Gott"; *anschließend* GL 530,8: „Halleluja" mit GL 915,1: „Preis sei Gott" – „Halleluja"

(GL 915; Freiburg/Rottenburg-Stuttgart)

Hinführung zum Evangelium (Mt 28,16–20)
Der Auferstandene sendet seine Jünger zu allen Menschen, dass sie verkünden und taufen auf den Namen des dreifaltigen Gottes. Denn Christsein heißt Einbezogensein in das innerste Leben Gottes.

Predigt / Auslegung
– *Stille* –

3. Antwort der Gemeinde

Glaubensbekenntnis
– GL 423: „Credo in unum Deum"
– GL 831,1–4: „Wir beten drei Personen" (Freiburg/Rottenburg-Stuttgart); *kann auch*

gesprochen oder nur von einem V. gesungen werden. Nach jeder Strophe antwortet eine Schola: Unterwegs 71: „Te Deum laudamus, wir loben dich, o Gott. Orbis terrae te laudat, der Erdkreis lobt dich, Gott"

– Lied:
1. Ich glaube an den Vater, den Schöpfer dieser Welt,
   der uns mit seiner Liebe in seinen Händen hält.
   Er schuf aus Nichts das Leben, den Mensch als Frau und Mann:
   die Krone seiner Schöpfung. Ich glaube fest daran.

2. Ich glaub' an Jesus Christus, der auf die Erde kam,
   der Mensch wie wir geworden, die Sünde auf sich nahm.
   Er ist am Kreuz gestorben, doch brach er neue Bahn:
   Denn er ist auferstanden. Ich glaube fest daran.

3. Ich glaube an den Geist, den man im Herzen spürt,
   der überall zugegen, uns Gottes Wege führt.
   Er wird die Welt verwandeln und treibt uns weiter an,
   in Gottes Sinn zu handeln. Ich glaube fest daran.

4. Ich glaube an Gemeinschaft mit Gott als Fundament.
   Ich glaube an die Liebe, die einigt, was uns trennt.
   Wir werden auferstehen, wie Christus es getan:
   die Schuld wird uns vergeben. Ich glaube fest daran.

Markus Pytlik
(Quelle unbekannt)

(Melodie nach GL 293: „Auf dich allein", evtl. mit jeweils angefügtem „Halleluja" GL 530,1; oder nach GL 261: „Den Herren will ich loben" oder nach GL 302: „Erhör, o Gott")

Allgemeines Gebet / Fürbitten
Lasst uns beten zu Gott, dem gütigen Vater, der uns durch Jesus Christus im Heiligen Geist sein Erbarmen schenkt.
– Vater im Himmel und auf Erden, du bist eins mit dem Sohn und dem Geist. Bewahre deine Kirche in der Einheit des Glaubens und der Liebe.
– Du hast die Völker der Erde zum Bekenntnis deines Namens gerufen. Führe sie zu deiner Wahrheit und bewahre sie vor Unrecht und Krieg.
– Du hast uns den Geist, den Tröster, verheißen. Stärke und tröste die Armen, die Kranken und die Sterbenden und rüttle uns wach, wenn wir gleichgültig werden.
– Du hast deinen Sohn von den Toten auferweckt. Nimm unsere Verstorbenen hinein in dein lebendiges und liebendes Herz.
Dreifaltiger und dreieiniger Gott, mit dir wollen wir leben: heute und in Ewigkeit.

Vater unser
Wir heißen nicht nur Töchter und Söhne Gottes, sondern wir sind es wirklich. Deshalb beten wir voll Vertrauen: Vater unser

Loblied / Danklied
– GL 266,1–3: „Nun danket alle Gott"
– GL 282: „Lobet und preiset, ihr Völker" – Kanon

Text zur Meditation

Lasst mir meinen Gott,
ihr Schlauköpfe und Studierten.
Zerredet ihn nicht,
macht ihn mir nicht
zum Nebel, zur Formel.

Mein Gott muss ein Gesicht haben,
einen Namen.
Mit einer Formel
kann ich nicht leben,
nicht glücklich sein,
will ich nicht sterben.

Lasst mir meinen Gott,
mit dem ich sprechen kann;
auf den ich hoffen,
von dem ich glauben darf,
dass er mich liebt
über den Tod hinaus.

Denn, wenn das Sterben kommt,
dann habt ihr nur Pillen
und Psychologie
und Achselzucken.
Wer von euch
wird mich dann begleiten?

Und wenn's ums Leben geht,
was könnt ihr mir geben für IHN?
Werdet ihr bei mir sein
und mich lieben wie ER?
Lasst mir meinen Gott!

Paul Roth
(Quelle unbekannt, gekürzt)

4. Abschluss

Schlussgebet
Herr, unser Gott, wir haben das Geheimnis des göttlichen Lebens gefeiert. Wir danken dir, dass du uns daran Anteil geschenkt hast. Gib uns die Kraft, aus diesem Geheimnis unser ganzes Leben zu gestalten und deine Wahrheit und Liebe in unserer Welt zu bezeugen. Dir sei Anbetung, Ehre und Macht in alle Ewigkeit.

Segensbitte / Entlassung
Es segne uns und unsere ganze Gemeinde der Gott des Lebens und der Liebe, der uns erschaffen, erlöst und geheiligt hat: Der Vater, der Sohn, und der Heilige Geist.

Schlusslied
– GL 257,5.6.11: „Dich, Gott Vater"

9. Sonntag im Jahreskreis

I. Predigt (Dtn 5,12-15)

Ein Sabbat für den Herrn

Dem Judentum sei Dank
Keiner der geistigen Menschheitswerte, die die Welt dem Judentum verdankt, hat das Kulturleben so allgemein und so tief geprägt wie der wöchentliche Ruhetag, der Sabbat. Allen übrigen Völkern des Altertums war diese Einrichtung völlig fremd. Das Judentum aber erkannte nicht nur den Segen der Arbeit, sondern auch die Notwendigkeit der wöchentlichen Unterbrechung der Arbeit, um das geistige und körperliche Wohl des Volkes zu sichern. Deshalb wurden der Sabbat und die Sabbatruhe durch ein Religionsgesetz gesichert.

Sabbatruhe als soziale Verpflichtung

„Sechs Tage darfst du schaffen und jede Arbeit tun. Der siebte Tag ist Ruhetag, dem Herrn, deinem Gott geweiht." (13.14a) Wichtig ist aber die Begründung, warum die Israeliten am Sabbat ruhen sollen: „Denk daran: Als du in Ägypten Sklave warst, hat dich der Herr, dein Gott, mit starker Hand und hoch erhobenem Arm herausgeführt." (15a) Es geht also bei der Sabbatruhe nicht nur darum, den Menschen Freizeit zu verschaffen, sondern um etwas Wichtigeres: Du, Israel, hast am eigenen Leib erlebt, was Sklaverei ist und Malochen bedeutet; Gott aber hat dich davon befreit. An jedem Sabbat sollst du deshalb wieder so befreit leben können. – Aber nicht nur Du, sondern auch Sohn und Tochter, Knechte und Mägde, Sklaven und Sklavinnen, die Fremden und sogar Rind, Esel und alles Vieh. Wie Gott Dir, Israel, Freiheit verschafft hat, so sollst auch Du jetzt alle, die in Abhängigkeit sind, die Deine Dreckarbeit und Billiglohnarbeit machen müssen, die Taglöhner und die rechtlosen Ausländer, ja sogar Deine Arbeitstiere und Lasttiere von der Schufterei frei lassen. Wie ich Dir so Du den Andern! Das Sabbatgesetz richtet sich also vor allem an jene, die zu Reichtum und Besitz gekommen sind und andere für sich arbeiten lassen konnten. In Erinnerung an die eigene Befreiung sollen sie für einen Tag darauf verzichten, andere in Abhängigkeit zu halten, damit auch diese sich als Menschen erfahren können, und eben nicht nur als Arbeitstiere.

Der fromme Jude unserer Zeit dehnt das Sabbatgebot sogar auf die Maschinen und technischen Geräte aus. Das Essen wird schon am Vortag bereitet; das Auto bleibt in der Garage; die EL-AL stellt für 24 Stunden den Flugbetrieb ein. Die Sabbatruhe soll uneingeschränkt gelten und durch keinerlei Arbeitshektik gestört werden. – Wir sollten das nicht belächeln; es liegt sehr viel Weisheit darin.

Schabbat – Schalom

Das hebräische Wort Schabbat bedeutet aber nicht einfach ruhen. Anders als das „Wochenende" ist der Sabbat nicht einfach ein Tag des Nichtstuns, des Müßiganges, des Faulenzens. Sabbat bedeutet Ruhen im Sinne von Feiern. Er ist in jüdischem Verständnis der Tag des Feierns und der Freude. Jeden Freitagabend legt sich der Zauber des Sabbats auf das jüdische Haus: die Familie in Sabbatkleidung, der Tisch feierlich gedeckt mit dem silbernen Leuchter, den beiden Sabbatbroten, dem Becher mit Wein als Symbol ungetrübter Sabbatfreude. Die Kinder kommen von einem vorabendlichen Sabbatgottesdienst nach Hause und bringen den Eltern den Sabbatgruß: „Schabbat-Schalom", und sie empfangen den Segen ihrer Eltern. Dann stimmt der Vater an: „Friede mit euch, ihr dienenden Engel, ihr Boten des Höchsten. Ihr kommt ja vom König der Könige her, vom Heiligen, gelobt sei Er ... O kommt, bringt Frieden ... Segnet mich mit Frieden ... Und wenn ihr scheidet, so sei auch dies zum Frieden ... Ihr kommt ja vom König der Könige her, vom Heiligen, gelobt sei Er!" Dann wird der Becher mit Wein erhoben und alle erhalten von den süßen Sabbatbroten. Das Mahl klingt aus mit Gesängen. Dieser Friede, diese Freude soll durch keinen Streit und keine Sorgen getrübt werden. Friede ist also nicht nur die Abwesenheit von Konflikten, sondern das Im-Reinen-Sein mit Gott und mit sich selbst, aber auch mit den Mitmenschen und allen Geschöpfen. Für diesen einen Tag soll alles gut sein.

Der religiöse Charakter des Sabbats

Es wurde schon deutlich, dass die familiäre Sabbatfeier ganz aus der biblischen Tradition Israels lebt. Das Judentum weiß, der Sabbat gehört Gott: „Der siebte Tag ist ein Ruhetag, dem Herrn, deinem Gott geweiht." (14a) Deshalb ist der Gottesdienst am Sabbatmorgen die Mitte. Auf ihn folgt eine theologische Erwachsenenbildung; der Vater sitzt nicht am Stammtisch, sondern diskutiert im synagogalen Lehrhaus mit andern

Männern und dem Rabbi über Texte der Heiligen Schrift. Zu Hause gehört der Tag der Familie. Es wird erzählt, gespielt, gelacht, gesungen, es werden interessante Gespräche geführt. Nicht nur Radio und Fernsehgerät bleiben ausgeschaltet, sondern es verbietet sich auch jedes Wort und jeder Gedanke an Arbeit und Geldverdienen. Der Sabbat soll ein Stück Paradies sein, ein Ausblick und Vorgeschmack auf die messianische Zeit.

„Herrentag"

Im Verlauf der zweiten Generation von Christen löste sich die Kirche in einem schmerzlichen Prozess von der Synagoge. Das deutlichste äußere Zeichen dieser Trennung war, dass die Kirche nicht mehr den 7. Tag als Tag der Ruhe und des Feierns beging, sondern den ersten Arbeitstag nach dem jüdischen Sabbat, weil Jesus an einem solchen Tag auferstanden war. Dieser Tag hieß nun einfach „Herrentag" oder „Tag des Herrn". Im germanischen Kulturraum wurde der „Tag der Sonne" auf den auferstandenen Christus, die Sonne der Welt, umgedeutet: unser Sonntag. Was jedoch über den Bruch mit der Synagoge hinaus geblieben ist, war der Charakter der Sabbat-Feier. Denn auch für uns Christen lautet das Gebot nicht: Du sollst den Sonntag einhalten, sondern: Du sollst den Tag des Herrn *heiligen*!

Erneuerung des Sonntags

Heute ist bei uns Christen hinsichtlich der Feier des Sonntags ein deutlicher Substanzverlust festzustellen. Sonntag ist weithin nur noch der Tag des Ausschlafens, des Vergnügens, der Autoraserei, des übermäßigen Genusses, oft auch des Streites. Geschäftsleute, die Buchführung machen, Lehrer, die Hefte korrigieren, Hausfrauen, die bügeln – das ist wohl keine Seltenheit. So werden Kopf und Herz nicht frei. Könnten wir uns entschließen, durch die Mitfeier des Gottesdienstes, durch gute Gespräche, fröhliches Zusammensein, schöne Erzählungen die Alltagsdinge beiseite zu lassen, dann könnten wir auch den Montag mit neuer Kraft beginnen. –
Und noch ein zweiter Hinweis: Die Feier des Sabbat hat das Judentum in feindlicher Umwelt nicht nur vor Identitätsverlust bewahrt, sondern auch vor Verelendung. Solange eine jüdische Familie – mag sie auch noch so arm sein – getreu dem Gebot sich Woche für Woche den Luxus sauberer Kleidung, eines festlich gedeckten Tisches mit Kerzen, süßem Brot und Wein, mit einer schön gestalteten Feier, Gebeten und kultivierten Gesprächen leistet, kann sie nicht in bloßes, elendes Vegetieren versinken. Der Sabbat sicherte durch Jahrhunderte der Verfolgung und Diskriminierung den Menschen jüdischen Glaubens ihre Würde. Wenn wir das verstünden, gingen wir wohl nicht so leichtfertig mit unseren Sonntagen um.
Ein geistvoller Mann hat zehn Ratschläge formuliert, wie wir den Sonntag zum Sonntag machen können: 1. Beginne den Sonntag am Vorabend; 2. Lass auch jeden Gedanken an Arbeit ruhen; 3. Nimm den Gottesdienst als Einübung in den heiligen Tag des Herrn; 4. Betrachte die Welt und den Nächsten als Geschenk; 5. Gib dem Lobpreis, dem Singen, der Freude und der Dankbarkeit Raum; 6. Verzichte auf Kritik und jede üble Nachrede; 7. Verwirkliche Lebens- und Freundesgemeinschaft; 8. Finde auch Zeit für die Einsamkeit; 9. Mache die Häufung von Frömmigkeitsübungen nicht zur Regel; 10. Träges Herumliegen oder Sich-füttern-lassen von der Unterhaltungsindustrie löschen den Sabbatgeist aus.
Ein so gestalteter Sonntag könnte zum Unterscheidungsmerkmal der Christen in einer postchristlichen, säkularisierten Gesellschaft werden.

Bernhard Krautter

II. Elemente für eine Wort-Gottes-Feier

1. Eröffnung

Eröffnungsgesang
– GL 222,1–3: „Nun freue dich"
– GL 627,2: „Die Freude an Gott" mit GL 916: „Kommt, lasst uns jubeln" (Freiburg/Rottenburg-Stuttgart)

Liturgischer Gruß / Einführung
Im Namen des Vaters ...
Die Gnade unseres Herrn Jesus Christus, des Auferstandenen, ist mit uns.
Wir sind heute zum Gottesdienst versammelt, weil Sonntag ist, der Tag der Auferstehung des Herrn. An diesem Tag will Gott uns befreit sehen: frei von Angst, frei von den alltäglichen Pflichten, frei von Zwängen. An diesem Tag will er uns nicht als Sklaven sehen, sondern als seine befreiten Freunde. Er will uns aber auch frei sehen von unserer Schuld. Darum rufen wir zu ihm:

Christus-Rufe
– GL 523: „Du rufst uns"
– GL 462,2: „Herr, zeige uns die Wege dein"

Eröffnungsgebet
Gott, unser Vater, an jedem Sonntag erinnern wir uns an die Auferstehung deines Sohnes, durch die du uns Menschen die ursprüngliche Würde wiedergeschenkt hast. Lass uns diese Erlösung gläubig feiern und lass sie in täglichen Werken der Liebe an uns wirksam werden. Darum bitten wir durch Jesus Christus, unseren Herrn.

2. Verkündigung des Wortes Gottes

Hinführung zur Ersten Lesung (Dtn 5,12–15)
Nachdem Gott sein Volk aus der Sklaverei in Ägypten befreit hat, gibt er ihm die zehn Worte der Weisung. Damit sichert er für immer die Lebensmöglichkeiten Israels. Sein Eigentumsvolk soll frei sein. Daran erinnert jeder Sabbat.

Psalm / Gesang
– GL 714,1.2: „Herr, du hast Worte", VV. 1–4.6.7
– GL 741,1.2: „Freut euch", VV. 1–4.

Hinführung zur Zweiten Lesung (2 Kor 4,6–11)
Der jüdische Sabbat und der christliche Sonntag sind Tage der Hoffnung. Sie wollen uns einen Vorgeschmack geben von vollständiger Freiheit und vom Leben in Gottes Herrlichkeit. – Aber noch sind wir nicht am Ziel. Das Ende der Leiden ist noch nicht erreicht.

Ruf vor dem Evangelium
– GL 221,1.12: „Halleluja ... Ihr Christen, singet"
– GL 532,1: „Halleluja" mit GL 220,1: „Das ist der Tag", – „Halleluja"

Hinführung zum Evangelium (Mk 2,23–3,6)
Jesu Worte und Taten fordern den Widerspruch der gesetzesfrommen Pharisäer heraus. Doch geht es nicht nur um die andere Auslegung des Sabbatgebotes, sondern um Jesu Anspruch, den Willen Gottes authentisch auszulegen.

Predigt / Auslegung
– Stille –

3. Antwort der Gemeinde

Lobpreis
Wir wollen nun Gott unseren Lobpreis darbringen für das Geschenk des Sonntags:
L.: Das ist der Tag, den der Herr gemacht hat. –
Wir wollen jubeln und uns an ihm freuen!

Akklamation GL 277,1: „Singet, danket unserm Gott"

L.: Du Gott der Allmacht und der Güte, du hast den Sabbat eingesetzt als Tag des Lobes und Dankes für das Werk deiner Schöpfung. Dankbar erheben wir unsere Stimme:

Akklamation: „Singet, danket"

Spr. 1: Du, unser Gott, du hast uns den Sonntag geschenkt, damit wir der Auferstehung deines Sohnes und unserer endgültigen Zukunft gedenken. Wir danken dir für diesen Tag.

Nach den Tagen
der Arbeit
und
der Selbstverlorenheit
schenkst du ihn uns
als Vorausgeld
deiner endgültigen Zukunft.

Das Gedächtnis
deiner kommenden Herrschaft
mache uns frei,
o Herr!

Akklamation: „Singet, danket"

Spr. 2: Du
machst uns
der bleibenden Wirklichkeit
gewiss:
dass unsere Mühen
nicht
ins Leere laufen
und
unser Leben und Sterben
nicht
in Sinnlosigkeit
versandet.

Das Gedächtnis
deiner kommenden Herrschaft
mache uns frei,
o Herr!

9. Sonntag im Jahreskreis

Akklamation: „Singet, danket"

Spr. 3: So können wir
die Last der Vergangenheit
abwerfen
und auch
die Sorge für die Zukunft
fallen lassen.
Hebe du uns
auch
den Schleier der Gegenwart
auf,
damit wir das Wesen
erkennen.
Das Gedächtnis deiner kommenden Herrschaft
mache uns frei, o Herr.

Sigrid M. Seiser

Akklamation: „Singet, danket"

L.: Gütiger Gott, dieser Tag ist ein Geschenk deiner Liebe. Darum preisen wir dich und danken dir durch Jesus, deinen Sohn, im Heiligen Geist:
– GL 458: „Herr, Gott im Himmel"
– GL 507: „Ehre sei Gott im Himmel"

Allgemeines Gebet / Fürbitten
Herr, unser Gott, du wolltest keine Sklaven. Darum hast du uns zu Freunden gemacht. Du hast uns den Sonntag geschenkt als Vorzeichen unserer kommenden Herrlichkeit. Wir bitten dich:
– Lass diesen Sonntag für alle Christen zu einem Tag werden, an dem sie deine befreiende Zuwendung erfahren.
– Steh allen bei, die sich für den Sonntag als Tag des Herrn einsetzen.
– Zeige uns Wege auf, das Befreiende und Hoffnungsvolle des Sonntags in unseren Gemeinden spürbar zu machen.
– Stehe den Unterdrückten und Unfreien bei.
– Zeige den Geängstigten Wege aus ihrer Angst.
– Hilf allen Menschen, die Not leiden.
– Mach uns zu deinen Helferinnen und Helfern bei der Befreiung der Menschen.
– Nimm den Geplagten ihre Lasten ab.
Gott, du führst uns immer wieder aus Unfreiheiten heraus. Sei gepriesen durch deinen Sohn, den Anführer der Befreiten, der bei dir lebt in Ewigkeit.

Vater unser
In der Freude des Sonntags sprechen wir das Gebet des Herrn: Vater unser …

Loblied / Danklied
– GL 227,1–10.12: „Danket Gott"

Text zur Meditation

Feiert den Sonntag
Heiligt den Sonntag
Stört die Ordnung der Welt
Dieser Tag:
ein Leuchtfeuer
Sein Widerschein
soll die Toten
erleuchten
die lebendig Toten

Feiert den Tag
als Fest
so schön
dass es Kerker durchbricht

und Fesseln sprengt –
für einen Tag
Hinreißend
sollt ihr Sonntag
feiern
dass alle sehen:
Freiheit der Versklavten
Auferstehung der Toten

Feiert den Sonntag
Heiligt den Sonntag
Stört die Zivilisation
des Todes!

Sigrid M. Seiser

4. Abschluss

Schlussgebet
Gott und Vater, wir haben die österliche Hoffnung gefeiert. Wir haben erneut die Zusage erhalten, dass du uns nie endendes erfülltes Leben geben willst. Hilf uns, diese geschenkte Hoffnung im grauen Alltag weiterzugeben. Das erbitten wir durch Jesus Christus, unseren Herrn.

Segensbitte / Entlassung
Der Allmächtige Gott hat uns durch die Auferstehung seines Sohnes aus Sünde und Tod befreit; er segne uns und schenke uns seine Freude. Und Christus, mit dem wir auferstanden sind durch den Glauben, bewahre in uns die Gabe der Erlösung.
Gott hat uns den Sonntag gegeben als Zeichen der Erlösung. Er schenke uns auch die verheißene Zukunft bei ihm. Das gewähre uns der dreieinige Gott, der Vater und der Sohn und der Heilige Geist.

Schlusslied
– GL 266,1–3: „Nun danket alle Gott"
– GL 267,1–4: „Nun danket all"

10. Sonntag im Jahreskreis

I. Predigt (Mk 3,20–35)

Vorbemerkung: Das heutige Evangelium besteht aus drei Szenen. Der jeweilige Abschnitt sollte innerhalb der Predigt unbedingt noch einmal vorgelesen werden, eventuell durch den / die Lektor/in.

Der „unterbelichtete" Jesus

Jesus-Fälschungen
Unter Christen ist es viel zu wenig bekannt, dass es Jesus-Fälschungen gibt – böswillige – und auch fromm gemeinte. Jesus wird bis zur Unkenntlichkeit entstellt; oder bestimmte unverständliche und schroffe Züge an ihm werden verschwiegen oder verharmlost. Das ist schon im Neuen Testament so: Jeder Evangelist hat bestimmte Akzente gesetzt, also sein – einseitiges – Bild von Jesus entworfen. Auch jede Epoche der Kirchengeschichte hat ihre speziellen Vorlieben gehabt und bestimmte Seiten an Jesus in den Vordergrund gestellt: den guten Hirten oder den heilenden Arzt, den Herrscher oder den Schmerzensmann oder den Revolutionär. Bedenklich ist es aber, wenn aus falsch verstandener Frömmigkeit die kantigen Seiten Jesu unterschlagen werden und dann nur noch ein glatter, harmloser, stromlinienförmiger Jesus in den Köpfen der Christen sitzt. Mit solchen unterbelichteten und gern verdrängten Charakterzügen Jesu haben wir es heute zu tun, und es ist gut, wenn wir sehr genau hinschauen.

Der verrückte Jesus *(Mk 3,20f. noch einmal vortragen lassen)*
„Er ist von Sinnen. Er ist verrückt" – sagen die Angehörigen Jesu. Uns sind seine Worte und Taten so vertraut, dass wir kaum noch vorstellen können, wie befremdend sie auf die Menschen in seiner Umgebung gewirkt haben. Damals aber war klar: Wer die Sabbatgebote außer Kraft setzt; wer sich mit dem Satz „ich aber sage euch" über das jüdische Gesetz stellt; wer Aussätzige berührt; wer sich mit Sündern und Zöllnern an einen Tisch setzt – der ist verrückt, abgerückt von gängigen Vorstellungen, weggerückt von den Maßstäben der Gesellschaft; der steht quer zu dem, was die Mehrzahl für richtig hält; der ist eine Gefahr für den öffentlichen Frieden, den sollte man nicht frei herumlaufen lassen, der gehört in Gewahrsam genommen, der gehört in die Klapsmühle. Das sind doch die Gedankengänge der Etablierten, die sich in ihren Machtspielchen gestört fühlen: Wo kämen wir denn da hin?! Die ganze schöne Ordnung gerät ja durcheinander! – Gestört fühlt sich aber auch die Verwandtschaft; die wird ja für Jesu Verrücktheiten auch verantwortlich gemacht. Deshalb wollen sie ihn mit Gewalt (!) zurückholen. – Welch eine peinliche Szene! Der verrückte Jesus: Schon Matthäus und Lukas wagen nicht mehr, dieses Bild zu benützen. Sie lassen die Szene mit den Angehörigen Jesu einfach unter den Tisch fallen, obwohl sie sonst vieles von Markus übernehmen. – Nicht anders verhält es sich mit dem nächsten Abschnitt:

Der schlagfertige Jesus *(Mk 3,22–30 noch einmal vortragen lassen)*
„Er ist von Beelzebul besessen" – meinen die Schriftgelehrten. „Mit Hilfe des Anführers der Dämonen treibt er die Dämonen aus." Sie halten Jesus für einen Teufel, sie ver-teufeln ihn im wahrsten Sinne des Wortes. Doch Jesus begibt sich nicht auf die primitive und gehässige Ebene seiner Gegner. Er kontert, indem er den Vorwurf genauer unter die Lupe nimmt und als widersinnige Dummheit entlarvt: Wenn der Anführer der Dämonen selbst Dämonen austreiben würde, dann würde er ja sein eigenes Grab schaufeln, dann würde er sich ja selbst bekämpfen. Die Theologenkommission, die eigens aus Jerusalem angereist war, ist dem schlagfertigen Jesus nicht gewachsen. – Ebensowenig die Pharisäer, die eine Ehebrecherin zu ihm bringen und ihm eine Fangfrage stellen, auf die es nur falsche Antworten gibt. „Wer von euch ohne Sünde ist, werfe den ersten Stein" – mit diesem Satz befreit sich Jesus souverän aus der heiklen Situation. – Genauso als sie ihm mit der Steuerfrage eine Falle stellen wollten. Es wäre interessant, noch länger beim Bild vom schlagfertigen Jesus zu verweilen und dabei zu sehen, wie er diskutierend und argumentierend alle Einschüchterungsversuche seiner Gegner zunichte macht. – Aber unser Evangelium enthält noch ein drittes ‚unterbelichtetes' Jesus-Bild:

Der anstößige Jesus *(Mk 3,31–35 noch einmal vortragen lassen)*
„Wer ist meine Mutter, und wer sind meine Brüder?" – fragt Jesus provozierend und stößt damit seine Familie, die ihn sehen will, vor den Kopf. Wie passt denn diese unfreundliche, schroffe Reaktion zum Bild der Heiligen Familie im Stall von Betlehem und zum Bild vom sanften Jesus mit dem guten Herzen?! Dieser Widerspruch macht nicht nur uns Schwierigkeiten, sondern auch schon den Evangelisten. Deshalb haben auch hier Matthäus und Lukas eingegriffen und beim Abschreiben diese Szene entschärft. Wer aber genau hinschaut, wird den anstößigen Jesus noch an anderen Stellen des Neuen Testaments finden: Z.B. bei der Wallfahrt nach Jerusalem, anlässlich derer der pubertierende Jesus seinen Eltern unmissverständlich klar macht, dass er seinen eigenen Weg zu gehen beabsichtigt. – Oder bei der Hochzeit zu Kana, wo er seine Mutter geradezu verletzend brüskiert: „Frau, was willst du von mir?" – Oder bei der Auseinandersetzung mit Petrus, der ihn von seinem Weg abbringen will: „Weg mit dir, Satan, geh mir aus den Augen!"; oder bei manchen Diskussionen, in denen er seine Gesprächspartner anfährt: „Ihr Heuchler!"
Der schockierende und harte Jesus ist im Vergleich zum liebenden, friedlichen und geduldigen immer zu kurz gekommen. Aber auch diese Seite gehört zu ihm und darf nicht einfach wegretuschiert werden. Denn gerade in seiner Anstößigkeit hat Jesus viele Denkanstöße, viele Impulse zum Umdenken gegeben.

Verrückte, schlagfertige und anstößige Christen
Der verrückte, der schlagfertige, der anstößige Jesus – wenn wir diese Bilder übermalen oder ganz verstecken, dann beteiligen wir uns an den Jesus-Fälschungen. Für wieviele selbstständig denkende, unverbogene junge Menschen waren diese langweiligen, süßlichen, verkitschten, unmännlichen Jesus-Bilder abstoßend! Wenn sie sich zu solcher Harmlosigkeit verbiegen lassen sollten, das wäre zu viel der Selbstverleugnung! Sie sind lieber weggeblieben. Denn sie haben verstanden: Ein verfälschtes Jesus-Bild verfälscht auch unser Selbstverständnis als Christen. Dann beschränken wir uns darauf, unseren Glauben im Alltag nur in Liebsein, Sanftsein, Gefügigsein auszudrücken und konkret werden zu lassen. Wir müssen uns darüber im Klaren sein, dass jedes Jesus-Bild, das gefälschte, albern verharmloste genauso wie das authentische einen Impuls enthält, eine Aufforderung an jeden, der im Sinne Jesu leben will. Durch ein falsches Jesus-Bild wird er in die Irre geführt, zu einer falschen Christlichkeit und Frömmigkeit.
Wenn z.B. das Bild des Guten Hirten überbetont wird, dann lautet die Konsequenz für uns – in den Worten eines älteren Religionsbuches: „Sei ein folgsames, geduldiges, sanftmütiges, friedfertiges Schäflein in der Herde Christi! Entferne dich nicht vom Guten Hirten!" Wenn jedoch die Anstöße des heutigen Evangeliums mitberücksichtigt werden, dann müsste unser Christsein auch etwas ahnen lassen von der Verrücktheit, der Schlagfertigkeit und der Anstößigkeit Jesu.
Dann hätten wir mehr – im besten Sinn – *verrückte Christen*, die den Mut zu einem eigenständigen Lebensentwurf aufbringen und sich vom Urteil der anderen nicht abhängig machen; die abrücken von einer sich ausbreitenden Ellbogenmentalität; die für Überraschungen gut sind und sich mit einem eintönigen Christsein nicht zufrieden geben.
Dann hätten wir auch mehr *schlagfertige Christen*, die nicht bei jeder Kritik den Kopf einziehen; die sich getrauen, den Großmäulern, Spöttern und dreisten Verdrehern – in der Kirche und außerhalb – mit ihrer persönlichen Überzeugung entgegenzutreten, und die in der Lage wären, sich der Diskussion und manch dümmlicher Kritik am Glauben mit Argumenten zu stellen.
Dann hätten wir schließlich mehr *anstößige Christen*, die andere zum Nachdenken bringen; die nicht den Weg des geringsten Widerstandes gehen, sondern bereit sind,

anzuecken und andere buchstäblich vor den Kopf zu stoßen, manches Brett zu entfernen, das sich dort befindet, manche Mauern, die in diesen Köpfen stehen, zum Einsturz zu bringen. –
Der verrückte, der schlagfertige und der anstößige Jesus: drei ungewöhnliche und vernachlässigte Jesus-Bilder. Nehmen wir sie uns zu Herzen. Sie können uns vor einem langweiligen, unmündigen und fantasielosen Christsein bewahren.

Wolfgang Raible

II. Elemente für eine Wort-Gottes-Feier

1. Eröffnung

Eröffnungsgesang
– GL 640,1.2: „Gott ruft sein Volk"
– GL 668,1–3: „Morgenglanz"

Liturgischer Gruß / Einführung
Im Namen des Vaters …
Der Herr, der uns zusammenruft und zu dessen großer Familie wir gehören, ist in unserer Mitte.
Einer der Vorwürfe gegen uns Kirchgänger lautet: „Die kommen genauso raus wie sie reingegangen sind." Deshalb mahnt ein lateinischer Spruch in einer spätgotischen Kirche, wir sollen gut hineingehen, aber besser herauskommen. („Bonus intra, melior exi!") – Geh hinein mit der Erwartung, ein gutes Wort zu hören, beschenkt und zugleich herausgefordert zu werden, etwas zu erfahren, was deinem Leben eine neue Perspektive eröffnet. Geh hinein mit der Hoffnung, Jesus eine Spur näher zu kommen, etwas von seiner heilenden und zugleich aufrüttelnden Kraft zu spüren. Und komm besser heraus – ermutigt und gestärkt, mit neuen Ideen für die christliche Lebenspraxis im Alltag. Komm heraus mit dem Wunsch, etwas bewusster im Sinn Jesu zu leben. „Geh gut hinein, komm besser heraus!" Das wünsche ich uns allen für diesen Gottesdienst.

Christus-Rufe
– GL 524: „Gott des Vaters ewger Sohn"
– GL 507: „Ehre sei Gott"

Eröffnungsgebet
Herr, unser Gott, dein Sohn ist seinen Weg gegangen, oft unverstanden und von vielen verkannt. Und doch haben die, die ihm vertrauten, in ihm den Erlöser gefunden. Wir bitten dich: Lass uns in seiner Familie unseren Platz finden und lass uns zu Menschen werden, die durch ihr Leben an ihn erinnern. So bitten wir durch ihn, Christus, unseren Bruder und Herrn.

2. Verkündigung des Wortes Gottes

Hinführung zur Ersten Lesung (Gen 3,9–15)
„Ich war's nicht – die anderen sind schuld!" Sie fängt schon bei Adam und Eva an – die Geschichte der menschlichen Ausreden, der Weigerung, für die eigenen Taten geradezustehen. Eine Grunderfahrung, die jedes menschliche Leben prägt.

Psalm / Gesang
– GL 191,1.2: „Beim Herrn ist Barmherzigkeit" mit VV. 1–6.

10. Sonntag im Jahreskreis 178

Hinführung zur Zweiten Lesung (2 Kor 4,13–5,1)
Dass immer mehr Menschen Gott die Ehre geben, das möchte Paulus mit seiner unermüdlichen Missionstätigkeit erreichen. Dass Gott ihm im Himmel ein ewiges Haus bereithält – das lässt ihn die Belastungen seines Dienstes ertragen.

Ruf vor dem Evangelium
– GL 679: „Christus, du Sohn"

Hinführung zum Evangelium (Mk 3,20–35)
An Jesus scheiden sich die Geister. Nicht nur die Schriftgelehrten, sondern auch seine Verwandten nehmen Anstoß an ihm. Andere suchen seine Nähe und wollen seine Worte hören. Aber auch für diese bleibt er unbequem und provozierend.

Predigt / Auslegung
– *Stille* –

3. Antwort der Gemeinde

Glaubensbekenntnis
– GL 467: „Wir glauben"
– GL 830,1.3.4: „Du, Herr, gabst uns dein festes Wort"

Allgemeines Gebet / Fürbitten
Jesus Christus, unser Bruder und Herr, ruft uns auf seinen Weg. Ihn bitten wir:
– Bitten wir um den Geist, der uns hineinführt in die Wahrheit des Lebens Jesu.
– A.: Ruf uns in deine Nachfolge, Herr!
– Bitten wir um die Kraft, den Weg Jesu und nicht den Weg des geringsten Widerstandes zu gehen.
– Bitten wir um die Geschwisterlichkeit, zu der Jesus uns ruft, in der Kirche, in unserer Stadt, in unseren Familien.
– Bitten wir um Menschen, die uns durch ihr Wort und ihr Beispiel einen Lebensstil zeigen, der dem Evangelium entspricht.
– Bitten wir für alle, die wegen ihres Glaubens auf Unverständnis stoßen.
– Bitten wir für alle, denen der Mut zu einem eigenständigen und fantasievollen Christsein fehlt.
Ruf uns, Herr, denn du bist der Weg, die Wahrheit und das Leben, heute und immer bis in Ewigkeit.

Vater unser
Wir wollen beten, wie Jesus es uns gelehrt hat: Vater unser ...

Loblied / Danklied
– GL 280,1–4.6: „Preiset den Herrn"

Text zur Meditation
Was würde sein, wenn es Jesus wirklich gibt,
von dem jeder behauptet, dass er ihn liebt.
Und der steigt zu uns runter, uns zu befrei'n.
Was ihm da passierte in unserem Verein,
das stell ich mir vor und dann wird mir ganz leer.
Kein Mensch erkennt ihn, wenn er unter uns wär.

Jesus – steig nie herab,
du kriegst keine Wohnung

und vom Kuchen nichts ab.
Du kriegst keine Arbeit
und du kommst in den Knast,
weil du radikal und leise
Widerstand geleistet hast.

(Bettina Wegner, Jesus, © Anar. Musik-Verlag, Minheimer Straße 15, 13465 Berlin – gekürzt)

4. Abschluss

Schlussgebet
Herr, unser Gott, du hast uns durch dein Wort gestärkt und Licht geschenkt. Lass uns immer tiefer verstehen, was das Leben deines Sohnes für uns und unsere Welt bedeutet. So bitten wir durch ihn, Christus, unseren Bruder und Herrn.

Segensbitte / Entlassung
Der Herr segne und beschütze uns. Der Herr erhelle das Dunkel, dass wir seinen Weg mit uns erkennen. Er erbarme sich über uns und bleibe uns zugewandt: Der Vater, der Sohn und der Heilige Geist.

Schlusslied
– GL 640,3: „Neu schafft des Geistes Wehen"
– GL 268,1–4: „Singt dem Herrn ein neues Lied"

11. Sonntag im Jahreskreis

I. Predigt (Mk 4,26–29)

(Die VV. 30–34 sind bewusst weggelassen worden, da sie ein anderes Thema ansprechen.)

Der geduldige Bauer

Eine Provokation
Das (erste) Gleichnis, das wir im heutigen Evangelium gehört haben, ist eine Provokation: „Mit dem Reich Gottes ist es, wie wenn ein Mann aussät ... Von selbst, automatisch, bringt die Erde ihre Frucht." Man sage das einmal Kirchenfunktionären: Bei unserer aktionsbetonten Denkweise – „Es muss etwas geschehen!" – kann einen die Ruhe und Gelassenheit, die aus Jesu Worten spricht, eigentlich nur aufregen. Ob es damals ähnlich war?

Die Geduld des Bauern
Alle Gleichnisse Jesu haben eine bestimmte Situation als Hintergrund. Sie wollen auf irgendeine Frage, ein Problem, eine Stimmung antworten; eine Hoffnung wecken, eine Einstellung korrigieren. Wir dürfen uns nicht vorstellen, Jesus sei hippymäßig geruhsam durchs Land gezogen und habe an idyllischen Plätzen ohne irgendeinen Anlass und Grund den Menschen Geschichten erzählt – zur Unterhaltung, wie ein orientalischer Geschichtenerzähler. Auch in diesem Gleichnis geht es nicht um harmlose, romantische Anmutungen über die Natur. Eigentlich steht auch nicht das Wachsen der Saat im Mittelpunkt. Das, worauf Jesus die Aufmerksamkeit seiner Zuhörer und unse-

re Aufmerksamkeit lenken will, ist der Bauer: Er besorgt die Aussaat in einen gut vorbereiteten Boden, und dann kann er nichts mehr tun als Abwarten. Der Alltag läuft weiter mit Aufstehn und Schlafengehn, mit dem Wechsel von Tag und Nacht – bis die Zeit der Ernte da ist. Dann wird sein geduldiges Warten belohnt. – Käme ein Bauer je auf die Idee, das Wachsen der Halme zu beschleunigen, indem er sie jeden Tag ein wenig in die Länge zieht? Niemand täte das! Und trotzdem! So ist es mit dem Gottesreich: So gewiss wie auf die Aussaat die Ernte folgt – auch ohne unser Zutun –, so gewiss wird Gott seine Königsherrschaft herbeiführen.

Das Hintergrundproblem – heute
Warum musste Jesus dies seinen Jüngern, den Menschen um ihn herum sagen? Was hat sie beunruhigt? Wohl das, was Christen auch heute in rastlosen Aktionismus treibt und unter Leistungsdruck setzt, nämlich die Frage: Wird das Ganze ein Erfolg? Müssen wir nicht noch mehr tun? Sollten wir die Sache vielleicht angehn wie Gipfelstürmer, mit geballter Kraft und gesteigertem Tempo? Könnte man nicht etwas nachhelfen; die Dinge von Grund auf umkrempeln; das Reich Gottes gleichsam im Handstreich verwirklichen? Könnten wir es nicht etwas beschleunigen mit noch mehr Gebeten, Andachten, Frömmigkeitsübungen? – Was ist das Gemeinsame solcher Überlegungen und Versuche? Die Ungeduld, die Gewalttätigkeit, die Versagensangst, die irrige Ansicht, das Gottesreich sei eine Sache des menschlichen Machens: planen, Unternehmensziel festlegen, managen, inszenieren; Controlling, Supervision, Werbung; flexibel und kompromissfähig sein, damit die Sache bei den Leuten „ankommt"; d.h. damit etwas Vorzeigbares herauskommt, ein quantitativer Erfolg sich einstellt.

... und damals
Gar nicht so unähnlich der Denkweise bestimmter Gruppierungen zur Zeit Jesu: Die Zeloten, die mit ihren Guerilla-Aktivitäten, mit Überfällen, Morden, Gewalt die Römer aus dem Land vertreiben wollten, damit Gott endlich König sein könnte. Oder bestimmte Richtungen der Pharisäer, die meinten durch genaueste Gesetzesobservanz das Gottesreich herbeizwingen, herbeinötigen zu können; wenn nur ein einziges Mal ganz Israel den Sabbat bis ins Kleinste einhielte, würde der Messias gewiss kommen. Aber auch Menschen, Jünger im Umkreis Jesu mit ihrer Sorge: Würde die Verkündigung Jesu wohl erfolgreich sein? Es ging ihnen offenbar nicht schnell genug voran; Zweifel an Jesu Sendung schienen angebracht. Sollte er nicht entschlossener handeln und eingreifen? Warum tat er es nicht? Warum machte er nicht etwas mehr Druck? –

Gott – der Herr des Projektes
Nein, sagt Jesus. Schaut doch auf den Bauern: Er hat den Boden bereitet, er hat gesät; aber das Wachsen und Fruchtbringen kann er nicht mehr machen. Das „machen" die Erde, die Sonne, der Regen, der Wind. Der Bauer hat das Seine getan; seine Aufgabe, seine „Sendung" erfüllt; dann kann er nichts mehr beitragen, nur noch warten: geduldig, sanft, vertrauensvoll warten. –
So – sagt Jesus – ist es mit dem Gottesreich – und mit mir: Gott hat den enscheidenden Anfang gemacht; er hat mich gesendet, die Botschaft vom Reich auszusäen. Gott selbst aber ist verantwortlich für das Wachstum und das Fruchtbringen: Von selbst bringt die Erde ihre Frucht! – Damit spricht Jesus in verhüllender Weise von Gott: Er gibt Wachstum und Frucht, und zwar nicht überstürzt; nicht indem er Wachstumsstufen überspringt, sondern leise, fast heimlich und stetig. Und so wie Gott Anfang und Wachstum schenkt, so gewiss wird er auch die Zeit der Ernte herbeiführen: Der Einbruch der Gottesherrschaft kommt ganz bestimmt! Es ist also nicht an uns, Gott dauernd vorzugreifen und ihm Dampf zu machen. Wenn wir uns in der Aussaat engagiert haben, ist es an uns, geduldig, sanft, vertrauend, ohne Hektik zu warten, was Gott dar-

aus macht. – Gott ist der Herr des ganzen Projektes. Deshalb ist Jesus voll freudiger, gelassener Zuversicht.

Tun und Überlassen
Heißt das nun für uns, besonders für jene, die im Dienst der Gottesherrschaft stehen, sie könnten die Dinge laufen lassen, sich sozusagen auf die faule Haut legen? Keineswegs! Nirgendwo sagt Jesus: Selig die Faulen. Überall drängt er auf Entscheidung und Engagement. Es kommt alles darauf an, sich *beim Aussäen* zu engagieren. Selig sind also nicht die Untätigen, wohl aber die Sanften, die die „Ernte", das Gottesreich nicht gewaltsam, sozusagen mit der Brechstange erzwingen wollen. Alles, was uns aufgetragen ist, tun, und dann alles Gott überlassen – das ist Jesu Botschaft. Den, der getan hat, was seine Sendung ist, entlastet sie von rastlosem Aktionismus und religiösem Leistungsdruck. Der darf wissen: Es hängt nicht *alles* von mir ab. Ich bin nicht für *alles* verantwortlich. – Das ist aber eine „Leistung" des Vertrauens und manchmal sehr schwer!
Ich habe schon öfter darüber nachgedacht, was wohl Jesu größte Vertrauens-Tat war. Ich meine das war damals, als Jesus erkannte, dass er seine aktive Tätigkeit beenden sollte, um in die Passion zu gehen. Was muss es diesen Mann in der Vollkraft seiner Jahre gekostet haben, alles, wofür er sich verausgabt hatte, aus der Hand zu geben; die Sache nicht zu Ende bringen zu können; sie nicht abrunden zu können; nicht zu erleben, was daraus wird ... Ich denke, diese heroische, menschlich unzumutbare Vertrauens-Tat war das eigentliche Opfer, mit dem er uns den Zugang zum Vater eröffnet hat. – (Hier auf dem Altar geschieht es!)

Sigrid M. Seiser

II. Elemente für eine Wort-Gottes-Feier

1. Eröffnung

Eröffnungsgesang
– GL 519,1–3: „Komm her, freu dich mit uns"
– GL 669,1–3: „Aus meines Herzens Grunde"

Liturgischer Gruß / Einführung
Im Namen des Vaters ...
Gott, der Herr der Zeit und seines Reiches, schenkt uns seinen Segen.
Wir haben eine Vorliebe für die Spektakulären, die Einflussreichen und Macher. Gott hat eine Vorliebe für die Bereitwilligen und Vertrauenden. So war das, angefangen von Abraham, bis hin zu Jesus, diesem jungen Mann aus dem hintersten Winkel von Galiläa, und weiter in der Geschichte der Kirche. – Gott ist aber entschlossen, aus unscheinbaren Anfängen etwas Großes zu machen. Nur wie er das macht, gefällt uns oftmals nicht. Und doch ist allein er es, der für die herrliche Vollendung des kleinen Anfangs bürgt. – Das heutige Evangelium zeigt uns, was unser Beitrag zum Kommen des Gottesreiches ist und was Gott sich allein vorbehalten hat. Öffnen wir uns dieser Botschaft.

Christus-Rufe
– Herr Jesus, armselig im Stall geboren, ohnmächtig am Kreuz gestorben. –
Akklamation GL 174: „Jesus Christus ist der Herr zur Ehre Gottes des Vaters"
– Herr Jesus, auferweckt aus dem Tod, sitzend zur Rechten des Vaters. –
– Herr Jesus, König der Welt, Maßstab der Menschheit. –

11. Sonntag im Jahreskreis

Eröffnungsgebet
Gott, du hast uns, deine Töchter und Söhne, dazu berufen und ermächtigt, einen Beitrag am Aufbau deines Reiches zu leisten. Ermutige uns durch dein Wort, damit wir unseren Teil der Arbeit mit vollem Einsatz tun und vertrauend die Vollendung erwarten, die du allein zu deiner Zeit herbeiführen wirst. Darum bitten wir dich durch Jesus Christus, unseren Bruder und Herrn, der in deiner Herrlichkeit lebt in Ewigkeit.

2. Verkündigung des Wortes Gottes

Hinführung zur Ersten Lesung (Ez 17,22–24)
Teile des Volkes sind in babylonischer Gefangenschaft, fern der Heimat, am Ende: Da, wo Menschen nichts mehr erwarten, eröffnet sich Raum für Gottes rettendes Handeln: Aus einem zarten Spross wird ein mächtiger Baum, der Lebensraum bietet für viele.

Psalm / Gesang
– GL 737,1.2: „Wie schön ist es", VV. 1–5.7

Hinführung zur Zweiten Lesung (2 Kor 5,6–10)
Die Zuversicht des Christen kommt aus dem Wissen, dass Gott das Werk, das er begonnen hat, zu einem guten Ende bringen wird, auch wenn von dieser Vollendung noch nichts zu sehen ist.

Ruf vor dem Evangelium
– GL 530,8: „Halleluja" mit V. aus Lektionar – „Halleluja"

Hinführung zum Evangelium (Mk 4,26–29)
Gott wird zu seiner Zeit die Königsherrschaft herbeiführen – so gewiss, wie auf die Aussaat am Ende die Ernte folgt. Doch jetzt schon ist die herrliche Vollendung am Werk – wenn auch noch unscheinbar und verborgen.

Predigt / Auslegung
– *Stille* –

3. Antwort der Gemeinde

Predigtlied
– GL 290,1.2.5: „Gott wohnt in einem Lichte"
– GL 300,1–3: „Solang es Menschen gibt"

Allgemeines Gebet / Fürbitten
Gott, du bist der Herr deines Reiches. Du hast den Anfang gemacht und bürgst auch für die Vollendung. Als deine Mitarbeiter/Innen bitten wir:
– Gib uns unermüdliche Einsatzbereitschaft beim Aussäen deiner Botschaft.
– Gib uns Geduld in der Gewissheit, dass nichts deiner Vorsehung entgleiten kann.
– Gib uns frohe Zuversicht im Vertrauen darauf, dass du über das verborgene Wachstum deines Reiches wachst.
– Hilf uns, in den kleinen, unscheinbaren Anfängen das leise Kommen deines Reiches zu sehen.
Gott, du ehrst jeden kleinen Beitrag und jeden guten Willen, mit dem wir den Boden bereiten wollen für die Aussaat des Gottesreiches. Wir danken dir für deine Großmut und preisen dich jetzt und in Ewigkeit.

Vater unser
Da wir gewürdigt worden sind, Kinder und Mitarbeiter des Reiches zu sein, beten wir voll Vertrauen: Vater unser

Loblied / Danklied
– GL 259,1.2.4–6: „Erfreue dich, Himmel"

Text zur Meditation

Gottesreich	Nah ist uns fürwahr das Himmelreich.
verborgen,	Denn es wächst aus Gottes Macht
Korn der Ähre,	aus unsrer Schwachheit in der Nacht,
winzige Gestalt für göttliche Gewalt	ohne dass wir's sehn.
und Herrlichkeit und Ehre,	
ausgesät hinein	
in Menschheitsgrund.	

(Aus: Silja Walter, Das Wort ist Brot geworden. Kommunionpsalter, Verlag Herder, Freiburg i.Br., ²1992, S. 84 f., gekürzt)

4. Abschluss

Schlussgebet
Du sanfter und geduldiger Gott, du warst hier mit uns auf dem Weg und hast uns dein Wort gegeben. Pflanze dein Reich tief in unsere Herzen und unsere Gemeinde ein, dass es keime und wachse und eines Tages zu herrlicher Frucht auferstehe. Darum bitten wir dich durch Jesus Christus, unseren Herrn.

Segensbitte / Entlassung
Es segne uns mit seiner nie versagenden Liebe der Gott des Anfangs und der Vollendung, der Herr des Reiches und der Zeit: Vater, Sohn und Heiliger Geist.
Singet Lob und Preis! – Dank sei Gott, dem Herrn!

Schlusslied
– GL 267,1–3: „Nun danket all"

12. Sonntag im Jahreskreis

I. Predigt (Mk 4,35–41)

Aufschrei des Glaubens

Stürme des Lebens
Der Himmel nachtschwarz, tosende Wellen, ein einfaches Fischerboot, das hin- und hergeworfen wird, orientierungslos und ohne Hoffnung auf Rettung. Wer schon Ähnliches erlebt hat, kann sich leicht in die Angst der Jünger hineinversetzen. Wer schon einmal sprichwörtlich den Boden unter den Füßen verloren hat, der weiß, dass einen dann nicht nur das Wasser, sondern auch die Angst überflutet. Die Gefahr des Untergehens, tödliche Gefahr. – Ich habe ein Bild vor Augen: Die Jünger: rudernd um ihr Leben; einer: Wasser aus dem Boot schöpfend; hinten am Heck der seelenruhig schlafende Jesus und ein Jünger, der ihn verzweifelt wach schreit. –

Für die Zuhörer des Markusevangeliums klang in dieser Erfahrung der Jünger auch die alte Erzählung von der Sintflut an. Tosende Wassermassen waren Ausdruck der dunklen Chaosmächte, des Bedrohlichen schlechthin, das die Menschen, ja sogar die ganze Schöpfung zerstören konnte. Und ihre eigene Situation glich der Erfahrung der Jünger im Boot. Sie mussten sich gegen immer heftigere Angriffe und Anfeindungen ihrer Umwelt verteidigen, und nicht wenige fielen aus Angst vom Glauben ab.

Der Herr schläft
Auch darin spiegeln sich die eigenen Erfahrungen der Markus-Gemeinde: Sie fühlt sich allein gelassen. Der Auferstandene ist nicht mehr ihre lebendige Mitte, nicht mehr die Quelle ihrer Hoffnung und Zuversicht. Er ist abwesend, nicht erreichbar für sie. Er greift nicht ein. Er überlässt sie der Bedrohung, den Leiden, den Ängsten. Das ist die schmerzliche Erfahrung vieler Menschen auch heute, die zu glauben versuchen. Der Herr schweigt; er wird zum fremden Gott, zum fernen Gott, zum unverständlichen Gott. Indes: An Gott, an Jesus Christus zu glauben, ist keine Versicherung gegen Leiden und die Stürme des Lebens. Viele Menschen wenden sich von Gott ab, wenn ihre Ängste übermächtig werden. Das innere Gespräch mit ihm verstummt. Enttäuscht beginnen sie, ihr Schicksal selbst in die Hand zu nehmen, da von Gott ja offenbar nichts zu erwarten ist.

Der Aufschrei
Das Besondere und Überraschende hier ist, dass die Jünger gerade nicht so reagieren. Sondern sie wecken Jesus auf und schreien ihm ihr Unverständnis und ihre Vorwürfe in die Ohren. Sie geraten beinahe in Streit mit ihm: Wie kannst du dich nur so sorglos verhalten! Kümmern dich unsere Ängste und die Gefahren nicht?! – Das ist erstaunlich. Es wäre ja auch eine ganz andere Reaktion denkbar. Etwa so wie bei Matthäus, der diese Geschichte ähnlich, aber eben nicht gleich erzählt, könnten die Jünger z.B. in ihrer Not nur um Hilfe bitten. – Oder wäre es nicht auch vorstellbar, dass sich die Jünger enttäuscht, sogar resigniert von Jesus abwenden und sich nur noch selbst helfen wollen? Dieser Weg, den die Jünger nicht einschlagen, der aber heute gar nicht so unüblich ist, scheint in vergleichbaren Situationen häufig leichter zu sein und erfordert nicht so viel Mut wie das Schreien, Fragen und vorwurfsvolle Anklagen. Wer so schreit, nimmt Gott ernst und weiß sich von ihm ernst genommen. Dieses exemplarische Handeln der Jünger kann für uns heute zur Herausforderung werden, dass wir uns in existentiellen Krisen mit all den Zweifeln und dem Ringen mit dem eigenen Glauben gerade nicht von Christus abwenden, sondern uns ihm noch intensiver zuwenden und ihm dabei auch unsere Enttäuschung und unser Hadern nicht verschweigen. Vor ihm müssen wir nicht die allzeit Fröhlichen und Zufriedenen mimen; ihm können wir uns genauso zeigen, wie es uns ums Herz ist.

„Habt ihr noch keinen Glauben?"
Die Frage Jesu an seine Jünger: „Habt ihr noch keinen Glauben?" ist also auch eine Frage des Evangelisten Markus an seine Zuhörer. Denn ihr Glaube und ihr Vertrauen in das anbrechende Gottesreich geht unter in den Wogen der Angst und der Bedrängnis. Sie fühlen sich alleingelassen, ihrem Schicksal haltlos ausgeliefert, und das ist wohl die tiefste Wurzel der Angst. Wer noch jemand hat, auf den er bauen kann, der ihm Halt gibt, an dem er sich festmachen kann, ist den Stürmen des Lebens nicht so hilflos ausgeliefert. Darum geht es bei Markus: dass seine Zuhörer – und das sind heute wir – sich festmachen können an Jesus, dass sie in ihrer Bedrängnis nicht allein sind, sondern seinen Beistand erfahren. –
Ist das nun so zu verstehen, dass die Jünger, die Mk-Gemeinde und wir hier bisher noch keinen Glauben hatten? Keineswegs! Ohne einen bereits vorhandenen Glauben

würden sie doch gar nicht zu Jesus schreien. So aufgebracht und wütend sind sie doch nur, weil sie etwas von ihm erwarten, ihm ein machtvolles Eingreifen zutrauen. Nicht glaubens-los sind sie und wir, sondern glaubens-schwach. Dabei müssten doch sie und wir aus der Heilsgeschichte des Volkes Israel wissen, dass Gott sieht und hört, was mit seinen Menschen geschieht. Es entgeht ihm nichts; er schaut nicht weg; er ist nicht mit anderen Dingen beschäftigt. Dass Gott den Dingen eben nicht ihren Lauf lässt, sondern immer wieder eingreift und in völlig ausweglosen Situationen rettet und neue Zukunft ermöglicht, – das ist doch das Ur-Credo der Juden und Christen. Was ist also los mit ihrem und unserem Glauben, wenn er so leicht erschüttert und verunsichert werden kann, sobald uns der Wind ins Gesicht bläst und wir in schwere Wetter geraten? Was stimmt nicht mit diesem Glauben? – Was die Jünger damals und wir heute aus der Heilsgeschichte wissen und all die Unterweisungen, die Jesus ihnen und uns gegeben hat, sitzen offenbar erst in den Ohren und im Kopf. Aber unsere Existenz ist noch nicht davon erfasst. Glaube, wirklicher Glaube ist jedoch nicht ein bloßes Fürwahrhalten, sondern etwas, das das ganze Leben, den ganzen Alltag jedes Einzelnen trägt. Dieses existentielle Glauben bedeutet: festen Boden unter den Füßen haben; festen Stand haben. Das hebräische Wort für glauben heißt „amen" und bedeutet: befestigen, fest machen, beim Zelten einen Pflock einschlagen, damit das Ganze nicht wegfliegt. Und wenn wir hier in der Feier der Liturgie „Amen" sagen – und wir sollten es nicht vor uns hin murmeln, sondern laut sagen – dann bekräftigen wir: Ja, dazu stehe ich! Ja, das ist mein Standpunkt, mein gläubiger Standort! Glaube ist dann das unerschütterliche Vertrauen, dass Jesus helfen KANN; dass Gott eingreifen KANN; dass er in den aussichtslosesten Situationen retten KANN. Vom Anfangsglauben zu solch unerschütterlichem Glauben ist aber ein Weg zurückzulegen. Solchen Glauben hat man nicht einfach; jeder muss ihn sich erringen und erbitten – in hartnäckiger Hinwendung zu Jesus.

Trügerische Windstille
Es hieße aber, den Kopf in den Sand stecken, wollten wir nicht sehen, dass auch heute unser Glaube durch Gefahren hindurch muss. Freilich sind die Gefahren anderer Art als damals. Heute drohen sie unserem Glauben von einem Relativismus, dem alles Jacke wie Hose ist. Sie drohen von einer kirchlichen Anpassung an gesellschaftliche Trends: wenn Kirche zum Machtapparat degeneriert; wenn Amtsträger wie Funktionäre eines Parteiapparates agieren; wenn Konkurrenzdenken herrscht; wenn vermeintliche Kontrahenten an die Wand gedrückt und klein gehalten werden; wenn nach völlig artfremden, glaubensfremden Kriterien „gemanaget" wird; wenn die Botschaft Jesu verharmlost und stromlinienförmig „gestylt" wird; wenn die Feier der Heiligen Liturgie zur Selbstdarstellung der Akteure und zur Folklore verkommt. Das sind die Gefahren, die unsere Kirche bis in einzelne Gemeinden hinein von einem behäbigen, verschlafenen Friede-Freude-Eierkuchen-„Christentum" drohen, in dem es kaum noch einer für nötig erachtet, zum Herrn zu schreien. Es läuft doch alles so gut …
Glauben heißt dann heute: vor Gefahren für eine authentische Kirche und ein Jesusgemäßes Christsein nicht die Augen verschließen; nichts verharmlosen; sich nicht dumm machen lassen, sich einmichen, widersprechen und laut zum Herrn der Kirche schreien. – Das ist es, was unseren Glauben stand-fest macht: Vor Großmannssüchtigen und Machtgierigen; vor Wichtigtuern, Selbstdarstellern und Pöstchenjägern; vor Verfälschern und Verharmlosern: Errette uns, o Herr! (12)

Mechthild Alber

II. Elemente für eine Wort-Gottes-Feier

1. Eröffnung

Eröffnungsgesang
– GL 289,1: „Herr, deine Güt ist unbegrenzt"
– GL 302,1–2: „Erhör, o Gott, mein Flehen"

Liturgischer Gruß / Einführung
Im Namen des Vaters ...
Gott, in dessen Treue wir geborgen sind, ist uns nahe.
So kann Glaube sein: Urvertrauen und Geborgenheit, weil wir nicht einem anonymen Schicksal ausgeliefert sind, sondern uns einem barmherzigen Gott zuwenden dürfen. Aber Glauben ist keine Versicherung gegen die Stürme des Lebens. Sie bleiben uns nicht erspart. Wir müssen auch im Glauben erwachsen werden. Dass wir diesen Weg nicht allein gehen müssen und in diesen Stürmen nicht alleingelassen sind – das ist die Verheißung des heutigen Evangeliums.

Christus-Rufe
Herr Jesus, du bist in unserer Mitte. – GL 463: Herr, erbarme dich.
Du gehst mit uns durch Angst und Leiden. –
Herr Christus, bei dir finden wir Zuflucht. – Christus, erbarme dich.
Du bleibst bei uns alle Tage. –
Herr Jesus, du schenkst uns die Kraft deines Geistes. – Herr, erbarme dich.
Du hilfst uns, dich zu bekennen. –

Eröffnungsgebet
Herr, du hast uns deinen Beistand zugesagt bis ans Ende der Tage. Sei in den Stürmen der Zeit unsere Zuflucht und unser Halt und stärke unseren Glauben. Das erbitten wir von dir, Christus, unserem Herrn, der in Gottes Herrlichkeit lebt in Ewigkeit.

2. Verkündigung des Wortes Gottes

Hinführung zur Ersten Lesung (Ijob 38,1.8–11)
Der gerechte Ijob wird von Schicksalsschlägen zermalmt. Wie kann der gerechte Gott das zulassen? Ijob klagt bei Gott gegen Gott Gerechtigkeit ein, erhält aber eine befremdliche Antwort.

Psalm / Gesang
– GL 752,1.2: „Vertraut auf den Herrn", VV. 1–8
– GL 301,1.2.5: „Herr, deine Güte"

Hinführung zur Zweiten Lesung (2 Kor 5,14–17)
Paulus hat es selbst erfahren: Wer sich total für Christus entscheidet, der wird zu einer Neuschöpfung. Er kann das Alte hinter sich lassen und mit großen Schritten ausschreiten in die Zukunft.

Ruf vor dem Evangelium
– GL 530,5: „Halleluja" mit V. Lk 7,16 – „Halleluja"

Hinführung zum Evangelium (Mk 4,35–41)
Wer sich auf Jesus einlässt, begibt sich in ein Wagnis. Er lässt das sichere Ufer hinter sich. Er ist nicht vor den Stürmen des Lebens gefeit, aber er findet Halt in ihm.

Predigt / Auslegung
– Stille –

3. Antwort der Gemeinde

Glaubensbekenntnis
– GL 467: „Wir glauben"
– Lied: „Ein Schiff, das sich Gemeinde nennt", VV 1.4.5. (die mundorgel, 50)

Allgemeines Gebet / Fürbitten
Herr, unser Gott, auch wenn wir deine Gegenwart nicht wahrnehmen, so bist du uns doch nahe. Wir bitten dich:
– Für unsere Kirche: dass sie in den Herausforderungen der Gegenwart den rechten Kurs findet.
– Für alle, die moralische, politische und wirtschaftliche Verantwortung tragen: dass sie die Zukunft nicht leichtfertig verspielen, sich aber auch nicht von Ängsten lähmen lassen.
– Für die Menschen, die jetzt in Not sind: dass verantwortungsbewusste Menschen ihnen einen Rettungsanker zuwerfen.
– Für die bedrängten und verfolgten Christen in Irak, Armenien, Sudan, China und Nordkorea: Gib ihnen Halt und Bekennermut.
– Für uns alle: dass wir in den Stürmen des Lebens Kraft schöpfen aus dem Glauben.
– Für alle Toten: lass sie deine Herrlichkeit schauen.
Alle unsere Bitten münden ein in das Gebet des Herrn:

Vater unser

Loblied / Danklied
– GL 291,1–3: „Wer unterm Schutz des Höchsten steht"
– GL 830,1–3: Gott, du bist Sonne und Schild" (Freiburg/Rottenburg-Stuttgart)

Text zur Meditation
Wenn der Boden unter meinen Füßen schwankt,
Jesus, sei du mein Halt.
Wenn alle Ordnungen im Chaos versinken,
Jesus, sei du meine Orientierung.
Wenn die Nacht kommt, die Sinnlosigkeit und die Ängste,
Jesus, sei du mein Licht.
Wenn ich verloren bin und von allen verlassen,
Jesus, sei du mein Trost.

Mechthild Alber

4. Abschluss

Schlussgebet
Gott und Vater, du hast uns dein Wort geschenkt. Lass uns mit ihm so leben, dass wir die Welt und unseren Alltag neu sehen lernen und dich in allen Dingen finden. Das erbitten wir durch Jesus, deinen Sohn, unseren Bruder und Herrn, der mit dir lebt in Ewigkeit.

Segensbitte / Entlassung
Der Herr begleite uns mit seiner Gegenwart. Er sei mit seiner Liebe in unseren Gedanken, Worten und Taten. Das gewähre uns der dreieinige Gott: Vater, Sohn und Heiliger Geist.

Schlusslied
- GL 289,2: „Bei dir, Herr, ist des Lebens Quell"
- GL 302, 3.4: „Mein Bitten hast erhöret"

13. Sonntag im Jahreskreis

I. Predigt (Weish 1,13–15;2,23–24)

Gott will uns gut

Hochgerechnete Götter
Es ist kaum zu glauben, was Menschen im Lauf der Christentumsgeschichte Gott alles in die Schuhe geschoben haben! – Dass in den heidnischen Religionen die Götter Abbilder der menschlichen Verhältnisse waren – nur vergrößert, das wissen wir: Obergottheiten, die genauso willkürlich verfahren wie menschliche Tyrannen – nur noch ärger – oder die genauso lasziv sind wie lüsterne Obrigkeiten, die sich Mädchen und Frauen genommen haben, wie sie gerade dazu lustig waren; oder Götter, die genauso grausam mit ihren Feinden verfuhren wie die meisten Großkönige und Feldherren. Sprichwörtlich ist der Neid der Götter, die das Glück der Menschen nicht sehen können, sie für ihr Glück bezahlen lassen und sie klein halten; oder Götter, die heimtückisch, unberechenbar und launisch sind wie irgendein größenwahnsinniger absolutistischer Kleinfürst, den man mit Geschenken bei Laune halten muss; sprichwörtlich auch die menschenfressenden Götter wie der Moloch, die im äußersten Fall sogar die Kinder der Menschen fordern usw. Menschen haben ihre Erfahrungen mit tyrannischen, grausamen, unersättlichen, launischen Stammesfürsten, Königen und Vätern in vergrößerten Ausmaßen auf die „Überwelt", in den Götterhimmel projiziert. Und diese Produkte, diese Götter dienten dann wieder als Rechtfertigung für Könige und andere Obrigkeiten,sich genauso zu verhalten. Göttervorstellungen und das Verhalten der Tyrannen haben sich gegenseitig induziert. –

Der selbstoffenbarte Gott
Von dieser Art, sich von Gott Vorstellungen, Bilder zu machen, unterscheiden sich die jüdische und christliche Religion fundamental: Nicht der Mensch reimt sich zusammen, wie Gott wohl ist oder sein müsste, sondern Gott selbst sagt, wer er ist; er sagt und zeigt es durch Worte und durch seine geschichtlichen Taten. Deshalb nennen wir diese Religionen Offenbarungsreligionen. – Es hat aber lange gedauert, bis die Menschen auseinanderhalten lernten, was eigene Ideen und Erklärungen sind und wie Gott wirklich ist. So macht es betroffen, zu sehen, was Christen Gott alles in die Schuhe geschoben und angedichtet haben – weil sie immer nur von sich ausgegangen sind und sogar die Worte und Taten Gottes immer von sich her gedeutet haben.

Gefährliche Gottesirrtümer
Z. B.: Gott sei rachsüchtig; er warte nur darauf, den Menschen im Gericht alles heimzuzahlen und jeden vor versammelter Menschheit gnadenlos bloßzustellen. In Wirklichkeit bedeutet das „Gericht", dass Gott die Dinge richtig stellen, in Ordnung brin-

gen wird. Gewiss wird das für die Anmaßenden, Hartherzigen und Gewalttätigen, die andere Menschen unter ihrer Knute gehalten haben, nicht so angenehm sein. Aber zunächst ist es ein Trost für die Armen und Gequälten. – Oder: Gott throne irgendwo hoch oben und schaue ungerührt zu, wie die Menschen sich abstrampeln. In Wirklichkeit aber ist er einer, der mitfühlt, die Klagen hört und Hilfe verschaffen will. – Auch bestimmte Wörter und Symbole wurden völlig verzerrt gedeutet: Dass jeder im „Buch" verzeichnet ist, heißt, dass keiner bei Gott in Vergessenheit geraten kann; dass jeder Einzelne ihm wichtig ist; daraus wurde aber der Buchhalter-Gott, der jeden Fehler und Fehltritt vermerkt, um dann abzurechnen. Wo ist da die Offenbarung der Bibel, die sagt: Deiner Sünden gedenke ICH nicht mehr; ICH werfe sie in die Tiefe des Meeres? – Oder denken wir an das berüchtigte „Auge Gottes": Was ein Zeichen der Liebe und Zuwendung und Fürsorge Gottes sein sollte, wurde zum Symbol der Kontrolle, der Ausspähung, der universalen Überwachungskamera: „Es ist ein Aug', das alles sieht, auch was in finstrer Nacht geschieht." – Oder Gott als der Obertyrann, der uns klein und kriecherisch und bucklig halten will: „Hier liegt vor deiner Majestät im Staub die Christenschar." Völlig vergessen ist, dass Gott sein Volk immer wieder aufgerichtet hat, ihm neue Hoffnung gegeben und neue Wege eröffnet hat; vergessen auch, dass Jesus gekommen ist, die Armen, Geplagten, Auswegslosen, an den Rand Gedrängten aufzurichten, ihnen neuen Mut zu machen, und dass er uns erlaubt hat, Gott „Vater" zu nennen. – Was ist Gott doch verleumdet worden von Christenmenschen, die ihn zu dem Zweck benutzt haben, andere Menschen klein zu halten! –

Gottesbeschimpfung eines Gequälten
Es gibt ein Buch, in dem rechnet der Verfasser mit dem „Gott seiner Kindheit" ab, den man ihm eingetrichtert hat; mit dem man ihm Angst gemacht, ihn klein gehalten und depressiv gemacht hat. „Lieber Gott", heißt es da, „ich möchte mit einem Fluch beginnen, oder mit einer Beschimpfung, die mir Erleichterung brächte. Eine Art Explosion müsste es werden, die dich zerfetzt ... Du warst eine solche Enttäuschung, ein solcher Betrug in meinem Leben, dass ich, als ich ganz allmählich und unter Qualen dahinter kam, dich links liegen ließ ... Aber weißt du, was das Schlimmste ist, das sie mir über dich erzählt haben? Es ist die tückisch ausgestreute Überzeugung, dass du alles hörst und alles siehst und auch die geheimsten Gedanken erkennen kannst." (13) – Es ist erschreckend: Mit solchen Vorstellungen, solchen Bildern von Gott wurden Menschen angefüllt, verbogen und sogar krank gemacht. Bilder von Gott, die die Produkte einer kranken Frömmigkeit sind und mit dem biblischen Gott und Vater Jesu Christi nichts, aber auch gar nichts zu tun haben: Gottesverleumdungen, mit denen man den Menschen Gott buchstäblich vergiftet hat.

Gottesrechtfertigung
Der heutige Text aus dem Buch der Weisheit ist eine Rechtfertigung Gottes: „Gott hat nicht den Tod gemacht. Er hat keine Freude am Untergang der Lebenden." – Das steht so da, weil wir Menschen offenbar die Neigung haben, für alles Zerstörerische, Üble, Negative – besonders wenn es so ausweglos ist wie der Tod – Gott verantwortlich zu machen: Der strafende Gott als der Erfinder von Mühsal, Leid und Tod. Da erinnern wir uns sofort an die Sündenfallgeschichte. Doch wenn wir genau hinschauen, entdecken wir, dass es nicht an Gott liegt, sondern am Freiheitsmissbrauch des Menschen. Gott sucht im Gegenteil geradezu hartnäckig immer wieder Wege heraus aus den Sackgassen, die die Menschen sich selber geschaffen haben. Gott ist ein unermüdlich hoffender Gott, der die Menschen aus den selbst gestellten Todesfallen herauszuholen sucht: „Zum Sein hat er alles geschaffen, und zum Heil sind die Geschöpfe der Welt." –

Menschen – Belastung?
Wenn nicht Gott, ist dann dem Menschen die ganze Verantwortung für das Böse, das Unheil und den Tod anzulasten? – Das ist nicht nur uns, sondern auch dem Verfasser des Weisheitsbuches etwas zu viel. Er kommt zu der Lösung, der „Neid des Teufels" sei Ursache für all dieses Übel. Das wieder gefällt den modernen Theologen nicht; der Teufel ist für sie nur das Alibi jener infantil gebliebenen Zeitgenossen, die für ihr Tun nicht selber die Verantwortung übernehmen wollen. – Trotzdem: Dass der Mensch für alles Böse und Übel, sogar für die Naturkatastrophen verantwortlich sein soll, ist schwer zu begreifen. –

„Singt und spielt dem Herrn, ihr seine Frommen!"
So bleibt uns eigentlich nur festzustellen, dass solches Grübeln fruchtlos ist und über unsere Verhältnisse geht. Statt dessen sollen wir auf das schauen, was Jesus uns von Gott sagt und zeigt: Er ist einer, der heilt und aus dem Tod herausholt. Er ist einer, der keinen Spaß daran hätte, uns ins Nichts versinken zu lassen. Im Gegenteil: Seit Jesu Auferstehung ist dem Tod der Giftzahn gezogen; er ist umgewertet worden. Das Endgültige und Hoffnungslose ist ihm genommen worden. Wie sagt Jesus heute im Evangelium über die gestorbene Tochter des Jairus: „Das Mädchen schläft nur." Wer das nicht glauben kann und lächerlich findet, weil man ihm einen schwarzen, menschenfeindlichen Gott in die Ohren geblasen hat, den wird Gott selbst überzeugen: Er wird ihn auferwecken zu nie endendem Leben. Denn: „Gott hat den Menschen zur Unvergänglichkeit geschaffen und ihn zum Bild seines eigenen Wesens gemacht." So neidlos und freigebig ist unser Gott! – „Mein Gott, ich will dir danken in Ewigkeit!"

Sigrid M. Seiser

II. Elemente für eine Wort-Gottes-Feier

1. Eröffnung

Eröffnungsgesang
– GL 259,1.2.4–6: „Erfreue dich, Himmel"
– GL 258,1–3: „Lobe den Herren"

Liturgischer Gruß / Einführung
Im Namen des Vaters ...
Der freigebige Gott, der keine Freude hat am Untergang der Lebenden, schenkt uns seine Zuwendung.
Gott hat uns zu einem Leben in Fülle geschaffen. Das klingt für manche Menschen unglaublich; denn sie denken an die vielen Situationen, die von Neid, Streit, Krankheit, Leid, Abwertung und anderen Einschränkungen geprägt sind. Aber Gott ist nicht wie die Menschen. Deshalb dürfen wir voll Freude den Sohn des Vaters, Christus, unseren Herrn, begrüßen:

Christus-Rufe

V Ky - ri - e e - lei - son. A Chri - ste e - lei - son.

Herr Jesus, Sohn des lebendigen Gottes. –

13. Sonntag im Jahreskreis

A.: er - bar - me dich un - ser.

(GL 810,1. und 3. Zeile – Freiburg/Rottenburg-Stuttgart)

– Abbild seines göttlichen Wesens. –
– Strahl des herrlichen Lichtes. –
V./A.: Kyrie eleison, Christe eleison
– Herr Christus, Wort vor allem Anfang. –
A.: Erbarme dich unser!
– Strom aus dem Ursprung des Lebens. –
– Mensch, in dem uns Gott erschienen ist. –
V./A.: Kyrie eleison, Christe eleison
– Herr Jesus, Bruder der Armen. –
A.: Erbarme dich unser!
– Helfer der Kranken. –
– Erstgeborener der Toten. –
V./A.: – Kyrie eleison, Christe eleison

Eröffnungsgebet
Gott, du Herr und Liebhaber des Lebens, dein Sohn Jesus hat Kranke geheilt und Tote zum Leben erweckt. Wir setzen unsere ganze Hoffnung auf dich. Stärke uns durch dein Wort, das für uns Heil und Kraft ist: dein Sohn Jesus Christus, der mit dir und dem Heiligen Geist lebt in Ewigkeit.

2. Verkündigung des Wortes Gottes

Hinführung zur Ersten Lesung (Weish 1,13–15;2,23–24)
Am Beginn des Buches der Weisheit steht die Mahnung, gerecht zu leben, damit das Leben glücken kann. Gott hat mit dem Tod nichts zu tun. Er will im Gegenteil die Menschen an seiner Unvergänglichkeit teilhaben lassen.

Psalm / Gesang
– GL 671,1.3: „Lobet den Herren"
– GL 226,1.3: „Nun freut euch"

Hinführung zur Zweiten Lesung (2 Kor 8,7.9.13–15)
Paulus sucht ganz bewusst durch eine Spendensammlung einen Kontakt zu knüpfen zwischen der korinthischen Gemeinde und der Urgemeinde in Jerusalem. Den Armen geben heißt, die Liebe Jesu Christi nachahmen.

Ruf vor dem Evangelium
– GL 221,12: „Halleluja ... An diesem Tag"
– GL 530,4: „Halleluja" mit GL 220,2: „Verklärt ist alles Leid", – „Halleluja"

Hinführung zum Evangelium (Mk 5,21–43)
Das Evangelium verbindet zwei Wundergeschichten: Die Begegnung mit Jesus wird zum Segen, wo Menschen ihre Hoffnung auf ihn setzen. Aus Krankheit und Tod schafft er Leben und neue Zukunft.

Predigt / Auslegung
– *Stille* –

3. Antwort der Gemeinde

– GL 276: „Wir glauben Gott" *(Melodie auch GL 245)*

Allgemeines Gebet / Fürbitten
Gott hat uns zum Leben geschaffen. Deshalb tragen wir vor ihn, was das Leben von Menschen beeinträchtigt, und bitten:
– Für die Menschen, die unter Krieg und Verfolgung leiden. – Du Gott des Lebens: Wir bitten dich, ...
– Für die Menschen, die gefangen gehalten werden, die gedemütigt und gequält werden. –
– Für alle, die mutlos sind und von Ängsten geplagt werden. –
– Für die Familien, dass sie in Liebe und Freude miteinander leben. –
– Für die Jugendlichen, die ihren Weg suchen. –
– Für die alten, kranken und behinderten Menschen, denen das Lebensrecht abgesprochen wird. –
– Für die ungeborenen Kinder, die abgelehnt werden. –
– Für die Straßenkinder, die ohne Heimat und Geborgenheit leben. –
Du bist ein Gott, der uns Menschen nur Gutes will. Auf dich vertrauen wir, dich preisen wir heute, alle Tage bis in Ewigkeit.

Vater unser
Als Kinder unseres Vaters im Himmel sprechen wir das Gebet unseres Bruders: Vater unser ...

Loblied / Danklied
– GL 283: „Danket, danket dem Herrn" (Kanon)
– GL 300,1.3.5: „Solang es Menschen gibt"

Text zur Meditation

Der mich atmen lässt,
bist du, lebendiger Gott.

Der mich leben lässt,
bist du, lebendiger Gott.

Der mich schweigen lässt,
bist du, lebendiger Gott.

Der mich reden lässt,
bist du, lebendiger Gott.

Der mich warten lässt,
bist du, lebendiger Gott.

Der mich handeln lässt,
bist du, lebendiger Gott.

Der mich wachsen lässt,
bist du, lebendiger Gott.

Der mich Mensch sein lässt,
bist du, lebendiger Gott.

Der mich atmen lässt,
bist du, lebendiger Gott.

(Anton Rotzetter, Gott, der mich atmen lässt. Gebete, Verlag Herder, Freiburg i.Br. 17. Gesamtauflage)

4. Abschluss

Schlussgebet
Gott des Lebens, du willst, dass wir heil sind an Leib und Seele und dass wir die Fülle des Lebens haben. Bleibe bei uns in unserem Alltag und lass uns mit dir verbunden bleiben durch Christus, unseren Herrn.

Segensbitte / Entlassung
Geh unter der Gnade, geh mit Gottes Segen,
geh in seinem Frieden, was auch immer du tust.
Geh unter der Gnade, hör auf Gottes Worte,
bleib in seiner Nähe, ob du wachst oder ruhst.
Dazu segne uns Gott der Vater, der Sohn und der Heilige Geist.
Singet Lob und Preis! – Dank sei Gott, dem Herrn!

Schlusslied
– GL 258,4: „Lobe den Herren"
– GL 671,4: „O treuer Hüter"

14. Sonntag im Jahreskreis

I. Predigt (Ez 1,28b–2,5)

Ein Gott der Demut

Wenn einer nicht will
Dieses Evangelium ist eine Herausforderung an uns. – In den Köpfen vieler Christen existiert ein harmonisiertes, geschöntes, geglättetes Evangelium: So als wären Jesus und die Botschaft von der bedingungslosen Vergebung Gottes von den meisten Menschen damals mit offenen Armen und Herzen aufgenommen worden. Nur ein paar „großkopferte" Jerusalemer Theologen und Tempelfunktionäre hätten Jesus abgelehnt. – Im heutigen Evangelium haben wir es jedoch mit den ganz gewöhnlichen kleinen Leuten der Kleinstadt Nazaret zu tun. Und wir sehen: Wer sich nichts sagen lassen WILL; wer von seinem eingefahrenen Gleis nicht herunter WILL; wer eine noch so freudige Botschaft nicht annehmen und sich nicht bewegen WILL, der findet ganz gewiss eine Ausrede – oder auch mehrere ... Das trifft uns persönlich und uns als diese Gemeinde am Ort ins Herz. Dieses Verbohrte, Engstirnige, Kleinkarierte, Neidische – das sind wir! Wir sind gemeint! Ist das nun eine Unhöflichkeit? Eine Zumutung? – Nein! Wir tun nur immer so, als ob zwischen jedem Einzelnen von uns und Gott alles eitel Harmonie und Sonnenschein wäre. In Wahrheit spielen sich in unserem Innern oft dramatische Kämpfe ab. Aber nicht nur unsere persönliche Geschichte mit Gott ist eine Geschichte von Widerstand und Ergebung, sondern wir können das durch die ganze Heilsgeschichte hindurch verfolgen.

Zerstritten mit Gott
Wir alle wissen, wie das ist, wenn wir mit Freunden, Nachbarn, Geschwistern, einem Ehepartner zerstritten sind, einen handfesten Krach haben – so sehr, dass wir von ihnen lieber gar nichts mehr hören wollen. Wer nun gleich schönredet und abwehrt: mit Gott könne uns so etwas doch nicht passieren, der irrt gründlich. Das Evangelium gibt uns ganz konkreten Anschauungsunterricht; und auch die Lesung aus dem Buch Ezechiel rechnet damit. Sie spricht von Menschen, die weit weg sind von Gott. Sie wollen nicht auf ihn hören; sie sind in Streit geraten mit ihn, haben sich von ihm abgewandt – so sehr, dass sie der Text am Ende gar nicht mehr bei ihrem richtigen Namen nennt: „Söhne Israels", sondern ihnen den Namen gibt: „widerspenstiges Volk"! Sie haben andere Vorstellungen, was das Richtige ist; wo es für sie lang geht.

Sie wollen sich nicht dreinreden lassen von Gott; sie wollen keinen Millimeter ihres Machtbereichs an Gott abtreten. Er mag zuständig sein für den Himmel; auf der Erde wollen sie das Sagen haben. Dass Gottes Wille auf Erden so geschehen sollte wie im Himmel – nein, das wollen sie nicht! – Das ist im Verlauf der Geschichte Israels nichts Neues; das ist auch nicht nur einmal passiert, so sagt es der Text, nein schon oft: „Sie und ihre Väter sind immer wieder von mir abgefallen bis zum heutigen Tag." Was von Gott her eine Geschichte des Heils ist, ist von den Menschen her eine Geschichte des Widerstandes und der Verweigerung.

Ich Christ – im Widerstand gegen Gott
An dieser Stelle horche ich auf. Ich frage mich: Ist das auch meinen, unseren Eltern, unseren Vätern passiert? Und wo liegt heute unsere Ablehnung, unser Widerstand gegen Gott? Erinnern wir uns an die Zeit der Naziherrschaft, als ein ganzes Volk einem „Führer" nachgelaufen ist wie einem Messias, aber Gott abgelehnt hat! Sprechen wir auch von den Allmachts- und Machbarkeitsfantasien in unserer Gegenwart, wo Werbung, Parteiprogramme, Trends sich die „Werte" ganz nach Profiten und Mehrheiten selbst zurechtlegen; wo den Geboten und der Achtung der Menschenwürde geballte Gegenpropaganda, dreiste Anti-Praxis und ätzender Spott entgegengesetzt werden. Uns sogenannten Christen stünde es gut an, die Augen nicht davor zu verschließen. –
Die Worte der Lesung sollten aber auch mich persönlich nachdenklich machen: Ist meine Lebensgeschichte etwa auch eine Geschichte des Widerstandes gegen Gott? – Tatsächlich! Auch ich lasse mir nicht gern dreinreden – nicht einmal von Gott. Alltägliches Leben und Christsein bringe ich ganz gut auf die Reihe; es darf nur nicht allzu konkret werden. Wehe aber, wenn es um eine Entscheidung geht, die mich etwas kostet. Wehe, wenn ich auf einen Teil meines Wohlstandes verzichten muss zu Gunsten Benachteiligter bei uns und in der Welt; wenn es konkret wird und deswegen Abstriche beim Autokauf oder der neuen Stereoanlage anstehen. Oder bei der neuesten Mode, beim Disco-Besuch, beim Kampf um Pöstchen, beim bösartigen Geschwätz, bei der Lüge, mit der ich den / die andere fertigmache ... Wehe auch, wenn ich angefragt werde, ein Engagement zu übernehmen, und ich hätte sogar die Fähigkeiten dazu, aber ich will anderes und meine Ruhe haben. Da spüre ich meinen Widerstand in mir: „So genau, lieber Gott, will ich es von dir auch nicht wissen, wie mein Christsein aussehen soll." Da spüre ich meine Freiheit angekratzt. Da empfinde und reagiere ich genau wie das widerspenstige Volk, zu dem der Prophet gesandt ist, und wie die vielen Menschen, die sich durch die Jahrhunderte Christen genannt haben.

Eine lange Geschichte des Widerstandes
Auch in der Geschichte der Kirche gibt es diesen Widerstand gegen Gott: Heute geschieht Annäherung in der Ökumene. Zeugt es aber nicht von unserem Widerstand, wenn das erst nach 300 Jahren geschieht? Warum jetzt erst das Eingeständnis von Fehlern und die Bitte um Vergebung? Warum jetzt erst die Anerkennung positiver Ansätze bei den anderen und berechtigter Kritik? – Wir können diese Geschichte des Widerstandes zurückverfolgen bis zu dem, der an der Spitze aller steht, die für das Wort Gottes eingetreten sind: bis zum fleischgewordenen Wort Gottes selbst, Jesus, dem Christus, und bis zur Ablehnung, die er durch seine Zeitgenossen, ja seine engsten Verwandten erfahren hat. Das heutige Evangelium führt es uns vor, und wir finden uns mitten drin. – Bis zum heutigen Tag kann eine lange Geschichte des Widerstandes gegen Gott geschrieben werden. Und solche Verweigerung kann nicht ohne negative Folgen für uns bleiben: Wir entfremden uns mit unserer Ablehnung von Gott. Aber: Entfremdet er sich auch von uns??

Gottes Demut

Das Buch Ezechiel gibt uns die Antwort darauf: Nein, so ist es nicht! Gott gibt nicht auf. Er geht nicht auf Distanz. Er sucht unermüdlich neue Zugänge zu unseren Herzen: „Menschensohn, ich sende dich zu den abtrünnigen Söhnen Israels. Du sollst zu ihnen sagen: So spricht Gott, der Herr" ... Gott ist so demütig. Trotz unserer Ablehnung richtet er wieder und wieder sein Wort an uns. Er hält uns, dem widerspenstigen Volk, die Treue. Er erfüllt einen Menschen mit seinem Geist, stellt ihn auf die Füße und schickt ihn, uns sein Wort zu sagen. – Gott gibt nicht auf. Er schickt sein Wort, seine Verkünder, seine Botinnen. Sie begegnen uns oft an anderen Orten, als wir vermuten. Sie übersetzen die Botschaft anders ins Heute, als wir es gern hätten. Gott wagt es immer neu mit uns, obgleich er das Risiko kennt. Dass sich Gott uns in unserer Weigerung und Engstirnigkeit nicht mit Gewalt aufdrängt, aber sich auch nicht abhalten lässt, uns nachzugehen, das ist tröstlich und freudigen Dankes wert. (14)

Johannes Lieder

II. Elemente für eine Wort-Gottes-Feier

1. Eröffnung

Eröffnungsgesang
– GL 640,1–2: „Gott ruft sein Volk zusammen"
– GL 507: „Ehre sei Gott"

Liturgischer Gruß / Einführung
Im Namen des Vaters ...
Gottes Nähe und Kraft ist mit uns.
Wir alle kennen – in aktiver oder leidender Rolle – die Begleiterscheinungen der Pubertät: Aufruhr, Rebellion, Selbstüberschätzung; ich mache, was ich will; ihr habt mir nichts zu sagen; mischt euch nicht dauernd in mein Leben ein usw. – eine anstrengende Zeit. – Das Gottesvolk Israel ist immer wieder in solches Aufbegehren und in Widerspenstigkeit Jahwe gegenüber gefallen. Und wir auch? Oder sind wir über eine solche Trotzphase noch nie hinausgekommen? – Bitten wir, Gott möge heute einen erneuten Versuch machen, die Bastion unseres Herzens zu stürmen.

Christus-Rufe
– GL 523: „Du rufst uns, Herr"
– GL 165,1.3.4: „Sag ja zu mir"; *nach der 1. und 4. Str.: V./A.:* „Herr, erbarme dich" *GL 453, 1. Zeile; nach der 3. Str.: V./A.:* „Christus, erbarme dich" *GL 453, 3. Zeile*

Eröffnungsgebet
Gott, durch die Erniedrigung deines Sohnes hast du uns aufgerichtet zur Würde deiner Töchter und Söhne. Erfülle uns mit Freude über unsere Erlösung. Überwinde du unsere Widerspenstigkeit und mache uns zu Menschen, die offen sind für dich und dein Wort. Das gewähre uns durch Jesus Christus, unseren Bruder und Herrn, der mit dir im Heiligen Geist gespriesen sei in Ewigkeit.

2. Verkündigung des Wortes Gottes

Hinführung zur Ersten Lesung (Ez 1,28b–2,5)
Gott nimmt den Propheten Ezechiel in Beschlag für einen schwierigen Auftrag: Er wird mit einer Botschaft zu Menschen geschickt, bei denen er auf taube Ohren und verschlossene Herzen stoßen wird.

14. Sonntag im Jahreskreis

Psalm / Gesang
- GL 462,2: „Herr, zeige uns die Wege dein"
- GL 521,1.2: „Herr, gib uns Mut zum Hören"

Hinführung zur Zweiten Lesung (2 Kor 12,7–10)
Der Apostel Paulus erlebt in der Gemeinde von Korinth von einigen scharfe Ablehnung. Nur in der Kraft Gottes kann er die äußeren und inneren Belastungen aushalten. Er wird darin dem Gekreuzigten und Auferstandenen ähnlich.

Ruf vor dem Evangelium
- GL 531,5: „Halleluja" mit GL 527,2: „Dein Erbarmen, o Herr" – „Halleluja"
oder:
Kv: V./A.

Nehmt das Wort des Herrn mit Freude auf!
Bedenkt, ihr lebt ja nicht vom Brot allein!
Setzt das Wort des Herrn in Taten um
und bringt es Tag für Tag ins Leben ein!

T. und M.: Hubert Janssen
(Neue Gemeindelieder, Werkheft Neue geistliche Lieder III hg. Oskar G. Blarr/Uwe Seidel, Gustav Bosse Verlag, Regensburg 1975, 62)

Der Kv. wird noch einmal eine Tonstufe höher wiederholt.
Abschließend – GL 530,8: „Halleluja" *(entsprechend transponiert)*

Hinführung zum Evangelium (Mk 6,1b–6)
Jesu erstes Auftreten in seiner Heimatstadt war ein totaler Misserfolg. Obgleich die etablierten Kleinstädter über seine Weisheit staunen, verweigern sie sich seiner Botschaft: Was hat *der* uns schon zu sagen!

Predigt / Auslegung
– *Stille –*

3. Antwort der Gemeinde

Glaubensbekenntnis
Wir bekennen unseren Glauben an den Gott, der dreifaltiges Erbarmen ist.
– GL 257,5.9.11: „Dich, Gott Vater auf dem Thron"

Allgemeines Gebet / Fürbitten
Gott, du suchst das Heil deines Volkes und aller Menschen. Vertrauensvoll bitten wir dich: V./A.: Höre unser Rufen!
– Für alle in Kirche, Politik und Wirtschaft, die ihre Macht über andere Menschen missbrauchen: um den Geist der Demut. –
– Für die Völker, die unter der Willkür von Reichen und Gewalttätern zu leiden haben: um Zuversicht und Widerstandskraft. –

– Für Menschen, die in tiefer Gewissensnot stecken und bedrängt werden: um Mut und Durchhaltekraft. –
– Für die Misshandelten, Vergewaltigten, Gefolterten, Beschämten und alle Menschen, deren Würde verletzt wird. –
– Für die Verkündiger, die Ablehnung erfahren: um den Geist der Stärke und der Wahrheit. –
– Für uns und unsere Gemeinde: um Offenheit für das Wort deines Sohnes und die Bereitschaft, uns von den Zwischenrufen des Heiligen Geistes stören zu lassen. –
Gott und Vater, du hast an unserer Widerspenstigkeit zu leiden. Lasse niemals davon ab, uns aufzurütteln und zu rufen – durch Jesus, deinen Sohn, unseren Bruder und Herrn.

Vater unser
Ermutigt durch unseren Bruder und Herrn beten wir: Vater unser ...

Loblied / Danklied
– GL 261,1–3: „Den Herren will ich loben"

Text zur Meditation
Herr, mein Gott, es gibt Tage,
an denen alles versandet ist:
die Freude, die Hoffnung, der Glaube, der Mut.
Herr, mein Gott, lass mich an solchen Tagen erfahren,
dass ich nicht allein bin, dass ich nicht durchhalten muss
aus eigener Kraft, dass du mitten in der Wüste einen Brunnen
schenkst und meinen übergroßen Durst stillst.
Lass mich erfahren, dass du alles hast und bist,
dessen ich bedarf.
Lass mich glauben, dass du meine Wüste
in fruchtbares Land verwandeln kannst.

Sabine Naegeli

(Quelle und Rechteinhaber unbekannt)

4. Abschluss

Schlussgebet
Gott, im Hören deines Wortes und in der Gemeinschaft der Glaubenden hast du uns deine Nähe und Gnade erfahren lassen. Schicke uns jetzt gestärkt in den Alltag und lass uns nie herausfallen aus der liebenden Verbindung mit dir. Das schenke uns durch Jesus Christus, unseren Bruder und Herrn. Sei gepriesen dafür in Ewigkeit.

Segensbitte / Entlassung
Gott begleite uns; er lasse uns in allem seine Spuren entdecken und segne uns: der Vater, der Sohn und der Heilige Geist.

Schlusslied
– GL 473,1.3: „Im Frieden dein"

15. Sonntag im Jahreskreis

I. Predigt (Am 7,12–15)

Ein unbequemer Prophet

Baschankühe ...
Ort des Geschehens: Samaria, das Nordreich Israel. Die vornehmen Damen der Stadt bei einer großen Fête, in toller Garderobe; aber die Fettpölsterchen sind nicht zu übersehen. Denn die Damen pflegen zuzulangen; man trinkt Scharfes. – Da taucht plötzlich ein Mann in der illustren Runde auf, völlig deplaziert; so einer vom Land. Die Gespräche verstummen. Da schreit der den Damen ins Gesicht: „Hört dieses Wort, ihr Baschankühe auf dem Berg von Samaria, die ihr die Schwachen unterdrückt und die Armen zermalmt und zu euren Männern sagt: Schafft Wein herbei, wir wollen trinken. Bei seiner Heiligkeit hat Gott, der Herr, geschworen: Seht, Tage kommen über euch, da holt man euch mit Fleischerhaken weg; und was dann noch von euch übrig ist, mit Angelhaken" (Amos 4,1–2). — Die Damen sind wie gelähmt. Sie schnappen empört nach Luft. Was nimmt der sich heraus? Eine unglaubliche Frechheit! Dem fehlt die Kinderstube. Fette Kühe, hast du das gehört, also da fehlen einem doch die Worte! Wer dieser unbekannte Störenfried ist? Einige von Ihnen haben es vielleicht gemerkt: Der Prophet Amos. Und das mit den fetten Kühen steht in der Bibel! Dieser Amos ist ein Bauer vom Land. Er hat eine Feigenplantage und eine Schafherde. Ein kleiner Mann. Aber ihm ist deutlich geworden, wie ungerecht die Gesellschaft ist, damals. Den Leuten in Israel geht es so gut wie noch nie. Doch der Reichtum ist ganz ungleichmäßig verteilt. Amos hat gemerkt: Dass die Reichen in Saus und Braus leben können, besonders die in Samaria, in der Hauptstadt, das geht nur deshalb, weil die kleinen Leute dafür schuften müssen. Sie werden um das Ergebnis ihrer Arbeit betrogen.

... und reiche Säcke
Nächste Szene: Wieder in Samaria. Dieses Mal haben sich die prominenten Herren der Stadt zu einer Fress- und Sauforgie versammelt. Pardon, aber so ist es gewesen! Und dieses Mal geht es noch toller zu. Der Wein fließt in Strömen. Die Herren sind schon ziemlich blau, grölen herum wie ein Kegelklub auf der Rückfahrt vom Betriebsausflug. Sie haben Unmengen von Braten vertilgt. Lämmer und Mastkälber mussten dran glauben. Nun sind sie so richtig voll. – Da öffnet sich die Tür, ein Mann kommt herein, nun, wir kennen ihn schon: Amos. Wieder kommen nicht gerade erbauliche Worte aus seinem Mund, und wieder sind es Worte aus der Bibel: „Weh den Sorglosen auf dem Zion und den Selbstsicheren auf dem Berg von Samaria. Weh den Vornehmen des ersten unter den Völkern. Ihr liegt auf Betten aus Elfenbein und faulenzt auf euren Polstern. Zum Essen holt ihr euch Lämmer aus der Herde und Mastkälber aus dem Stall. Ihr grölt zum Klang der Harfe. Ihr wollt Lieder erfinden wie David. Ihr trinkt den Wein aus großen Humpen, ihr salbt euch mit dem feinen Öl und sorgt euch nicht über den Untergang Josefs. Darum müssen sie jetzt in die Verbannung, allen Verbannten voran. Das Fest der Faulenzer ist nun vorbei." (Amos 6,1.4–7) – Die Wirkung dieser Publikumsbeschimpfung kann man sich vorstellen. Die feinen Herren sind mit einem Schlag nüchtern. Ihr Grölen ist verstummt. Diese Herren, die sich für die Crème des erwählten Volkes halten? – Trunkenbolde seid ihr, nichts weiter! Ihr sorgt euch keinen Deut um die euch anvertrauten Menschen. Eure politische Position betrachtet ihr eher als Selbstbedienungsladen. –

Höchst aktuell, was da in der Bibel steht! Diese beiden Geschichten spielen um 740 v.Chr. Das ist 2700 Jahre her!

Ein Schaden für den Ruf des Landes
Alles weitere läuft so ab, als wäre es heute: Empörung macht sich breit. Das Establishment lässt sich das nicht gefallen. Regierungspalast und Tempel machen Schulterschluss: Ist das nicht der Verrückte, der schon unsere Frauen beschimpft hat? Na, der soll was erleben! Der Oberpriester Amazja verweist den Propheten des Landes: „Geh doch nach drüben! Dort kannst du deine Reden halten!" Er erteilt ihm Redeverbot; – der erste Fall in der jüdisch-christlichen religiösen Geschichte, und es trifft ausgerechnet einen Propheten! Aber noch ein Trick ist dabei, der bis heute funktioniert: Nicht etwa die Verhältnisse sind unerträglich, dass eine kleine Oberschicht sich den Reichtum des Landes unter den Nagel reißt, in Saus und Braus lebt, während die Masse der Menschen armselig dahinvegetiert. Nein, das nicht! Unerträglich ist, dass Amos das alles anprangert, dass er den Finger darauf legt, dass er die Dinge ungeschönt beim Namen nennt. Das regt die feinen Herrschaften auf: Das schadet doch dem Außenhandel und dem Tourismus, würden sie heute sagen.

Protest ist Glaubenszeugnis
Aber die unbequeme Wahrheit konnte nicht zum Schweigen gebracht werden. Heute stehen die Worte in der Bibel. Die jüdische Glaubensgemeinschaft hat sie in die offizielle Sammlung ihrer heiligen Schriften aufgenommen und damit deutlich gemacht: Es ist wesentliche Aufgabe eines gläubigen Menschen, sich mit gesellschaftlichen und politischen Missständen auseinanderzusetzen, Stellung zu nehmen, den Mund aufzumachen, dem Treiben Widerstand entgegen zu setzen. Für Amos war sein Protest gegen die Ungerechtigkeiten damals eine unmittelbare Konsequenz seines Glaubens an Gott. Dieser Mann war tief überzeugt: Das herrliche Land, in dem wir leben, hat Gott allen Menschen gegeben, allen hat er es in gleicher Weise zugedacht. Dass es da zwei Klassen von Menschen gibt, die einen, die sich die Reichtümer des Landes unter den Nagel reißen, die anderen, die in immer tiefere Armut und Abhängigkeit geraten, das widerspricht zutiefst dem Glauben an Gott und ist ein einziger Skandal.
Auf dem Hintergrund des heutigen Ungleichgewichts zwischen Nord und Süd, der vielen Menschen, die an Hunger und Unterentwicklung elend zugrunde gehen, aber auch der wachsenden Arbeitslosenzahlen und zunehmenden Verarmung von Familien in unserem Land sind die Worte des Amos bestürzend aktuell. – Aktuell ist aber auch die Art, wie die Clique der Bönzchen sich des unbequemen Mahners entledigt: In Deutschland gilt nicht der als schlimm, der den Dreck macht, sondern der, der auf den Dreck hinweist, sagte schon Kurt Tucholsky. Parteien, Großindustrie, Gewerkschaften, Verbände, Medien – verstrickt in Kungeleien und Mauscheleien, um sich die fetten Pfründen zu sichern und nur ja nichts an die Öffentlichkeit dringen zu lassen ... Das Lachen über die feisten Baschankühe könnte einem im Hals stecken bleiben!

Franz-Josef Ortkemper

II. Elemente für eine Wort-Gottes-Feier

1. Eröffnung

Eröffnungsgesang
– GL 505,1-3: „Du hast uns, Herr, gerufen"

15. Sonntag im Jahreskreis

Liturgischer Gruß / Einführung
Im Namen des Vaters ...
Gottes Friede und Heil sei mit uns allen.
In den biblischen Texten des heutigen Sonntages begegnen wir einigen eindrucksvollen Menschen. Da ist ein alttestamentlicher Prophet, der sich ganz von Gott und seiner Botschaft packen lässt. Im Epheserbrief hören wir jemanden, der erfüllt ist vom Lobe Gottes und ein Lied auf seine Liebe zu uns singt. Das Evangelium schließlich erzählt uns von den zwölf Aposteln, die sich aufmachen, um Gottes frohe Botschaft zu verkünden. – Doch diese Botschaft ist nicht harmlos. Sie setzt in Bewegung und reizt zum Widerspruch. Boten Jesu leben gefährlich. – Was nehmen wir für Gott und sein Wort in Kauf? –
– *Stille* –

Christus-Rufe
– GL 495,7: „Herr Jesus, du rufst die Menschen, dir zu folgen"

Eröffnungsgebet
Gott, du bist nicht stumm, fernab von Menschen und Welt. Du bist ein Gott, der spricht. Du antwortest auf das Schreien der Menschen; du näherst dich ihrem Suchen; du öffnest dich ihrem Hoffen. Doch deine Worte trösten und heilen nicht nur; sie widersprechen auch und provozieren. Öffne uns, damit wir die Worte nicht nur hören, sondern auch in unseren Herzen aufnehmen. Darum bitten wir dich durch Christus, unseren Herrn.

2. Verkündigung des Wortes Gottes

Hinführung zur Ersten Lesung (Am 7,12–15)
Amos, der Prophet Gottes, trifft auf Widerstand. Ausgerechnet der Oberpriester am Heiligtum will ihm den Mund verbieten. Aber Gottes Wort lässt sich nicht mundtot machen.

Psalm / Gesang
– GL 757,1.2: „Groß und gewaltig ist der Herr", VV. 1–6.

Hinführung zur Zweiten Lesung (Eph 1,3–14)
Der Epheserbrief beginnt mit einem großen Lobpreis auf das, was Gott uns in Jesus Christus geschenkt hat: Wir sind nicht von einem blinden Schicksal in eine letztlich sinnlose Welt geworfen, sondern von Gott erwählt, von ihm geliebt, von ihm gewollt.

Ruf vor dem Evangelium
– GL 531,7: „Halleluja" mit GL 646,5: „Geht in alle Welt"
– GL 530,1: „Halleluja" mit GL 624, Kv.: „Auf dein Wort, Herr, – „Halleluja"

Hinführung zum Evangelium (Mk 6,7–13)
Jesus sendet seine Jünger aus, seine Botschaft weiterzutragen. Zu zweit sollen sie gehen, damit der eine den anderen stützen, die Unfähigkeit des anderen auffangen kann. Bedürfnislos sollen sie sein, damit der eigene Reichtum ihrer Botschaft nicht im Wege steht.

Predigt / Auslegung
– *Stille* –

3. Antwort der Gemeinde

Predigtlied
– *Instrumentalmusik / Recorder*
– GL 304,1.2: „Zieh an die Macht"
– GL 644,1.4.5: „Sonne der Gerechtigkeit"

Allgemeines Gebet / Fürbitten
Herr Jesus Christus, du sendest uns als deine Boten. Höre uns, wenn wir dich bitten:
– Herr, gib uns Mut, über Ungerechtigkeiten in unserer Gesellschaft nicht hinwegzusehen, sondern die Stimme für die neuen Armen zu erheben.
– Herr, lass uns nicht in der Bequemlichkeit festsitzen, sondern ermuntere uns zu neuen Aufbrüchen!
– Herr, lass uns Worte finden, in denen deine Botschaft auch den Menschen unserer Zeit zugänglich wird.
Du hörst unser Beten. Du bist uns nahe. Dir sei Dank, heute und alle Tage bis in Ewigkeit.

Vater unser
Als Gesandte Jesu Christi beten wir in seinem Auftrag: Vater unser ...

Loblied / Danklied
– GL 610,1–4: „Gelobt sei Gott in aller Welt"
– GL 616,1.3: „‚Mir nach', spricht Christus"

Text zur Meditation

Kein Geld im Gürtel,
weder Tasche noch Schuh.
Du,
du allein,
Herr,
auf dem Weg in den Tag hinein,
in die Welt.

Ich bin nie allein.
Du selbst bist der Stab,
womit Mose den Felsen
in der Wüste schlug,
dass er Quellwasser gab.
Der trägt mich beim Wandern.
Ich trag's zu den andern,
das neue Leben.

(Aus: Silja Walter, Das Wort ist Brot geworden, Kommunionpsalter, Verlag Herder, Freiburg i.Br., ²1992, 92 f., gekürzt)

4. Abschluss

Schlussgebet
Gütiger Gott, du sendest uns auf verschiedenen Wegen in den Alltag hinaus. Die Gewissheit, dass du uns überall nahe bist und für uns Sorge trägst, ist unsere Kraft. Erinnere uns, dass wir nicht schweigen, wenn wir Unrecht und Menschenverachtung sehen. Das erbitten wir von dir durch Jesus Christus, unseren Herrn.

Segensbitte / Entlassung
Gott segne unsere Wege, unser Reden und Tun: der Vater, der Sohn und der Heilige Geist.

Schlusslied
– GL 514,1–3: „Wenn wir jetzt weitergehen"
– GL 263,1.2: „Dein Lob, Herr, ruft der Himmel aus"

16. Sonntag im Jahreskreis

I. Predigt (Mk 6,30–34)

Sich finden – Gott finden

Der Papalagi hat keine Zeit
Kennen Sie die Weisheiten des Tuiavii, eines Südseehäuptlings? Nein? Sollten Sie aber! Er hält uns Europäern in verschiedener Hinsicht einen Spiegel vor. Z.B. auch, wenn er sagt: „Der Papalagi ist immer unzufrieden mit seiner Zeit und er klagt den großen Geist dafür an, dass er nicht mehr gegeben hat.
Es gibt Papalagi, die behaupten, sie hätten nie Zeit. Sie laufen kopflos umher wie Aitu (Teufel) Besessene, und wohin sie kommen, machen sie Unheil und Schrecken, weil sie ihre Zeit verloren haben. Diese Besessenheit ist ein schrecklicher Zustand, eine Krankheit, die kein Medizinmann heilen kann, die viele Menschen ansteckt und ins Elend bringt.
Es gibt in Europa nur wenige Menschen, die wirklich Zeit haben. Vielleicht gar keine. Daher rennen auch die meisten durchs Leben wie ein geworfener Stein. Fast alle sehen im Gehen zu Boden und schleudern die Arme weit von sich, um möglichst schnell voranzukommen.
Wenn man sie anhält, rufen sie unwillig: „Was musst du mich stören; ich habe keine Zeit, siehe zu, dass du deine ausnützt." Sie tun gerade so, als ob ein Mensch, der schnell geht, mehr wert sei und tapferer als der, welcher langsam geht.
Ich glaube, die Zeit entschlüpft ihm wie eine Schlange in nasser Hand, gerade weil er sie zu sehr festhält. Er lässt sie nicht zu sich kommen. Er jagt immer mit ausgestreckten Händen hinter ihr her, er gönnt ihr die Ruhe nicht, sich in der Sonne zu lagern. Sie soll immer ganz nahe sein, soll etwas singen und sagen. Die Zeit ist aber still und friedfertig und liebt die Ruhe und das breite Lagern auf der Matte. Der Papalagi hat die Zeit nicht erkannt, er versteht sie nicht und darum misshandelt er sie mit seinen rohen Sitten.
Wir müssen den armen, verirrten Papalagi vom Wahn befreien, müssen ihm seine Zeit wiedergeben. Wir müssen ihm seine kleine, runde Zeitmaschine zerschlagen und ihm verkünden, dass von Sonnenaufgang bis -untergang viel mehr Zeit da ist, als ein Mensch gebrauchen kann." (15)

Kommt mit an einen einsamen Ort
Unser Problem besteht darin, dass wir gar nicht wissen, wieviel Zeit wir haben. Der Häuptling macht uns auf unsere Not aufmerksam. Damit stehen wir mitten im Evangelium. „Kommt mit an einen einsamen Ort", fordert Jesus seine Jünger auf. Die Apostel sind von der Missionsarbeit zurückgekehrt. Sie sind müde und abgespannt. Jesus weiß, was sie brauchen. So lädt er sie ein, zur Ruhe zu kommen. Da müssen sie den Ort wechseln. „Denn die Leute, die kamen und gingen, waren so zahlreich, dass sie nicht einmal Zeit zum Essen fanden."
Der Urkirche war wichtig, diese Einladung Jesu weiterzugeben: Er selbst hat sich von Zeit zu Zeit zurückgezogen in die Stille und Einsamkeit. Er kann dann neu auftanken, um ganz für die Menschen dazusein. Das will er auch seinen Jüngern gönnen.
Jesus hat immer wieder den Andrang der Leute erlebt. Kranke werden herbeigetragen, die ganze Stadt ist vor der Haustüre versammelt. Dann heißt es vom nächsten Tag: „In der Frühe, als es noch dunkel war, stand Jesus auf und ging in eine einsame Gegend, um zu beten."

Was für Jesus wichtig war, ist auch für uns lebensnotwendig, wenn wir nicht in Betriebsamkeit, Arbeit und Stress untergehen wollen. Die Stille ist für uns der Ort der Begegnung mit Gott. Gewiss kann ein Mensch überall die Gegenwart Gottes erfahren: durch Menschen, Ereignisse, in der Natur und in der Gemeinschaft, in Freude und Leid. Aber es gibt Situationen, die einen Menschen eher bereitmachen zu dieser Begegnung. Wer angefüllt ist mit dem Lärm von tausend Dingen, wie soll er Gott hören? Gott brüllt uns ja nicht an, sondern spricht ganz leise.

Zeiten der Stille und Einsamkeit suchen
Jesus sagt es auch uns: „Kommt an einen einsamen Ort!" Jeder braucht Zeit, um aus der Hast und Unruhe zur Tiefe vorzudringen, damit er wieder seine Mitte findet. Oft sind es nicht die Menschen, die uns nicht zur Ruhe kommen lassen, sondern wir selber. Wir stehen uns mit unserer eigenen Unruhe im Wege. Wir meinen, nur was wir machen und schaffen, das zählt. Viele liefern sich selbst im Urlaub einem Animator aus, der für pausenloses Programm sorgt; und sie verlieren sich sogar da in Spaßpflichten und Hektik. „Die Zeit ist aber still und friedfertig und liebt die Ruhe und das breite Lagern auf der Matte." – Es gibt bei uns eine Einrichtung „Kloster auf Zeit". Da gehen Menschen für ein paar Wochen aus Lärm und Gehetze in die Stille, ins Schweigen, um zu sich selber zu finden, um Gott neu zu begegnen. – Aber viele können sich nicht in ein Kloster zurückziehen. Suchen wir im Alltag doch Orte der Ruhe und Sammlung. Zu sich selber kommen – das ist auch möglich im Alltag, mitten in Zeiten großer Beanspruchung. Suchen wir Orte der Ruhe und Sammlung. Lassen wir in der Stille unsere Pläne und Sorgen los, lassen wir Gott zu Wort kommen. Beginnen wir mit zehn Minuten, ohne Radio und Zeitung, zehn Minuten für uns, für Gott. Es wäre gut, einen Wecker einzustellen, damit wir nicht vorzeitig vor der Stille davonlaufen. Wenn wir durchhalten, werden wir die Kraft der Stille erfahren. – Wir könnten uns auch auf das Experiment „Exerzitien im Alltag" einlassen. Täglich sich eine halbe Stunde Zeit nehmen zum Beten, Schweigen, Meditieren anhand vorgegebener Texte; und einmal wöchentlich gemeinsam beten und die Erfahrungen austauschen. Das ist am Anfang nicht leicht; aber nach dieser stillen Zeit gelingt der Tag viel besser als sonst. Die Erfahrung des hl. Franz von Sales wird bestätigt: „Täglich eine halbe Stunde auf Gott zu horchen ist wichtig, außer wenn man viel zu tun hat; dann ist eine ganze Stunde nötig."

Die Erfahrung der Stille
Zu einem einsamen Mönch kamen eines Tages Menschen. Sie fragten ihn: „Was für einen Sinn siehst du in deinem Leben der Stille?" Der Mönch war eben beschäftigt mit dem Schöpfen des Wassers aus einer tiefen Zisterne. Er sprach zu den Besuchern: „Schaut in die Zisterne! Was seht ihr?" Die Leute blickten in die tiefe Zisterne. „Wir sehen nichts!" Nach einer kurzen Weile forderte der Einsiedler die Leute wieder auf: „Schaut in die Zisterne! Was seht ihr?" Die Leute blickten wieder hinunter: „Ja, jetzt sehen wir uns selber!" Der Mönch sprach: „Schaut, als ich vorhin Wasser schöpfte, war das Wasser unruhig. Jetzt ist das Wasser ruhig. Das ist die Erfahrung der Stille. Man sieht sich selber." (16)

Karlheinz Buhleier

II. Elemente für eine Wort-Gottes-Feier

1. Eröffnung

Eröffnungsgesang
– GL 668,1–3: „Morgenglanz der Ewigkeit"
– GL 474,1–4: „Nun jauchzt dem Herren"

Liturgischer Gruß / Einführung
Im Namen des Vaters ...
Gott, der liebevoll für uns sorgt, führt uns in seine Stille. Inmitten der Urlaubszeit hören wir heute im Evangelium einen richtigen Erholungstext. Jesus lädt seine Jünger zu einem Kurzurlaub ein, zum Ausruhen und zur Stille. Er schenkt ihnen seine Zeit. Auch uns gilt diese Einladung zu einem Wort, das uns gut tut, und zum Ausruhen in seiner lebensspendenden Nähe. Nehmen wir die Einladung Jesu an. (*Stille*)

Christus-Rufe
Herr Jesus Christus, du schenkst uns Zeit zur inneren Sammlung. –
– „Lob sei dir, Halleluja!" (*wie GL 260, 4. Zeile*)
Herr Jesus Christus, du lässt uns ausatmen von der Hektik und dem Getriebe unseres Lebens. –
Herr Jesus Christus, als guter Hirt bist du um uns in Sorge. –

Eröffnungsgebet
Jesus hat gesagt: „Nicht nur vom Brot lebt der Mensch, sondern von jedem Wort, das aus Gottes Mund kommt." Deshalb bitten wir: Gott, unser Vater. Verwirrt vom Geschwätz unserer Tage, erschöpft von Arbeit und Sorgen, suchen wir dich und rufen: Komm uns entgegen. Rede uns an. Gib uns ein Wort, das uns ändert und heilt, das uns nährt und befreit. Das gewähre uns durch Jesus Christus, unseren Herrn.

2. Verkündigung des Wortes Gottes

Hinführung zur Ersten Lesung (Jer 23,1–6)
Die Weherufe an die Führer des Volkes, die die Herde zugrunde gerichtet haben, lassen uns aufhorchen. Doch nach der Abrechnung kommt das Trostwort für das Volk: Gott selbst sorgt für sein Volk, damals und heute.

Psalm / Gesang
– GL 741,1.2: „Freut euch, wir sind Gottes Volk", VV. 1-4

Hinführung zur Zweiten Lesung (Eph 2,13–18)
Der Glaube an Jesus Christus sprengt Grenzen. Zwischen Heiden und Juden wurde Christus zu einer Brücke. In ihm heben sich Gegensätze auf. Er ist unser Friede.

Ruf vor dem Evangelium
– GL 530,3: „Halleluja" mit GL 538,5: „Du Hirt, von Gott gesandt", – „Halleluja"

Hinführung zum Evangelium (Mk 6,30–34)
Die Menschen folgen Jesus in Scharen; sie sind hungrig nach dem Brot seines Wortes. Jesus empfindet Mitleid mit ihnen: „Denn sie waren wie Schafe, die keinen Hirten haben."

Predigt / Auslegung
– *Stille* –

3. Antwort der Gemeinde

Lobpreis
- GL 281,1–9: „Danket dem Herrn, denn er ist gut"

Allgemeines Gebet / Fürbitten
Herr, unser Gott, in der Hektik unserer Zeit flüchten wir zu dir in deine Stille. Wir bitten dich:
- Für die Kirche, dass sie die Botschaft von Jesu Menschenfreundlichkeit vermittelt.
- Für die Verantwortlichen der Völker, dass sie alles tun, damit die Menschen in Frieden leben können.
- Für uns alle, dass wir unser Herz und unser Ohr öffnen, um die leisen Töne des Lebens zu vernehmen.
- Für alle Menschen, die in Urlaub und Ferien fahren, dass sie sich Zeit nehmen, zu sich selber zu kommen, und Gott neu erfahren.
- Für alle, die viel arbeiten müssen, dass ihnen trotzdem genug Zeit bleibt für Ruhe, Erholung und Selbstbesinnung.
- *(Kind)* Für alle Menschen, die nur noch ihre Arbeit kennen, dass sie erfahren: Du magst sie gerade dann, wenn sie sich Zeit nehmen zum Singen und Spielen.

Guter Gott, du gehst mit uns durch unser Leben und bist uns mit zärtlicher Fürsorge zugewandt. Dafür danken wir dir, solange wir leben und bis in Ewigkeit!

Vater unser
Als Brüder und Schwestern Jesu beten wir: Vater unser ...

Loblied / Danklied
- GL 289,1–2: „Herr, deine Güt ist unbegrenzt"

Text zur Meditation
Herr, ich habe Zeit.
Ich habe meine Zeit für mich,
alle Zeit, die du mir gibst,
die Jahre meines Lebens,
die Tage meiner Jahre,
die Stunden meiner Tage,
sie gehören alle mir.
An mir ist es, sie zu füllen,
ruhig und gelassen,
aber sie ganz zu füllen,
bis zum Rand,
um sie dir darzubringen,
damit du aus ihrem schalen Wasser
einen edlen Wein machst,
wie du es einst tatest, zu Kanaa,
für die Hochzeit der Menschen.
Herr, ich bitte dich nicht um die Zeit,
dieses oder dann noch jenes zu tun,
ich bitte dich um die Gnade in der Zeit,
die du mir gibst, gewissenhaft das zu tun,
was du willst, das ich tun soll.

(Aus: M. Quoist, Herr, da bin ich, Verlag Styria, Graz [61] 1986, Rechteinhaber unbekannt)

4. Abschluss

Schlussgebet
Gott, Du wachst als Hirte über deine Schöpfung, alles Lebendige ist in deiner Hut, uns alle kennst und bewahrst du, wo wir auch gehn oder stehn. – Wir bitten dich, so möge es bleiben, niemals soll uns irgendetwas mangeln, und eintreten lass uns in deine Ruhe und in deinen Frieden heute und an jedem Tag unseres Lebens, bis wir dich schauen in Ewigkeit.

(Aus: Huub Oosterhuis, Ganz nah ist dein Wort. Gebete, Verlag Herder, Freiburg 1980, Seite 31.)

Segensbitte / Entlassung
Gott halte seine Hände über uns. Er rühre uns an mit seiner Kraft. Er lege seinen Frieden auf uns. So segne uns Gott der Vater, der Sohn und der Heilige Geist.

Schlusslied
- GL 474,5–7: „Dankt unserm Gott"
- GL 834,1–3: „Gott, du bist Sonne und Schild" (Freiburg/Rottenburg-Stuttgart)

17. Sonntag im Jahreskreis

I. Predigt (Joh 6,1–15)

Speisung der Vielen

Tabgha
In der Nähe von Kafarnaum, direkt am Ufer des Sees Gennesaret, liegt der Ort, wo nach der Überlieferung die Brotvermehrung Jesu verehrt wird. Schon früh wurden an dieser Stelle sogar mehrere byzantinische Kirchen erbaut. Bei Ausgrabungen fand man, wie sicher einige von Ihnen wissen, wunderbare Bodenmosaiken von Tieren und Pflanzen aus dieser Gegend. Die Mitte allerdings stellt ein Korb mit vier Broten dar. Da stellen viele Heilig-Land-Pilger die Frage: Wo ist denn das fünfte Brot? Nun könnte man antworten, wie es häufig geschieht: Es ist im Korb, aber verdeckt von den vier anderen.
Eine andere Antwort gibt der Architekt, der die heutige, moderne Kirche erbaut und die Bodenmosaiken mit in seinen Bau einbezogen hat: Er legte nämlich das Mosaik mit dem Brotkorb unmittelbar vor den Altar. Der Korb mit den vier Broten weist also auf das 5. Brot hin, das auf dem Altar liegt, auf das eucharistische Brot. Die Brotvermehrungsgeschichte trägt ohne Frage einen Hinweischarakter auf die Feier der Eucharistie: Der Gastgeber des Mahles mit den Vielen ist auch Gastgeber des heiligen Mahles. – Aber beginnen wir von vorne:

Hoffnungsbotschaft vom Reich
Männer, Frauen, Kinder – überall, wohin er kommt, dieser Menschenauflauf. Sie rennen ihm überall hin nach. Auch wenn er an das andere Ufer des Sees von Tiberias (= See Gennesaret) fährt, bildet sich alsbald eine Menschenmenge. Und wenn er hinaus geht auf einen der Berge und Hügel am Rand der Wüste, dann laufen sie hinter ihm drein, als gäbe es etwas geschenkt. Und dann beginnt er zu erzählen vom Reich Gottes: Gott werde eingreifen und alles neu machen. Von der Schulter der Menschen werde alle Last genommen: Krankheit, Schmerz, Leid, Not, Elend, aber auch Hass, Krieg und Sünde, ja sogar der Tod. Wir Menschen dürften miteinander und mit Gott ewige Freude, Frieden, Glück, ja Seligkeit erfahren ohne Ende. – Und sie hören ihm zu, die Zukurzgekommenen, an den Rand Gedrückten, Bedeutungslosen; Verstümmelte und Geschundene, Hinkende und Blinde. Sie hängen an seinen Lippen. Keines seiner Worte lassen sie sich entgehen. Denn wenn er erzählt, wie es einmal sein wird in der neuen Welt, dann ist es, als fiele Hoffnung vom Himmel. Dann geht ein Strahlen und eine Welle der Hoffung über die Gesichter der Menschen. Und sie können nicht genug bekommen …

Was den Hunger stillt
Kennen Sie das, dass man von einer erlebten Freude und von der Schönheit eines Raumes, eines Gemäldes, einer Musik so erfüllt sein kann, dass man gar keine Lust mehr hat, etwas zu essen? Kennen Sie das, dass man von Worten, von einer Botschaft, von einer Hoffnungsbotschaft so voll sein kann, dass man den Hunger des Magens überhaupt nicht mehr spürt? Oder dass man vom Erlebnis einer erfüllenden Freundschaft oder Liebe so gestillt sein kann, dass man zu essen vergisst? – Die Heilige Schrift kennt diese Erfahrungen. Der Beter bezeugt: Die Huld Gottes – das erfüllt alle Sehnsucht meines Herzens (Ps 119,174); das macht so satt, als hätte ich einen saftigen Braten gegessen. Und er weiß auch: Einmal werde ich mich sättigen dürfen an den Gütern deines Hauses; einmal werde ich mich satt sehen an deiner Herrlichkeit. Wenn Lenin meinte, die christliche Botschaft sei das Opium, das Betäubungsmittel der einfachen, ausgebeuteten, unaufgeklärten Leute, so wissen es unsere Erfahrungen und das heutige Evangelium besser: Die Worte Jesu, seine Hoffnungsbotschaft – das ist Brot, Nahrungsmittel, Lebensmittel für die Armen, die an Seele und Leib Hungernden. Kein Fastfood-Geschwätz der Werbung, keine Ablenkungsangebote der Esoterik- und New-Age-Plastikreligionen können Menschen so sättigen, sondern allein Jesu Botschaft vom Reich.

Ein Vor-Geschmack
Jesus weiß aber auch: Von Worten allein werden Menschen noch nicht satt. Er weiß: Worte verlangen nach Zeichen, nach Anschauung, nach Greifbarkeit. Für Jesus war das festliche Mahl, das Menschen miteinander feiern, ein Hinweis, ein Zeichen auf dieses Reich Gottes hin. Denn beim Mahl kommen Menschen einander näher; sie lachen, sie scherzen, sie singen, sie tanzen sogar; sie erfahren Freude und Glück: Der Himmel scheint so nah! Gläubige Menschen haben immer schon gewusst, dass jedes Mahl, das Menschen feiern, im Angesichte Gottes steht. Gott begegnet uns sozusagen als Wirt; wir dürfen Einkehr bei ihm halten; er beschenkt uns mit den Gaben seiner Schöpfung. – So weist das Mahl hin auf die liebende, freudvolle Gemeinschaft mit Gott und den Menschen. Deshalb wird im Judentum und im Christentum ein Mahl mit einem Gebet eröffnet, das mehr sein soll als nur Bitte und Dank. Es soll ein Lobpreis sein: „Gepriesen bist du, Herr, unser Gott!" –
Die Menschen haben bei Jesus ausgeharrt. Jetzt halten sie miteinander Mahl. Jesus ist Gastgeber, die Hörerinnen und Hörer sind seine Gäste. Im Mahlgeschehen dürfen sie einen Vor-Geschmack der Freude, der Fülle und der Herrlichkeit des Reiches Gottes spüren und verkosten.

Das fünfte Brot
Wenn wir das hier hören, dann sind wir vielleicht ein wenig betroffen. Denn es wird uns klar, dass die Feier des Wortes Gottes nicht alles ist. So wichtig und bedeutungsvoll und unverzichtbar es ist, den Tisch des Wortes zu decken und vom Brot des Wortes zu essen und es zu „verkosten", – es bleibt doch ein unerfüllter Rest. Wir merken es selber: Das Wort verweist auf das Mahl. Das soll uns immer auch bewusst bleiben, wenn wir uns so wie in dieser Stunde zur sonntäglichen Wort-Gottes-Feier versammelt haben: Sie ist kein verbilligter Ersatz für die Eucharistiefeier. Zwar wissen wir, dass die Kirche immer das Wort Gottes so verehrt hat wie den Leib des Herrn. Und trotzdem: Lassen Sie es mich im Bild sagen: Es liegen eben nur vier Brote im Korb. Das fünfte Brot, das wir brauchen, um ganz satt zu werden, liegt auf dem eucharistischen Altar. Jede Wort-Gottes-Feier verweist uns auf dieses fünfte Brot – auf die Feier der Eucharistie.

Bernhard Krautter

II. Elemente für eine Wort-Gottes-Feier

1. Eröffnung

Eröffnungsgesang
– GL 493,1–3: „Lob sei dem Herrn"
– GL 277,1–4: „Singet, danket unserm Gott"

Liturgischer Gruß / Einführung
Im Namen des Vaters ...
Christus ist in unserer Mitte und schenkt uns seinen Frieden.
„Was ist das für so viele?" – Dieses Wort aus dem heutigen Evangelium ist fast sprichwörtlich geworden, Ausdruck unserer Hilflosigkeit oder Überforderung. Was kann ein Einzelner schon tun – angesichts der Riesenprobleme unserer heutigen Welt? – Unser Leben ist oft deswegen so unfruchtbar, weil wir mutlos sind. Wir trauen uns und vor allem Gott nichts mehr zu. So bitten wir ihn am Beginn dieses Gottesdienstes um Mut und Selbstvertrauen – im Blick auf ihn.

Christus-Rufe
(Gesprochen oder nach der Melodie GL 495)
– Herr Jesus, du Hirt deines Volkes. –
   Akklamation GL 562: „Lob Dir, Christus, König und Erlöser!"
Du rufst uns, dir zu folgen. –
– Herr Christus, du bist unsere Sehnsucht und Hoffnung. –
Du hast Worte des ewigen Lebens. –
– Herr Jesus, du gibst uns Leben in Fülle. –
Bei dir finden wir Frieden.

Eröffnungsgebet
Gott, du Ursprung allen Lebens, du gibst uns Nahrung für Geist und Leib. Erfülle uns mit deinem Wort und lass es fruchtbar werden in Taten der Liebe.
Darum bitten wir durch Jesus Christus, deinen Sohn, unseren Herrn und Gott, der mit dir und dem Heiligen Geist lebt heute, alle Tage und in Ewigkeit.

2. Verkündigung des Wortes Gottes

Hinführung zur Ersten Lesung (2 Kön 4,42–44)
Der Prophet Elischa lebte im 9. Jahrhundert vor Christus. Er kämpfte leidenschaftlich gegen die Verehrung fremder Götter in Israel. Im Namen Jahwes gibt er den Menschen Brot und macht sie satt.

Psalm / Gesang
– GL 718,1.2: „Der Herr ist mein Hirt", VV. 1–3.6.7.

Hinführung zur Zweiten Lesung (Eph 4,1–6)
Im Epheserbrief steht die Einheit der Kirche im Mittelpunkt. Wir sind berufen, ein Leben im Glauben zu führen. Der Garant für Gemeinschaft, Einheit und Frieden ist Gott selbst.

Ruf vor dem Evangelium
– GL 530,8: „Halleluja" mit GL 471: „Kostet und seht, wie gut der Herr"
– GL 530,7: „Halleluja"mit GL 231: „Lobsinget dem Herrn"

17. Sonntag im Jahreskreis

Hinführung zum Evangelium (Joh 6,1–15)
Das Wunder der Brotvermehrung verweist auf eine tiefere Wirklichkeit. Es geht um unseren unstillbaren Hunger nach Leben, unsere Sehnsucht nach Sinnerfahrung, und es geht um den, der allein solchen Hunger stillen kann.

Predigt / Auslegung
– *Stille* –

3. Antwort der Gemeinde

– *Instrumentalmusik / Recorder*

Lobpreis
– GL 483,1–3.7–10: „Wir rühmen dich"
– GL 493,4–8: „Schaut auf den Herrn"

Allgemeines Gebet / Fürbitten
Du, unser Gott. Du bist ein Gott, der uns hört und an uns Interesse hat. Wir bitten dich:
– Dass wir befähigt werden, die Einheit zu wahren durch den Frieden, der uns zusammenhält, um gemeinsam zu bekennen: ein Leib, ein Geist, ein Herr, ein Glaube und eine Taufe. – V./A.: Herr, erhöre uns!
– Dass alle christlichen Gemeinschaften bald die sichtbare kirchliche Einheit in Christus erlangen und am selben Tisch das Brot brechen.
– Dass alle, die weltweit nach Brot hungern und nach Trinkwasser dürsten, das zum Leben Notwendige erhalten.
– Dass die Regierungen der Welt den Mut zu globaler Gerechtigkeit haben und den Frieden schützen.
– Dass alle, die am Ende ihres Lebens stehen oder das Ende bereits „hinter sich" haben, gestärkt werden von deinem Lebensbrot.
Gott, wie sehr wir uns auch selbst einsetzen, immer bleiben wir angewiesen auf die Kraft, die du uns gibst durch Jesus, das Wort und Brot des Lebens. Er sei gepriesen in Ewigkeit.

Vater unser
Auch im Gebet des Herrn bitten wir um das Brot des Wortes: Vater unser …

Loblied / Danklied
– GL 261,1.2: „Den Herren will ich loben"

Text zur Meditation
Jesus – er ist unser Brot – sagen die Hungrigen.
Er ist unser Weg – sagen die Suchenden.
Er lehrt uns eine neue Sprache – sagen die Stummen.
Er hat uns gefunden – sagen die Verlorenen.
Er leidet mit uns – sagen die Verfolgten.
Er zeigt uns – dass wir nichts wissen – sagen die Weisen.
Er schenkt uns das Leben – sagen die Sterbenden.
Er ist einer von uns, und wir gehören zu ihm – sagen die Armen.

(Quelle unbekannt)

4. Abschluss

Schlussgebet
Gott, du Freund des Lebens, du beschenkst uns überreich. Dein Wort ermutigt uns. Du kannst Wege weisen, wo alles aussichtslos scheint, du kannst Hoffnung schenken, wo es scheinbar nicht mehr weitergeht. Wir bitten dich: Bleibe du mit uns auf unserem Weg und lass uns die Freude, die wir von dir empfangen haben, an andere weitergeben. Deine Güte loben und preisen wir in Ewigkeit.

Segensbitte / Entlassung
Gott leite, schütze und trage uns. Er schenke uns ein lebendiges Herz. So segne uns der dreifaltige Gott, der Vater, der Sohn und der Heilige Geist.

Schlusslied
– GL 261,3: „Jetzt hat er sein Erbarmen"
– GL 283: „Danket, danket dem Herrn" (Kanon)

18. Sonntag im Jahreskreis

I. Predigt (Ex 16,2–4.12–15)

Israels Murren – Gottes Antwort

Fressen oder Freiheit
Wir erinnern uns noch gut an die Euphorie, als die Mauer zwischen den beiden Teilen Deutschlands geöffnet worden ist. Sperrzaun und Trennung waren durch eine „friedliche Revolution" überwunden worden. Wir im Westen waren ganz gerührt über so viel Einheitsbewusstsein und Freiheitssehnsucht. –
Inzwischen ist Ernüchterung eingekehrt, Enttäuschung und Unzufriedenheit. Rückwärtsgewandtheit und Nostalgie haben sich ausgebreitet; die Vergangenheit erscheint in verklärtem Licht: Ach, so schlimm war es damals auch wieder nicht! Wir hatten wenigstens sichere Arbeitsplätze und Altersversorgung! Die erstickenden Plattenbauten, die chemoverseuchten Böden, ein bankrotter Staatshaushalt, der über Jahre auf Pump gewirtschaftet hatte; das durch und durch verlogene System mit Rundum-Bespitzelung, total kontrollierten Medien und Verdummung – das alles scheint inzwischen vergessen. Die hehren Werte Freiheit und Einheit haben für viele abgewirtschaftet. Das sprichwörtliche „Fressen" kommt eben nicht nur vor der Moral, sondern auch vor dem Freiheitsbewusstsein und dem Einheitswillen. – Oder war das alles vielleicht überhaupt nicht so ernst gemeint? – Ähnlich verklärendes Denken kann man – in Restbeständen – immer noch bei alten Leuten finden, die das Kriegsende und den Zusammenbruch Deutschlands miterlebt haben: Er (= Hitler) hat uns eben Arbeit verschafft; und jeder Deutsche hat „was" gehabt! – Gewiss, den „Volksempfänger", eine „Ordnung", einen „gut organisierten" Krieg; einen kleinen Wohlstand – allerdings auf Kosten der ausgebeuteten und versklavten „Fremdarbeiter"; Arbeitsplätze beim Bau von Autobahnen und in der Rüstungsindustrie als „Pflichterfüllung" – aber im Hinblick auf die „Eroberung" der „Länder ohne Volk" im Osten. Und die Bereicherung des Staates mit geraubtem jüdischem Eigentum; die Gestapo, Euthanasie, das Verschwinden von unliebsamen Bürgern …? – „Die Amis? Nein, die waren für uns keine Befreier! Von was

denn?!" – Ja, so ist das mit dem „Fressen" und der Freiheit: Irgendwann muss man wissen, was einem wichtiger ist. Irgendwann steht man vor der Entscheidung. – War das in Israel, dem Volk Gottes, ganz anders?

Auf dem Wüstenweg
Jahwe hat die Israeliten durch das Rote Meer geführt: Israel ist frei. Aber auf dem langen Weg durch die Wüste erfahren die Israeliten die ganze Zwiespältigkeit ihres Herausgerissenseins aus ägyptischer Sklaverei. Zwar hat Jahwe sie herausgerissen aus Unfreiheit und Unterdrückung, und dies ist Anlass zu großem Jubel. Doch nun erleben sie ihre Befreiung äußerst bedrohlich: Denn sie sind auch herausgerissen worden aus einer relativen Berechenbarkeit ihres Daseins und aus dem sicheren Versorgtsein mit dem Lebensnotwendigen. Gewiss, das Volk hat unter dem Joch der Knechtschaft gelitten, aber es hat doch genug gehabt zum Leben. „Man gewöhnt sich an (fast) alles." Man hat sich mit dem Vertrautgewordenen arrangiert. – Hier in der Wüste ist jedoch alles, ist ihre gesamte Existenz in Frage gestellt. Mit der nie gekannten Angst, verhungern zu müssen, wächst die Bereitschaft, einen Sündenbock für die ausweglos erscheinende Situation zu suchen. Böswillig und töricht sind die Unterstellungen, mit denen sie Gott und Mose bewerfen: „Ihr habt uns nur deshalb in diese Wüste geführt, um uns an Hunger sterben zu lassen." Plötzlich erscheint die Vergangenheit in einem rosigen Licht: Vermutlich eher karg gewesene Essensrationen verklären sich zu Fleichtöpfen. Die lauten Klagen, die sie vor Gott brachten, sind vergessen. Erschreckend zu sehen: Für das „Fressen", für einen vollen Magen bevorzugen sie den sicheren Tod in der Knechtschaft vor einem ungewissen, riskanten Leben in Freiheit. Warum – so kann man sich fragen – sind sie überhaupt mitgekommen? Jeder hat ahnen können, dass es kein Zuckerschlecken werden würde! Sind sie denn nur einem Herdentrieb gefolgt, nicht bereit, Verantwortung für ihre Handlungen zu übernehmen? Warum murren sie gegen die Führer und entwickeln keine eigenen Perspektiven und Alternativen? Warum bringen sie auch nach der wiederholten Erfahrung der Rettung aus sehr gefährlichen Situationen ein solch erstaunliches Beharrungsvermögen im Negativen auf? –

Gott hilft
All diese Überlegungen spielen im weiteren Verlauf der Erzählung keine Rolle, sondern es heißt ganz schlicht: „Da sprach der Herr zu Mose: Ich will euch Brot geben." – Gott reagiert nicht so, wie wir es erwarten würden. Er reagiert nicht wie eine empörte Obrigkeit, nicht wie eine beleidigte Primadonna, nicht wie ein neunmalkluger Oberlehrer. Nirgendwo heißt es: „Das ist eine Prüfung; wer weiß, wofür es gut ist"; oder: „Ihr habt es doch selber gewollt"; auch nicht: „Ihr könnt nicht alles haben: Freiheit und einen vollen Magen"; auch nicht: „Man muss die Dinge nehmen, wie sie kommen." Nein, nirgendwo billige Sprüche. Gott nimmt das Klagen und die Auflehnung sehr ernst, denn er sieht: Es geht ums Ganze. Israel murrt und lehnt sich im Grunde auf gegen seinen eigenen Weg; gegen seine ureigenste Berufung. Das steht auf dem Spiel. Gott ist das Risiko eingegangen, mit diesem Sklavenhaufen eine gemeinsame Geschichte zu beginnen, die allen zum Heil werden soll. Dieses Projekt darf keinesfalls scheitern. Gott hilft, weil er nicht will, dass seine Geschichte mit diesem Volk in der Wüste versandet. Er gibt ihnen das lebensrettende Brot.

Vorrecht der Erwählten
Das Volk Israel wird sich in seiner Geschichte noch öfter gegen die geraden Wege Gottes auflehnen. Und immer wieder wird Gott Lösungen suchen, damit die Geschichte des Heils weitergehen kann.
Wer – so fragen wir – darf in diesem Ton mit Gott umgehen? Offenbar nicht jeder; wohl

aber jene, die sich von ihm herausführen lassen: aus den vertrauten Lebenssituationen, aus der Bequemlichkeit, aus den wohlfeilen Be-happy-Angeboten, weg von den Fleischtöpfen Ägyptens, und die sich von ihm führen lassen in die mühsame Freiheit der Kinder Gottes. Schreien und murren dürfen jene, die er sich aussucht, die er herausruft, damit sie mit ihm zusammen etwas Heilvolles für die Menschen bewirken; jene, denen er die Last der Erwählung zumutet. Wenn die dann Angst bekommen, weil sie nicht mehr weiter sehen, weil ihnen das Nötigste fehlt, weil sie die Nähe Gottes nicht mehr spüren – ja, dann dürfen sie schreien und murren und klagen. Und Gott rettet. –

„Ecclesia"
Wir sind solche Herausgerufenen! Kirche als ecclesia bedeutet genau das: Gemeinschaft der Herausgerufenen; Gemeinschaft derer, die den Freiheitsweg der Kinder Gottes gehen. Wir sind die Bevorzugten, mit denen zusammen Gott Geschichte machen will. Darum dürfen wir alle unsere Ängste vor ihn bringen. Wir dürfen es, weil wir auf dem Wüstenweg unseres Lebens letztlich nichts anderes haben, worauf wir uns letztgültig verlassen könnten. Letztgültiges haben wir nur im Glauben an den, der sich Jahwe nennt: „Ich bin der ‚ICH BIN DA'." Er wird uns jeden Tag genug geben, um seinen Heilsplan und unser Leben zur Erfüllung zu führen. (17)

Rita Bahn

II. Elemente für eine Wort-Gottes-Feier

1. Eröffnung

Eröffnungsgesang
– GL 671,1.2.4: „Lobet den Herren alle"

Liturgischer Gruß / Einführung
Im Namen des Vaters ...
Gott, der seine Gnade jeden Tag neu schenkt, ist mit uns allen.
Dass Gott es sehr gut mit uns meint, dass wir es – immer – gut haben sollen, das zu glauben fällt vielen von uns schwer und scheint sich mit unseren oft schlechten Erfahrungen zu stoßen. Doch heute hören wir in den Lesungen von Gottes Fürsorge, die den ganzen Menschen umfasst und uns alle Tage unseres Lebens begleitet. Israel erstreitet sich in der Wüste die notwendige Nahrung und wird von Jahwe mit dem lebensrettenden Manna gespeist. – In Jesus scheint uns eine Lebenshaltung auf, die uns nähren und zu einem erfüllten Leben führen kann.

Christus-Rufe
– GL 518,1.2.6.8.9.10: „Herr, Jesus, König ewiglich", *Akklamation: Nur* „Kyrie eleison", *2. Zeile!*

Eröffnungsgebet
Gott, Quelle des Lebens, vor deinem Angesicht haben wir uns versammelt, weil deine Nähe uns wohltut und weil wir immer neu deiner Ermutigung bedürfen, um in den Turbulenzen unseres Lebens bestehen zu können. Stärke uns mit deinem Wort, für das wir uns jetzt öffnen, und schenke uns deine Freude. Darum bitten wir durch Jesus Christus, deinen Sohn, der als unser Fürsprecher mit dir herrscht in Ewigkeit.

2. Verkündigung des Wortes Gottes

Hinführung zur Ersten Lesung (Ex 16,2–4.12–15)
In der existenzbedrohenden Hungererfahrung der Wüstenwanderung murrt das Volk gegen Gott und Mose, der sie in die Freiheit geführt hat. Und Gott ist so demütig und gibt dem murrenden Volk täglich neue Nahrung.

Psalm / Gesang
– GL 758,1.2: „Aller Augen warten auf dich", mit VV. 1–7.9.
– GL 621,3: „Sprich du das Wort"

Hinführung zur Zweiten Lesung (Eph 4,17.20–24)
Nicht die kritiklose Anpassung an die Welt ist Aufgabe des Christen, sondern seine Ausrichtung auf Christus. Eine österlich erlöste Gesinnung kleidet den neuen Menschen, der sein altes, rein weltliches Streben abgelegt hat.

Ruf vor dem Evangelium
– V./A.: „Meine Hoffnung und meine Freude" (Erdentöne 273) mit angefügtem V./A.: „Halleluja" GL 530,8.
– GL 531,1: „Halleluja" mit GL 687: „Dein Wort ist Licht und Wahrheit", – „Halleluja"

Hinführung zum Evangelium (Joh 6,24–35)
Wenn Jesus sich als Brot des Lebens bezeichnet, dann sagt er damit allen, die ihn als ihren Herrn annehmen, ein Leben in Fülle zu.

Predigt / Auslegung
– *Stille* –

3. Antwort der Gemeinde

zunächst Instrumentalmusik / Recorder

Lobpreis
– GL 493,1–8: „Lob sei dem Herrn"

Allgemeines Gebet / Fürbitten
Herr Jesus Christus, du willst uns das Brot des Lebens sein. Wir bitten dich:
– Wir beten für alle Satten. Herr, wecke ihre Herzen.
– Wir beten für die Kranken und Leidenden. Herr, lindere ihre Nöte.
– Wir beten für die Mächtigen und Regierenden. Herr, lass sie Gerechtigkeit schaffen.
– Wir beten für uns und unsere Mitchristen. Herr, lass uns hungern nach dem Brot des Lebens.
– Wir beten für unsere Kiche, der es an Priestern mangelt. Herr, bilde dir fähige und geistlich gesinnte junge Männer, die bereit sind, deinem Reich zu dienen.
– Wir beten für die von Kriegen und Gewalt zerrissene Völkerfamilie. Herr, sende ihnen deinen Geist, damit Gerechtigkeit und Versöhnung wachse.
Herr, wir danken dir für deine sorgende Liebe. Sei hoch erhoben jetzt und in alle Ewigkeit.

Vater unser
Versammelt um Christus beten wir: Vater unser ...

Loblied / Danklied
– GL 269,1.4: „Nun saget Dank und lobt den Herren"

Text zur Meditation

Wir suchen dich,
Christus,
je länger
je mehr.
Wir hungern,
Christus,
nach dir.
Gib uns nicht Zeichen
an deiner Statt.
Sie machen nicht satt.

Gib Feuer, Herr,
nicht nur Licht in der Nacht.
Wir hungern,
wir dürsten
so lang,
bis
deine Liebe
uns satt und
trunken macht.

(Nach Silja Walter, Das Wort ist Brot geworden. Kommunionpsalter, Verlag Herder, Freiburg i.Br. ²1992)

4. Abschluss

Schlussgebet
Gott, unser Schöpfer, du hast uns erneut deine Liebe erwiesen. Wir danken dir dafür. Lenke unser Leben zum Heil der Menschen und dir zur Freude. Das erbitten wir durch Jesus Christus, unseren Herrn.

Segensbitte / Entlassung
Gott, der Vater unseres Herrn Jesus Christus, stärke uns in jeder Not; er bewahre uns vor Verwirrung und mache unser Leben reich an guten Werken.
So segne uns der Vater, der Sohn und der Heilige Geist.

Schlusslied
– GL 589,1–4: „Alle Tage sing und sage"

19. Sonntag im Jahreskreis

I. Predigt (1 Kön 19,4–8)

Greif zu und iss!

Weg in die Wüste
Der Prophet Elija ging ohne Proviant „eine Tagesreise weit in die Wüste" – das ist nichts anderes als der selbst gewählte Weg in den Tod. Nach menschlichem Ermessen musste er dort bei dem Ginstergestrüpp verdursten. Elija war am Ende. Er hatte gegen die Baal-Religion gekämpft, die in Israel den Glauben an den einen Gott, Jahwe, verdrängt hatte. Die Baal-Priester standen in der Gunst Isebels, der heidnischen Königin. Elija hatte nur einen vordergründigen Erfolg errungen, als er das Strafgericht Gottes auf 450 Priester des Götzenkultes herabrief. Gegen Isebel hatte er keine Chance. Viele in Israel würden Isebel folgen und sich vom Glauben ihrer Väter abwenden. Elija war an seine Grenzen gestoßen; er wurde von Isebel bedroht und verfolgt und war so enttäuscht über sich selbst, dass er nur noch sterben wollte.

Todbringende Hoffnungslosigkeit
Am Ende! Elija war am Ende seiner Kräfte, am Ende seiner Weisheit angelangt. So

geht es vielen, die meinen, nicht mehr leben zu können. Vor sich eine steile Wand, hinter sich ein Abgrund. Kein Vor und kein Zurück mehr möglich. Kein Ausweg in Sicht. Lasst mich nur noch in Ruhe! Ich will keinen mehr sehen! – Ärzte wissen, nichts ist lebensgefährlicher, als wenn ein Mensch sich selbst aufgibt. – Elija meint, er sei am Ende. Aber da spielt Gott nicht mit. Elija mag sich aufgegeben haben, aber Gott gibt nicht auf.

Das Leben ist da
Das Evangelium scheint eine ähnliche Botschaft vermitteln zu wollen wie die Elija-Erzählung: Das Leben ist da; ihr müsst nur zugreifen! Elija war so sehr auf sich selbst, sein Problem, diesen Misserfolg fixiert: Ich bin gescheitert. Es ist mir nicht gelungen, die heidnische Königin und das Volk Israel zu überzeugen. Ich habe keine Chance mehr. Alles ist aus. – So kann er die Hilfe, die sich ihm bietet, nicht sehen, obgleich sie da ist – ganz nahe, gleich neben ihm. Ganz ähnlich die Leute im Evangelium: Dieser Jesus – Brot des Lebens? Brot für immer, das uns allen Hunger nimmt? Unmöglich! Wir wissen doch, dass er, Josefs Sohn, einer ist wie wir alle. Ist ja größenwahnsinnig, was er sagt. Nein, nein, auf so etwas Verstiegenes werden wir uns doch nicht einlassen! –
Jesus aber setzt dagegen: „Ich selbst bin das Leben, das ihr sucht" – so wie der Engel auf die Verzweiflung des Elija antwortet: „Steh auf und iss, sonst ist der Weg zu weit für dich."

Greif zu und iss!
In ausweglosen Situation hoffen, dass Gott stärker ist und unausdenkbare Möglichkeiten hat – ob uns das im Ernstfall gelingt? Gott zutrauen, dass er das Leben gibt, wo unsere Lebenskraft versagt? Wenn wir nur auf das setzen, was wir selbst leisten können oder auf Erlerntes; wenn wir nicht für möglich halten, dass Gott etwas ganz Neues in Gang setzt, dann werden wir allerdings am Ende scheitern, weil eben nicht alles von uns „gemacht" werden kann. Am Ende seiner Kraft angelangt, findet Elija unter dem Ginsterstrauch Speise und Trank. Warum fällt es uns so schwer zu glauben, dass Gott uns überraschen kann – dass er uns das Leben schenkt, ob wir es uns verdient haben oder nicht? Vielleicht weil wir so „modern" sind wie der Mann in der folgenden Geschichte? Er „hatte sich in der Wüste verirrt und war dem Verdursten nahe. Da sah er Palmen vor sich, er hörte Wasser plätschern – aber er dachte: ‚Das ist nur eine Fata Morgana. Meine Fantasie gaukelt mir eine Oase vor, wo in Wirklichkeit nichts ist.' Ohne Hoffnung, verzweifelt, warf er sich zu Boden. Kurze Zeit später fanden ihn zwei Beduinen. Er war tot. ‚Wie kann das sein?', fragte der eine den anderen. ‚Er war so nah am Wasser, der Schatten der Dattelpalmen erreichte ihn beinahe. Warum ist er dennoch gestorben?'" – Weil er nur sich selbst und dem Angelernten getraut hat, das besagte: Vorsicht, ist alles nur eine Luftspiegelung! Das Plätschern lebendigen Wasers; die Aussicht auf erfülltes Leben – kann gar nicht sein! Passt nicht in mein Weltbild! – Lieber zugrunde gehn, als das enge Denkgebäude überschreiten? Lieber umkommen, als dem Drängen des Engels trauen? Lieber auf dem Lebensweg verhungern und verdursten, als sich auf Jesu Angebot einlassen? Dass auf dem Altar das Brot des Lebens liegt, ist zwar nicht weniger unglaublich, wie dass mitten in der Wüste eine Oase sein könnte. Und doch ist es so. Deshalb: Nimm und iss! Gott hat noch einiges mit dir vor!

Petra Gaidetzka

II. Elemente für eine Wort-Gottes-Feier

1. Eröffnung

Eröffnungsgesang
– GL 260,1–4: „Singet Lob unserm Gott"

Liturgischer Gruß / Einführung
Im Namen des Vaters ...
Unsere Hilfe ist im Namen des Herrn. – Der Himmel und Erde erschaffen hat.
Es gibt wohl kaum jemanden, der von Lebenskrisen völlig verschont bleibt; sei es Krankheit, Sorgen um die Kinder oder berufliche Probleme. So etwas kann einen gehörig aus der Bahn werfen. Trotzdem sind wir hier, rufen Gott an, hören auf sein Wort, danken ihm für das viele Gute, das er uns schenkt. Wir trauen ihm zu, dass er uns auch in den Krisen unseres Lebens und Glaubens trägt. Wir dürfen dieses Vertrauen haben, auch wenn wir manchmal keinen Weg mehr vor uns sehen. Gott will uns durch alle Dunkelheit führen, sogar durch die Nacht des Todes. Das wollen wir uns heute in der Feier des Wortes wieder bewusst machen.

Christus-Rufe
– GL 311: „Mit lauter Stimme ruf ich zum Herrn."
– GL 495,1: „Herr Jesus, Sohn des lebendigen Gottes"

Eröffnungsgebet
Guter Gott: Wir dürfen dich Vater nennen, weil du uns als deine Kinder liebst. Wir dürfen aus dem Geist leben, der dich mit Jesus, deinem Sohn, verbindet. Lass unseren Glauben immer kräftiger und unsere Liebe immer tiefer werden. Darum bitten wir dich durch ihn, Jesus, unseren Bruder und Herrn.

2. Verkündigung des Wortes Gottes

Hinführung zur Ersten Lesung (1 Kön 19,4–8)
Der Prophet Elija hadert mit sich selbst und mit Gott. Er möchte nur noch sterben. Doch Gott hat ihn für das Leben bestimmt. Ein Engel stärkt ihn für seinen weiteren Weg.

Psalm / Gesang
– GL 723,1.4: „Kostet und seht" mit VV. 1–5.7.

Hinführung zur Zweiten Lesung (Eph 4,30–5,2)
Im Leben der frühchristlichen Gemeinden haben Mahnreden ihren festen Platz. Als neu geschaffene Menschen und Kinder Gottes müssen die Christen Nachahmer Gottes sein: Christen leben anders.

Ruf vor dem Evangelium
– GL 530,4: „Halleluja" mit GL 494,Kv: „Herr, du nahmest menschlichen Leib an ...",
– „Halleluja"

Hinführung zum Evangelium (Joh 6,41–51)
Wie kann Jesus sich als Brot des Lebens bezeichnen? Die Gemeinden hatten es begriffen: Er war ihnen brot-notwendig, lebens-notwendig. So geht es allen, die ihm vertrauen und auf ihn setzen.

Predigt / Auslegung
– *Stille* –

3. Antwort der Gemeinde

Brotsegen
– *Instrumentalmusik / Recorder*

In einem Brotkorb liegen Brotstücke für jeden Gläubigen.

L: Aller Augen warten auf dich, und du gibst ihnen Speise zur rechten Zeit.
    Wir loben dich. – A.: Wir preisen dich.
Du öffnest deine Hand und erfüllst alles, was lebt, mit Segen.
    Wir loben dich. – A.: Wir preisen dich.
Du, Quell des Lebens, hast uns deinen Sohn gesandt,
dass er unseren Lebenshunger stillt.
    Wir loben dich. – A.: Wir preisen dich.

Gott und Vater, wir danken dir, dass du für uns sorgst. Gib uns ein weites Herz, dass wir unser tägliches Brot mit anderen teilen. – Du hast uns einen unstillbaren Hunger nach Leben ins Herz gelegt. Die Nahrung für den Leib genügt uns nicht. Führe uns in das nie endende Leben, in dem du selbst unsere Sehnsucht stillen wirst durch Christus, unseren Herrn.

(Sigrid M. Seiser)

L: Segne, Herr, diese Brote.
Lass Liebe sein in den Händen derer,
die sie berühren und austeilen.
Lass Freude und Dank sein in allen,
die sie annehmen und essen dürfen. Amen

(nach Christa Peikert-Flaspöhler)

Der/Die Gottesdienstleiter/in kann die Brote mit Weihwasser besprengen. Am Schluss bekommen alle von dem Brot.
– GL 634,1–2: „Dank sei dir, Vater"

Allgemeines Gebet / Fürbitten
Gott, dein Sohn Jesus Christus, ist für uns das Brot, das wir zum Leben benötigen.
Wir bitten dich:
– Für alle Menschen, denen es am täglichen Brot fehlt: Lass sie finden, was ihnen zusteht.
– Für alle Menschen, die ihr tägliches Brot nicht mit eigener Hände Arbeit verdienen können, weil sie keine Arbeit haben: Lass die Menschen Verantwortung für diejenigen spüren, deren Würde auf Dauer in Gefahr ist.
– Für alle Menschen, denen der Zugang zur Einsicht fehlt, dass sie nicht nur vom Brot allein leben: Lass sie das Geschenk des Glaubens erfahren.
– Für alle Menschen, die ihr Leben in der Hoffnung auf Jesus, das Brot ihres Lebens, gelebt haben: Erweis dich auch über ihren Tod hinaus als ein liebender Gott.
Gott, du bist uns ein Gott des Lebens. Du allein kannst den Hunger und den Durst unseres Lebens stillen. Dafür danken wir dir in Jesus Christus, deinem Sohn, unserem Bruder und Herrn.

Vater unser
Wir sprechen das Tischgebet des Herrn: Vater unser ...

Loblied / Danklied
– *Instrumentalmusik / Recorder*

Text zur Meditation

Ein Mensch wie Brot:
Er lehrte uns die Bedeutung und Würde
des einfachen unansehnlichen Lebens.

Ein Mensch wie Brot:
Unter den armen Leuten säte er
seine unbezwingbare Hoffnung.

Ein Mensch wie Brot:
Er kam nicht zu richten
sondern aufzurichten.

Ein Mensch wie Brot:
Wo er war
begannen Menschen freier zu atmen.

Ein Mensch wie Brot:
Er stand dafür ein
dass keiner umsonst gelebt
keiner vergebens gerufen hat.

Ein Mensch wie Brot
das wie Hoffnung schmeckt
bitter und süß.

Ein Mensch wie Brot
der sich verschenkt
wehrlos dahingibt.

Ein Mensch wie Brot
dem kein Tod gewachsen ist
der aufersteht und ins Leben ruft
unwiderstehlich.

Wahrhaftig dieser war Gottes Sohn.

(Nach Lothar Zenetti, © LotharZenetti, Frankfurt)

4. Abschluss

Schlussgebet
Gott, dein Wort ist uns Brot in unserem Leben. Du bist uns Brot. In Jesus, deinem Sohn, einem Menschen wie Brot, hast du dich uns mitgeteilt. Bestärkt durch dich und dein Wort, wagen wir unser Leben und werden es in Hoffnung auf dich bestehen. Wir danken dir für dich und dein Wort. Wir danken dir für Jesus. Dir sei Lob und Preis in Ewigkeit.

Segensbitte / Entlassung
„Ich schneide Scheiben des Lebens
für dich, unsre Kinder und mich.
Lass Liebe in meinen Händen sein, Gott,
wenn ich Brot berühren und austeilen darf.
Lass Freude und Dank in uns allen sein,
wenn wir annehmen dürfen und essen."
Dazu segne uns alle der gute Gott, der Vater und der Sohn und der Heilige Geist.

(Aus: Christa Peikert-Flaspöhler, Schenke Neubeginn, Lahn Verlag, Limburg 1996)

Schlusslied
– GL 618,1–4: „Brich dem Hungrigen dein Brot"

20. Sonntag im Jahreskreis

I. Predigt (Eph 5,15–20)

Danken als Anfang der Religion

„Sag danke!"
LehrerInnen bringen Ihnen Ihre Kinder von einer mehrtägigen Klassenfahrt wieder heil zurück. Hören sie ein Dankeschön? – Der Mercedesfahrer reduziert die Geschwindigkeit, damit Sie mit Ihrem Golf überholen können. Bedanken Sie sich mit einem Handzeichen, einem Lächeln? – Ist es das, was der Verfasser des Epheserbriefes in der heutigen Lesung meint, wenn er vom Danken spricht? Nein, hier geht es nicht um Benimmregeln. Das „jederzeit Dank sagen für alles" muss mehr bedeuten als nur das alltägliche „Danke!" für dies und jenes.

„Jederzeit für alles"
„Jederzeit Dank für alles sagen" – das ist grundlegender, ja im wahrsten Sinne des Wortes: Grund legend. „Jederzeit Dank für alles sagen" – das legt den Grund für unsere ganze Existenz. Gott für alles danken meint: Wir danken dafür, dass überhaupt etwas ist, denn das ist alles andere als selbstverständlich. Danken – das ist die höchste Form des Einverständnisses in das, was einen umgibt. Danken – das schließt ein, dass man bejaht, ja sagt, zustimmt zu sich, zum Leben, zur Welt, zur Tatsache, dass überhaupt etwas ist. Wer dankt, dass überhaupt etwas ist, dass es ihn oder sie gibt, stellt sich gewissermaßen neben sich selbst und betrachtet sich und sein Leben von außerhalb; er nimmt seine ganze Existenz in den Blick und realisiert, dass alles auch ganz anders sein könnte. Dass auch nichts sein könnte. In einer solchen Situation begreift er die Worte: „Sagt Gott, dem Vater, jederzeit Dank für alles."

Das Nicht-Selbstverständliche
Unser Leben ist in verschiedener Hinsicht nicht selbstverständlich. Wir könnten es jeden Moment verlieren. Oder wir könnten gar nicht existieren. Oder – auch das wäre eine Möglichkeit: Wir würden zwar existieren, besäßen aber kein Bewusstsein, könnten „Ich" weder sagen noch so empfinden. Oder aber: Die ganze Welt existierte nicht. Ja das Universum gäbe es nicht. Wer sagt schon, dass es uns geben müsste? Wer sagt, dass es die Erde, dass es das Universum geben müsste? Gerade heutige Menschen wissen, dass sich nichts an ihrer Existenz von selbst versteht. Der Blick der Astronauten aus dem Weltall auf die Erde – was sagt er mehr als dies: Dieser Himmelskörper, so überwältigend schön er auch ist, könnte ebenso gut nicht existieren. Würde dem Universum als solchem wirklich Entscheidendes fehlen? Was also ist die Erde, was der Mensch? Ein Zufall, um nicht zu sagen ein Unfall der Evolution? Angesichts solcher Fragen ist die Aufforderung aus unserer Lesung alles andere als banal. Denn wer dankt, bezeugt damit, dass er sich einer Person gegenüber weiß, die ihn gewollt hat. Einem blinden Zufall oder Schicksal kann man schwerlich danken. Danken im eigentlichen Sinn ist ein Geschehen von Person zu Person. –

Staunen – Danken
Wenn ein Philosoph mit dem Leben, der Welt und unserer Existenz konfrontiert wird, dann staunt er. Philosophieren beginnt mit dem Staunen. Die Religion geht einen Schritt weiter: Sie beginnt mit dem Danken, und das schließt das Staunen ein. Den Menschen früherer Zeit war diese Einstellung selbstverständlich. In unserer Zeit ist

das nicht mehr so. – Zur Religion gehört wesentlich das Danken. Ja, Religion ist ein einziges großes Dankeschön an denjenigen, den wir den Schöpfer oder auch den Vater nennen! Der Mensch weiß darum, dass ihm alles Entscheidende im Leben geschenkt wird und wurde. Dass er sich nicht sich selbst, sondern einem anderen, einem – in menschlichen Begriffen gesagt – Größeren verdankt. Menschsein heißt in der Religion Wissen um das eigene Beschenktsein. Beschenktsein meint das gleiche wie Verdanktsein. Das Wissen um das eigene Beschenktsein mündet in lauter Ausdrucksformen des Dankes. Nicht mehr und nicht weniger als das ist es, was uns der Epheserbrief sagt: „Sagt Gott, dem Vater jederzeit Dank für alles."

Danken – ein vernünftiger Gottesdienst

Da mag einige der Verdacht beschleichen, bei der Aufforderung des Epheserbriefes gehe es doch nur um die Empfehlung: Sag schön brav danke! Verhalte dich dankbar! Anerkenne mich als den, der größer ist als du! Alle Diktatoren dieser Welt sind bemüht, ihre Untertanen mit Abhängigkeit und Dankbarkeit an sich zu binden. Der Gott der Bibel verpflichtet uns nicht wie unmündige Abhängige zu Dankbarkeit und Wohlverhalten unter Androhung von Strafen im Falle von Zuwiderhandlungen. Die Dankbarkeit, von der hier die Rede ist, behindert nicht unser Erwachsenwerden und Erwachsensein. Gott will aus uns keine Vasallen machen, die ihrem Unterdrücker noch mit erzwungener Dankbarkeit begegnen sollen. – Die Dankbarkeit, von der die Bibel spricht, meint eine durch und durch vernünftige Haltung uns selbst und unserer Existenz gegenüber. Der Mensch, der darum weiß, dass er sich verdankt, geht anders mit sich und seinesgleichen um, mit dem Leben um ihn herum und mit der Schöpfung, die ihm anvertraut ist. Der Mensch, der Gott dankbar ist, weiß darum, dass er sich das Entscheidende in seinem Leben nicht kaufen, nicht erzwingen, nicht durch noch so viel Kompetenz und Erfahrung erarbeiten kann, sondern dass er es geschenkt bekommt: sein Leben und seine Gesundheit, sein Lebensglück und das Geliebtsein durch andere, die wärmende Sonne und das Licht, das Wege weist. Wir haben also allen Grund, Gott, dem Vater, jederzeit und für alles zu danken.

… im Namen unseres Herrn Jesus Christus

Als Christen wissen wir freilich, dass all unser Danken eingeschlossen und umfasst ist von der großen Danksagung Jesu Christi an den Vater. Er ist der ganz vom Vater Beschenkte und schenkt sich seit je dankend an den Vater zurück. Auch seine ganze menschliche Existenz und erst recht seine verherrlichte Existenz war und ist eine einzige „eucharistia", ein dankender, Gottes Herrlichkeit anerkennender und bejahender Lobpreis. Die Danksagung im Namen Jesu Christi hat nämlich noch mehr im Blick als nur das ganze Universum und unsere eigene Existenz. Auch mehr als Gottes geschichtliche Heilstaten, durch die wir in das nie endende Leben gerettet sind. Der ursprünglichste und umfassendste Dank bezieht sich nicht auf dies und jenes, und er ist auch nicht unser Werk; er ist Werk des Sohnes: ein Dank für die Herrlichkeit des Vaters. Alles andere wäre zu kurz gegriffen, zu eng, zu klein, zu Ich-zentriert, zu wenig der Größe Gottes angemessen. In diese Gott-gemäße Danksagung des Sohnes stimmen wir ein, wenn wir singen: „Wir loben dich, wir preisen dich. Wir beten dich an. Wir sagen dir Dank für deine große Herrlichkeit!" Dass Gott ist, wie er ist, das ist der ursprünglichste Grund christusförmiger Danksagung. –

In jeder Eucharistiefeier bestätigen wir die Aufforderung zu solchem Danken mit den Worten: „Das ist würdig und recht!"

„Sagt Gott, dem Vater, jederzeit Dank für alles im Namen Jesu Christi, unseres Herrn!" (18)

Klaus Nientiedt

II. Elemente für eine Wort-Gottes-Feier

1. Eröffnung

Eröffnungsgesang
– GL 274,1–3: „Dich will ich rühmen"
– GL 517,1–4.8: „Herr Jesus, öffne unsern Mund"

Liturgischer Gruß / Einführung
Im Namen des Vaters ...
Gott hat uns mit dem Reichtum seiner Gnade gesegnet.
Ich begrüße Sie zu unserer heutigen Wort-Gottes-Feier. Wir Christen bekennen Gott als den „Gott-mit-uns", der in unserem Leben für uns da ist und uns begleitet. Ganz besonders ist er gegenwärtig, wenn wir nun als Gemeinde auf ihn hören, sein Wort feiern, ihn bitten, loben und ihm auch für sein Dasein danken.
In einer kurzen Stille dürfen wir Gottes Spuren in unserem Leben nachspüren. Wo war er in den vergangenen Tagen bei mir? Wo hat er mich angerührt? – *Stille* –
Wir wollen Christus lobend und dankend erleben:

Christus-Rufe
Herr Jesus, du Gott mit uns! –
Akklamation: GL 504: „O Herr, wir loben und preisen dich und danken dir von Herzen!"
Herr Christus, du Künder der Liebe Gottes. –
Herr Jesus, du Mensch ganz für die Menschen. –

Eröffnungsgebet
Barmherziger Gott, was kein Auge geschaut und kein Ohr gehört hat, das hast du denen bereitet, die dich lieben. Gib uns ein Herz, das dich in allem und über alles liebt, damit wir den Reichtum deiner Verheißung erlangen, der alles übersteigt, was wir ersehnen. Darum bitten wir durch Jesus Christus, deinen Sohn, unseren Herrn, der mit dir lebt und herrscht in Ewigkeit.

2. Verkündigung des Wortes Gottes

Hinführung zur Ersten Lesung (Spr 9,1-6)
In der Lesung aus dem Buch der Sprichwörter tritt uns die Frau Weisheit entgegen. Sie lädt uns zum Mahl an ihren Tisch. Dort gibt sie uns Anteil an sich selbst; an ihrer Weisheit.

Psalm / Gesang
– GL 712,1.2: „Du führst mich hinaus ins Weite", VV. 1.6–10.
– GL 723,3.4: „Preiset den Herrn", VV. 1–8.

Hinführung zur Zweiten Lesung (Eph 5,15–20)
Worin unterscheiden sich die Christen von anderen Menschen um sie herum? In ihrem ganz praktischen, alltäglichen Handeln. Und darin, dass sie Gott loben und ihm Dank sagen.

Ruf vor dem Evangelium
– GL 530,3: „Halleluja" mit GL 538,4: „Du wahres Himmelsbrot", – „Halleluja"

Hinführung zum Evangelium (Joh 6,51–58)
Das Angebot Jesu „Mein Fleisch ist wirklich eine Speise, und mein Blut ist wirklich ein Trank" gilt auch heute. Wer am eucharistischen Mahl teilnimmt, tritt ein in die engste Verbindung mit dem Herrn und gewinnt Anteil am nie endenden göttlichen Leben.

Predigt / Auslegung
– Stille –

3. Antwort der Gemeinde

Glaubensbekenntnis
L: Wir bekennen unseren Glauben, indem wir danken:
– GL 278,1–3: „Ich will dir danken, Herr"
– GL 281,1–4.9–12: „Danket dem Herrn"

Allgemeines Gebet / Fürbitten
Gott, unser Vater, du beschenkst uns mit allem, was wir sind und was wir darstellen, mit allem, was wir haben und was wir nicht haben. Wir bitten dich:
– Für die Völker dieser Erde, die sich nach Gerechtigkeit sehnen: Erweise du dich als ein Gott, der für die Schwächsten eintritt.
– Für alle Menschen, die glauben, ihr Lebensglück selbst herstellen zu müssen: Gib du dich ihnen zu erkennen als ein Gott, der sich uns zuwendet.
– Für die Christen: Lass sie die Gemeinschaft mit dir in der Mahlfeier neu entdecken und vertiefen.
– Für uns alle: Lehre uns, in Dankbarkeit innezuhalten und unser Leben als Geschenk von dir anzunehmen.
– Für unsere Toten: Nimm an das Geschenk ihres Lebens, das sie an dich zurückgegeben haben.
Darum bitten wir, zusammen mit Jesus, deinem Sohn und unserem Bruder und Herrn, und sagen dir Lobpreis und Dank in Ewigkeit.

Vater unser
– GL 691: „Lasst uns beten"

Loblied / Danklied
– Instrumentalmusik / Recorder

Text zur Meditation
Jesus
– Du Brot der Hungernden.
– Du Brot der Unterdrückten.
– Du Brot der Friedlosen.
– Du Brot der Rastlosen.
– Du Brot der Einsamen.
– Du Brot der Suchenden.
– Du Brot der Kranken.
– Du Brot der Sterbenden.
– Du Brot der Trauernden.
Jesus
Du unser Leben.

4. Abschluss

Schlussgebet
Gott, du hast dich uns im Brot deines Wortes mitgeteilt. Allein in dir haben wir das Leben. Dafür danken wir dir. Wandle uns nach dem Bild deines Sohnes, damit wir deine Botschaft sind an die Welt – so wie Jesus Christus, unser Herr, der mit dir lebt in Ewigkeit.

Segensbitte / Entlassung
Der Herr behüte uns, er bleibe uns zugewandt und schenke uns sein Heil.
So segne uns Gott: der Vater, der Sohn und der Heilige Geist.

Schlusslied
– GL 274,4.6.7: „Herr unser Gott, dein Wort ist treu"
– GL 283: „Danket, danket dem Herrn" (Kanon)

21. Sonntag im Jahreskreis

I. Predigt (Jos 24,1–2a.15–17.18b; Joh 6,60–69)

„Entscheidet euch heute!"

Entscheidungsscheu
Sich alle Optionen offen zu halten, gilt in unserer Gesellschaft als klug und modern. Das zeigt sich bei der Wahl einer Wohnung unter verschiedenen Angeboten; es zeigt sich auch in Fragen einer endgültigen, ausschließlichen und lebenslangen Bindung in der Ehe; es zeigt sich in der Entscheidung zum Kind. Immer fällt es schwer, nicht nur weil ein Restrisiko bleibt, sondern auch weil man mit der Entscheidung für einen bestimmten Menschen, eine Sache, einen bestimmten Lebensentwurf mehrere andere aufgibt. Es fällt aber auch so schwer, weil es vielen an einer klaren Lebensorientierung und tragfähigen Kriterien fehlt. Was bleibt dann? Viele verwirrende Ratschläge; riskantes Probieren und Experimentieren oder das Blümchenzupfen: Soll ich? Soll ich nicht? ...

Israels Doppelseeligkeit
Auch das Volk Israel hatte eine Entscheidung zu fällen, die folgenreich war für seine weitere Geschichte. Die verschiedenen Stämme waren aus allen Richtungen in das Land Kanaan eingewandert. Als letzte kamen die Mose-Leute aus Ägypten, die er durch die Wüste Sinai geführt hatte. Da hatten sie ihren Gott erfahren als mächtigen Gott, der sie aus der Macht und Gewalt des Pharao am Schilfmeer errettet hat. Diesem Gott begegneten sie am Heiligen Berg Sinai unter machvollen Zeichen von Feuer und Rauch. Sie hatten ihn aber auch erfahren dürfen als fürsorglichen Gott, der sein Volk mit Manna und mit Wachteln speiste und ihm Wasser zum Trank beschaffte. Auch den Namen dieses Gottes, den sie bis dahin nur als Gott ihrer Väter verehrt hatten, Jahwe, brachten sie mit. Und nun leben die Israeliten im Land neben und unter den Kanaanäern, den Ureinwohnern des Landes. Die hatten ihre eigenen Götter, besonders ein Götterpaar, das dem Land Fruchtbarkeit schenken sollte. Die kultische Verehrung dieser Götter war sinnenfroh, bunt, ausgelassen, anschaulich, für jeden Fremden leicht mitvollziehbar. Verglichen damit war die Religion der Israeliten karg, worthaft-abstrakt, unanschaulich, ohne Bilder und Tempel. Die Israeliten waren vom Baalskult fasziniert; sie konnten dieser Versuchung nicht widerstehen.

Ein Entschiedener ruft zur Entscheidung
Josua, der Führer des Volkes Israel, erkannte sogleich die Gefahr: Wenn Israel jetzt dem Baalskult verfiele, dann wäre die Auserwählung durch Jahwe zunichte; die Geschichte Gottes mit diesem Volk wäre – kaum begonnen – auch schon zu Ende. Josua war klar: Jetzt musste eine Abgrenzung erfolgen. Jetzt war eine klare Entscheidung fällig. So ergreift er die Initiative und beruft eine Versammlung von Vertretern aller zwölf Stämme nach Sichem ein. (Das ist ein altes Wallfahrtsheiligtum im Zentrum Kanaans zwischen den Bergen Ebal und Garizim – heute Nablus.). Er stellt die Männer vor die Entscheidung: Entscheidet euch heute! Sagt klar, ob ihr irgendwelchen

Göttern dienen wollt. Ich jedenfalls und mein Haus, wir wollen Jahwe dienen! Die Verantwortlichen und Wortführer der Stämme wehren entschieden ab: Nein, auch sie wollten Jahwe keinesfalls verlassen und zu heidnischen Göttern überlaufen. Nein! „Dem Herrn, unserem Gott, wollen wir dienen und auf seine Stimme hören!" Das war eine klare und weitreichende Entscheidung. Israel entscheidet sich für seinen Gott, Jahwe. Nur Er, ausschließlich Er, soll Gott sein. Aufgrund dieser Entscheidung des Volkes erneuert und bekräftigt Josua den Bund Gottes, den er mit dem Volk am Sinai geschlossen hatte. Diese Entscheidung, die damals gefällt wurde, ist für das ganze Volk bindend geblieben bis zum heutigen Tag.

Religiöse Entscheidungsschwäche
Es heißt immer, die beiden großen Kirchen seien immer noch Volkskirchen. Das trifft zu – wenn man auf die Mitgliederzahl schaut. Aber wieviele davon sind wirklich entschiedene Christen? Man wurde als Kind getauft, als Kind zur Kommunion geschickt; man hat sich firmen lassen – mit den andern; aber hat man je eine Entscheidung getroffen ganz für sich allein? – Es gibt auch das Umgekehrte: Man lässt das Kind nicht taufen, angeblich weil es selbst entscheiden soll. Damit ist allerdings auch eine Entscheidung gefällt – meist gegen eine religiöse Erziehung. Im dritten Schuljahr gibt man dem Drängen des Kindes nach; man will ihm nicht die Freude verderben an der „Folkloreveranstaltung". Danach verläuft alles im Sand. Von einer Entscheidung kann kaum die Rede sein. Irgendwelche Dinge und Umstände entscheiden, nicht wir selber. Christsein – nun ja, das wollen wir schon irgendwie; aber doch nicht so eindeutig, so radikal; doch nicht so „fanatisch". Es gäbe ja eine besondere Einübungsmöglichkeit in die Entscheidung: das Sakrament der Firmung. Eine hinreichend lange Vorbereitungszeit befähigt dazu, die Tauffragen in eigener Verantwortung zu beantworten: Ja, ich widersage. – Ja, ich glaube. – Doch Verantwortliche im pastoralen Dienst bestätigen inzwischen, dass die Firmung zur Verabschiedungsveranstaltung von der Kirche geworden sei – zumindest in nicht wenigen Gemeinden und besonders dann, wenn die Jugendlichen nicht weiter begleitet werden. – Entscheidungsschwäche gibt es auch bei Amtsträgern und anderen Verantwortlichen unserer Kirche. Aktuelle Fragen und Probleme, Fehlentwicklungen und Missstände, die längst nach einem Eingreifen und richtungsweisenden Maßnahmen rufen, werden laufen gelassen. Man sagt nicht Hü und nicht Hott; man will sich um Gottes willen nicht unbeliebt machen, sich nicht an heißen Eisen die Finger verbrennen; und so dümpeln die Dinge vor sich hin; irgendwann werden sie sich schon von alleine lösen – oder überlebt haben. Wie verheerend sich solche Entscheidungsschwäche auf das Glaubensleben der Gemeinden auswirkt, das bleibt offenbar unbeachtet.

Entscheidung – jetzt!
Ganz anders bei Jesus. Wenn wir seine Botschaft hören und bedenken, dann fällt auf, dass der Ruf zur Entscheidung sich wie ein roter Faden durch das Evangelium zieht. Er sagt zu einem Mann: „Folge mir nach!" Zögerliches Zurückweichen, Denkpausen, Pietätspflichten, Abschiedsszenen lässt er nicht gelten. Jetzt oder nie! Lass alles liegen und stehen! Entscheide dich jetzt, sofort, hier und heute! – Noch deutlicher zeigt sich das, wenn seine Botschaft schwer verständlich und fordernd wird; wenn es ernst wird; wenn nicht mehr alle mitmachen. Da nimmt Jesus nichts zurück. Er bleibt bei seiner Überzeugung. Er gibt seine Identität nicht auf. Keine Angst vor Liebesverlust, vor dem Verlust von Menschen, vor Einsamkeit. Da bittet er auch keinen zu bleiben. Im Gegenteil: Da drängt er seine Jünger in die Entscheidung; da stößt er sie geradezu in ihre Freiheit: Entscheidet euch! Wenn ihr gehn wollt, dann geht! Jetzt! – Warum ist Jesus in diesem Punkt so kompromisslos und hart? Weil er keine Halbherzigen, keine Mit-

läufer will. Aber noch mehr: Weil er unsere Freiheit nicht nur achtet, sondern herauslocken will, provozieren will; weil er uns als Wesen der Entscheidungsfreiheit sehen will. –
Wir alle – ich und Sie – sind Angesprochene und Angefragte. Wir alle – ich und Sie – sind antwortfähig und entscheidungsfähig. Wer sich aufrafft und sich frei für Jesus Christus und seine Botschaft entscheidet, der wird ein voll geglücktes Leben finden. Eines aber sollte uns klar sein: Wenn Gott uns seinen Sohn schickt, dann nicht, um irgendwelche Spielchen zu treiben. (19)

Bernhard Krautter

II. Elemente für eine Wort-Gottes-Feier

1. Eröffnung

Eröffnungsgesang
– GL 270,1.2.4.6: „Kommt herbei"
– GL 669,1–3: „Aus meines Herzensgrunde"

Liturgischer Gruß / Einführung
Im Namen des Vaters ...
Gott, der sein Volk zusammenruft und in die Entscheidung stellt, ist unsere Kraft. Murrende und verärgerte Jünger – das will nicht so recht in das Bild passen, das wir von Jüngern haben. Aber das Evangelium spricht davon, und es geht auch uns an. – Wann und wie oft haben wir eigentlich ernsthafte, bindende Entscheidungen getroffen? Bei der Berufswahl; bei der Firmung; am Tag der Hochzeit; als wir uns für Kinder entschieden haben? – Heute geht es um die Entscheidung für Gott oder gegen ihn; für Christus oder gegen ihn. Und das ist kein Spielchen. – Rufen wir deshalb zu unserem Herrn um sein Erbarmen:

Christus-Rufe
Herr Jesus Christus, du hast deinen Jüngern eine klare Entscheidung zugemutet:
– GL 518: „Kyrie eleison, wir flehn zu dir ..." (*jedesmal die Zeilen 2–5*)
Herr Jesus Christus, öffne uns, wenn wir uns deinem Entscheidungsruf verschließen. –
Herr Jesus Christus, du allein hast Worte ewigen Lebens. –

oder: (nach der Melodie GL 495)

Herr Jesus, du rufst die Menschen dir zu folgen.
Du willst uns als deine Boten.
Herr Christus, du forderst von uns die Entscheidung.
Du gibst uns Mut, dich zu bekennen.
Herr Jesus, du Freund deiner Freunde.
Du allein hast Worte ewigen Lebens.

Eröffnungsgebet
Gott, du Vater aller Menschen, du willst, dass alle Menschen gerettet werden. Du tust alles, um Menschen zu erreichen. Aber du zwingst uns nicht; selbst dann nicht, wenn wir uns gegen dich entscheiden. Gott, du brauchst unsere klare Antwort, denn nur so kannst du uns zum Heil führen. Gib deshalb uns und allen Menschen deinen Geist, damit wir uns mit ihnen im Glauben für dich entscheiden können. Das erbitten wir durch Christus, unseren Herrn.

2. Verkündigung des Wortes Gottes

Hinführung zur Ersten Lesung (Jos 24,1–2a.15–17.18b)
Gemäß der Verheißung Jahwes hat das Volk Israel das „Gelobte Land" Kanaan in Besitz genommen. Doch die Kanaanäer bedrohen mit ihrem Götzendienst den Glauben Israels. Nun stellt Josua, der Führer des Volkes, Israel vor die Entscheidung zwischen den Göttern Kanaans und dem Gott Israels.

Psalm / Gesang
– GL 740,1.2: „Kündet den Völkern", VV. 1–5.10.

Hinführung zur Zweiten Lesung (Eph 5,21–32)
Die Ehe zwischen Mann und Frau ist zunächst ein rein weltlicher Vertrag. Aber eine Ehe unter Christen birgt ein tiefes Geheimnis: Sie ist das Abbild der unlöslichen Verbindung Christi mit seiner Kirche, für die er sein Letztes gibt.

Ruf vor dem Evangelium
– GL 532,2 (oder 3): „Halleluja" mit GL 714,1: „Herr, du hast Worte", – „Halleluja"

oder:

– GL 530,5: „Halleluja" mit

1. Herr, wo-hin sol-len wir gehn? Herr, wo-hin sol-len wir gehn?

Du hast Wor-te e-wi-gen Le-bens, und wir ha-ben Dir ge-glaubt

und er-kannt, daß Du der Hei-li-ge Got-tes bist, daß Du

der Hei-li-ge Got-tes bist.

– „Halleluja"
(Mosaik, Präsenz-Verlag, Jesusbruderschaft Gnadenthal, Sammelband 1–4, ⁶1984, 45.)

Hinführung zum Evangelium (Joh 6,60–69)
Am Eucharistischen Brot scheiden sich die Geister. Ist es lediglich ein Symbol, ein Sinnbild für Christus? Das Evangelium sagt es ganz klar. Kein Murren der Jünger und auch nicht ihr Weggehen kann Jesus dazu bewegen, das Wort vom Essen des Fleisches und Trinken des Blutes abzuschwächen. – Wollen auch wir weggehen?

Predigt / Auslegung
– Stille –

3. Antwort der Gemeinde

Glaubensbekenntnis
Spr. 1: Wir glauben an Gott,
 den Ursprung von allem,
 was geschaffen ist,
 die Quelle des Lebens,
 aus der alles fließt,
 das Ziel der Schöpfung,
 die auf Erlösung hofft. –

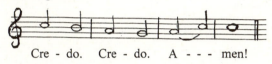

V./A.: Cre - do. Cre - do. A - - - men! *(Papstmesse)*

Spr. 2: Wir glauben an Jesus Christus,
 den Gesandten der Liebe Gottes,
 von Maria geboren.
 Ein Mensch, der Kinder segnete,
 Frauen und Männer bewegte,
 Leben heilte und Grenzen überwand.
 Er wurde gekreuzigt.
 In seinem Tod
 hat Gott die Macht des Bösen gebrochen
 und uns zur Liebe befreit.
 Mitten unter uns ist er gegenwärtig
 Und ruft uns auf seinen Weg. – V./A.: „Credo. Credo. Amen!"

Spr. 3: Wir glauben an Gottes Geist
 Weisheit von Gott,
 die wirkt, wo sie will.
 Sie gibt Kraft zur Versöhnung
 und schenkt Hoffnung,
 die auch der Tod nicht zerstört.
 In der Gemeinschaft der Glaubenden
 werden wir zu Schwestern und Brüdern,
 die nach Gerechtigkeit suchen.
 Wir erwarten Gottes Reich. – V./A.: „Credo. Credo. Amen!"

(Evangelisches Gesangbuch für die Evangelische Kirche von Kurhessen-Waldeck, Evang. Medienverband Kassel, 1993)

Allgemeines Gebet / Fürbitten
Himmlischer Vater, du willst, dass alle Menschen gerettet werden und zur Erkenntnis der Wahrheit gelangen, dich rufen wir an:
V./A.: „Herr, ich glaube, hilf meinem Unglauben!"
– Für die Glaubenden: Befestige und vertiefe ihren Glauben. –
– Für die Zweifelnden: Lass sie wieder Sicherheit im Glauben finden.
– Für die Nichtglaubenden: Führe sie zum Glauben.

– Für die Menschen, die dich noch nicht kennen: Zeige dich ihnen im Evangelium deines Sohnes.
– Für die Menschen, die den Glauben hassen: Offenbare ihnen deine Liebe.
Vater, dein Sohn hat uns verheißen, du werdest uns erhören, wenn wir in seinem Namen bitten. Darum bitten wir durch ihn, Christus, unseren Herrn.

Vater unser
All unsere Bitten fassen wir zusammen im Gebet aller Gebete: Vater unser …

Loblied / Danklied
– GL 614,1.2: „Wohl denen, die da wandeln"

Text zur Meditation
Spr. 1: Wir leben nicht allein vom Brot,
wir sterben nicht allein am Tod.
Allein schon, dass wir essen können,
wirst du, Herr, noch nicht Leben nennen.

Spr. 2: Wir leben nicht allein vom Brot,
wir sterben nicht allein am Tod.
Allein schon, dass wir atmen können,
wirst du, Herr, noch nicht Leben nennen.

Spr. 3: Dein Leben ist das Angebot,
zu wählen zwischen Brot und Tod.
Allein, wenn wir dir folgen können,
wirst du das Leben Leben nennen.
Wir leben nicht allein vom Brot,
dein Leben gibt uns das Gebot.

Martin Ohly

(© für Text: Gustav Bosse Verlag, Regensburg)

4. Abschluss

Schlussgebet
Wir danken dir, allmächtiger Vater, für das Wort deines Sohnes, das wir vernommen haben. Wir danken dir für die Stärkung unseres Glaubens, die wir erfahren durften. Erhalte uns im Glauben, auch bei Anfechtungen, festige unsere Hoffnung, auch wenn Hoffnungslosigkeit uns bedrängen will, und entzünde in uns immer neu deine Liebe durch deinen Geist. Das erflehen wir durch Christus, deinen Sohn, unseren Herrn, der mit dir lebt und herrscht auf gleichem Thron jetzt und in Ewigkeit.

Segensbitte / Entlassung
Der Herr stärke unseren Glauben. Er stütze uns im Zweifel. Er lasse uns erkennen, was uns zum Heile dient. Er gebe uns Kraft zur Entscheidung. Er sei uns nahe alle Tage. Er gewähre uns Anteil an seinem Geist. Das gewähre uns der dreieinige und treue Gott, der Vater und der Sohn und der Heilige Geist.

Schlusslied
– GL 494,3: „Gott geb uns allen seiner Gnade Segen"
– GL 614,3: „Dein Wort, Herr, nicht vergehet"

22. Sonntag im Jahreskreis

I. Predigt (Mk 7,1–8.14–15.21–23)

„Rein – unrein: ein (un)erledigter Streit?"

Das menschliche Herz
Über Rabbi Jochanan ben Zakkai, der nach der Zerstörung Jerusalems (70 n.Chr.) zu den maßgeblichen Gründergestalten des rabbinischen Judentums wurde, wird folgende Geschichte erzählt: Rabbi Jochanan fragte seine Schüler, welches die kostbarste Eigenschaft eines Menschen sei. Einer meinte: „Ein gutes Auge haben." Ein anderer: „Einen guten Freund besitzen." Ein dritter: „Einen guten Nachbarn haben." Der vierte glaubte: „Die Zukunft enträtseln können." Der Jüngste sagte: „Ein gutes Herz haben." Darauf der Rabbi: „Diese letzte Antwort gefällt mir, denn in ihr sind alle anderen enthalten."
So ähnlich wie die Schüler des jüdischen Rabbi allmählich sich der richtigen Antwort nähern, so zielt auch der Streit Jesu mit den Pharisäern und Schriftgelehrten von den ungewaschenen Händen der Jünger, vom Abspülen der Becher, Krüge und Kessel – also von außen und innen – zur Frage nach der wahren Reinheit. Kampfplatz dafür ist das menschliche Herz.

Missverständnis
„Ein reines Herz haben", „Reinheit des Herzens" – das klingt in unseren Ohren ungewöhnlich. Wir sind einigermaßen verlegen, solche Worte auszusprechen. Wenn wir mit dem Ausdruck „ein reines Herz" etwas anfangen können, dann denken wir an ein verengtes Verständnis im Sinn von sexueller Enthaltsamkeit.
Die breit geführte Auseinandersetzung Jesu über „rein und unrein" sollte uns aber stutzig machen, ob wir mit dem Schweigen zu diesem Thema richtig liegen. Wenn wir diese Fragen in einen weiten Horizont stellen, dann sind sie uns gar nicht so fern, wie wir meinen.
Nennen wir die verschiedenen Formen von „Reinheit" einmal der Reihe nach.

Chemisch rein
Das Thema „Reinheit" im Sinn von Sauberkeit hat Hochkonjunktur. Sie brauchen nur einmal das Branchenverzeichnis zur Hand zu nehmen. Seitenlang werden Reinigungsfirmen aufgezählt, spezialisiert für bestimmte Aufgaben: Firmen wie „Sauberland", „Blitz-Blank" oder Ausdrücke wie „lupenrein", „blütenrein" deuten an, dass hier der Schmutz keine Chance hat. Die meisten von uns nehmen am ehesten und am öftesten die Kleiderreinigung oder ein bestimmtes Waschmittel in Anspruch („Persil wäscht noch weißer").

Kultisch rein
Zu diesem Thema gibt es lange Passagen besonders im atl. Buch Levitikus. Es geht dabei um reine oder unreine Speisen und Tiere, um Vorgänge im Zyklus der Frau und bei der Geburt (früher hieß das Fest der „Darstellung des Herrn" Fest „Mariä Reinigung"), um das Verbot der Berührung eines Leichnams, um Waschungen, um das Reinigen von Geschirr (heute erledigt das der Geschirrspüler) ... Diese Reinigungsvorschriften wurden teils aus hygienischen, teils aus religiösen Gründen vorgeschrieben – als Voraussetzung für die Begegnung mit Gott in der Kultgemeinde.

Moralisch rein
Moralische Reinheit meint vor allen die Abtötung der Triebe und Leidenschaften des Menschen. Nach dem griechischen Philosophen Plato ist Reinigung (Läuterung) die erste Stufe eines langen geistlichen Weges. In der Lehre der Wüstenväter wird buchstäblich ein Krieg gegen die Laster geführt. So lautet ein Ausspruch des Altvaters Antonius: „Wer in der Wüste sitzt und die Herzensruhe pflegt, wird drei Kämpfen entrissen: dem Hören, dem Reden, dem Sehen. Er hat nur noch einen Kampf zu führen: den gegen die Unreinheit".
Ähnlich wichtig ist die Stufe der Reinigung auch in den asiatischen Religionen. Im „Dhammapada", einer Sammlung von Weisheitslehren des Buddha, gibt es auch ein Kapitel „Die Verunreinigungen". Die Aufzählung der Verunreinigungen durch Faulheit, Untreue, Selbstsucht ... gipfelt in dem Satz: „Aber die größte Verunreinigung von allen ist doch die Unwissenheit" (hinsichtlich der vier edlen Wahrheiten). Der Weg der Reinigung führt über das Abtöten der Vitalität und die Beherrschung der Regungen des Ich.

Herzensrein
Ähnlich radikal wie Jesus das Gottesbild von jedem Schatten der Zwiespältigkeit befreit hat, so rüttelt er auch am eingefleischten jüdischen System der Reinheitsvorschriften. „Nichts, was von außen in den Menschen hineinkommt, kann ihn unrein machen, sondern was aus dem Menschen herauskommt, das macht ihn unrein" (Mk 7,15). „Aus dem Menschen" heißt: aus seinem Herzen, dem Ort des Denkens, Fühlens und Wollens. Dort fallen die Entscheidungen über rein oder unrein. Damit hat Jesus eine Wende in der Geschichte der Ethik vollzogen: von außen nach innen. –

Gottgeschenkte Reinheit
Reinheit in biblichem Verständnis ist in erster Linie nicht eine moralische Leistung des Menschen, sondern wird in der Sündenvergebung von Gott geschenkt. So ist sie als kostbare Gabe zu bewahren.
Den Menschen „reinen Herzens" gilt eine Seligpreisung Jesu mit der Verheißung, in der Vollendung Gott schauen zu dürfen (vgl. Mt 5,8). Ein solches Herz ist besonders bereitet, jetzt schon die Nähe Gottes zu spüren.
Reinheit des Herzens wirkt sich im ganzen Menschen aus, indem sie seine emotionalen und geistigen Kräfte durchdringt und motiviert und ihn bis in die leibliche Sphäre prägt. „Reinheit des Herzens" ist nichts weniger als ein anspruchsvolles Programm des geistlichen Lebens.
Die Sehnsucht nach einem reinen Herzen ist in den Menschen oft verschüttet; wir müssen sie freilegen. Ein Psalmvers kann uns dabei tägliche Hilfe sein: „Erschaffe mir, Gott, ein reines Herz, und gib mir einen neuen, beständigen Geist!" (Ps 51,12)

Peter Granig

II. Elemente für eine Wort-Gottes-Feier

1. Eröffnung

Eröffnungsgesang
– GL 263,1.2: „Dein Lob, Herr"

Liturgischer Gruß / Einführung
Im Namen des Vaters ...
Gottes Erbarmen ist mit uns allen.

Viele Christen empfinden die Gebote Gottes als Last, als Einschränkung. Die Bibel denkt anders: Gott will uns hilfreiche Wegweisung geben, damit unser Leben gelingen kann. Doch es ist ein Unterschied, ob wir Gebote und Weisungen aus purer Gesetzlichkeit einhalten oder ob wir von der Nähe Gottes beseelt sind. Für jene, die die lebendige Erfahrung von Gottes Nähe gemacht haben, wird die Gesetzesverpflichtung zur Ehre. Wer Gott begegnet, handelt aus dem Herzen heraus. –
Wenden wir nun unser Herz hin zu Christus, dass er es reinige und mit seinem Geist erfülle.

Christus-Rufe
Herr Jesus Christus,
reinige mein Herz; mach mich rein wie Gold im Feuer des Heiligen Geistes.
– GL 475: „Herr, erbarme dich"
Herr Jesus Christus,
nimm weg, was mich in der Tiefe meines Herzens von dir trennt, und mach mich heilig.
– „Christus, erbarme dich."
Herr, Jesus Christus,
erschaffe mir ein reines Herz im Feuer deines Geistes, dass ich allein dir diene und deinem Tun folge.
– „Herr, erbarme dich"

Eröffnungsgebet
Allmächtiger Gott, von dir kommt alles Gute. Pflanze in unser Herz die Liebe zu deinem Namen ein. Binde uns immer mehr an dich, damit in uns wächst, was gut und heilig ist. Wache über uns und erhalte, was du gewirkt hast. Darum bitten wir durch Jesus Christus, unseren Herrn.

2. Verkündigung des Wortes Gottes

Hinführung zur Ersten Lesung (Dtn 4,1–2.6–8)
Staatliche Gesetze und ihr Vollzug werden in der Meinung des Volkes eher negativ beurteilt. Die Lesung aus dem Buch Deuteronomium schlägt einen ganz anderen Ton an, wenn über die Gebote Gottes gesprochen wird. Heute wie damals gilt: „Hört, und ihr werdet leben!"

Psalm / Gesang
– GL 722,1: „Freut euch, wir sind Gottes Volk" mit GL 750,2: „Wohl denen, deren Weg", VV. 1.2.4.7.8.10.
– GL 263,3: „Die Sonne ist des Himmels Ehr"

Hinführung zur Zweiten Lesung (Jak 1,17–18.21b–22.27)
Der rechte Umgang mit dem Wort Gottes muss immer neu eingeübt werden. Die Lesung aus dem Jakobusbrief gibt uns dafür einige kurze, aber gewichtige Anweisungen: Hört das Wort nicht nur an! Nehmt euch das Wort zu Herzen! Handelt danach! Dieser Dreischritt ist die Grundregel.

Ruf vor dem Evangelium
– GL 531,2: „Halleluja" mit GL 687: „Dein Wort ist Licht und Wahrheit ...", – „Halleluja"

22. Sonntag im Jahreskreis 232

Hinführung zum Evangelium (Mk 7,1–8.14–15.21–23)
„Reinheit" ist ein vielfach missverstandenes Wort. Deshalb verlangte ein geistlicher Schriftsteller, im Hinblick auf befreite Menschlichkeit müsse dieser Begriff revidiert werden. Diese Revision hat Jesus schon längst vollzogen. „Reinheit des Herzens" gehört zu den großen Programmworten seiner Verkündigung.

Predigt / Auslegung
– Stille –

3. Antwort der Gemeinde

Glaubensbekenntnis
Wir bekennen unseren Glauben an den Gott, der uns seine Gebote als Quelle wahrer Weisheit gegeben hat:
– GL 276,1–5: „Wir glauben Gott" *(auch nach GL 474)*

Allgemeines Gebet / Fürbitten
Lasset uns beten zu Jesus Christus, der die Menschen von lebenshindernden Gesetzen und Bräuchen befreit hat.
– Für die Gläubigen, die sich heute zum Gottesdienst versammeln: Mache sie zu einer hörenden Gemeinde.
– Für die Prediger und Katecheten: Befähige sie, die Lebensfreundlichkeit deiner Gebote aufzuzeigen.
– Für die Gesetzgeber und Juristen: Erleuchte sie, Gesetze zu beschließen, welche die Freiheit des Einzelnen garantieren und die Schwachen schützen.
– Für die jungen Menschen: Führe sie zur Einsicht, dass ihre Zukunft im Gehorsam gegen deinen Willen liegt.
– Für die Menschen, die unter krankhaften Ritualen leiden.
– Für die Christinnen und Christen, deren religiöse Praxis sich in Äußerlichkeiten erschöpft.
– Für die Gläubigen, die ihr Inneres immer wieder durch Bekenntnis ihrer Sünden, Tränen der Reue und Werke der Buße reinigen.
– Für uns selbst um reine Gesinnung in allem, was wir denken und tun.
Herr, du allein kannst ein reines Herz erschaffen. Wir preisen dich heute und in Ewigkeit.

Vater unser
Alles, was uns auf dem Herzen liegt, legen wir hinein in das Gebet unseres Herrn: Vater unser …

Loblied / Danklied
– GL 170,1.2: „Lehre uns, Herr", VV. 1–8
– GL 264,1–2: „Mein ganzes Herz"

Text zur Meditation
Rein sein – im Innersten
im Denken, Wollen und Fühlen.

Reine Lippen – durch glühende Kohlen.
Reines Gewissen – durch das Wasser der Taufe.
Reine Hände - durch Gehorsam gegen Gottes Willen.
Reine Kleider – durch das Blut des Lammes.
Reines Herz – durch Gottes schöpferisches Wort.

Rein durch Gottes Wort,
durch Tränen der Buße,
durch das Feuer des heiligen Geistes.

Peter Granig

4. Abschluss

Schlussgebet
Gütiger Gott und Vater, du allein bist unser Gott. Auf dich wollen wir uns verlassen, deinem Wort wollen wir Raum geben in unserem Leben. Stärke unser Vertrauen auf dein Wort und hilf uns, das zu leben, was wir im Glauben erkannt haben. Darum bitten wir dich durch Christus, unseren Herrn.

Segensbitte / Entlassung
Es segne uns Gott, der Gott unseres Herzens, dass wir spüren, wo er uns begegnet.
Es segne uns Gott mit seinem Gebot, dass wir die Freiheit der Kinder Gottes zu leben vermögen.
Es segne uns Gott mit seiner Stimme, dass wir andern zum Segen werden.
So segne uns Gott, der Vater und der Sohn und der Heilige Geist.

Schlusslied
– GL 263,4.5: „Behüt mich vor der stolzen Welt"
– GL 264,3: „Herr, ob den Himmeln"

23. Sonntag im Jahreskreis

I. Predigt (Jak 2,1–5)

Gleichheit – Verschiedenheit – Brüderlichkeit

Ungeliebte Moralepistel
Der Jakobusbrief, dem unsere heutige Lesung entnommen ist, erfreut sich in Theologenkreisen keiner großen Beliebtheit. Man wirft dem Brief vor, er sei penetrant moralisierend und rücke den Adressaten allzu sehr auf den Leib. Im Grunde erhebe er sich kaum über die bloß moralische Ebene. Er sei bloße trockene Moralpaukerei. Auch Luther ärgerte sich über diesen Brief und nannte ihn eine „stroherne Epistel". Etwas ist an diesen Vorwürfen schon richtig. Im Jakobusbrief wird tatsächlich viel moralgepredigt. Und doch sollten wir nicht vorschnell über diesen „Moralbrief" urteilen. Vielmehr lohnt es sich, den Jakobusbrief ohne Vorurteile zu Wort kommen zu lassen. Er hat uns nämlich einiges zu sagen. Und er geht gleich ans Eingemachte.

Schon damals ...
Es ist immer wieder bedrückend, wenn man feststellen muss, dass es in einer Kirchengemeinde Rangstreitigkeiten und Hackordnungen gibt: Denk- und Verfahrensweisen, die Parteikämpfen und bestimmten Management-Technologien abgelauscht sind und mittels derer sich machtgierige Clans, Cliquen und Großsprecher Sonderrechte erkämpfen oder erschleichen wollen. Das ist nicht irgendetwas Marginales; das ist ein Problem, das an die Substanz der Jesus-Gemeinde geht. – Einen solch zentra-

len Missstand nimmt heute Jakobus ins Visier: Da ist die Rede von einem Mann in prächtiger Kleidung mit goldenen Ringen an den Händen – offensichtlich ein reiches und deshalb angesehenes Gemeindemitglied. Sowohl die Gemeindevorsteher wie auch der Mann selbst gehen mit Selbstverständlichkeit davon aus, dass einem solchen Honoratior der erste, der beste Platz in der gottesdienstlichen Gemeindeversammlung gebühre.

Daneben gibt es aber auch Arme, die in abgetragener Kleidung in die sonntägliche Gemeindeversammlung kommen; vielleicht auch noch etwas schmutzig, weil sie als Sklave bis in den Abend hinein Dienst tun mussten und keine Zeit zum Waschen fanden, aber das Herrenmahl und die sich anschließende Agape keinesfalls versäumen wollten. So kommt es in der Gemeinde Jesu zu Verhaltensweisen, die denen in den damaligen bürgerlichen Gemeinden gleichen: Der Reiche, Vornehme nimmt den Ehrenplatz ein, der Arme aber den letzten, hintersten; und wenn die Plätze knapp werden, kann er sich an die Wand lehnen oder auf den Fußboden setzen.

... und noch mehr heute

Ist es in unseren Gemeinden heute anders? – Keineswegs. Aber wir haben uns so daran gewöhnt, dass es uns kaum je auffällt. Da gibt es die Einflussreichen, die örtliche Hautevolée; die Honoratioren aus Parteien, Politik, Geschäft und Kultur; die Vornehmen, Reichen, Gebildeten. Die haben das Sagen. Die sind die Ehrengäste. Die beanspruchen selbstverständlich die Ehrenplätze. Die werden besonders hofiert, sogar in Gottesdiensten besonders beglückwünscht, besonders betrauert. Sie nehmen auch sonst gerne Sonderrechte in Anspruch und bekommen sie zugestanden. Sie sind es auch, die den Mund am weitesten aufmachen, wenn auch nicht immer sachkundig; die meinen, sie könnten bestimmen über die Länge der Gottesdienste, den Inhalt von Predigten, ja sogar, was „christlich" sei. Sie nehmen sich das Recht heraus, die Aufpasser zu spielen – was von der Empore herab ausnehmend gut gelingt – und festzusetzen, wer in den Kirchengemeinderat kommen darf. Wichtigstes Kriterium: Gefügigkeit gegenüber diesen selbsternannten „Oberhäuptern", die die Gemeinde kontrollieren wollen. Gelegentlich beanspruchen sie für sich auch das alberne „Privileg", erst ganz kurz vor dem Beginn der gottesdienstlichen Feier zu erscheinen, damit sie auch gesehen und in ihrem teuren Outfit gebührend bewundert werden. Die einfachen Leute, ohne Rückhalt in den privilegierten Cliquen, werden an die Wand gespielt. Am schlimmsten ist es, wenn Pfarrer und andere Funktionsinhaber in solchen Filz verstrickt sind.

Herrenmahl als Brudermahl

Unsere heutige Lesung hat ganz sicher nicht irgendeine Gemeindeversammlung im Blick, sondern die gottesdienstliche Versammlung, also das Herrenmahl, das damals am Sonntagabend gefeiert wurde. Und beim Herrenmahl erscheint das oben skizzierte Verhalten in der Gemeinde als besonders skandalös. Der Apostel Paulus wird nicht müde, seine Gemeinden immer wieder auf diesen Punkt hinzuweisen. Er insistiert darauf, dass es in der Kirche Jesu Christi den Unterschied zwischen Privilegierten und Minderberechtigten nicht geben darf. Die Gemeinde Jesu Christi ist eine Kirche aus Römern, Griechen und Juden, aus Sklaven und Freien, aus Männern und Frauen, aus Gebildeten, einfachen Leuten und unmündigen Kindern, aus Gesunden und Kranken. In Christus sind sie alle gleichermaßen Kinder des himmlischen Vaters und deshalb von gleicher Würde. Diese Vorgabe ist für unsere Kirche von grundlegender Bedeutung. Rassenschranken hat es in ihr nie gegeben und gibt es auch heute nicht. Darauf dürfen wir auch stolz sein. Aber es darf auch keine wie immer geartete andere Schranke geben: zwischen Arm und Reich, Vornehm und Einfach, Alt und Jung, Mann und Frau, Bedeutend oder Unbedeutend, Mächtig oder ohne Einfluss, Gebildet oder weniger Gebildet. In Christus ist jeder Bruder und Schwester. Dies ist uns als bleibende Aufgabe mitgegeben, und zwar nicht nur der Gemeinde, sondern noch viel mehr der Kirchenleitung / Gemeindeleitung!

Verschiedenheit der Aufgaben
Das heißt freilich nicht, jeder hätte die gleiche Aufgabe oder jeder könnte überall mitreden und mitbestimmen. Die Würdegleichheit und Geschwisterlichkeit in Christus hat nichts mit sozialistischer Gleichmacherei zu tun. Und die Forderung nach so genannter „Demokratisierung" in der Kirche beruht auf einem grundlegenden Missverständnis und lässt sich von hier aus nicht begründen. Selbstverständlich gibt es in Christus auch Unterschiede, aber sie liegen auf einer ganz anderen Ebene als die Unterscheidungen, die im profangesellschaftlichen Raum getroffen werden. Es gibt in Christus den Unterschied zwischen heilig oder sündig, zwischen hör- und veränderungsbereit oder rechthaberisch-verbohrt, zwischen gehorsam gegenüber Gottes Wort und Heiligem Geist oder weltangepasst; es gibt die Unterschiede in den Aufgaben: den einen die Aufgabe der Leitung, andern die Gabe des Lehrens, wieder andern die Gabe des Tröstens oder der Verwaltung oder der Beratung usw. Gott verteilt seine Gaben nicht einfach gleichmäßig über alle, gleichsam nach dem Gießkannenprinzip, sondern jedem etwas Bestimmtes, so wie es zum Nutzen und zur Auferbauung der Gemeinde gut ist. Da liegen also die Unterschiede: in der jeweiligen Aufgabe, die wir nach Gottes Plan erfüllen sollen. Nicht aber in den äußeren Gegebenheiten wie arm oder reich, vornehm oder einfach. Solche vordergründigen Dinge dürfen die Gemeinde Jesu keinesfalls spalten. – Und sie können sie nicht spalten, wenn wir uns alle als Beschenkte Gottes verstehen lernen, die keinen Grund haben, aufgeblasen daherzustolzieren. Wenn wir das begreifen würden, dann würden das Vergleichen, der Neid und das Konkurrenzdenken in unseren Gemeinden bald zu Ende sein. – Wir sehen schon, wie sehr die Maßstäbe Gottes unsere bürgerlichen Einteilungen, Verhaltensweisen und sog. „Ordnungen" durcheinander bringen können.

Erster Platz – Letzter Platz
Werfen wir noch einen Blick auf Jesus: Auch er hatte mit dem Problem zu kämpfen. Auch da gab es Leute, die aufgrund ihrer Frömmigkeit und ihrer großen Leistung für Gott selbstverständlich die ersten Plätze in den Synagogen in Anspruch nahmen, weil sie alles für Eigen-Leistung und Eigen-Verdienst hielten und davon ausgingen, dass Gott auch so denkt wie sie und ihnen deshalb diese Ehrung gebühre. Also Ehrung bei den Menschen und bei Gott auch noch! Jesus erlebt diese Situation und hält eine doppeldeutige Tischrede, die wir alle kennen: „Wenn du zum Mahl geladen bist, setz dich nicht auf den vordersten Platz, sondern auf den letzten!" (Vgl. Lk 14,8–10) Denn wie peinlich, wenn einer kommt, der ehrenwerter ist als du und du ihm Platz machen musst ... Aber Jesus geht sogar noch einen Schritt weiter: Er erklärt die Armen, die Geschundenen, die von Alltagssorgen Geplagten, die einfachen Leute, die den theologischen Spitzfindigkeiten der Schriftgelehrten nicht folgen konnten, zu Lieblingen Gottes. „Selig, ihr Armen, denn euch gehört das Reich Gottes. Selig, die ihr jetzt hungert, denn ihr werdet satt werden. Selig, die ihr jetzt weint, denn ihr werdet lachen." (Lk 6,20b f) – Der Verfasser des Jakobusbriefes hat Jesu Einschätzung der Armen ganz sicher gekannt; denn in der heutigen Lesung hören wir: „Hat Gott nicht die Armen in der Welt auserwählt, um sie durch den Glauben reich und zu Erben des Königreichs zu machen, das er denen verheißen hat, die ihn lieben?" (V. 5) Ja, den Armen, den Einfachen, den Zukurzgekommenen, den Leidenden, den Weinenden, den Unbeachteten, denen, die auf der Schattenseite des Lebens stehen, ihnen zu allererst gehört das Reich, die Bevorzugung und besondere Zuwendung Gottes. –

Gott sieht anders als wir Menschen; er sieht tiefer. Er schaut nicht auf das, was ins Auge fällt; er schaut auf das Herz. Das sollten wir uns heute gesagt sein lassen. Solange wir uns von Machtansprüchen und Imponiergehabe großmannssüchtiger Selbstdarsteller und Wichtigtuer beeindrucken lassen, haben wir von Gottes Maßstab noch nichts verstanden. Gemeinde Jesu Christi sind wir erst, wenn wir seiner Umwertung zustimmen.

Bernhard Krautter

II. Elemente für eine Wort-Gottes-Feier

1. Eröffnung

Eröffnungsgesang
– GL 517,1–4: „Herr Jesus, öffne unsern Mund"
– GL 259,1.2.5.6: „Erfreue dich, Himmel"

Liturgischer Gruß / Einführung
Im Namen des Vaters …
Der Name des Herrn sei gepriesen. – Von nun an bis in Ewigkeit!
Ja, wir haben allen Grund, unseren Gott zu preisen. Denn durch die ganze Heilsgeschichte hindurch zeigt sich: Gott hält es nicht mit den Reichen, Einflussreichen und Gewalthabern, sondern er ist ein Freund der Armen, Schwachen, Unterdrückten, Beladenen, Kranken, an den Rand Gedrängten. Und Jesus war auch darin das genaue Abbild Gottes. Die Apostel haben verstanden, dass die Achtung vor der Würde der Armen etwas für Christen ganz Zentrales ist, und sie haben von den Gemeinden ein entsprechendes Verhalten eingefordert. Sie fordern es auch von uns. – Vielleicht leiden wir diesbezüglich ein wenig an Hör-Schäden. Doch dazu sind wir hier: dass Gott uns öffne für das rechte Hören.

Christus-Rufe
Nach GL 495:
Herr Jesus, du hast uns gerufen, dir zu folgen. – Kyrie eleison.
Du Freund der Armen und Kranken.
Herr Christus, du hast Worte ewigen Lebens. – Christe eleison.
Du führst uns zu Umkehr und Vergebung.
Herr Jesus, du zeigst uns das Erbarmen des Vaters. Kyrie eleison.
Mach uns zu Nachahmern seiner Liebe.

Eröffnungsgebet
Gott und Vater, dein Sohn Jesus hat sich mit besonderer Liebe der Armen und Kranken angenommen und ihnen so deine Zuwendung gezeigt. Schau auf unsere Schwachheit und hilf uns, gerade jene als unsere Brüder und Schwestern zu achten, die in unserer Gesellschaft übersehen und an den Rand gedrängt werden. Darum bitten wir dich durch Jesus Christus, unseren Herrn.

2. Verkündigung des Wortes Gottes

Hinführung zur Ersten Lesung (Jes 35,4–7a)
Mit der Ankündigung der rettenden Gegenwart Gottes wird den Verzagten in Jerusalem und Juda Hoffnung zugesprochen.

Psalm / Gesang
- GL 759,1.2: „Lobe den Herrn, meine Seele", VV. 1.2.5–8.
- GL 106,1.4: „Kündet allen in der Not"

Hinführung zur Zweiten Lesung (Jak 2,1–5)
Bei Gott zählt kein Ansehen der Person. Deshalb dürfen unter Christen Reichtum / Ansehen und Stellung kein Grund für Bevorzugung sein. Wer solche Unterschiede macht, verdunkelt den Glauben, denn Gottes Sympathie gehört den Armen.

Ruf vor dem Evangelium
- GL 530,6: „Halleluja" mit GL 280,1: „Preiset den Herrn", – „Halleluja"; oder mit GL 262,1: „Nun singt ein neues Lied", – „Halleluja"

Hinführung zum Evangelium (Mk 7,31–37)
Jesus hat die Botschaft von der liebenden Zuwendung Gottes nicht nur verkündet, sondern den Menschen auch durch seine Taten erfahrbar gemacht. Seine heilsame Berührung führt einen Taubstummen zurück in die Gemeinschaft der Hörenden und Sprechenden.

Predigt / Auslegung
– *Stille* –

3. Antwort der Gemeinde

Predigtlied
- GL 618,1–5: „Brich dem Hungrigen dein Brot"
- GL 634,1.4–6: „Dank sei dir, Vater"
- GL 909,1.2: „Wo die Güte und die Liebe wohnt" (Freiburg/Rottenburg-Stuttgart)

Allgemeines Gebet / Fürbitten
Gott, unser Vater, du hast Jesus, deinen Sohn, in die Welt gesandt, damit er sie erlöse. Wir rufen zu dir:
– Für die Völker auf der Erde. Schenke ihnen Tatkraft und Fantasie, die Not der Armen und Notleidenden zu lindern.
– Für die Kirche, die unterwegs ist zu dir. Lenke ihre Aufmerksamkeit immer wieder auf diejenigen, die am Rande stehen.
– Für unsere Gemeinde. Lass uns offen bleiben füreinander, damit wir Ängste, Sorgen und Nöte wahrnehmen und einander helfen.
– Für uns selbst. Öffne unsere Ohren und unser Herz, damit wir auf dein Wort hören und öffne unseren Mund, damit wir deine liebende Zuwendung weitersagen.
– Für die Neugetauften bei uns und überall auf der Welt. Lass sie hineinwachsen in eine lebenswerte Zukunft.
– Für die Verstorbenen. Öffne ihnen das Tor zum Paradies.
Darum bitten wir dich durch Jesus Christus, deinen Sohn, der auf jeden von uns achtet und dem wir vertrauen, jetzt und in alle Ewigkeit.

Vater unser
Als Kinder des einen Vaters beten wir mit unserem Bruder, Jesus Christus: Vater unser

Loblied / Danklied
- GL 262,2.3: „Frohlockt dem Herrn"

Text zur Meditation

Du nimmst auch mich
aus dem Gedränge
der Menge
beiseite,
berührst meine Zunge
mit deinem Heil,
und du sprichst in mein Herz:
„Tu dich auf!"

Und es dringt deine Macht
voll Erbarmen ein
in mein Herz,
und es erwacht, und es hört dich,
das Wort des Vaters,
und es lobsingt.

(Nach Silja Walter, Das Wort ist Brot geworden. Kommunionpsalter, Verlag Herder, Freiburg i.Br., ²1992, 108 f)

4. Abschluss

Schlussgebet
Gott, allmächtiger Vater, du hast uns dein gutes Wort gegeben. Wir danken dir, dass wir es hören und aufnehmen konnten. Lass es tief in unser Herz dringen, damit es uns in Bewegung setzt, der Welt zu bringen, was sie so nötig hat: die Botschaft von deinem Sohn Jesus Christus, der mit dir und dem Heiligen Geist lebt in Ewigkeit.

Segensbitte / Entlassung
Gott behüte uns; er sei uns nahe in seinem Heiligen Geist und bewahre uns im Frieden. So segne uns der Vater, der Sohn und der Heilige Geist.

Schlusslied
– GL 473,1.3: „Im Frieden dein"

24. Sonntag im Jahreskreis

I. Predigt (Mk 8,27–35)

Lern-Wege

Stimmungsumschwung
Nichts macht Menschen aggressiver, als wenn man ihre Erwartungen nicht erfüllt. Da ist z.B. ein Mensch, der einfach überzeugt: durch seine Persönlichkeit und sein Verhalten. Er hat es nicht darauf abgesehen, Eindruck zu machen; er will nicht imponieren; er ist einfach er selbst, einfach authentisch. Er wird bewundert, auch ein wenig beneidet: Wie macht er das bloß? Welchen Trick wendet er an? Aber da ist kein Trick. – Man tastet sich vorsichtig an ihn heran. Man sucht Kontakt. Man beginnt, ihm auf den Leib zu rücken. Schließlich der Versuch, ihn vor den eigenen Karren zu spannen. Doch nun – welch eine Enttäuschung – es gelingt nicht. So engagiert er auch ist, er lässt sich nicht benutzen und vereinnahmen. Er bewahrt seine innere Freiheit und seine kritische Distanz. – Da wird aus Begeisterung und neidvoller Bewunderung zuerst verdeckter und dann offener Hass: Was bildet der sich ein?! Dem werden wir's schon geben! …

Falsche Messiaserwartungen
Jesus hat seinen Zeitgenossen damals viel zugemutet. Die Menschen, die ihm begegnet

sind, haben viel lernen müssen. Sie hatten bestimmte Erwartungen an ihn; aber er hat längst nicht alle Erwartungen erfüllt.
Jahrhunderte schon hatte das Volk Israel auf einen Messias als Priester und König gewartet. In einem Palast in Glanz und Reichtum würde er zur Welt kommen, hatten viele gedacht. Aber er wurde in Armut in einer Krippe im Stall geboren. Wenige haben in dem Kind den Messias erkannt. Die an ihren alten Erwartungen und Vorstellungen festhielten, mussten ihn übersehen oder verkennen. Sie waren nicht offen für Neues, sie waren nicht offen für den Gott, der ihnen in menschlicher Unscheinbarkeit begegnet. – Viele hatten gehofft, der Messias werde als König und politischer Befreier mit Macht auftreten und das Volk von der römischen Besatzungsmacht befreien. Aber Jesus stieg nicht auf den Thron Davids. – Wenn der Messias käme, würde er dann nicht mit den Einflussreichen der Jerusalemer Priesterkaste gemeinsame Sache machen? Würde er nicht die theologisch Gebildeten und die frommen Pharisäer bevorzugen, die sich von jeder kleinsten Gesetzesübertretung fernhielten? Aber einer, der aus dem zwielichtigen, übel beleumundeten Galiläa stammte, der sich mit dem armen, ungebildeten Landvolk abgab, der am Tempelkult herumkritisierte, offenkundigen Sündern eine Chance gab, die verhassten Römer nicht vernichtete und die Tora plötzlich so anders auslegte; der sich so messias-mäßig aufführte, in Jerusalem diesen Einzug vollführte, aber dann doch keine Machtergreifung folgen ließ ... Und stur war er auch noch! Man konnte ihn nicht manipulieren, ihm keine Fallen stellen; er durchschaute das alles. Der steckte auch nicht zurück, wenn man die Leute gegen ihn aufhetzte und wenn es um ihn einsamer wurde. Der ging einfach seinen Weg und ließ sich nicht davon abbringen ... All das wurde Jesus nicht verziehen. Neugier und Bewunderung und die Hoffnung, ihn vielleicht doch ins System einpassen zu können, schlugen um in Enttäuschung und Wut. Dieser Störenfried, der alles durcheinander brachte, der sich einfach nicht anpassen wollte ... Man ließ ihn leiden. Er wurde gekreuzigt: Hilf dir doch selbst! Er hat doch immer so große Worte gemacht; jetzt soll er es zeigen. – Dass er die Menschen von ganz anderen Lasten befreien würde, von Schuld, Angst und Tod – das haben nur wenige erkannt, trotz entsprechender Hinweise im Alten Testament. Die an ihren alten Vorstellungen und Erwartungen festhielten, konnten ihn nicht erkennen. Sie waren zugestellt; nicht bereit, den neuen Schritt zu wagen, nicht offen für Gottes überraschend andere Wege.
Auch Petrus konnte sich nicht vorstellen, dass Jesus, in dem er den Messias sah, leiden müsste, verachtet und umgebracht würde. „Sag bloß sowas nicht", ruft er Jesus zur Ordnung. Was werden denn die Leute denken! Scharenweise werden sie uns davonlaufen. Ein Messias, der leidet – der perfekte Skandal! Rede bloß nicht mehr davon! – Selten wird Jesus so unerbittlich und hart, wie in den Situationen, in denen jemand die Führung übernehmen und ihn vor einen andern Karren spannen will: „Hinter mich, Satan! Geh mir aus den Augen!" Petrus, der tüchtige Fischereiunternehmer, meint, jetzt müsse er die Dinge in die Hand nehmen. Er müsse Jesus managen, damit seine Messianität auch ein Erfolg wird. – Aber er hat von Gottes Plänen noch nichts verstanden. Erst viel später und in einem mühsamen und schmerzhaften Prozess wird er lernen, wer Jesus wirklich ist.

Jesus kennen lernen – ein Lern-Weg
Spiegelt sich in diesen Beispielen nicht ein Stück auch unserer Glaubensgeschichte mit Jesus? Geht es uns und vielen anderen nicht ganz ähnlich? Ist unser Weg zu Jesus nicht auch ein Weg der Erwartungen, der Enttäuschungen und dann der neuen Einsichten und Erkenntnisse? – Wenn wir daran denken, welche Vorstellungen von Jesus wir als Kind hatten; und dann als Jugendliche; dann als Erwachsene. Wenn wir daran denken, wie sich unser Bild von Jesus durch die Begegnung mit Menschen, mit Kranken, mit Armen, mit Zweifelnden, mit wirklich Frommen verändert hat. Sind wir in unseren Er-

wartungen Jesus gegenüber nüchterner, vorsichtiger, offener, krisenfester geworden? Da sind immer wieder Menschen, die sich durch ihre festen – oder festgefahrenen – Vorstellungen und Erwartungen den Zugang zu Jesus verstellen, den Zugang zu Jesus und zu Gott. Manche denken, die Wahrheit Jesu erweise sich darin, dass er jedes Gebet sofort erhöre. Wenn ein Gebet einmal nicht erhört wird, wenn das Leben nicht wunschgemäß weitergeht, fallen sie in ein tiefes Loch. Da sind andere, die haben sich seit ihrer Kindheit eingerichtet in dem Bild vom allzeit sanftmütigen Jesus mit dem samtenen Augenaufschlag, der keinem ein Haar krümmt und uns immer zuzurufen scheint: Seid lieb zueinander! Gebt euch zufrieden! Fragt nicht so viel! – Wehe, einer wagt es, an diesem übernommenen Bild von Jesus zu kratzen. Es ist ein Erfahrungswert: Fromme sind besonders schwer zum Jesus der Evangelien zu bekehren.

Den Weg bedenken
Ich möchte Sie einladen, heute Ihre eigene Glaubensgeschichte mit Jesus zu überdenken. Welche Erwartungen habe ich bisher an Jesus gehabt? Welche Vorstellungen mache ich mir von ihm? Welche Erfahrungen habe ich gemacht? Welche Enttäuschungen habe ich erlebt? Und vor allem: Bin ich bereit, dem wirklichen Jesus zu begegnen, wie er mir in den Evangelien entgegentritt? Bin ich bereit, meine fromm gemeinten Täuschungen aufzugeben und mich der Wahrheit zu öffnen? Um ihn, den wirklichen Jesus kennen zu lernen, gibt es nur zwei Wege: Die Heilige Schrift und das Tun seiner Gebote. Das ist ein lebenslanges Programm. (20)

Ulrich Koch

II. Elemente für eine Wort-Gottes-Feier

1. Eröffnung

Eröffnungsgesang
– GL 507: „Ehre sei Gott im Himmel"
– GL 458: „Herr, Gott im Himmel, dir sei Ehre"
– GL 675,1.2.4: „Christus, du Sonne"

Liturgischer Gruß / Einführung
Im Namen des Vaters …
Gott, der Vater unseres Herrn Jesus Christus, hat uns mit allem Segen seines Geistes gesegnet.
Die biblischen Texte des heutigen Tages richten unseren Blick auf Jesus, den Messias, der leiden musste, von den Hohenpriestern verworfen wurde, den Tod am Kreuz starb und nach drei Tagen auferstand. Nichts konnte ihn von seinem göttlichen Auftrag abbringen. Wenn wir ihm nachfolgen, wird sich das in unserem Tun auswirken. Wir werden den Weg zu erfülltem Leben finden. –
Wir wollen uns sammeln, damit wir dem auferstandenen Herrn würdig begegnen können.
– *Stille* –

Christus-Rufe
Herr Jesus, du Sohn des lebendigen Gottes.
Du Messias deines Volkes.
Du Erlöser der Welt. –
Akklamation: V./A.: „Lob sei dir. Halleluja!" (GL 260,4. Zeile)

Herr Christus, du Sohn der Jungfrau Maria.
Du Menschensohn.
Du treuer Zeuge. –

Herr Jesus, du Sohn Davids.
Du König der Juden.
Du Fürst des Friedens. –

Eröffnungsgebet
Gott, du Schöpfer aller Dinge und unser Vater, die Welt liegt in deinen Händen. Gib, dass wir dir mit ungeteiltem Herzen dienen und Jesus, deinen Sohn, mit unserer ganzen Existenz als Herrn und Christus bekennen. Sei gepriesen und hoch erhoben in Ewigkeit!

2. Verkündigung des Wortes Gottes

Hinführung zur Ersten Lesung (Jes 50,5–9a)
Der Gottesknecht aus dem Buch des Propheten Jesaja hört auf Gottes Wort und bleibt seinem Auftrag treu. Selbst Gewalt und Erniedrigung können ihn nicht brechen, denn er weiß, dass Gott ihm beistehen wird.

Psalm / Gesang
– GL 528,3: „Ich gehe meinen Weg vor Gott" mit GL 747,2: „Voll Vertrauen war ich", VV. 1.7–9
– GL 174: „Jesus Christus ist der Herr"

Hinführung zur Zweiten Lesung (Jak 2,14–18)
Jakobus, Knecht Gottes und Jesu Christi, des Herrn, wie er sich selbst bezeichnet, fragt nach dem Zusammenhang von christlichem Glauben und christlichem Leben. Unser Glaube muss sich in der Praxis des Lebens bewähren, sonst ist er tot.

Ruf vor dem Evangelium
– GL 223, V./A.: „Halleluja" mit Akklamation:
  „Deinen Tod, o Herr, verkünden wir.
  Deine Auferstehung preisen wir.
  Deine Wiederkunft erwarten wir,
  bis du kommst in Herrlichkeit." (*Melodie: „KumbaYah, my Lord"*), – „Halleluja"
– GL 530,1: „Halleluja" mit GL 197: „Ruhm und Preis und Ehre sei dir, Erlöser und König", – „Halleluja"

Hinführung zum Evangelium (Mk 8,27–35)
Die Menschen machen sich gerne ihre eigene Vorstellung vom Messias Jesus und seinem Auftrag. Doch er hört auf das, was der Vater sagt. Und so ist er der Messias Gottes, der Christus. Er bleibt seinem Auftrag treu und lädt alle ein, ihm nachzufolgen, damit sie das Leben gewinnen.

Predigt / Auslegung
– *Stille* –

3. Antwort der Gemeinde

Predigtlied
– GL 617,1–4: „Nahe wollt der Herr uns sein"
– GL 553,1–3: „Du König auf dem Kreuzesthron"

24. Sonntag im Jahreskreis

Allgemeines Gebet / Fürbitten
Gott, unser Vater, du hast deinen Sohn zu uns gesandt, damit er uns zur vollen Wahrheit führe. Wir schauen auf ihn und bitten dich:
- Für die Kirche und für alle, die in ihr ein Amt haben: dass sie auf dein Wort hören und deinen Willen tun.
- Für die Verantwortlichen in Politik und Gesellschaft: dass sie dem Wohl aller dienen und die Würde jedes Menschen in jeder Lebensphase achten.
- Für alle Menschen, die Jesus noch nicht kennen: dass sie anderen begegnen, die ihnen die frohe Botschaft verkünden.
- Für alle Menschen, die sich mit Jesus auf den Weg machen: dass sie offen sind für neue Erfahrungen und ihn immer besser kennenlernen.
- Für alle Menschen, die festgelegt sind in ihren Erwartungen und Vorstellungen: dass sie sich aufschließen lassen und zugänglich werden für neue Einsichten.
- Für die Familien, dass sie einander im Glauben bestärken und in Frieden leben.
- Für uns und für unsere Gemeinde: dass wir deinem Sohn täglich neu nachfolgen und glaubwürdige Zeugen der frohen Botschaft sind.

Gott, du willst für alle Leben und Heil – durch Jesus Christus, unseren Bruder und Herrn.

Vater unser
Ermutigt durch Jesus Christus beten wir: Vater unser ...

Loblied / Danklied
- GL 616,1.2.5.: „Mir nach, spricht Christus"

Text zur Meditation

Wir wollen deine Jünger sein,
Herr Jesus Christ,
und sind dir nachgegangen,
um hier dich, unsern Weg
und unser Leben zu empfangen.
Wer könnt es wagen,
dich, du Wort, in sich zu tragen,
ohne dir zu folgen bis in den Tod?

Du hast dich uns
als Licht und Wahrheit hinterlassen,
damit wir hinter dir nach Golgota
vor Schwäche nicht erliegen.
Wir wollen deine Jünger sein
und gehn in deinen Schritten
bis in den dritten
Tag,
um dort mit dir in deinem Sieg zu siegen.

(Nach Silja Walter, Das Wort ist Brot geworden. Kommunionpsalter, Verlag Herder, Freiburg i.Br., ²1992, S. 110 f.)

4. Abschluss

Schlussgebet
Gott, du hast unsere Herzen angerührt. Wir danken dir dafür. Hilf uns mit deiner Gnade, damit wir nicht im Sinn haben, was die Menschen wollen, sondern allein, was du willst. Darum bitten wir dich durch Jesus Christus, unseren Herrn.

Segensbitte / Entlassung
Gott hat durch sein Wort die Welt erschaffen. Er hat uns seinen Sohn gesandt auf unsern Weg. Er hat uns mit dem Heiligen Geist ausgerüstet zum Zeugnis.
Gott, der uns so überreich mit jeder Gnade beschenken will, segne uns: der Vater, der Sohn und der Heilige Geist.

Schlusslied
- GL 594, 1.3.6: „Maria, dich lieben"

25. Sonntag im Jahreskreis

I. Predigt (Jak 3,16–4,3)

Von der Wurzel des Bösen

Unangenehme Wahrheit
Die heutige Lesung aus dem Jakobusbrief, die wir soeben gehört haben, ist keine leicht verdauliche Lektüre, erst recht nicht ist sie ein Ohrenschmaus; sie spricht nicht die feierliche liturgische Sprache, die wir gewohnt sind, und sie sagt uns keine Höflichkeiten. Nein! Das ist schon eher etwas wie eine Standpauke. Der Verfasser des Jakobusbriefes schont seine Hörer nicht. Er geht in die Offensive, legt den Finger auf wunde Punkte und räumt mit Selbstzufriedenheit auf.
Da lesen wir: „Ihr begehrt und erhaltet doch nicht. Ihr mordet und seid eifersüchtig, und könnt dennoch nichts erreichen. Ihr streitet und führt Krieg. Ihr erhaltet nichts, weil ihr nicht bittet." (V. 4,2)
Nun kann man diesen sperrigen Text einfach weglegen; man kann auch einfach weghören – mit der Bemerkung: „Was soll's?!" Haben wir solche moralisierenden Predigten in der Vergangenheit nicht zur Genüge gehört?! Bloßes Moralisieren, das nichts vom schöpferischen Heilshandeln Gottes zu künden weiß, das sollte tatsächlich überwunden sein. Wäre der Jakobusbrief nur das, dann hätte ihn die frühe Kirche wohl kaum in den Kanon der heiligen Schriften aufgenommen. Bloßes Moralisieren – nein. Dass aber Gottes Wirken an uns sich auch in einem neuen Verhalten erweisen muss, das ist eine zeitlos richtige Forderung. Seien wir also bereit, die Botschaft hinter den anscheinend bloß moralisierenden Vorwürfen zu suchen.

Ursache von Kriegen
Voraus geht den moralisierenden Forderungen eine alle Menschen zu allen Zeiten bewegende Frage: „Woher kommen die Kriege bei euch, woher die Streitigkeiten?" (V. 4,1a) Ja, woher? – Denken wir an den Irak-Krieg. Im Vorfeld, während des Krieges und danach wurde weltweit diskutiert. Die einen argumentierten mit der Entmachtung eines verbrecherischen Diktators und der Einführung von Freiheit und Demokratie; andere erhoben den Vorwurf, es gehe nur um Machtausweitung und letztlich um Öl. Die einen hielten diesen Krieg für unvermeidlich, ja notwendig, andere für völkerrechtswidrig. – Die Frage ist uralt: Woher kommen die Kriege? Daran schloss sich schon immer die weitere Frage an. Wann ist ein Krieg gerecht; ja, gibt es überhaupt einen gerechten Krieg? Diese Probleme wurden in der Kirche und in der Theologie von Anfang an heftig und kontrovers diskutiert.
Unsere Lesung gibt auf diese Frage eine überraschende Antwort: „Woher kommen die Kriege bei euch, woher die Streitigkeiten? Doch nur vom Kampf der Leidenschaften in eurem Innern." (V. 4,1) Der Streit im privaten Bereich, in den Familien, in der Verwandtschaft, in der Nachbarschaft, ja sogar die Kriege sind nicht nur Folgen vordergründiger Interessen, sondern sie wurzeln tiefer. Sie kommen aus dem Inneren des Menschen, vom Kampf der Leidenschaften im Menschen selbst. „Leidenschaften" das sind Hass, Neid, Eifersucht, Gier, Machtbesessenheit, Ehrsucht, Konkurrenzdenken, Raffgier, Unersättlichkeit usw. All diese Triebkräfte in uns sind Quellen des Streites und letztlich auch des Krieges.

Jesu Sicht der Dinge
Mit dieser Einschätzung steht der Jakobusbrief Jesus ganz nahe. In der Bergpredigt durchleuchtet und analysiert Jesus das 5., 6. und 8. Gebot des Dekalogs und stellt eine ganz neue, für uns peinliche Diagnose.
Das 5. Gebot lautet: „Du sollst nicht morden!" Aber das ist nur das unterste Minimum. Den andern bloß nicht zu morden, das reicht nicht; schon gar nicht für die neue Gerechtigkeit in der anbrechenden Gottesherrschaft. Jesus stellt klar: Die Sünde beginnt nicht erst mit der vollendeten Tat; diese ist ja nur das letzte Glied einer ganzen Kette. Der Mord beginnt mit dem Hass im Herzen. Hass im eigentlichen Sinn, was ist das? Hass meint: Ich will, der andere soll nicht sein. Er soll hier nicht sein in meinem privaten Umfeld; nicht in meinem beruflichen, geschäftlichen, politischen Umfeld; er soll am besten überhaupt nicht sein. Hass heißt: Ich will ihn weg haben! Er steht mir im Weg, er steht mir in der Sonne. Wenn einer so denkt, dann hat er den anderen im Herzen schon gemordet. Aus dem Hass entsteht die böse Planung: Was kann ich tun, um dem anderen Schaden zuzufügen? Wie kann ich es anstellen, dass es dem anderen nicht gut geht? Dass er keinen Erfolg hat? Dass er nicht beliebt und geachtet ist? Wie kann ich ihm Schwierigkeiten, Dauerstress, Probleme bereiten? Daraus entwickelt sich dann das böse Wort; Beschimpfung, Verleumdung, Rufmord, Beleidigung und alle Bosheiten. Am Ende können Körperverletzung oder gar Tötung stehen, die aber oft nur aus Angst vor Gefängnisstrafen vermieden werden. Das Böse beginnt also im Inneren des Menschen, biblisch gesprochen in seinem Herzen. Deshalb sucht Jesus das Böse dort auf, wo es entsteht, wo es seine Wurzeln hat. Er sucht das Böse in seinen Schlupfwinkeln auf, in denen es unbemerkt nistet, auch wenn wir eine freundliche Maske und ein weißes Westchen vorzeigen. Wir sagen, Jesus „radikalisiert" die Forderungen der Gebote (von lat. radix = Wurzel) (vgl. Mt 5,21 f.), denn er weiß: Böse ist der Mensch im Herzen, und dort muss er sich von Gott verändern lassen. –
Ganz ähnlich verfährt Jesus mit dem 6. Gebot: „Du sollst nicht die Ehe brechen." Wieder kommentiert Jesus: Ehebruch ist nicht erst dann gegeben, wenn ein vollendeter Beischlaf stattgefunden hat. In Wirklichkeit beginnt der Ehebruch viel früher: mit dem lüsternen Blick und der Begehrlichkeit. Also im Herzen des Menschen. Was sich im Herzen des Menschen abspielt, ist genauso wie die Tat selbst. (Vgl. Mt 5,27 f.) –
Auch beim 8. Gebot verhält es sich so: Jesus rät dringend ab von jeglichem Schwören. Warum? Das 8. Gebot lautet: „Du sollst nicht falsch Zeugnis ablegen gegen deinen Nächsten." Gemeint sind lügnerische und verleumderische Falschaussagen – und zwar nicht nur vor Gericht –, die dem andern schaden sollen. „Du sollst kein falsches Zeugnis reden gegen deinen Nächsten." Wozu dann noch ein Schwur? Wenn sich alle an dieses Gebot halten, dann erübrigt sich doch jeder Eid. Weil jedoch alle Menschen davon ausgehen, dass Lüge, Täuschung, Betrug allgegenwärtig, also allgemeine Praxis sind, und weil wir alle aus Erfahrung wissen, dass es so ist, deshalb muss beeidet werden. Jeder rechnet damit – und muss wohl damit rechnen –, dass er ständig hinters Licht geführt wird. Deshalb sind Beteuerungsformeln und Eidesformeln notwendig, in der Hoffnung, die Wahrheit so zu erzwingen. Damit wird aber klar: Gerade die Schwüre und Eidesformeln bezeugen die Verlogenheit unserer Gesellschaft. Und diese Verlogenheit ist die Wurzel der Lügen. Dagegen mahnt Jesus zur schlichten Wahrhaftigkeit, wie sie der neuen Gerechtigkeit der Gottesherrschaft entspricht: „Euer Ja sei ein Ja, euer Nein ein Nein; alles andere stammt vom Bösen." (Mt 5,37; vgl. 5,33–37). –

Das reine Herz
Weil die Quelle des Bösen im Inneren des Menschen liegt, deshalb preist Jesus die Menschen „reinen Herzens" selig: „Selig, die reinen Herzens sind, sie werden Gott schauen." (Mt 5,8) Nur aus dem reinen, unverstellten, ganz auf Gott ausgerichteten

Herzen, in dem nichts Böses mehr Platz hat, das ohne Vorbehalt und ohne Hinterhalt durchsichtig und klar geworden ist, nur aus einem solchen Herzen kann das Gute kommen. Jesu Botschaft ist ein Werben um das Herz des Menschen! Genauso analysiert und diagnostiziert auch unser Text aus dem angeblich bloß moralinsauren Jakobusbrief: „Woher kommen die Kriege bei euch, woher die Streitigkeiten? Doch nur vom Kampf der Leidenschaften in eurem Inneren." (V. 4,1) Bei allem Moralisieren wird doch deutlich: Der Verfasser des Jakobusbriefes kennt ganz offensichtlich die Position Jesu, und er überträgt sie authentisch in handfeste, kraftvolle Formulierungen.

Kriegsvermeidung
Nun sollten wir aber die Frage, die uns bisher begleitet hat, doch noch einmal aufnehmen: „Woher kommen die Kriege bei euch, woher die Streitigkeiten?" Kehrt man die Frage um, dann heißt sie: Wie können wir Streit, Streitigkeiten und Kriege vermeiden? Die Antwort kann nur lauten: indem wir eine Umkehr in unserem Inneren, im Herzen vollziehen. Es gilt also, den Kampf aufzunehmen gegen Hass, Neid, Zorn und all die gewalttätigen Gedanken und Regungen in unserem Herzen, gegen den ganzen Ansturm des Bösen, der in unserem Inneren tobt. Auch hier sind wir Jesus sehr nahe, wenn er ausruft: „Selig die Sanftmütigen." (Mt 5,5) Das sind nicht die Schlaffen, die keine Initiative haben, sondern jene Menschen, die in ihrem Inneren friedfertig geworden sind. Deshalb wenden sie keine Gewalt an; nicht gegen Menschen, nicht gegen die Mitgeschöpfe, ja nicht einmal gegen Dinge. Gewaltlosigkeit ist zu einer Grundhaltung ihres Lebens geworden. – Solche Menschen geben in der Nachfolge Gottes so viele positive Signale und Energien in ihre Umwelt und in unsere Gesellschaft hinein, dass sie zu Friedensstiftern werden. Jesus jubelt ihretwegen: „Selig, die Friedensstifter!" (Mt 5,9) Gott wird sie seine Söhne und Töchter nennen. –
Wir sehen also: Was zunächst als harsche, moralisierende Mahnung erschien, könnte uns zum Friedensprogramm werden.

Bernhard Krautter

II. Elemente für eine Wort-Gottes-Feier

1. Eröffnung

Eröffnungsgesang
– GL 290,1–2: „Gott wohnt in einem Lichte"
– GL 458: „Herr, Gott im Himmel"

Liturgischer Gruß / Einführung
Im Namen des Vaters ...
Der Friede Jesu Christi, die Liebe Gottes, des Vaters, und die Kraft des Heiligen Geistes ist mit uns.
Wir sind als Kinder Gottes und Freunde Jesu eingeladen, diesen Gottesdienst miteinander zu feiern. Im Gottesdienst wollen wir ermutigt und aufgebaut werden. Das ist auch recht so. Aufbauend ist aber nicht nur das Angenehme, Erfreuliche und Tröstliche. Die heutigen Texte servieren uns nämlich eine kräftige, nicht leicht verdauliche Kost; und es braucht schon Mut, sich gegen diese Botschaft nicht abzudichten, sondern offen zu bleiben und genau hinzuhören. Doch wir dürfen darauf vertrauen, dass Gott selbst uns solchen Mut gibt, wenn wir ihn darum bitten:

25. Sonntag im Jahreskreis

Christus-Rufe
– GL 521,1: „Herr, gibt uns Mut zum Hören", – *nach jeder Strophe*:

V Kyrie eleison. A Christe eleison.

(GL 810; Freiburg/Rottenburg-Stuttgart)

2: 521,2: „Herr, gibt uns Mut zum Glauben" – „Kyrie eleison"
3: Herr, gibt uns Mut zum Dienen, wo's heute nötig ist. Wir danken dir, dass du dann bei uns bist. (Unterwegs 55) – „Kyrie eleison"
Herr, nimm alles weg, was uns hindert auf dem Weg zu dir, zu unseren Nächsten und zu uns selbst. Führe uns den Weg zum wahren und ewigen Leben.

Eröffnungsgebet
Herr, unser Gott, unser Leben als Christus ist vielen Anfechtungen und Widerständen ausgesetzt. In unserer Gesellschaft gelten andere Maßstäbe als die von dir gesetzten, und in unserem Herzen nistet immer noch das Böse. Komm uns zu Hilfe mit deiner Gnade, dass wir reich werden an guten Früchten und an ungeheuchelter Liebe. Darum bitten wir durch Jesus Christus, unseren Bruder und Herrn.

2. Verkündigung des Wortes Gottes

Hinführung zur Ersten Lesung (Weish 2,1a.12.17–20)
Darf man sich der Welt, den gesellschaftlichen Trends anpassen, oder ist es notwendig, den Glauben unverfälscht zu leben? Der Verfasser des Weisheitsbuches sieht die Gefahr der Anpassung. Er schildert, zu welch perversen Bosheiten die „Frevler" entschlossen sind, um den Gerechten aus dem Weg zu räumen, der ihnen unbequem ist.

Psalm / Gesang
– GL 716,1.2: „Herr, bleibe mir nicht fern", VV. 1–4.6.8.
– GL 711.2.3: „Du Herr wirst uns behüten", VV. 1-3.5–7.

Hinführung zur Zweiten Lesung (Jak 3,16–4,3)
Auch christliche Gemeinden waren und sind nicht davor gefeit, sich in ehrgeizigen Rangstreitigkeiten und rücksichtslosen Egoismen aufzureiben. Einer aus dem Kreis um Jakobus, eines Verwandten des Herrn und ersten Bischofs von Jerusalem, fragt nach den Ursachen.

Ruf vor dem Evangelium
– GL 530,5: „Halleluja" mit GL 626,2: „Der Herr gibt ein Beispiel", – „Halleluja"

Hinführung zum Evangelium (Mk 9,30–37)
Die Jünger verstehen Jesu Leidensankündigung nicht, denn sie sind besetzt von Großmannssucht und ehrgeizigen Karriereplänen. Der Menschensohn aber ist gekommen, um zu dienen – bis zur Hingabe seines Lebens.

Predigt / Auslegung
– *Stille* –

3. Antwort der Gemeinde

Predigtlied
– GL 170,1–8: „Lehre uns, Herr, deinen Willen zu tun"

Allgemeines Gebet / Fürbitten
Vater, im Namen deines Sohnes tragen wir unsere Bitten vor:
– Herr, wir bitten: Komm! Lege auf uns deinen Frieden. Halte deine Hände über uns. Rühr uns an mit deiner Kraft. –
V.: Gott und Vater, A.: Wir bitten dich, erhöre uns (*Melodie: – GL 762,7*)
– In die Nacht der Welt hast du uns gestellt, deine Freude auszubreiten. In der Traurigkeit, mitten in dem Leid, lass uns deine Boten sein. –
– In den Streit der Welt hast du uns gestellt, deinen Frieden zu verkünden, der nur dort beginnt, wo man wie ein Kind deinem Wort Vertrauen schenkt. –
– In das Leid der Welt hast du uns gestellt, deine Liebe zu bezeugen. Lass uns Gutes tun und nicht eher ruhn, bis wir dich im Lichte sehn. –
Gott, dein Reich kommt nicht mit Gewalt. Aber wo immer Menschen Gerechtigkeit und Frieden wagen, wächst es. Wir glauben, dass du es vollenden wirst und preisen dich in Ewigkeit.

oder:

Gott, unser Vater, du bist ein Verfechter und Liebhaber der Gerechtigkeit und der dienenden Liebe unter den Menschen. Wir bitten dich:
– Dass sich möglichst viele Menschen für die Ausweitung der Gerechtigkeit in der Welt einsetzen.
– Dass die Verantwortlichen in Kirche und Gesellschaft, in Politik und Wirtschaft sich zuerst als Diener der Menschen sehen und nicht über Menschen herrschen wollen.
– Dass die Schwachen und Kleinen, die Abgeschobenen und Abgeschriebenen in uns Gesprächs- und Bündnispartner finden.
– Dass unsere Gemeinde immer mehr ein Ort der gelebten Gerechtigkeit und des selbstlosen Dienstes füreinander wird.
– Dass wir unsere Mitmenschen nicht nach ihrem Rang und Ansehen, ihrer Macht und ihrem Reichtum beurteilen, sondern alle Menschen als dein Ebenbild achten.
Wir wollen unsere Verantwortung nicht auf dich abschieben. Aber wir brauchen deine Mithilfe und deinen Beistand, deine Geduld mit uns und deine Verzeihung. Darum bitten wir dich durch Christus, unseren Herrn.

Vater unser
All unsere Bitten sollen einmünden in das Gebet des Herrn: Vater unser …

Loblied / Danklied
– *Instrumentalmusik / Recorder*
– GL 631,1.2: „Freut euch und jubelt"

Text zur Meditation
Ich wohne
im Land des Habens
im Land der Blindheit
im Land des Egoismus
im Land des Hasses
im Land der Unfreiheit
im Land des Todes

auf dein Wort hin
will ich
den Aufbruch wagen
und in das Land ziehen
das du mir verheißen hast
Land des Lebens
will ich es nennen

(Aus: Andrea Schwarz, Du bist ein Gott der Lebenden, in: Entdeckungen, Leben entdecken – erfahren – aufspüren, Patmos Verlag, Düsseldorf 1989, 102)

4. Abschluss

Schlussgebet
Herr, unser Gott, du hast uns heute eingeladen und wir haben dir feiernd gedient, weil du uns dienen willst. In deinem Sohn Jesus Christus hast du gezeigt, wie unser Dienst in der Welt und an der Welt aussehen kann. Wir danken dir und erbitten deine Gegenwart an allen Tagen unseres Lebens durch Christus, unseren Bruder und Herrn.

Segensbitte / Entlassung
Es segne, stärke und begleite uns Gott, der Vater, sein auferstandener Sohn Jesus Christus und der Tröstergeist.
Singet Lob und Preis! – A.: Dank sei Gott, dem Herrn!

Schlusslied
– GL 290,4.5: „Er macht die Völker bangen"

26. Sonntag im Jahreskreis

I. Predigt (Jak 5,1–6)

Gefahrenquelle Reichtum

Drohbotschaft
Kapuziner waren in der Vergangenheit dafür bekannt, dass sie volksnah und mit deftigen Worten von der Kanzel auf die Gläubigen herabdonnerten. Die Lesung aus dem Jakobusbrief, die wir soeben gehört haben, mutet fast wie eine solche Kapuzinerpredigt an. Es sind drohende Worte, die die Leser und Hörer des Briefes wie Keulenschläge treffen. Man muss diesen Text wohl als eine „Drohbotschaft" bezeichnen. Ähnlich sprach auch der bekannte Barockprediger Abraham a Santa Clara in Wien, der als Hofprediger die feine, aber auch teilweise korrupte Gesellschaft bei Hofe mit seinen Drohworten aufrütteln wollte; er stand damit in der Tradition alttestamentlicher Propheten. So auch hier: „Ihr aber, ihr Reichen, weint nur und klagt über das Elend, das euch treffen wird. Euer Reichtum verfault, und eure Kleider werden von Motten zerfressen. Euer Gold und Silber verrostet; ihr Rost wird als Zeuge gegen euch auftreten und euer Fleisch verzehren wie Feuer. Noch in den letzten Tagen sammelt ihr Schätze." (VV. 1–3) In der Tat starke Worte, eines Bußpredigers würdig.

Nähe zur Verkündigung Jesu
Dennoch muss man dem Verfasser dieses Textes eines zugestehen: Er kennt die Jesus-Tradition. Er kennt Jesu Worte über den Reichtum offensichtlich ganz genau, und sie sind den seinen sehr ähnlich: „Sammelt euch nicht Schätze hier auf der Erde, wo Motte und Wurm sie zerstören und wo Diebe einbrechen und sie stehlen." (Mt 6,19) Die Worte Jesu sind zwar gefälliger als die im Jakobusbrief; es sind eher Mahnungen, die an unsere Einsicht appellieren wollen. Dagegen sind die Worte der heutigen Lesung echte Drohungen, die Angst verbreiten wollen vor dem drohenden Zorngericht Gottes: „Ihr aber, ihr Reichen, weint nur und klagt über das Elend, das euch treffen wird ... Ihr Rost wird als Zeuge gegen euch auftreten und euer Fleisch verzehren wie Feuer." (VV. 1.3b) Jesus warnt vor dem Reichtum; Jakobus aber wettert dagegen. – Reichtum birgt also offenbar ein Gefahrenpotential. Worin besteht es? Um eine Antwort darauf zu finden, müssen wir etwas genauer hinsehen.

Gefahren des Reichtums

Fragen wir zunächst: Warum erwerben Menschen irdische Güter? – Nun, sie müssen für ihren Bedarf aufkommen und für ihren Lebensunterhalt sorgen; außerdem wollen sie sich das Leben erleichtern und auch verschönern; und sie müssen für die Zukunft Vorsorge treffen. Das alles ist vernünftig und verständlich. Nirgendwo redet die Heilige Schrift dem Elend das Wort.

Aber um diese Form des Habens geht es hier auch gar nicht. Hier geht es um die Frage des Reichtums: Warum wollen Menschen unbedingt reich werden? Warum sind sie damals wie heute so auf Reichtum aus?

Damals waren solche Reichtümer Festkleider, die fein möblierte Wohnung, Schmuck und Goldmünzen, metallische Gebrauchsgegenstände. Heute ist es nicht anders: Immobilien, Schmuck, Wertpapiere, Designermöbel, Designerklamotten. Das zu haben bedeutete damals wie heute eben nicht nur Bequemlichkeit und Wohlleben, sondern vor allem Prestige, Ansehen, Beziehungen, Einfluss und Macht; und: man hatte in den Reichtümern eine in mehrfacher Hinsicht zukunftssichere Kapitalanlage. Denn das ist es, was im Hintergrund von all dem Jagen nach Reichtümern steht: der Wille, sich seine Existenz, seinen Einfluss, seine Beliebtheit, seine Gesundheit, seine Schönheit, ja sogar seine Lebensdauer selber zu verschaffen und zu sichern: in allem sein eigener Herr sein; sein Leben selber managen können; von niemandem abhängig sein; selber bestimmen können; weder nach Gott noch nach Menschen fragen müssen; nicht bitten und nicht danken müssen. Das ganze Lebensgebäude und die ganze Lebensphilosophie, aufgebaut auf dem reichen Haben irdischer Güter. Sie sind die Sicherheit. Auf sie wird die ganze Hoffnung gesetzt. – Wer sein Leben so einrichtet, der hat den Reichtum zum Gott seines Lebens gemacht. Denn das Vertrauen in den Reichtum und seine lebenssichernde Macht steht in direkter Konkurrenz zum Vertrauen auf Gott, das das Herzstück des biblischen Glaubens ist. Darin also besteht die große Gefahr des Reichtums: Er ist eine Gefahr für das Gottesverhältnis des Menschen. –

Aber da ist noch ein Zweites, das den Reichtum so gefährlich macht: Das Haben entwickelt eine Eigendynamik bis hin zur irrationalen Gier und Unersättlichkeit; und es führt zu einer Hartherzigkeit, die über Leichen geht. Mit dem Immer-noch-mehr-haben-Wollen wächst die Herzenskälte. So heißt es in unserem Text: „Aber der Lohn der Arbeiter, die eure Felder abgemäht haben, der Lohn, den ihr ihnen vorenthalten habt, schreit zum Himmel. Die Klagerufe derer, die eure Ernte eingebracht haben, dringen zu den Ohren des Herrn der himmlischen Heere." (V. 4) Das ist der Vorwurf der Ausbeutung und des Lohndumpings. Nur weil die Armen keine andere Wahl haben als die zwischen Arbeitslosigkeit oder entwürdigender Ausbeutung; und nur weil sie für einen Hungerlohn schuften und malochen müssen, deshalb und nur deshalb können die Reichen in Saus und Braus leben: ihre blutsaugerische Existenz auf Kosten der Armen. „Ihr habt auf Erden ein üppiges und ausschweifendes Leben geführt; noch am Tag der Schlachtung (das ist der Gerichtstag) habt ihr euer Herz gemästet." (V. 5) Auch damit steht der Verfasser des Jakobusbriefes Jesus sehr nahe. Erinnern wir uns an die Geschichte vom reichen Prasser, der den armen und kranken Lazarus vor seiner Tür herzlos liegen lässt. (Vgl. Lk 16,19–21) –

Reichtum also eine Gefahr für das Gottesverhältnis und das Menschenverhältnis. Und das Jagen nach Reichtum, aufgebaut auf der Hoffnung, irdische Güter könnten unser Leben dauerhaft sichern – so als hätten sie Ewigkeitswert. Aber wie steht es tatsächlich um ihre Verlässlichkeit und Wertbeständigkeit?

Fragwürdige Verlässlichkeit irdischer Güter

Jakobus verweist einfach auf Alltagserfahrungen: An das Festkleid geht die Motte, an die feinsten Möbel der Holzwurm; an Schmuck und Geld der Dieb; an metallische Ge-

genstände der Rost. Das zeigt doch, dass die Güter eben nicht wertbeständig und verlässlich sind. Und diese Diagnose ist zeitlos gültig. Haben wir in Deutschland nicht zwei verheerende Inflationen erlebt, die große Teile der Bevölkerung arm gemacht haben? Haben sich vor einigen Jahren nicht viele von der Aussicht auf das schnelle Geld und dauerhaften Reichtum zu Aktienkäufen verleiten lassen und dann das mühsam verdiente und ersparte Geld verloren? Haben nicht Naturkatastrophen wie die Überschwemmungen buchstäblich über Nacht Häuser, Geschäfte und Existenzen ruiniert? Haben nicht durch die Planungen der öffentlichen Hand Grundstücke über Nacht an Wert verloren? Und selbst die Investition in Kunstwerke, die lange als absolut zuverlässig galt, entpuppt sich angesichts perfekter Fälschungen als fragwürdig. – Wer sich dennoch darauf verlässt, dass irdische Güter so wertbeständig sind, dass man sein Leben darauf aufbauen kann, der ist nicht nur betrogen – wie sehr er sich darüber auch ärgern mag –, sondern er ist auch dumm: einfach unrealistisch. – Aus dieser Erkenntnis heraus mahnt und warnt der Jakobusbrief so wie vor ihm schon Jesus: „Verlass dich nicht auf irdische Güter! Erlieg nicht ihrer trügerischen Faszination!" Mach den Reichtum nicht zum Gott deines Lebens! –

Schatz und Herz

Was sollen wir nun also tun? – Jesus von Nazaret mahnt und warnt vor der Gefährlichkeit des Reichtums; der Jakobusbrief wettert dagegen. – Müssten wir als Christen demnach alles aufgeben wie Franz von Assisi, wie Elisabeth von Thüringen? Ganz fraglos sind solche Gestalten in der Geschichte der Kirche unverzichtbar wichtig; sie sind Zeichen und lebendige Mahner für uns, den Gefahren des Reichtums nicht zu erliegen. Aber das waren doch immer nur wenige, die so leben sollten. - Bei Jesus finden wir jedoch Worte, die uns allen zeigen, was wir tun bzw. nicht tun sollen. –

Da ist einmal das Kernwort, wenn es um die Bewertung unserer Einstellung zu irdischen Gütern und Reichtümern geht. Es lautet: „Denn wo dein Schatz ist, da ist auch dein Herz." (Mt 6,21) Demnach dürfen wir die schönen Dinge des Lebens durchaus gebrauchen und uns an ihnen freuen, aber wir dürfen unser Herz nicht an sie verlieren. Wir dürfen uns von den Dingen, die uns gehören, nicht in den Griff nehmen und versklaven lassen, denn dann wären wir nicht mehr frei für Gott und seine kommende Königsherrschaft. – Ob man für Gott und sein Reich frei ist oder vom Besitz besessen ist, das lässt sich ziemlich leicht herausfinden. Stellen wir uns vor, unser liebstes Kleid, Buch, Haus, Auto, Schmuckstück wäre von heute auf morgen weg: gestohlen, zerstört, verloren; – wie werden wir reagieren? Dann wissen wir, ob unser Herz noch von den Dingen frei ist. –

Dabei geht es Jesus ganz offensichtlich nicht um den distanzierten Gebrauch der irdischen Dinge, dass wir uns in innerer Freiheit stoisch-ungerührt über sie erheben. Nein, Jesus sagt uns, in welche Richtung wir vorangehen sollen und worauf wir unser Leben aufbauen sollen. Er sagt uns, worauf wir uns verlassen können und sollen: „Sammelt euch Schätze im Himmel, wo weder Motte noch Wurm sie zerstören und keine Diebe einbrechen und sie stehlen." (Mt 6,20) – Was ist dieser Schatz im Himmel, um den wir uns sorgen sollen? Der wertbeständig und absolut verlässlich ist? Es ist im Sinne Jesu ganz sicher Gott. Es ist sein Wort, es ist sein Reich. Dem soll unsere erste, vordringlichste Sorge gelten, dann mögen wir alles andere getrost der Fürsorge des himmlischen Vaters überlassen.

Bernhard Krautter

II. Elemente für eine Wort-Gottes-Feier

1. Eröffnung

Eröffnungsgesang
- GL 249,1.3: „Der Geist des Herrn"
- GL 639,1.3: „Ein Haus voll Glorie"

Liturgischer Gruß / Einführung
Im Namen des Vaters ...
Jesus Christus, der auferstandene Herr, ist bei uns heute und alle Tage bis zur Vollendung der Welt.
Wir feiern jeden Sonntag unser Christsein. Da geht es niemals um bloße Harmlosigkeiten. Das sehen wir heute besonders an den beiden neutestamentlichen Texten. Da wird das Böse nicht schöngeredet – wie es gesellschaftsüblich geworden ist. Da werden die Dinge beim Namen genannt: Der Jakobusbrief hält einer Christengemeinde ihre himmelschreienden Sünden vor. Und Jesus verlangt von uns den radikalen Bruch mit allem, was uns zum Bösen anreizt, verführt, verlockt. – Besinnen wir uns und halten wir unser Herz in das Licht Gottes. – *Stille* –

Christus-Rufe
1. Spr.: Herr, was muss ich abhauen und ausreißen aus meinem Leben: welche Zeitschriften, Videos, Internetangebote, die meine Vorstellungswelt und meine Gedanken zum Bösen anreizen? – *Stille* –
Ruf: GL 169,1: „O Herr, aus tiefer Klage" mit GL 443: V./A.: „Herr, erbarme dich"

2. Spr.: Herr, von welchen Kollegen, Mitschülern, Vereinskumpeln, Clubmitgliedern muss ich mich trennen, weil sie mich zum Bösen anstiften und verlocken? – *Stille* –
Ruf: GL 169,1 mit: „Christus erbarme dich"

3. Spr.: Herr, was pflanze ich meinen Kindern in ihre Seelen ein? Und was wird den Kindern, Jugendlichen, Mitschülern von Verwandten, Freunden, Kollegen, Nachbarn eingepflanzt – durch leichtfertiges Gerede, schlechte Witze, durch Verharmlosung des Bösen? - *Stille* –
Ruf: GL 169,1 mit: „Herr, erbarme dich"

Eröffnungsgebet
Gott und Vater, du zeigst deine Macht, indem du Erbarmen mit uns hast. Rette uns vor den Auswirkungen des Bösen und lass uns nie die Gemeinschaft verlieren mit Jesus, deinem Sohn, unserem Herrn, der mit dir im Heiligen Geist lebt und herrscht in Ewigkeit.

2. Verkündigung des Wortes Gottes

Hinführung zur Ersten Lesung (Num 11,25–29)
Gottes Geist erweckt sich selber seine Seher und Propheten, auch dort, wo wir es nicht erwarten. Er lässt sich nicht an unsere Strukturen und Organisationen binden.

Psalm / Gesang
- GL 249,2.4: „Der Geist des Herrn erweckt den Geist"
- GL 712,1.2: „Du führst mich hinaus", VV. 1.2.6–9.

26. Sonntag im Jahreskreis

Hinführung zur Zweiten Lesung (Jak 5,1–6)
Der Verfasser des Jakobusbriefes mahnt die reichen Christen in den jungen Gemeinden: Wer Reichtum und Geld nur für sich selber arbeiten lässt, statt gerechte Löhne zu zahlen und an die Armen abzugeben, der verstößt gegen Gottesrecht. Die zu Unrecht gerafften und gehorteten Reichtümer können uns vor Gott um Kopf und Kragen bringen.

Ruf vor dem Evangelium
– GL 531,4: „Halleluja" mit GL 739,1: „Herr hilf uns vor dem Bösen", – „Halleluja"
– GL 530,2: „Halleluja" mit GL 625,1: „Suchet das Gute, nicht das Böse", – „Halleluja"

Hinführung zum Evangelium (Mk 9,38–43.45.47–48)
Viele sind drinnen – in der Kirche –, die in Wahrheit draußen sind, und viele sind draußen, die in Wirklichkeit drinnen sind. Es gibt eine Christlichkeit außerhalb der Kirche. – Doch ob drinnen oder draußen, eines gilt für alle: Keine Kompromisse mit dem Bösen!

Predigt / Auslegung
– *Stille* –

3. Antwort der Gemeinde

Predigtlied
– GL 618,1–3.5: „Brich dem Hungrigen dein Brot"
– GL 622,1–5: „Hilf, Herr meines Lebens"

Allgemeines Gebet / Fürbitten
Lasst uns beten zu Gott unserem Vater, der uns seinen Geist sendet, damit wir die Kraft haben, Jesus nachzufolgen:
– Für die Verantwortlichen in Kirche und Gesellschaft – dass sie Amt und Charisma, Verantwortung und geistgewirkte Berufung in Einklang bringen.
  GL 253,1: „Sende aus deinen Geist"
– Für die Reichen und Einflussreichen – dass sie Wege finden, von ihren Reichtümern, ihrem Geld, ihren Ideen und Talenten abzugeben und solidarisch zu teilen.
– Für die Armen und Ausgebeuteten – dass sie den Lohn erhalten, der ihnen zusteht und eine Stimme finden, die ihnen Gehör verschafft.
– Für die Christinnen und Christen – dass sie bei ihrer Suche nach einer zeitgemäßen Form der Nachfolge Jesu ein überzeugendes Zeichen für die Welt sind.
– Für unsere Verstorbenen – dass sie leben dürfen in Gottes Frieden.
Guter Gott, du hast uns zugesagt, für uns da zu sein bis zum Ende der Zeit und uns deinen Geist als Beistand zu senden. Hilf uns, im Vertrauen auf diese Zusage gelassen und entschlossen mitzubauen am Reich Gottes, darum bitten wir durch Christus unseren Herrn.

Vater unser
Wir beten aus dem Geist Jesu Christi, wie er uns gelehrt hat: Vater unser …

Loblied / Danklied
– GL 262,1.2; „Nun singt ein neues Lied"

Text zur Meditation
Du bist nicht
  Gott
    wo Unrecht geschieht
  Es sei denn auf der Seite der Benachteiligten

Du bist nicht
  Gott
    wo man auf Kosten anderer lebt
  Es sei denn auf der Seite der Armen

Du bist nicht
  Gott
    wo man die Güter des Lebens anhäuft
  Es sei denn auf der Seite der
  Ausgeschlossenen

Darum will ich dich suchen
in der Gerechtigkeit
und in den Benachteiligten, Armen,
Ausgeschlossenen

(Aus: A. Rotzetter, Gott, der mich atmen lässt, Gebete des Lebens, Verlag Herder, Freiburg 17. Gestamtausgabe, S. 181)

4. Abschluss

Schlussgebet
Gott und Vater, wir danken dir für deine lebensspendende Nähe und die Worte der Weisung. Stärke uns mit deinem Geist, dass wir den Weg nachgehen, den Jesus gegangen ist, dein Sohn, unser Herr. Durch ihn und mit ihm und in ihm ist dir, Vater, im Heiligen Geist alle Herrlichkeit und Ehre jetzt und in Ewigkeit.

Segensbitte / Entlassung
Der Herr gebe uns Frieden, das Wohl des Leibes, das Heil unserer Seelen und reiche Früchte des Guten. –
So segne uns der Vater, der Sohn und der Heilige Geist.

Schlusslied
– GL 262,3: „Es kommt der Herr"
– GL 573,1.5.6: „Gegrüßet seist du, Königin"

27. Sonntag im Jahreskreis

I. Predigt (Mk 10,2–16)

Ehe in der Nachfolge Jesu

Mut zur Ehe?
Von Charles Darwin, dem Begründer der Evolutionstheorie, ist überliefert, er habe seinen Schritt vom Junggesellendasein in die Ehe so kommentiert: „Und wenn schon, alter Junge – nur Mut! Dies einsame Leben kann man nicht immer leben, wenn einem ein jämmerliches Alter, freundlos und kalt und kinderlos, ins Gesicht starrt. Es hilft ja nichts, vertrau auf dein Glück. Sieh dich genau um: Es gibt viele glückliche Sklaven." Nach einer Gegenüberstellung der Vor- und Nachteile der Ehe spricht er sich selbst Mut zu: „Heirate – heirate – heirate!"
Da muss sich also einer offensichtlich Mut zusprechen. Dabei: Ist die Ehe nicht das Selbstverständlichste von der Welt? Soeben hat uns das Wort Jesu im Markusevangelium die Ehe als Institution unter Verweis auf die Schöpfungsordnung sehr eindrücklich vor Augen gestellt. Jesus bezieht sich auf die Lesung aus dem Buch Genesis, die ältere der beiden Schöpfungsgeschichten, die wir gerade gehört haben. Er zitiert sogar wörtlich: „Darum verlässt der Mann Vater und Mutter und bindet sich an seine Frau, und sie werden ein Fleisch." Ja, er zitiert nicht nur, er verstärkt die Aussage von Gen 2: „Sie sind also nicht mehr zwei, sondern eins."
Schließlich interpretiert er in der Tradition jüdisch-rabbinischer Schriftauslegung, zu der seine Gesprächspartner, die Pharisäer, gehören: „Was Gott verbunden hat, das darf der Mensch nicht trennen." (V. 9) Ganz unmissverständlich stellt er die Ehe als der Absicht Gottes, als dem Willen des Schöpfers entsprechend, dar. Die Ehe also als das Selbstverständlichste von der Welt?
Gewiss! Für Juden zur Zeit Jesu schon. Heute ist das allerdings anders.

Ehe – eine Selbstverständlichkeit?
In einem Magazin für Ehewillige – mit dem bezeichnenden Titel „Ich geh' jetzt voll auf Risiko" – beschreiben junge Leute ihren Entscheidungsweg für die Ehe und wie schwierig das war angesichts widerstreitender Erfahrungen und Gefühle: Junge Leute, die selber „gebrannte Kinder" sind, die Streit und Hass erlebt haben, viele heimliche Tränen geweint und nichts verstanden haben; die früh Scheidungwaisen wurden; und die gerade deshalb ein ganz bewusstes und entschiedenes Ja sagen und Verantwortung übernehmen wollten. Denen Haltungen und Werte wie Treue, Verantwortung, füreinander Einstehen, Gesprächsgemeinschaft und Verlässlichkeit angesichts der Erfahrungen, die sie machen mussten, ganz wichtig geworden waren und die deshalb überein kamen: Unsere Liebe allein genügt nicht. Es soll eine Ehe sein! Ehe ist also alles andere als selbstverständlich.
Erst recht ist nicht selbstverständlich, dass die Hoffnungen, Wünsche und Sehnsüchte, die sich mit der Entscheidung zu heiraten verbinden: Liebe, Treue, Geborgenheit, Zusammengehörigkeit und Verantwortung ein Leben lang, „bis der Tod uns scheidet", in Erfüllung gehen. Ehen scheitern und das nicht nur in bedauerlichen Einzelfällen. Sie scheitern häufig. Gegenwärtig endet in manchen Regionen in Deutschland jede dritte Ehe vor dem Scheidungsrichter. –
Wir wissen, dass auch zur Zeit Jesu Ehen geschieden wurden. Die Vorschrift, dass der Mann – und nur er durfte das – einen Entlassbrief ausstellen musste, sollte die Frau wenigstens minimal vor Willkür schützen. Genau diese Rechtsprechung hat Jesus kri-

tisiert. Aber es geht ihm nicht nur um die Ungleichbehandlung von Mann und Frau; Jesus greift auch die griechisch-hellenistische Rechtsprechung an, die gleiches Recht für Mann und Frau kannte. Es führt also kein Weg an der Einsicht vorbei: Jesus wendet sich scharf gegen die Ehescheidung, nennt Scheidung und Wiederheirat Ehebruch.

Scheidungsverbot und radikale Jesus-Nachfolge
Angesichts von Erfahrungen mit gescheiterten Ehen – vielleicht in der eigenen Familie, im Freundeskreis oder in der Nachbarschaft – erscheint wohl manchen unter uns das Wort Jesu unverhältnismäßig hart und kompromisslos. Dem einen oder der anderen mag es gar schwer fallen, hier den Jesus wiederzuerkennen, der barmherzig und verzeihend mit Zöllnern, Sündern und Dirnen umgeht und ihnen einen Neuanfang ermöglicht. Wenn diesen, warum dann nicht auch Geschiedenen?! – Jesu kompromisslose Worte werden nur verständlich, wenn man den Zusammenhang beachtet, in dem sie stehen. Losgelöst von ihrem Kontext lässt sich das Jesuswort tatsächlich als eine juristische Regelung missverstehen – die diesmal noch härter ausfällt als das jüdische oder griechische Recht. Tatsächlich aber steht das Gespräch über die Ehescheidung im Zusammenhang einer Sammlung katechetischer Texte, die der jungen Gemeinde des Markus eine Ordnung für ihr menschliches Zusammenleben geben wollen. Ehe, der Umgang mit Besitz (Mk 10,17–27) und die Rangordnung in der Gemeinde (Mk 10,35–45) sind die Themen, um die es geht. Für die Gemeinde aber ist die Nachfolge Jesu zentral. Die christlichen Gemeinden lebten in gespannter Naherwartung, radikal ausgerichtet auf das Reich Gottes. In dieser Situation sollten auch die Formen menschlichen Zusammenlebens wie Ehe und Familie Zeugnis geben vom Evangelium der nahen Gottesherrschaft. Dieses Zeugnis bestand gerade in einem neuen Lebensstil, auch im Alltäglichen; auch im Familienleben; auch in der Ehe.

Der Lebensstil der jungen Gemeinde unterscheidet sich von der sie umgebenden Umwelt der etablierten jüdischen und hellenistischen Kreise, die sich in der Welt eingerichtet haben. Daran sind die Christen erkennbar. Die Radikalität, mit der jede Ehescheidung abgelehnt wird, zeigt also das unterscheidend Christliche. –

Andererseits ist das aber nicht der einzige Lebensbereich, der von der radikalen Jesusnachfolge geprägt sein soll. Genauso radikal wendet sich Jesus gegen das Schwören, gegen Feindschaft und Vergeltung. Warum, so fragen viele, wird da nicht so juristisch verfahren wie in Sachen Ehescheidung?

Eingerichtet in der Welt
Jedoch mit dem Ausbleiben der nah erwarteten Gottesherrschaft begann das junge Christentum, sich auf eine lange Zeit der Nachfolge in Gemeinde und Kirche einzurichten. Statt radikaler Nachfolge Einrichtung in der Welt – mit allen Begleiterscheinungen. Der Zeugnischarakter des radikal anderen Lebensstils weicht jetzt einem Zeugnis durch Festhalten am Gottesdienst, Verkündigung des Evangeliums und gemeindlichem Liebesdienst. Erst nach diesem Abflachen der gespannten Naherwartung konnte eine Theologie der Ehe entwickelt werden, und so wurden sich die Christen auch wieder der guten Schöpfungsordnung Gottes bewusst. – Aber: Nimmt das den Worten Jesu etwas von ihrem Ernst? – Keineswegs! Es ermäßigt sie nicht! Gewiss muss die Kirche heute Modelle finden, wie sie mit gescheiterten Ehen umgehen kann, wie Hartherzigkeit und Ausgrenzung vermieden werden können. Aber genauso wahr ist, dass bloß pragmatische Lösungen zu kurz greifen, und dass tiefer angesetzt werden muss. Dabei kann uns die frühe Christengemeinde vielleicht doch wieder richtungsweisend sein:

Ehe im Nachfolge-Kontext

Zunächst hat sie darin recht, dass die Zeugniskraft einer Gemeinschaft wirkungsvoller ist als die eines Einzelnen, und dass es deshalb sinnvoll ist, mit solcher Sorgfalt über die Ehe zu wachen. – Das zweite Element ist eine Idealvorstellung, und Ideale sind bekanntlich Wegweisungen auf höchste Ziele hin: D.h., ich kenne den Weg, ich mache mich auf den Weg und nähere mich so dem Ideal schrittweise an. Das gilt auch hier: Es wäre angezeigt, die Voraussetzungen für eine kirchliche Eheschließung ernsthafter in den Blick zu nehmen. Gemeint ist jene entferntere Vorbereitung, die längst vor einem Eheseminar beginnen müsste. Denn wenn Heiratswillige nur eine dürftige Beziehung zur Botschaft Jesu haben und mit dem Wort Nachfolge kaum etwas anfangen können, wie soll dann christliche Ehe gelingen? Es reicht bestenfalls für eine bürgerlich verstandene Ehe; und eine solche wird eben doch aufgekündigt, wenn es „nicht mehr klappt". – Aus solchen Gründen ist z.B. die russisch-orthodoxe Kirche überaus zurückhaltend, Ehen kirchlich zu segnen, auch wenn sie darum gebeten wird. Sie achtet genau auf das, was man den Nachfolge-Kontext nennen könnte. Und Nachfolge ist nicht notwendigerweise an Naherwartung gebunden. Erfahrungen in charismatisch erneuerten Gemeinden zeigen: Die beste Voraussetzung für das Gelingen christlicher Ehen und Familien ist die entschiedene Jesus-Nachfolge. Darum wäre es sinnvoll, wenn Heiratswillige zuerst und noch vor einem Eheseminar so etwas wie einen Alpha-Kurs in Sachen Glaube mitmachen würden. Die Kraft, die von einem frohen und entschiedenen Glauben ausgeht, kann auch in schwierigen Ehezeiten durchtragen.

Freilich muss jedem klar sein, dass kirchliche Trauungen zunächst noch weiter zurückgehen würden; auch Verletzungen würden möglicherweise nicht ausbleiben. Daraus ergibt sich: Die Bemühungen um die Vorbereitung auf eine christliche Ehe und kirchliche Heirat und der Umgang mit wiederverheirateten Geschiedenen sind für unsere Kirche Aufgaben von höchster Dringlichkeit. (21)

Martina Blasberg-Kuhnke

II. Elemente für eine Wort-Gottes-Feier

1. Eröffnung

Eröffnungsgesang
– GL 614.1.2: „Wohl denen, die da wandeln"
– GL 258,1.3: „Lobe den Herren"

Liturgischer Gruß / Einführung
Im Namen des Vaters …
Der Name des Herrn sei gepriesen – von nun an bis in Ewigkeit.
Die Botschaft Jesu, so wie sie uns in den Evangelien gegenübertritt, gefällt uns nicht immer, ja steht zuweilen sogar diametral unseren Lebenserfahrungen entgegen. „Ehen werden zwar im Himmel geschlossen, aber auf Erden gelebt." D.h., sie stehen in der Spannung von Ideal und alltäglicher Herausforderung. Aber selbst angesichts der Möglichkeit des Scheiterns, bleibt Gott seinem Schöpfungswillen treu, wonach sich Mann und Frau in der Ehe zu einer unauflöslichen Einheit verbinden. Und genau so soll Ehe im Kontext der Jesus-Nachfolge gelebt werden. – Andererseits kennen wir das Jesus-Wort: „Wer ohne Sünde ist, werfe den ersten Stein" (Joh 8,7). Deshalb lassen wir uns mit der Vergebung Gottes beschenken.

27. Sonntag im Jahreskreis

Christus-Rufe
– GL 523: „Du rufst uns, Herr"

Eröffnungsgebet
Gott, du bist so großmütig. Du gibst uns immer viel mehr, als wir verdienen und erbitten können. Nimm weg, was uns traurig macht und unser Gewissen belastet, und gibt uns den Frieden ins Herz, den nur du uns geben kannst. Darum bitten wir durch Jesus Christus, deinen Sohn, unseren Herrn und Gott, der verbunden im Heiligen Geist mit dir lebt und herrscht in alle Ewigkeit.

2. Verkündigung des Wortes Gottes

Hinführung zur Ersten Lesung (Gen 2,18–24)
Mann und Frau binden sich aneinander; sie werden ein Fleisch. Das ist nach dem Zeugnis des alttestamentlichen Schöpfungsberichts nicht Zufall oder eine Laune der Natur; es ist der Wille des Schöpfergottes selbst.

Psalm / Gesang
– GL 761,1.2: „Himmel und Erde, lobet den Herrn" mit VV. 1–4.11.12
– GL 74,1.2: „Gott, der nach seinem Bilde"

Hinführung zur Zweiten Lesung (Hebr 2,9–11)
Am Ende des 1. Jahrhunderts ist der Glaube in manchen Gemeinden erlahmt. Da bemüht sich der Hebräerbrief um eine Neuauslegung des Christusbekenntnisses: Die mit Christus geeinten Christen haben Teil an dem von ihm erwirkten Heil. Ohne Jesus ist ein Christentum nicht denkbar.

Ruf vor dem Evangelium
– GL 530,8: „Halleluja" mit GL 614,3: „Dein Wort, Herr, nicht vergehet", – „Halleluja"

Hinführung zum Evangelium (Mk 10,2–16)
Jüdische Gesetzeslehrer fragen Jesus nach der Rechtslage im mosaischen Gesetz: Es erlaubt Scheidungen wegen der Hartherzigkeit der Menschen. – Jedoch unter der Perspektive des Reiches Gottes kommt diese Rechtsprechung an ihre Grenzen. Die Nachfolge Jesu führt die Christengemeinden in einen neuen Lebensstil, in dem solche Hartherzigkeit keinen Platz mehr hat.

Predigt / Auslegung
– *Stille* –

3. Antwort der Gemeinde

Glaubensbekenntnis
– Lied: „Ich glaube an den Vater" (*s. Dreifaltigkeitssonntag*)
– GL 635,1–3: „Ich bin getauft"

Allgemeines Gebet / Fürbitten
Lasst uns voll Vertrauen beten zu Jesus Christus, der das Bild Gottes im Menschen erneuert hat und uns in die Nachfolge ruft:
– Stärke alle, die sich im Alltag von Ehe, Partnerschaft und Familie um die Verwirklichung deiner frohen Botschaft mühen. GL 762: „Christus, höre uns" – A.: „Christus, erhöre uns."

– Gib den Männern und Frauen, deren Ehe in die Krise geraten ist, Geduld miteinander und die Kraft, einen Neuanfang zu suchen. –
– Schenke all denen, deren Ehe zerbrochen ist, Beistand in ihren Selbstzweifeln und Schuldgefühlen und schicke ihnen Menschen, die sie respektvoll begleiten. –
– Lass stärkende Gemeinschaft all jene finden, die unfreiwillig alleine leben. –
Herr Jesus Christus, du hast in Wort und Tun Zeugnis abgelegt für den Gott des Lebens und des Erbarmens, unseren Schöpfer, der die Liebe zwischen Mann und Frau zum Abbild seiner Liebe gemacht hat. Er sei gepriesen und hoch erhoben in Ewigkeit.

Vater unser
Als feiernde Gemeinschaft beten wir das Herrengebet: Vater unser …

Loblied / Danklied
– GL 624,1–3: „Auf dein Wort, Herr"
– GL 297,1–4.8: „Gott liebt diese Welt"

Text zur Meditation
Segen für eine Ehe

Keinen Tag soll es geben, da ihr sagen müsst:
Niemand ist da, der uns hört.
Keinen Tag soll es geben, da ihr sagen müsst:
Niemand ist da, der uns schützt.
Keinen Tag soll es geben, da ihr sagen müsst:
Niemand ist da, der uns hilft.
Keinen Punkt soll es geben, da ihr sagen müsst:
Wir halten es nicht mehr aus.
Was ihr einander Gutes gut, verliere nie seinen Wert,
und was ihr gemeinsam für andere bedeutet,
gerate nie in Vergessenheit.
Eure Pläne sollen niemandem Unheil bringen,
was eure geheimste Sehnsucht ist,
das werde euch spürbar geschenkt.
Dann wird eure Ehe für viele ein Zeichen
der Hoffnung sein,
ein Ort, an dem Gottes Liebe sichtbar und greifbar wird …

(Aus: Uwe Seidel, Diethard Zils. Psalmen der Hoffnung. Texte für jeden Tag, Aussaat Verlag, Neukirchen–Vluyn 21982, S. 35)

4. Abschluss

Schlussgebet
Gott, Schöpfer der Menschen als Mann, als Frau, dein Reich ist nahe wo immer Menschen Liebe wagen. Wir hoffen auf dich, wenn wir allem Anschein zum Trotz, festhalten an dem Glauben, dass Liebe möglich ist, „bis der Tod uns scheidet". Sei du uns nahe, sei du unser Gott, in guten und in bösen Tagen. So bitten wir durch Christus unsern Herrn.

Segensbitte / Entlassung
Der Herr schenke uns Segen und Heil. Er offenbare uns die Wege seiner Weisheit. Sein Wort stärke und begleite uns, damit wir als treue Zeugen seiner Botschaft in der Welt wirken. Das gewähre uns der dreieinige Gott, der Vater und der Sohn und der Heilige Geist.

Schlusslied
- GL 615,1–3: „Alles meinem Gott zu Ehren"
- GL 258,4: „Lobe den Herren"

28. Sonntag im Jahreskreis

I. Predigt (Mk 10,17–30)

Fragen an unseren Lebensstil

Eine eigenartige Fragestellung
Wenn Sie heute in die Kirche gekommen sind, um wieder die „Frohe Botschaft" Jesu zu hören, dann sind Sie vermutlich jetzt enttäuscht. Da ist kein Jesus, der Kinder in die Arme nimmt, der Kranke gesund und glücklich macht, der Hungrigen reichlich zu essen gibt und schuldig Gewordene wieder in die Gesellschaft einführt. Ganz im Gegenteil! „Verkaufe, was du hast, gib dein Geld den Armen, dann komm und folge mir nach", das ist alles andere als aufbauend. Diese Radikalität beunruhigt, macht nervös, regt uns auf, ja sie regt uns an, möglichst schnell uns einem anderen Thema zuzuwenden. Wie kann dieser junge, wohl mit seinem Leben unzufriedene Mann auch nur solch eine komische Frage stellen! Was bringt's? Das ist die Frage, die wir heute wohl Jesus gestellt hätten. Was muss ich tun, um leben zu können, und zwar so, dass es mir gefällt, dass ich ein gutes Gefühl dabei habe, dass mir das Leben sinnvoll erscheint? Ist unsere Fragestellung nicht erlaubt? Muss es immer gleich um das „ewige Leben" gehen. Wir leben doch heute! Das sind die Fragen der Menschen heute, besonders der Jugend!

Drei Besonderheiten
Mir scheint es interessant, diese Geschichte, schon mehr als 2000 Jahre alt, dennoch etwas genauer unter die Lupe zu nehmen. Da sind nämlich drei Besonderheiten zu entdecken, die auch für uns bedeutsam sind. Einmal ist zu entdecken, dass Jesus diesen jungen Mann, der um das ewige Leben für sich persönlich fragt, nicht als einen Egoisten abtut und zurückweist, sondern sich auf ihn einlässt und ihn sogar noch bestärkt. Jesus scheint sogar Sympathie für den jungen Mann zu gewinnen. – Dann ist zu entdecken, dass der Mann von sich behauptet, er habe alle Gebote von Kindheit an beobachtet. Da sind doch gewaltige Zweifel anzumelden. Wer so etwas von sich behauptet, den nennen wir einen geistigen Hochstapler. Wir haben da doch alle unsere Erfahrungen mit Blindheit gegenüber uns selbst. Und Jesus: Er „gewann ihn lieb" lesen wir bei Markus. – Und noch eine dritte Merkwürdigkeit! Petrus weist darauf hin, gleichsam als Sprecher der Jünger, dass sie alles verlassen hätten und ihm nachgefolgt seien. Bei soviel Hochmut und Einbildung wäre auch hier von Jesus eine deutliche Abfuhr für Petrus angesagt. Doch Jesus nimmt den Hinweis des Petrus an und stellt sogar noch eine Belohnung in Aussicht.

Segen des Reichtums
Ich muss zugeben, für mich ist dieses Verhalten Jesu in dieser Geschichte wohltuend. Ich darf mein Leben haben, ich darf etwas für mich wollen, ich muss nicht jeden Augenblick immer sofort an den anderen denken und mich ständig in die hinterste Ecke drücken. Zu einem gewissen Teil darf ich auch an mich denken, ich darf sogar ein klein wenig Egoist sein. Wenn uns das nicht gut tut! –

Jesus selbst war ja auch kein finsterer Asket. Er freute sich über das Schöne in der Welt, er ließ sich von anderen finanziell unterstützen und war bei Lazarus und seinen Schwestern zu Gast, die durchaus wohlhabend waren. „Macht euch Freunde mit dem ungerechten Mammon", fordert er die Reichen auf. Jesus wusste um die vielen guten Möglichkeiten von Geld und Reichtum; und sicher wusste er auch, dass erzwungenes Verzichten böse machen kann; oder wenigstens schlecht gelaunt. Alte Menschen, die Opfer der „schwarzen Pädagogik" waren und sich in der letzten Lebensphase mit Unzufriedenheit, Misstrauen und vielen kleinen Bosheiten an gänzlich Unbeteiligten rächen, sind ein beredter Beweis dafür. Denn es gilt: Nur wer sich selbst besitzt, kann sich verschenken; und nur wer sich selbst anerkennt, kann andere gelten und leben lassen. Jesus wusste das.

Gefahren des Reichtums

Jesus wusste aber auch, welche Fesseln uns Besitz und Reichtum anlegen können, wie die Sehnsucht nach Haben zur Sucht werden kann, zur Habsucht, die es verhindert, innerlich frei zu sein, gelassen über den Niederungen des Alltags zu stehen und einen Blick zu haben für die Mitmenschen, geschweige denn für Gott. Jesus wusste das und daher auch diese harte, für uns so kontrastreiche, fast brutale Bildrede vom winzigen Nadelöhr und dem großen Kamel. Der sanfte Umgang Jesu mit dem reichen jungen Mann oder auch mit Petrus – eine Frohbotschaft für uns alle – tritt in den Hintergrund und das Evangelium wird von einem Augenblick zum anderen zur knallharten, fordernden Botschaft. Der Schock bei den Jüngern und auch bei uns sitzt tief bei solch harten Worten: „Geh, verkaufe, was du hast und gib das Geld den Armen. Wie schwer ist es für Menschen, die viel besitzen, in das Reich Gottes zu kommen." Nahezu unmöglich für uns, denn wir haben ja doch so einiges, was uns wichtig ist, an dem wir hängen und das uns viel bedeutet. Ein Verkauf unseres Besitzes würde uns ja in den Ruin stürzen und uns lebensunfähig machen.

Richtungsweisendes Signal

Es wäre gefährlich für uns, in diesem Schockzustand zu bleiben und den Ausgang der Geschichte nicht mehr zu hören. Das Evangelium weist einen Weg aus der Resignation. „Jesus schaute ihn voll Liebe an", heißt es im Text. Und Jesus ist traurig, als er den jungen Mann weggehen sieht, aber er verurteilt ihn nicht. – Der Ruf Jesu zur radikalen Armut ist kein allgemeines Gesetz. Aber Jesus ruft zu jeder Zeit einzelne Menschen auf, radikale Zeichen der Anspruchslosigkeit und Armut zu setzen, so wie er sie gelebt hatte. Und unzählige Menschen folgten und folgen bis in unsere Tage diesem Ruf der besonderen Nachfolge Jesu. Den harten Worten Jesu über den Reichtum und seinem Ruf zur Nachfolge in die Armut verdanken wir Gestalten wie Franz von Assisi, wie Bruno von Köln, wie Niklaus von der Flüe, wie Madeleine Delbrêl, wie Ruth Pfau und viele andere, die in der besonderen Nachfolge Jesu buchstäblich, wortwörtlich alles verlassen haben. – Für viele Menschen unverständlich, aber für sie gilt der Schlüsselsatz besonders: „Für Menschen ist das unmöglich, aber nicht für Gott; denn für Gott ist alles möglich." – Für uns Durchschnittschristen sind diese harten Worte Jesu Signale, die in die richtige Richtung weisen, denn Nachfolge gilt für *alle* Menschen, die an Christus glauben, auch für jeden von uns. Aber nicht jeder muss alles hergeben, was er besitzt, wie auch nicht jeder zum Martyrium berufen ist. Reichtum im Sinne Jesu meint ohnehin nicht die Höhe unseres Bankkontos. Entscheidend für Jesus ist, wie sehr das, was wir besitzen, unser Denken und unser Begehren beansprucht und wie sehr uns unser Besitz hindert, ihm einen Platz in unserem Leben einzuräumen. Es ist wirklich eine Frage des Lebensstils, meines Lebensstils.

Das Evangelium ist wahrhaft auch heute an diesem Sonntag eine Frohbotschaft für unseren Alltag, wenn wir uns angestoßen fühlen und uns anregen lassen, unseren Lebensstil vielleicht einfacher zu gestalten und uns darüber Gedanken zu machen, was jeder von uns teilen müsste: Geld, Arbeit, Zeit, Fähigkeiten. Bitten wir heute darum, dass Gott es uns möglich macht, uns in die Armut einzuüben, damit wir seine Zuwendung erfahren.

Ernst Kusterer

II. Elemente für eine Wort-Gottes-Feier

1. Eröffnung

Eröffnungsgesang
– GL 268,1.2.4: „Singt dem Herrn ein neues Lied"
– GL 261,1.2: „Den Herren will ich loben"

Liturgischer Gruß / Einführung
Im Namen des Vaters ...
Jesus Christus ist unser Friede und unsere Versöhnung.
Liebe Schwestern und Brüder! Im Evangelium des heutigen Sonntags wird von einem Mann berichtet, der auf Jesus zuläuft, ihm eine Frage stellt; und Jesus gibt ihm wie seinen Jüngern Antwort und Weisung fürs Leben. Auch wir liefen auf Jesus zu, indem wir uns zum Gottesdienst versammelt haben. Auch wir treten vor ihn hin mit unseren Bedürfnissen, Fragen und Anliegen. Und im Hören und Feiern seines Wortes gibt er auch uns Richtung und Weisung zum Leben.

Christus-Rufe

V./A.: Ky-ri-e e-lei-son. Chri-ste e-lei-son.

– Herr Jesus, du Bote der Liebe Gottes: *(kann auch nach – GL 495 gesungen werden)*

A.: er-bar-me dich un-ser.

– Du hast dich den Menschen in Liebe zugewandt: A.:
V./A.: Kyrie eleison. Christe eleison.
– Herr Christus, du hast bedürfnislos und arm gelebt: A.:
– Du gibst uns Worte des Lebens:
V./A.: Kyrie eleison. Christe eleison.
– Herr Jesus, du bewegst unser Herz, dir zu folgen: A.:
– Du beschenkst uns mit deiner Freude: A.:
V./A.: Kyrie eleison. Christe eleison.

(– GL 810,1–3. Zeile [Freiburg/Rottenburg-Stuttgart])

Eröffnungsgebet
Gott, du willst, dass alle Menschen gerettet werden. Komm uns zu Hilfe, dass wir unser ganzes Denken und Tun auf dich ausrichten und führe uns durch deine Gebote auf den Weg des Lebens. So bitten wir im Heiligen Geist durch Jesus Christus, deinen Sohn, unseren Herrn, der mit dir lebt in Ewigkeit.

2. Verkündigung des Wortes Gottes

Hinführung zur Ersten Lesung (Weish 7,7–11)
Die heutige Lesung singt das Lob der Weisheit. Macht, Reichtum, Gesundheit und Schönheit sind nicht zu unterschätzen. Wichtiger als all dies ist aber die Weisheit, die das Leben mit den Augen Gottes sehen lehrt und Gemeinschaft mit Gott schenkt. Solche Weisheit hat wirklich Bestand.

Psalm / Gesang
- GL 736,1.2: *Nur die 2. Zeile*: „Lehre uns, Herr, unsre Tage zu zählen", VV. 1.2.13.15.17.18.
- GL 732,1.2: „Die Völker sollen dir danken", VV. 1.2.4.5.

Hinführung zur Zweiten Lesung (Hebr 4,12–13)
Die Lesung aus dem Hebräerbrief beschreibt das Wesen und Wirken des Wortes Gottes: Es ist lebendig und verleiht Kraft; alles wird von ihm durchdrungen, zur Rechenschaft gezogen und gerichtet. So ist im Wort Gottes beides vereint: Gottes Zusagen, die unser Leben fördern, und Gottes Gebote, die Ernst und Entscheidung fordern.

Ruf vor dem Evangelium
- GL 530,1: „Halleluja" mit GL 631,2.1: „Selig, die arm sind vor Gott, denn für sie ist das Himmelreich", – „Halleluja"

Hinführung zum Evangelium (Mk 10,17–30)
Wie verhalten sich materieller Reichtum und Nachfolge Jesu zueinander? – Diese Frage steht im Mittelpunkt des Evangeliums. Sie stellt sich auch im Leben jedes Christen. Jesus fordert die Veräußerung materieller Reichtümer, um frei zu sein für das Leben des Evangeliums; um alles von Gott zu erwarten, der uns sein Heil, unsere Rettung, schenken will.

Predigt / Auslegung
– *Stille* –

3. Antwort der Gemeinde

Glaubensbekenntnis
– *Instrumentalmusik / Recorder*

Anstelle des Glaubensbekenntnisses werden die folgenden Bekenntnissätze gesprochen. Der/Die Gottesdienstleiter/in spricht sie vor, Zeile für Zeile, die Gemeinde wiederholt.

Wir glauben an Gott, den Vater.
Er ist der Gute,
der uns mit seinem Heil beschenkt.

Wir glauben an Jesus Christus, seinen Sohn.
Er ist unser Mittler,
der uns auf dem Weg des Vertrauens in Gottes Liebe vorangeht.
Wir glauben an den Heiligen Geist.
Er ist unser Beistand,
der uns zu Kindern Gottes macht,
uns darin eint und befreit.

Allgemeines Gebet / Fürbitten
Herr Jesus Christus, du zeigst und schenkst uns Gottes Liebe und Güte. Im Vertrauen auf deinen Beistand bitten wir dich:
– Für alle, die in Staat, Kirche und Gesellschaft Verantwortung tragen, dass sie loslassen können von falschen Sicherheiten.
Christus, höre uns. Christus, erhöre uns. – GL 762,3
– Für alle Hungernden und Flüchtenden, dass sie ausreichend Nahrung, Wohnung und Heimat finden dürfen.
– Für alle Einsamen, dass sie Menschen finden, bei denen sie sich wohl fühlen können.
– Für alle Christen, dass sie immer wieder von neuem dir mutig nachfolgen.
– Für unsere Verstorbenen, dass sie für alles Gute, das sie in ihrem Leben getan haben, belohnt werden.
Um all dies bitten wir dich, unseren Herrn und Bruder. Dir sei Dank und Lobpreis in Ewigkeit.

Vater unser
Im Namen Jesu beten wir: Vater unser ...

Loblied / Danklied
– GL 615,1.2: „Alles meinem Gott zu Ehren"

Text zur Meditation

Nimm dir, Herr,
und übernimm
meine ganze Freiheit,
meinen Verstand und
meinen ganzen Willen
mein
ganzes Haben und Besitzen.

Du
hast es mir gegeben,
zu Dir, o Herr,
wende ich es zurück.
Das Gesamte ist dein.
Verfüge nach deinem ganzen Willen.
Gib mir deine Liebe und Gunst.
Das ist mein Genügen.

Ignatius von Loyola

4. Abschluss

Schlussgebet
Herr, unser Gott, wir haben allen Grund, dir zu danken. Wir danken dir, dass wir genug haben, um zu leben. Wir danken dir für die Menschen, die unser Leben teilen, die uns Vertrauen schenken und uns begleiten. Wir bitten dich: Lass uns weiterschenken, was wir unverdient empfangen haben und lass uns auch im täglichen Leben unsere christliche Liebe erweisen. So bitten wir durch Christus, unseren Herrn.

Segensbitte / Entlassung
Die Liebe unseres Gottes begleite uns in die kommende Woche, zu unseren Aufgaben, zu den Menschen, denen wir begegnen. Sie öffne uns Augen und Ohren für die, die uns brauchen. So segne uns der allmächtige und gütige Gott, der Vater, der Sohn und der Heilige Geist.

Schlusslied
– GL 615,3: „Alles meinem Gott zu Ehren"
– GL 261,3: „Jetzt hat er sein Erbarmen"

29. Sonntag im Jahreskreis

I. Predigt (Mk 10,35-45)

Gemeinde / Kirche als Kontrastgesellschaft

Macht verführt
Was spielt sich nicht alles in unseren Köpfen ab? In einem Gedichtband für Kinder steht folgendes Gedicht: „Was denkt die Maus am Donnerstag, am Donnerstag, am Donnerstag? Dasselbe wie an jedem Tag, an jedem Tag, an jedem Tag. Was denkt die Maus an jedem Tag, am Dienstag, Mittwoch, Donnerstag und jeden Tag, und jeden Tag? O hätt ich doch ein Wurstebrot mit ganz viel Wurst und wenig Brot! O fände ich zu meinem Glück, ein riesengroßes Schinkenstück! Das gäbe Saft, das gäbe Kraft! Da wär' ich bald nicht mehr mäuschenklein, da würd' ich bald groß wie ein Ochse sein. Doch wäre ich erst so groß wie ein Stier, dann würde ein tapferer Held aus mir. Das wäre herrlich, das wäre recht – und der Katze, der Katze ginge es schlecht." (22)
Schon Kinder gehen mit solchen Größenfantasien um: Wartet nur, wenn ich mal groß bin. Macht, Erfolg, Karriere halten die Köpfe besetzt. Macht ist ungemein verführerisch. Das zeigt sich im heutigen Evangelium auch an den beiden Karrieristen, die sich ihre Ministerposten im Gottesreich sichern wollen – ohne zu wissen, was sie da eigentlich verlangen. Doch die anderen Zehn sind auch nicht viel besser; sie ärgern sich wohl nur, weil die beiden ihnen zuvorgekommen sind. Ja, Macht ist verführerisch – und nicht nur das. Sie korrumpiert auch.

Macht korrumpiert – die „Großen"
Es gibt nur wenige Menschen, die einen Machtzuwachs, den sie verspüren, schadlos verkraften können. Wenn einer die Leiter des Erfolges emporklettert, Stufe für Stufe und immer mehr Macht in seiner Hand fühlt, dann nimmt er gewöhnlich Schaden an seiner Menschlichkeit. Häufig wird er empfindlich, mimosenhaft empfindlich. Kritik, die er früher selbst geäußert hat und die er damals für demokratisch und notwendig hielt, plötzlich ärgert sie ihn. Es fällt ihm schwer, die Wahrheit zu hören, er kann sie kaum noch ertragen. Er ist Schmeicheleien zugänglich. Er erwartet selbstverständlich, von den Leuten geachtet und gegrüßt zu werden. Minister, die sich aufführen, als wären sie „der Staat" höchstselbst; Vorstandsvorsitzende, die sich als „das Unternehmen" gebärden; Widerspruch ist unerwünscht; wer sich quer stellt, wird geräuschlos kaltgestellt und abserviert. – Solcher Größenwahn kann sich bis zum unverhohlenen Machtmissbrauch steigern. Die braunen und roten totalitären Staaten und ihre Epigonen geben uns Anschauungsunterricht: Ein ganzer Staatsapparat im Dienst der Unterdrückung und Kontrolle; Informationsmonopol und Erziehungsmonopol, Folter, Ge-

fängnis, KZs. – Der heutige „liberale" Markt-Totalitarismus ist kaum besser, sondern nur schlauer: Er unterdrückt mit Monopolen, Kartellen, Finanztransfers, mit feindlichen Übernahmen, mit dem Ausbluten von Unternehmen und ganzen Staaten, mit großen Investitionen, um ganze Banken und Großunternehmen zu zerschlagen, die Arbeitslosenzahlen zu steigern, Entwicklungsländer buchstäblich auszuhungern. Es ist das gleiche skrupellose Machtgehabe, nur nicht so offenkundig, nicht so martialisch, sondern geräuschlos, schleichend, „lieb" und „sanft". – Sich „oben" fühlen, andere an den Marionettenfäden springen lassen können, diktieren können, keinem Rechenschaft geben müssen – welch ein Hochgefühl! Jesus musste sich nur in seinem Land umsehen, um zu seiner ganz und gar pessimistischen Auffassung von Macht zu kommen: „Ihr wisst, dass die irdischen Herrscher ihre Völker unterjochen und dass die Großen ihre Macht über die Menschen missbrauchen."

... und die „Kleinen"
Die Gefahr, seine Macht auszukosten und zu missbrauchen, betrifft aber gar nicht nur „die da oben". Es gibt auch die kleinen Tyrannen: Der Beamte, der am Schalter die Leute herumkommandiert, weil er weiß, dass sie auf ihn angewiesen sind; – welch ein Gefühl, wenn die Leute mit ängstlichen Blicken zu ihm „aufschauen". Der Meister, dem man es jeden Morgen ansieht, wie er geschlafen hat: mal gut mal schlecht gelaunt. Der Chef, der bei seinen Untergebenen Unterschiede macht, der manche junge Mitarbeiterin bevorzugt, weil sie jung ist und hübsch, und der von ihr insgeheim vielleicht einmal eine Gegenleistung erhofft. Der Polizist, der mit seinem Bleistift kokettiert und seine Macht auskostet: Soll er einen Strafzettel verhängen oder nicht? Der Schaffner im Zug, der dort seine Macht spielen lässt. Es scheint, als müsste man jemandem nur eine Uniform anziehen, um ihm Macht zu verleihen. – Und Jesus? Wie beurteilt er die Machtausübung?

Jesu Kontrastbild
Das Kontrastbild, das Jesus für seine Jüngergemeinschaft entwirft, ist von schockierender Schärfe: „Bei euch aber soll es nicht so sein." Jesus sagt nicht: Reformiert und bekehrt die Gesellschaft, sondern: Stellt diesem Treiben eine Alternative gegenüber. Konstituiert Kirche und Gemeinde als Kontrastgesellschaft: „Wer der Erste sein will, soll der Sklave aller sein." Damit behauptet Jesus nicht, dass es keine Rangordnung geben soll; dass alle gleich wären. Es geht ihm nicht um Egalisierung. Er will auch nicht die Machtverhältnisse umkehren – wie es nach allen Revolutionen geschehen ist. Seine Herrschaftskritik geht viel tiefer, ganz an die Wurzel. Er gibt Macht und Rangordnungen eine ganz neue Deutung: Bei euch soll Macht nur dazu da sein, um den Schwächeren zu dienen, um Leben zu fördern. Eine andere Form von Größe und Würde und Autorität darf es bei euch, in der Gemeinde, in der Kirche nicht geben. Ihr sollt die Machtspielchen und -mechanismen durchschauen, kritisieren und durchbrechen. Das ist die Form von Nachfolge, die den Amtsinhabern, Funktionsinhabern, Experten und Würdenträgern vor allem aufgegeben ist. In der Kirche soll nur solch einer zur Autorität werden, der von den Eigeninteressen absieht und seine Existenz für die anderen lebt. „Denn auch der Menschensohn ist nicht gekommen, sich bedienen zu lassen, sondern zu dienen und sein Leben hinzugeben als Lösegeld für viele." Der Dienst kirchlicher Obrigkeiten – klerikaler wie laikaler – muss also zuerst denen gelten, die in irgendeiner Hinsicht ganz unten sind, die im Dreck stecken. Ihnen aufzuhelfen und wieder Würde zu geben, war auch Jesu vordringlichstes Anliegen. (23)

Beate Stemmer

29. Sonntag im Jahreskreis 266

II. Elemente für eine Wort-Gottes-Feier

1. Eröffnung

Eröffnungsgesang
- GL 292,1.4: „Herr, dir ist nichts verborgen"
- GL 517,1–4.6.8: „Herr Jesus, öffne unseren Mund"

Liturgischer Gruß / Einführung
Im Namen des Vaters ...
Der Friede und der Trost Jesu Christi, das Feuer des Heiligen Geistes und die Liebe des Vaters ist mit uns.
Wer will schon nicht nach oben kommen? Wer will nicht seine Stellung samt Einfluss und Einkommen verbessern? Im Alltag begegnen wir Menschen, die von solcher Karrieresucht und Pöstchengier besetzt sind, dass sie dafür auch über Leichen gehen und das Leben anderer Menschen ruinieren. Und was tun wir nicht alles, nur um dem Leiden auszuweichen? – Doch da ist Jesus, der uns heute sagt: „Der Menschensohn ist nicht gekommen, um sich dienen zu lassen, sondern um zu dienen und sein Leben hinzugeben für viele." Er steht im Mittelpunkt jedes Gottesdienstes, er, der uns nahe ist, der ganz und gar Liebe und bereit ist, sich an uns zu verschenken. Er verdient, von uns erhoben zu werden:

Christus-Rufe
Jesus Christus – Gott von Anfang an.
Der seine Gottesherrlichkeit nicht festgehalten hat.
Der unser schwaches Menschsein angenommen hat.

Akklamation: GL 174: „Jesus Christus ist der Herr"
(Wie Hochfest Christi Himmelfahrt)

Jesus Christus – Uns in allem gleich geworden außer der Sünde.
Abgestiegen bis in den Schandtod am Kreuz.
Wir sind nicht würdig, ihm die Schuhriemen zu lösen.

Akklamation: GL 174: „Jesus Christus ist der Herr"

Jesus Christus – Eingesetzt in Gottesmacht.
Der uns in seine Nachfolge ruft.
Der bei uns geblieben ist, um uns zu dienen.

Akklamation: GL 174: „Jesus Christus ist der Herr"

Eröffnungsgebet
Allmächtiger, menschenliebender Gott, in Jesus bist du Mensch geworden, um uns Menschen zu dienen. Du hast uns in die Dienstgemeinschaft seiner Kirche gerufen, dass wir seinem Beispiel folgen, für die Menschen da sind und einander in Glaube und Hoffnung bestärken. Das erbitten wir durch Jesus Christus, unseren Bruder und Herrn, der mit dir lebt in Ewigkeit.

2. Verkündigung des Wortes Gottes

Hinführung zur Ersten Lesung (Jes 53,10–11)
Die ersten Christen mussten mit dem furchtbaren Tod Jesu, ihres Messias, fertig werden. Als Deutungsgestalt fanden sie den Gottesknecht des Alten Testaments: Der sein

Leben einsetzt und für die Menschen in die Bresche springt, wird von Gott durch den Tod hindurch gerettet.

Psalm / Gesang
– GL 745,1.2: „Vertraut auf den Herrn", VV. 1.9.11.15.17.18.
– GL 612,1.2: „Herr, sei gelobt durch deinen Knecht"

Hinführung zur Zweiten Lesung (Hebr 4,14–16)
Jesus, der ganz und gar aus der Welt Gottes kommt, ist zugleich ganz und gar Mensch. Er hat unser Leben und Sterben geteilt, hat all die Anfechtungen und Versuchungen durchlitten, die auch uns an Gott irre werden lassen können. In allem war er uns gleich, außer der Sünde. Deshalb kann er mit uns mitfühlen.

Ruf vor dem Evangelium
– GL 530,5: „Halleluja" mit GL 177: „So sehr hat Gott die Welt geliebt", – „Halleluja"
– GL 530,8: „Halleluja" mit GL 282: „Lobet und preiset", – „Halleluja"

Hinführung zum Evangelium (Mk 10,35–45)
Schon während seiner Tätigkeit spricht Jesus von seinem Leiden. Doch die Jünger sind voller Unverständnis für den Weg Jesu. Sie wollen nur die Herrlichkeit mit ihm teilen, nicht aber sein Dienen.

Predigt / Auslegung
– *Stille* –

3. Antwort der Gemeinde

Predigtlied
– GL 553,1–3: „Du König auf dem Kreuzesthron"
– GL 257,6–8: „Du, des Vaters ewger Sohn"
– GL 174: „Jesus Christus ist der Herr"

Allgemeines Gebet / Fürbitten
Herr Jesus Christus, dein ganzes Leben hast du an die Menschen verschenkt. Höre uns, wenn wir dich bitten: V./A.: Erhöre uns, Christus. (GL 563)
– Herr, Ämter und Macht in der Kirche sind besonders verführerisch. Lass diese Frauen und Männer verstehen, dass sie einen Dienst am Heil der Menschen ausüben dürfen. –
– Herr, bestärke die Frauen und Männer in der Politik in ihrem Einsatz für die Rechtlosen und Schwachen. –
– Herr, in den Armen begegnest du uns selber. Lass uns nie vergessen, dass wir zu ihnen gesandt sind. –
– Herr, die Anziehungskraft von Karriere und Erfolg ist in unserer Zeit besonders wirkmächtig. Hilf, dass wir in unserer Lebensgestaltung dir und uns selber treu bleiben. –
– Herr, Christen bei uns und in der ganzen Welt nehmen für ihre Überzeugung Verzichte, Nachteile und Verfolgung auf sich. Lass sie Kraft finden im Blick auf dein Leiden. –
– Herr, unsere kalte Gesellschaft ist voller Verlierer. Gib uns den Mut, für sie einzutreten. –
– Herr, schaue auf die Menschen, die hilflos und von anderen abhängig sind; bewahre sie vor dem Gefühl, wertlos und lästig zu sein.
Herr, du hast dich zum Diener aller gemacht. Sei dafür gelobt und hoch erhoben in Ewigkeit.

Vater unser
Als Gemeinde Jesu beten wir: Vater unser ...

Loblied / Danklied
– GL 264,1.2: „Mein ganzes Herz"

Text zur Meditation

Gott, der du einstiegst
in die Miseren der Welt,
der du ausstiegst
aus dem Zirkel
von Verblendung, Gewalt und Zerstörung.
Erleuchte uns,
bevor wir zerstrahlt sind!
Erbarme dich,
damit die Erde und wir und die nach uns

nicht unwiderruflich
eigener Gier und Erbarmungslosigkeit
zum Opfer fallen.
Unbeirrbarer,
stecke uns an
mit deiner Leidenschaft
für das Leben.

Kurt Marti
(Quelle unbekannt)

4. Abschluss

Schlussgebet
Gott, wir haben dein Wort vernommen und danken dir für deine Weisungen. Schenke uns deinen Geist und erhalte uns in deinem Dienst. Denn du bist in unserer Mitte in Jesus Christus, unserem Herrn und Bruder, der mit dir regiert in Ewigkeit.

Segensbitte / Entlassung
Der Friede Gottes, der alles Begreifen übersteigt, bewahre unser Leben in der Gemeinschaft mit Christus Jesus. Das gewähre uns der treue Gott: der Vater, der Sohn und der Heilige Geist.

Schlusslied
– GL 264,3: „Herr, ob den Himmeln"
– GL 257,10: „Alle Tage wollen wir"

30. Sonntag im Jahreskreis

I. Predigt (Mk 10,46–52)

Glaubens-Brüder

Hoffnungsschrei
Es gibt ein Gemälde des norwegischen Malers Edvard Munch; es trägt den Titel „Der Schrei". Das Bild zeigt im Vordergrund eine menschliche Gestalt; es ist nicht eindeutig, ob es sich dabei um einen Mann oder eine Frau handelt. Die schmalen, überlangen Finger der Hände sind an den blassen Kopf gepresst. Der weitaufgerissene Mund ist der Ausdruck eines unüberhörbaren Schreis hinaus in eine völlig menschenleere Umwelt. Ein Ausdruck verzweifelter, hoffnungsloser Einsamkeit. –
Ganz anders ist das Bild, das uns im heutigen Evangelium vor Augen geführt wird. Es ist ein Bild voll widerständiger, kraftvoller, sich durchsetzender Hoffnung; ein Bild voll entschiedener Willenskraft. Der da laut schreit, hat sich noch nie abgefunden; hat

sich nicht in sein angeblich unabänderliches Schicksal ergeben. Abhängigkeit und Hilflosigkeit, tägliche Erniedrigung und Demütigung haben die Glut seines Lebenswillens nicht ersticken können; eine Glut, die nur auf ihre Gelegenheit gewartet hat. Und jetzt war sie da: Auf dem Weg nach Jerusalem erreichen Jesus und sein Jünger Jericho. Ohne sich in der Stadt aufzuhalten, begegnet die Gruppe um Jesus beim Verlassen der Stadt dem blinden Bartimäus. Was dann erzählt wird, ist eine Glaubensgeschichte: Bartimäus und sein Glaube stehen im Mittelpunkt. Sein Glaube ist es, der die Voraussetzung für die spätere Heilung durch Jesus bildet. Es ist ein Glaube, der alle Bedingungen enthält, die für eine Therapie notwendig sind: eine Hartnäckigkeit, die sich von der Meinung der anderen nicht irritieren lässt und sich durch die Abwehr vieler Leute, die sein Schreien als Störung empfinden, nicht entmutigen und ins Abseits drängen lässt: Viele sagten ärgerlich zu ihm: Sei doch still! Halt den Mund! Führe dich doch nicht so auf! – „Er aber schrie noch viel lauter." – Nicht minder auffallend ist sein entschlossener Bruch mit seinem Schicksal: Er lässt sich davon nicht fesseln; nicht darauf festlegen, dass alles so weitergehen müsste; nein, er wirft den Mantel, Zeichen seiner Bettlerexistenz, von sich. – Und schließlich sein entschlossener Wille, wieder gesund zu werden: „Rabbuni, ich möchte wieder sehen können." Aus all dem spricht ein unbändiges Vertrauen, dass Jesus ihn heilen kann.
Dieser Glaube des Bartimäus wird unterstützt durch die Worte derer, die ihm zurufen: „Hab nur Mut, steh auf, er ruft dich." Diese dreifache Aufforderung ist eine Botschaft, die auch heute jenen Menschen gilt, deren Leben geprägt ist von Angst, Leid und Krankheit.

„Hab nur Mut"
Der Mut, von dem hier gesprochen wird, ist mehr als nur „einer Probe stand zu halten"; er deutet auf das, was die biblischen Schriften als „Vertrauen" bezeichnen. Im griechischen Originaltext sind jene Worte gebraucht, die Jesus selbst dem Petrus zuruft, der auf dem Wasser auf ihn zukommen soll, „Hab Vertrauen!". Das heißt: „Getrau dich." Die biblischen Texte erzählen immer wieder von Menschen, die Gott vertrauen. Sie erzählen von Abraham, der trotz seines Alters und der Beschwernisse des Weges aus dem vertrauten Land auszieht. Sie erzählen von Maria, die im Vertrauen auf Gott „Ja" zu ihrer von Gott verheißenen Zukunft sagt.
„Getrau dich!" – Es ist die Ermutigung und Bestärkung, die darum weiß, dass es aus jeder ausweglos erscheinenden Situation einen Weg gibt. So beginnt jeder Glaube. Von Gott herausgefordert, überschreitet er das menschlich Plausible. Getrau dich! Lass dich nicht abschütteln und nicht entmutigen! Bleib bei deinem Kurs!

„Steh auf!"
Jede Glaubensgeschichte ist ein Wagnis. Dabei bedarf es der Eigeninitiative, die in Freiheit die Beziehung zu Gott bejaht und immer wieder erneuert. Es braucht Fantasie und das Suchen nach Möglichkeiten und Wegen, Gott nahezukommen und in seiner Nähe zu bleiben. – Bartimäus wirft seinen Mantel von sich. Den hat ein orientalischer Bettler nicht umgehängt, sondern vor sich ausgebreitet, um milde Gaben darin einzusammeln. Diesen Mantel behält er nun nicht zur Sicherheit zurück; so entschieden ist sein Entschluss, nicht mehr in das Bettlerdasein zurückzukehren. –
Ganzheitliche Heilung kann nur geschehen, wo der Mensch diese Last, seine Zwänge und Schuld ablegt, um dann aufrecht zu stehen. – „Steh auf!" – Das bedeutet: Lege die Last deines Lebens ab, fang neu an, nimm das Risiko eines neuen Anfangs auf dich, gehe das Abenteuer ein, dich in das dir Unbekannte hineinzuwagen. So beginnt jeder Glaube.

„Er ruft dich!"
Die Zusage, dass Jesus ruft, lässt sich Bartimäus von anderen sagen. Christlicher Glaube ist davon geprägt, dass Menschen untereinander sich die Zusage der Nähe und Gegenwart Gottes zusprechen. „Er ruft dich!" Das ist die Aufgabe der Glaubensgemeinde. Im Gegensatz zu jenen, die uns an der Gottsuche hindern wollen, gibt die gläubige Gemeinde Ermutigung, sich immer neu aufzuraffen, und sie sagt jedem Gottsucher die Bereitschaft Gottes zu. – Der vernommene Ruf gibt die Kraft, sich zu öffnen und auf den Weg zu machen. So beginnt jeder Glaube.
Durch seinen Glauben motiviert, macht Bartimäus einen Schritt auf Jesus zu, der ihn von seiner Blindheit heilt. Dieser Glaube ist die Grundvoraussetzung und der erste Schritt für die Heilung. „Hoffen geschieht im Tun, nicht im Abwarten, nicht indem ich meine Hände in den Schoß lege und meine, Gott oder die anderen würden es schon richten. Hoffen geschieht im Tun des nächsten Schrittes, nicht des letzten. Diesen letzten Schritt können wir Gott überlassen, so dass wir frei sind, den nächsten zu tun, uns darauf zu konzentrieren, diesen nächsten Schritt, der uns jetzt möglich ist, zu tun." (24)
In dieser wunderbaren Heilungsgeschichte finden wir uns in zweierlei Rollen. Auf der einen Seite sind wir in der gleichen Lage wie Bartimäus: Blinde, Taube, Gelähmte, Mutlose, Abhängige, die zum Herrn schreien, dass sie wieder sehen, hören, sich bewegen, hoffen, frei sein können. Da wird Bartimäus uns zum geistigen Bruder. Er ist ein Bild der Hoffnung und Zuversicht. Er geht den ersten Schritt, im Vertrauen, dass Gott den letzten Schritt tut. Bartimäus stellt sich neben uns und ermutigt uns, die Schritte unseres Lebens zu gehen. – Gleichzeitig sind wir in der Rolle der glaubenden Gemeinde, die den Unentschlossenen Mut zuspricht, denen, die an Selbst- und Gotteszweifeln leiden, aufhilft, den Angstvollen die Liebe und Zugänglichkeit Gottes in Jesus zeigt. – Christsein kann man nicht für sich allein; – diese Heilungsgeschichte liefert dafür den Anschauungsunterricht. (25)

Ulrich Deimel

II. Elemente für eine Wort-Gottes-Feier

1. Eröffnung

Eröffnungsgesang
– GL 245,1.4.6: „Komm, Schöpfer Geist"
– GL 675,1.2.4: „Christus, du Sonne unsres Heils"
– GL 616.1.2: „,Mir nach', spricht Christus"

Liturgischer Gruß / Einführung
Im Namen des Vaters …
Unsere Hilfe ist im Namen des Herrn. – Der Himmel und Erde erschaffen hat.
„Sohn Davids, hab Erbarmen mit mir!" Diese Worte des blinden Bettlers Bartimäus stehen im heutigen Evangelium am Anfang der Begegnungsszene mit Jesus. Bartimäus lässt sich nicht davon abbringen, Jesus um sein Erbarmen zu bitten. Angesichts unserer Fragen und Ängste bitten auch wir den Herrn um seine Zuwendung:

Christus-Rufe
– GL 311: „Mit lauter Stimme ruf ich"
– GL 475: „Herr, erbarme dich"

30. Sonntag im Jahreskreis

Eröffnungsgebet
Gott, in Jesus Christus schenkst du uns deine ganze Liebe. Öffne uns die Augen, dass wir ihn als unseren Retter und Heiland erkennen und ihm folgen auf seinem Wegen. Darum bitten wir durch ihn, Jesus Christus, deinen Sohn, der mit dir eins im Heiligen Geist lebt in Ewigkeit.

2. Verkündigung des Wortes Gottes

Hinführung zur Ersten Lesung (Jer 31,7–9)
Im Volk Israel lebt trotz der erfahrenen Not ein Keim von Hoffnung, der sich nicht totkriegen lässt. Diese Hoffnung hat einen Namen und Grund: Jahwe – Israels Vater.

Psalm / Gesang
– GL 753,1.2: „Der Herr hat Großes an uns getan", VV. 1–8.
– GL 106,1.4.5: „Kündet allen in der Not"

Hinführung zur Zweiten Lesung (Hebr 5,1–6)
Jesus ist der Hohepriester, den wir brauchen. Er kann unser Mittler sein, denn er ist ganz Mensch wie wir und zugleich in göttlicher Würde. So tritt er vor Gott für uns ein.

Ruf vor dem Evangelium
– GL 532,2: „Halleluja" mit GL 698,1: „Der Herr ist nahe allen, die ihn rufen", – „Halleluja"

Hinführung zum Evangelium (Mk 10,46–52)
Der blinde Bartimäus lässt sich nicht mundtot machen. Ermutigt von Menschen, die auf Jesus vertrauen, bleibt er ausdauernd im Bitten, unbeirrbar im Hoffen und hartnäckig in seinem Heilungswillen.

Predigt / Auslegung
– *Stille* –

3. Antwort der Gemeinde

Glaubensbekenntnis
– *Instrumentalmusik / Recorder*

V./A.:

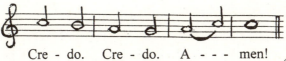

(Papstmesse)

Spr. 1: Wir glauben an Gott, den himmlischen Vater,
den Schöpfer der Welt, der uns erschaffen hat,
damit wir Leben erhalten, Frieden entwickeln und Sorge tragen für den Bestand der Erde, weil die Menschen dieser Welt zusammengehören in Gleichheit und Gerechtigkeit. – V./A.: Credo.

Spr. 2: Wir glauben an Jesus Christus, unseren Herrn,
geboren als Mensch in Israel von Maria,
erwählt, in seinem Leben die Nähe Gottes zu bezeugen.
Er verkündet den Gefangenen Freiheit, den Blinden, dass sie sehen, den Unterdrückten und Armen Befreiung.

30. Sonntag im Jahreskreis

Er litt, wurde gefoltert und getötet am Kreuz mit Gewalt von den Mächtigen unter Pontius Pilatus.
Er wurde auferweckt zum Leben und zur Hoffnung für alle. V./A.: Credo

Spr. 3: Wir glauben an den Heiligen Geist, die Kraft des neuen Lebens in Jesus Christus, der auch uns und alle Verhältnisse ändert, der uns reich macht im Glauben und uns sendet mit dem Ziel, allen Menschen Hoffnung zu bringen auf einen neuen Himmel und eine neue Erde. – V./A.: Credo

(Aus: W. Brinkel (Hrsg.), Dem Leben auf der Spur, Gütersloh 1996, Quelle unbekannt)

Allgemeines Gebet / Fürbitten
Mit dem Blinden rufen wir voll Vertrauen: V./A.: Sohn Davids, erbarme dich unser.
– Unsere Welt ist zerrissen von Hass und Streit. – V.: Sohn Davids – A.: erbarme dich unser.
– Viele Völker leiden unter Hunger und Gewalt. –
– Verantwortliche in Politik und Gesellschaft suchen nach Wegen zu Frieden und Gerechtigkeit. –
– Unsere Kirche braucht Menschen, die die frohe Botschaft glaubwürdig verkünden. –
– Christen bei uns und in der ganzen Welt leiden unter Verfolgung und Diffamierung. –
– In unseren Städten sind Menschen hilflos und einsam. –
– Viele müssen Krankheit und Schmerzen ertragen. –
Herr Jesus Christus, wir breiten unsere vielfältigen Nöte und Sorgen vor dir aus. Höre und erhöre uns alle Tage unseres Lebens. Sei gepriesen in Ewigkeit.

Vater unser
Alle unsere Anliegen münden ein in das Gebet des Herrn: Vater unser ...

Loblied / Danklied
– GL 557,1–3: „Du höchstes Licht"

Text zur Meditation
Du weißt es fraglos,
was wir Blinde suchen,
Herr.
Dich sehen, wie der erste Mensch
aus deiner Hand dich sah
im Anhauch deines Geistes.

Der Abfall hat uns blind gemacht.
Doch unser Glaube sieht dich
Herr.

Er sieht, wie dieses Wort das Licht der Welt enthält.
Das brennt von innen her das Zeichen weg,
wenn jene Stunde fällt,
in der das Meer der Wahrheit und
des Lichts dein Antlitz trägt.
Wir glauben.

(Nach Silja Walter, Das Wort ist Brot geworden. Kommunionpsalter, Verlag Herder, Freiburg i.Br., ²1992, S. 122 f.)

4. Abschluss

Schlussgebet
Gott des Lebens, wir danken dir, dass du uns durch deinen Sohn Jesus Christus Gemeinschaft geschenkt hast. Mache uns hellsichtig für die Nöte unserer Zeit und lass uns nicht müde werden, für eine Welt einzustehen, in der alle in Würde leben können. Darum bitten wir dich durch Jesus Christus, der unsere Hoffnung ist heute und in Ewigkeit.

Segensbitte / Entlassung
Es segne uns Gott, der unser Rufen hört, der uns in die Nachfolge seines Sohnes geführt hat und in seinem Geist uns Lebensatem schenkt: der Vater, der Sohn und der Heilige Geist.

Schlusslied
– GL 557,4.5: „Zuletzt hilf uns zur heilgen Stadt"

Hochfest Allerheiligen

I. Predigt (Offb 7,2–4.9–14; Mt 5,1–12a)

Die vielen unbekannten Heiligen

Die unzählige Schar
Sie stehen nicht alle im Kalender, die Heiligen, deren wir heute gedenken. Von vielen wissen wir zwar Namen, aber es sind wenige, verglichen mit der „großen Schar", die niemand zählen kann, die in keinem Buch dieser Erde verzeichnet sind, die für uns Namenlosen, die aber Gott mit ihrem Namen ruft.
Das bezeugt uns heute die Offenbarung des Johannes mit seiner Vision von der glanzvollen Versammlung der Unzähligen, „die aus der großen Bedrängnis kommen, die ihre Gewänder gewaschen und im Blut des Lammes weiß gemacht haben", an deren Gedächtnis unsere Kirche Jahr für Jahr festhält. Es ist gut, dass es dieses Fest gibt, das dem Gedächtnis aller Heiligen gewidmet ist, der Menschen, die vielleicht einem ebenso grauen und banalen Alltag ausgesetzt waren wie wir, aber dennoch nie aufgegeben haben, mit Jesus ihren Weg zu gehen. Es sind die Namenlosen und Stillen, die weggegangen sind von uns, ohne dass über sie Heiligenbiographien geschrieben wurden.

Unsere Situation
Wir stehen noch zeitverhaftet in der Bedrängnis des täglichen Lebens, stecken in den Gefahren, die uns täglich bedrohen. Wir erleben uns in unseren Schwächen und Belastungen, noch quälen uns Streit und Feindschaft, Neid und Verleumdung, Einsamkeit, Verzweiflung und Krankheit. Aber das ist nicht das Ganze unseres Lebens. Inmitten aller Bedrängnis richtet Allerheiligen unseren Blick auf das Künftige, das Ziel unseres Weges, für das wir alle geschaffen sind. Alle Heiligen waren Menschen wie wir mit Ecken und Kanten, oft unbequem, zornig und unbeherrscht. Menschen, die so gewöhnliche und manchmal beschwerliche Wege gegangen sind, wie wir sie gehen müssen. Sie alle hatten ihre Geschichte, in der schließlich Gott den Sieg davon getragen hat, denn sie alle bezeugen: „Die Rettung kommt von unserem Gott ... und dem Lamm." Darum singen sie ihm ihre Preis- und Danklieder.

Was haben die Heiligen uns heute zu sagen?
Sie rufen uns zu: Es lohnt sich, aufzubrechen, um Jesus zu begegnen und mit ihm unterwegs zu bleiben, der jetzt auch zu euch spricht, denn er ist ja der Auferstandene, der jetzt mitten unter euch ist. Einst folgten ihm Scharen von Menschen, „Kranke mit den verschiedensten Gebrechen und Leiden ..." (Mt 4,24f). Unzählige Menschen durch die vielen Generationen hindurch. Es lohnt sich, ihn aufzusuchen und sich von ihm heilen zu lassen. Sein Wort macht uns heil, denn es sagt uns die allumfassende Barmherzigkeit Gottes zu und eine gute Zukunft, besonders für die Armen, Verachteten,

Verängstigten. Sie richtet er auf. Ihnen gibt er Würde, indem er ihnen das „Selig" zuruft: Selig, ihr Armen, die ihr um eure Armut wisst und alles von Gott erwartet. Gleichermaßen ihr, die ihr nicht gleichgültig und cool bleibt, sondern unter der Heillosigkeit der Welt leidet. Selig auch ihr, die ihr statt Härte, Bosheit und Aggression Güte und Milde walten lasst. Und ihr, die ihr vor Sehnsucht nach Gottes Gerechtigkeit fast umkommt. Selig auch ihr, die ihr Verzweifelten, Irrenden und Hilflosen beisteht und sie aufrichtet. Selig ihr mit dem reinen Herzen, ganz ohne Falschheit, Täuschung und Doppelbödigkeit; und ihr, die ihr Versöhnung sucht und auf Gewalt und Rechthaberei verzichtet meinetwegen. Selig besonders, die ihr nicht schweigt, wenn es um meine Botschaft geht und um die Würde des Menschen, die ihr dem Unrecht entgegentretet, eurem Gewissen folgt und euren Glauben nicht verleugnet.

Es lohnt sich
Ja, es lohnt sich, die Haltungen zu leben, die Jesus gelebt hat, weil das Leben bringt, weil das Wachsen bringt, weil das Aufblühen lässt, weil das Lebensfülle schenkt, unser Leben erträglich macht, Frieden stiftet. Wenn Sie in den Menschen, die mit Ihnen verbunden waren, Vater, Mutter, Bruder, Schwester, Freund oder Bekannter, etwas von Glaube, Hoffnung und Liebe erlebt haben, Güte und Verzeihen, die selbstverständliche Treue, zum anderen zu stehen auch in seinen Fehlern, in seiner Kleinheit und seinem Versagen, dann dürfen Sie diese Menschen bei Gott suchen, dann ist Allerheiligen auch das Fest Ihrer Lieben, denen der Himmel aufgegangen ist. Dann dürfen Sie sich mit ihnen verbunden wissen, die dort angekommen sind, wohin auch unser Leben führen soll. Dann hat es einen Sinn, an das zu glauben, was wir im Credo bekennen: „Ich glaube an die Gemeinschaft aller Heiligen."

Allerheiligen – das Fest unserer Hoffnung
Die Heiligen, die wir heute verehren, die uns vorausgegangen und am Ziel ihres Lebens angekommen sind, nicht auf Grund ihrer Werke, sondern weil sie ihr Leben ganz auf Jesus und seine Seligpreisungen gesetzt haben, sie rufen uns heute aus der Ewigkeit her zu: Bleibt unterwegs mit eurem Herrn, der euch das Himmelreich verheißt. Ihr werdet IHN sehen, wie er ist, und ihr werdet ihm ähnlich werden, wenn er offenbar wird. Es gibt ein seliges Wiedersehen. Geladen seid auch ihr zum ewigen Festmahl, wo Gott in eurer Mitte wohnen wird. Und ER wird abwischen alle Tränen von euren Augen. –
Das heutige Fest lässt Hoffnung aufleuchten, Sieg, Freude, Zuversicht, lenkt unseren Blick auf bleibendes Glück. Es ist nicht so, dass wir uns vergebens nach ewigem Glück ausstrecken ohne Erfüllung, dass alles im Tode zerbricht: Unsere Toten leben. Das Fest macht uns Mut, dass wir nicht auf uns allein angewiesen sind, sondern uns vielmehr darauf verlassen können, dass Gott alles tun wird, dass wir in seine Liebe hinein gerettet werden so wie jene, von denen wir heute gehört haben.

Otto Lutz

II. Elemente für eine Wort-Gottes-Feier

1. Eröffnung

Eröffnungsgesang
– GL 608,1–4: „Ihr Freunde Gottes"
– GL 261,1.3: „Den Herren will ich loben"
– GL 304,1.2: „Zieh an die Macht"

Hochfest Allerheiligen

Liturgischer Gruß / Einführung
Im Namen des Vaters ...
Gott hat uns seine Barmherzigkeit und Menschenfreundlichkeit zugewendet. Wir feiern heute das Fest Allerheiligen. Dabei geht es nicht darum, die Heiligen zu glorifizieren oder als religiöse Kraftprotze hinzustellen. Das Fest soll uns erinnern, dass es Menschen gegeben hat, die auch unter schwierigsten Bedingungen aus dem Geist Jesu heraus gehandelt haben. – Es soll uns auch daran erinnern, dass wir ihnen Dank schulden. Sie sind es, die den Glauben an uns weitergegeben haben; wir stehen auf ihren Schultern. – Und schließlich sind sie für uns eine Ermutigung, dass auch wir entschieden in Jesu Nachfolge treten. Darum wollen wir jetzt beten, und wir wollen dankbar Gottes Größe feiern.

Christus-Rufe
– GL 495,7: „Herr Jesus, du rufst die Menschen", *aber statt Kyrie eleison / Christe eleison* „Dir sei Preis und Dank und Ehre" *(wie Hochfest Geburt des Herrn – Am Tag)*

– GL 518: „Herr Jesus, König" *(Antwort immer nur wie Zeile 2)*

Eröffnungsgebet
Allmächtiger, ewiger Gott, du schenkst uns die Freude, heute die Hingabe und Treue deiner Freunde zu feiern. Erfülle auf die Bitten so vieler Fürsprecher unsere Hoffnung und schenke uns dein Erbarmen. Darum bitten wir durch Christus, unseren Herrn.

2. Verkündigung des Wortes Gottes

Hinführung zur Ersten Lesung (Offb 7,2–4.9–14)
Was dürfen wir Christen erhoffen? Nicht, dass wir von Leid und Not verschont bleiben, sondern, dass wir durch Jesu Tod und Auferstehung aus aller Bedrängnis gerettet werden und bei Gott ankommen. Der Seher von Patmos lässt die verfolgten Gemeinden einen Blick in die Zukunft tun.

Psalm / Gesang
– GL 122,1.2: „Hebt euch, ihr Tore", mit VV. 1.3–6.10.
– GL 629,1.2: „Deine Heiligen krönst du", VV. 1–7.

Hinführung zur Zweiten Lesung (1 Joh 3,1–3)
Wie sollen wir Christen leben? Im Vertrauen auf Gottes Liebe und in der Hoffnung, ihn einmal für immer zu schauen und ihm ähnlich zu werden. Daraus entsteht der Wunsch nach Heiligung des eigenen Lebens.

Ruf vor dem Evangelium
– GL 530,8: „Halleluja" mit GL 632: „Du hast uns erlöst mit deinem Blut", – „Halleluja"
– GL 530,8: „Halleluja" mit GL 608,5: „Wir bitten euch, durch Christi Blut", – „Halleluja"

Hinführung zum Evangelium (Mt 5,1–12a)
Lohnt es sich, ein Christ zu sein? Lohnt es sich, alles auf Jesus zu setzen? Wer sich auf ihn einlässt – allen Widrigkeiten zum Trotz –, der erfährt, dass der Himmel für ihn offen ist. Jesus beglückwünscht ihn jetzt schon!

Predigt / Auslegung
– *Stille* –

Hochfest Allerheiligen

3. Antwort der Gemeinde

Glaubensbekenntnis
- GL 423: „Credo in unum Deum"
- GL 257,3.4.8: „Heilig, Herr Gott …"

Allgemeines Gebet / Fürbitten
Jesus hat Menschen selig gepriesen, die in den Augen der Welt klein sind. Darum beten wir:
- Für all jene, die um des Himmelsreiches willen auf Reichtum und Karriere verzichten.
- Für die Menschen, die Verantwortung tragen für das Wohl der Völker. Um einen unermüdlichen Willen zum Frieden.
- Für die Opfer von Willkür und Gewalt, die sich nicht wehren können. Für alle, die an Leib oder Seele verletzt oder missbraucht werden.
- Für alle, die uns nahe stehen, deren Freuden und Sorgen wir kennen. Für alle, denen wir unser Gebet versprochen haben.
- Für unsere Verstorbenen, denen wir viel verdanken. Um das Glück der ewigen Seligkeit. –

Wir rufen nun die Heiligen um ihre Fürsprache an: – GL 762,1.3–5.8
Abschließend:
Gott, unser Vater. Deine Größe rühmen die Heiligen. Deine Güte preisen auch wir – jetzt und alle Tage unseres Lebens und in Ewigkeit.

Vater unser
In Gemeinschaft mit den himmlischen Chören singen wir:
- GL 362: „Vater unser"

Loblied / Danklied
- *zuerst Instrumental*
- GL 262,1.2: „Nun singt ein neues Lied dem Herren"
- GL 269,1.2: „Nun saget Dank und lobt den Herren"

Text zur Meditation
Ein bisschen Heiligenklatsch

Die Heiligen sind ebenfalls Menschen
    und keine Wundertiere,
sie wachsen gerade,
    nicht krumm wie die Gurken,
kommen zur Welt zu rechten Zeit,
    nicht zu früh und nicht zu spät,
Heilige sind sie,
    weil sie sich nicht wie Heilige gebärden,
und sie treten von einem Fuß auf den anderen,
    wenn sie frieren an den Haltestellen.

Manchmal schlafen sie
    nur mit einem Auge,
sie glauben an eine Liebe,
    die größer ist als die Gebote,
glauben, dass es Leiden gibt,
    aber kein Unglück;

sie wollen lieber vor Gott knien
    als sich vor den Menschen in den Staub werfen;

sie sind so gegenwärtig, dass man sie nicht bemerkt,
fürchten die neuen Zeiten nicht, die alles auf den Kopf stellen,
sie wollen nicht so süß gequält sein,
    wie sie auf den Heiligenbildchen aussehen.

Man könnte über sie
    viel Gescheiteres schreiben, doch wozu?

Sie halten Freundschaft wie Krähen und Dohlen;
dass der Sommer zu Ende geht,
    erkennen sie am blauen Enzian;
sie hören ums Leben gern den Goldamseln zu,
    wenn sie vor dem Regen pfeifen,
und Freude haben sie an den Pilzen,
    noch bevor sie essbar sind.

(Jan Twardowski, Ich bitte um Prosa. Langzeilen, Einsiedeln ²1974, 61 ff. [gekürzt], Rechteinhaber unbekannt)

4. Abschluss

Schlussgebet
Heiliger, unsterblicher Gott. Wir preisen deine Herrlichkeit, die sich in den Heiligen widerspiegelt. Führe uns auf dem Weg unserer Pilgerschaft zum ewigen Hochzeitsmahl, wo du selbst die Vollendung der Heiligen bist und wir dich schauen dürfen von Angesicht zu Angesicht. Dir sei Ehre und Lobpreis in Ewigkeit.

Segensbitte / Entlassung
Der gütige Gott, der die Heiligen zur Vollendung geführt hat, segne uns und bewahre uns vor allem Unheil. Auf ihre Fürsprache führe er auch uns nach diesem Leben zur ewigen Gemeinschaft mit ihnen. Das gewähre uns der dreieinige, barmherzige Gott, der Vater und der Sohn und der Heilige Geist.

Schlusslied
– GL 269,3.4: „Hoch tut euch auf"
– GL 262,3: „Es kommt der Herr"

31. Sonntag im Jahreskreis

I. Predigt (Dtn 6,2–6)

„Unser Gott ist einzig"

Liebesbeziehung
„Höre, Israel! Jahwe, unser Gott, Jahwe ist einzig." Drei Gedanken entfalte ich hier über die „Einzigkeit" Gottes und die „Einzigartigkeit" der Beziehung Gottes zu seinem Volk: Liebe ist ohne Vergleich, sie ist exklusiv, und in ihr ist gut sein.

Die „Einzigartigkeit" Gottes hat nichts damit zu tun, dass es nur einen Gott gibt und sonst keine Götter. Die Rede von der „Einzigkeit" Gottes stammt aus der Liebeslyrik. Im Hohenlied (6,8f) wird über die Geliebte gesagt: „Sechzig Königinnen (hat Salomo), achtzig Nebenfrauen und Mädchen ohne Zahl. Doch einzig ist meine Taube, die Makellose, die Einzige ihrer Mutter, die Erwählte ihrer Gebärerin. Erblicken sie die Mädchen, sie preisen sie; Königinnen und Nebenfrauen rühmen sie." Es ist also von einer Liebesbeziehung die Rede.

Gar kein Vergleich!
Die Einzigartigkeit der Liebe wird vom Vergleich bestimmt: Bei ländlichen Hochzeiten gibt es den Brauch, dass der Bräutigam beim Abholen der Braut zuerst ein paar „falsche" Frauen vorgestellt bekommt, wohl um ausrufen zu können: „Nein, nicht die!" und wenn dann doch die richtige kommt: „Das ist sie – die Einzigartige!" – Eines ist klar: Niemand hält dem Vergleich mit dem Geliebten, der Geliebten stand. Bei wirklicher Liebe ist ein solcher Vergleich überhaupt kein Thema mehr. Da gibt es kein Abhaken von Pro- und Kontra-Argumenten für oder gegen diese Beziehung, kein Abwägen, welche Vorteile diese Verbindung bringen könnte. Eine bloße „Vernunftbeziehung" oder eine auf einseitigen Erwartungen gründende Beziehung steht von Anfang an unter keinem guten Stern. –
Von einer wirklich großen Liebe ist auch in der Gottesbeziehung Israels die Rede. „Mein einzigartiger Gott – so einen wie Dich gibt es sonst nirgendwo!" Könnten Sie Gott diese Liebeserklärung machen? Haben Sie das Gefühl, in Ihrer Lebenserfahrung und aus dem Lesen der Bibel, aus dem Lesen von Altem und Neuem Testament solche Erfahrungen zu haben, die einen solchen Satz, wenn schon nicht leicht von den Lippen bringen, so doch vielleicht plausibel erscheinen lassen?

Liebe ist exklusiv
In einer Liebesbeziehung zu Gott ist es in vielfacher Hinsicht so wie in einer solchen unter Menschen: Es kann nicht immer eitel Wonne sein. Im Gegenteil: Wo stark geliebt wird, wird auch stark gestritten; da belasten Unstimmigkeiten viel mehr als in einer unemotionalen, distanzierten Beziehung. – Eine große Liebesbeziehung ist exklusiv – sie kennt Eifersucht! Davon können die Propheten ein Lied singen: Der Prophet Hosea klagt – stellvertretend für Gott (Hos 1,2a;2,4–18): „Das Land hat den Herrn verlassen und ist zur Dirne geworden ... Verklagt eure Mutter, verklagt sie! Denn sie ist nicht meine Frau, und ich bin nicht ihr Mann ... Sie sagte: Ich will meinen Liebhabern folgen ... Darum will ich selbst sie verlocken. Ich will sie in die Wüste hinausführen und sie umwerben ... An jenem Tag – Spruch des Herrn – wirst du zu mir sagen: Mein Mann!, und nicht mehr: Mein Baal!" Gott wirbt in diesem Bild erneut um seine untreue Ehefrau Israel, die er zumindest vorübergehend an den Konkurrenzgott Baal verloren hat. Eifersucht – ich meine nicht die krankhafte, kontrollierende Eifersucht! – ist ein integraler Bestandteil einer großen Liebesbeziehung. Oder wären Sie zufrieden, wenn es Ihrem Partner völlig egal wäre, ob Sie ein Nebenverhältnis unterhielten? Deshalb fordert Gott die ganze, ungeteilte Liebe Israels ein. Die Worte „exklusiv" und „ausschließlich" fassen nur zusammen, was heute im Evangelium und Lesung ausgefaltet ist: Gott lieben „mit ganzem Herzen, ganzer Seele, mit ganzer Kraft, mit all deinen Gedanken"; das heißt: Gott lieben mit Haut und Haaren. Nichts, kein Lebensbereich, keine Gedanken- und Seelen- und Gefühlsregung soll ihm vorenthalten werden. Alles das soll auf ihn hin ausgerichtet sein.

In der Liebe ist gut sein

Bei einem geliebten Menschen ist es gut sein. Das kann so weit gehen, das die widrigsten Umstände des Beisammenseins wie Kälte oder Regen oder die Wahl eines schlechten Restaurants für das Rendevous einfach nichts ausmachen; auch das uninteressanteste Thema, über das man zu reden versucht, ist im Grunde gleichgültig. Man will nur beim anderen sein. –
Auch die Liebesbeziehung zu Gott bedeutet Wohlergehen. Das Einhalten der Gebote, die im Deuteronomium auf die Erste Lesung folgen, ermöglicht ein gutes Zusammenleben. Wenn die Gebote eingehalten werden, wird Israel gut und in Frieden leben – und zwar nicht, weil Gott es für seine Bravheit belohnt, sondern weil die Gebote auf vernünftige Weise das Zusammenleben regeln. Oder möchte jemand behaupten, dass es für das Zusammenleben zuträglich wäre, fremdes Eigentum zu stehlen, Falschaussagen zu machen, einem andern das Leben zur Hölle zu machen, schuldlos Verschuldete weiter auf Zinszahlungen zu verklagen, Fremde auszubeuten? Das gute Zusammenleben wird uns durch Gott und seine Gebote geschenkt. – Bei Gott ist wirklich gut sein. Sich ihm anvertrauen bedeutet: sinnvoll leben; um den unverlierbaren Sinn des eigenen Lebens wissen. Sich seinen Geboten anvertrauen bedeutet: einen guten Weg finden, sich im Gestrüpp der Lebensprobleme besser zurechtfinden. Gott zeigt einen guten Weg – in ein Land, in dem „Milch und Honig" fließen.

Maßstab des Christlichen

Dies alles ergibt sich aus der Grundtatsache und der Grundentscheidung, die wir bekennen mit den Worten: Gott, unser Gott, ist einzig, einzigartig, unvergleichlich. Der gläubige Jude spricht diese Worte am Morgen und am Abend; es sind die ersten Worte, die dem Neugeborenen ins Ohr geflüstert werden und die letzten Worte über einem Sterbenden. Sie werden an den Türpfosten befestigt, auf der Stirn und am Handgelenk getragen. Sie sind das A und O des jüdischen Glaubens. – Was aber bei vielen Christen in Vergessenheit geraten ist: Sie sind auch unser A und O! Das erste Gebot ist die Liebe zu Gott, zu Jesus Christus. Das ist eben nicht nur eine gesetzliche und geschäftliche Vernunft-Beziehung, sondern eine das ganze Leben und alle Lebensbereiche umfassende Bindung. Dieses Gebot gilt nicht nur für einige Wenige, sondern sie ist die Signatur unseres Christseins überhaupt. Daraus ergibt sich auch, dass unsere Kirche nie ein bloßes Sozialdienstleistungs-Unternehmen sein kann – obgleich sie soziale Dienste tut. Der Quellpunkt von allem ist die ganzheitliche Liebe zu Gott, zu Jesus Christus, und diese kann durch nichts ersetzt werden. –
Nun gibt es nicht wenige Christen, die mit dem Gebot, sie sollten Gott bzw. Jesus Christus lieben, ihre Schwierigkeiten haben. Das liegt u.a. auch an Gebets- und Liedtexten – insbesondere aus dem Umkreis der Herz-Jesu-Verehrung – die nicht nur in ihrer Sprache unwahrhaftig sind, sondern auch in den Gefühlen und Anmutungen, die sie beschwören. Herzensergüsse wie „O könnte ich doch diese Schuld mit meinem Blute tilgen" oder: „Herz Jesu süße Lieblichkeit" sind derart unwahrhaftig und überzogen, dass sie auf nüchterne – besonders männliche und jugendliche – Christen eher abstoßend wirken. Wir müssen nicht so viele und schon gar nicht sentimentale Worte machen. Wenn wir es schaffen, Gott immer wieder und ganz bewusst zu sagen: „Ich WILL dich lieben", dann wäre das sehr viel. „Ich WILL dich lieben" ist nicht nur ein vages Möchten, sondern ein Entschluss. Und dann können wir daran gehen, ihn mit viel Fantasie in Taten umzusetzen.
Darin unterscheidet sich unser Christsein und unser Kirchesein von gewissen pseudochristlichen Sekten und Psychounternehmen, die zwar christliche Symbole im Firmenschild führen, aber einzig Profit und Macht im Auge haben. Besonders Christen, die im öffentlichen Leben aktiv sind, brauchen Unterscheidungskriterien für das, was

noch christlich ist, und das, was diese Bezeichnung nicht mehr verdient, weil es sich nur hinter christlichen Begriffen versteckt oder zu Steuervorteilszwecken als „Kirche" bezeichnet. Wer also ein Kriterium sucht: Hier ist es: Christus Jesus, unser Herr, ist unvergleichlich! Darum sollst du den Herrn, deinen Gott, lieben! (26)

Beate Schlager-Stemmer

II. Elemente für eine Wort-Gottes-Feier

1. Eröffnung

Eröffnungsgesang
– GL 551,1–4: „Schönster Herr Jesu"
– GL 274,2.4.6.7: „Herr, unser Gott"
– GL 615,1.2: „Alles meinem Gott zu Ehren"

Liturgischer Gruß / Einführung
Im Namen des Vaters …
Jesus Christus ist in unserer Mitte und schenkt uns seinen Frieden.
Das Volk Israel hat auf vielfältige Weise die liebevolle, geradezu zärtliche Zuwendung Jahwes erfahren. Alles käme darauf an, ihm, dem einzigartigen, unvergleichlichen Gott, das ungeteilte Herz zuzuwenden und seine Liebe zu erwidern. – Israel-Kirche, das sind wir. Da drängt sich doch die Frage auf: Wie ist unsere Gottesbeziehung: distanziert; kühl, bloß geschäftsmäßig, beleidigend nachlässig? Oder herzlich, engagiert, vielleicht sogar heftig und leidenschaftlich? – Heute wollen wir Gottes Einzigartigkeit und Unvergleichlichkeit feiern; und wir wollen einen Blick werfen auf das besondere Verhältnis, das er zu uns haben möchte.

Christus-Rufe
– Herr Jesus Christus, du Sohn des lebendigen Gottes; du bist der Mittler des Neuen Bundes. – V./A.: „Lob und Preis"

V./A.:

– Herr Jesus Christus, aus Liebe zu uns hast du Leiden und Kreuz auf dich genommen. Doch du bist auferstanden von den Toten.
V./A.:
– Herr Jesus Christus, du Herr deiner Kirche, du bist die Hoffnung der ganzen Erde.
V./A.:

Eröffnungsgebet
Gott, du willst, dass wir dich aus ganzem Herzen und mit ganzer Seele lieben. Hilf uns, deine Wünsche zu erfüllen und lass uns ungehindert der Freude entgegeneilen, die du uns verheißen hast. Darum bitten wir dich durch Christus, unseren Herrn.

2. Verkündigung des Wortes Gottes

Hinführung zur Ersten Lesung (Dtn 6,2–6)
In der Ersten Lesung hören wir Grundlegendes über das Verhältnis Gottes zu seinem Volk und was er von ihm erwartet: Er will der Einzig-Geliebte sein, ohne Seitenblicke auf andere Götter.

Psalm / Gesang
– GL 740,1.2: „Kündet den Völkern", VV. 1–7.10.
– Lied: „Erde singe", 1.–3. (Unterwegs 79)

Hinführung zur Zweiten Lesung (Hebr 7,23–28)
War in der Ersten Lesung die Rede von der Einzigkeit Gottes, so betont die Zweite die herausragende Rolle Jesu Christi: Er ist der Hohepriester, der alle vorausgegangenen ein für allemal überbietet.

Ruf vor dem Evangelium
– GL 530,5: „Halleluja" mit V. aus dem Lektionar
– GL 532,3: „Halleluja" mit V. aus dem Kantorenbuch

Hinführung zum Evangelium (Mk 12,28b–34)
Das Evangelium zeigt uns ein freundschaftliches Gespräch zwischen Jesus und einem Schriftgelehrten. Jesus bekräftigt dessen Position, er ergänzt sie aber auch. Das Thema ist zentral: Es geht um das erste, das wichtigste Gebot.

Predigt / Auslegung
– *Stille* –

3. Antwort der Gemeinde

Lobpreis
– GL 558,1.2.7: „Ich will dich lieben"
– GL 507: „Ehre sei Gott im Himmel"

Allgemeines Gebet / Fürbitten
Du einzigartiger, unvergleichlich gütiger Gott, du bist ein Freund der Menschen und das Ziel unserer großen Sehnsucht. Wir bitten dich:
– Für alle Menschen auf der Erde, die dich mit ehrlichem Herzen suchen:
– Für die christlichen Kirchen: Gib dass sie deine Wahrheit immer besser erkennen und leben.
– Für die Mächtigen der Erde: Lass ihr Tun von der Achtung für den Menschen bestimmt sein.
– Für die Menschen, die deine Liebe noch nicht kennen gelernt haben: Lass sie dich finden.
– Für alle, deren Freundschaft und Liebe in eine Krise geraten ist: Hilf ihnen, durchzustehen und neu anzufangen.
– Für uns selbst und unsere Gemeinde: Lass unsere Beziehung zu dir nicht veröden; erwecke unsere Liebe neu.
– Für alle Toten: Lass sie bei dir das Ziel ihres Hoffens finden.
Dich, Gott, wollen wir preisen, Vater, Sohn und Heiliger Geist. Denn du hast uns dein Erbarmen geschenkt. Dir sei die Ehre in Ewigkeit.

Vater unser
Im Gebet des Herrn bekennen wir uns zum einzigen und einzigartigen Gott: Vater unser ...

Loblied / Danklied
- GL 272,1–4: „Singt das Lied der Freude"
- Lied: „Hallelu, Hallelu ... preiset den Herrn"

Text zur Meditation
Jetzt will ich den Herrn loben,
nicht erst, wenn der Tod mich zeichnet.
Seit der Taufe gehst du auf mich ein.
Herr, da soll nicht erst das Ende passen.
Nicht erst später, mit verbrauchter Kraft,
jetzt schon will ich dein Vertrauter sein.

(Winfried Schiffers, in: Biblische Texte verfremdet, Calwer Verlag, Stuttgart 1987, Band 5, Seite 37, © Winfried Schiffers, B-Tessenderlo – gekürzt)

4. Abschluss

Schlussgebet
Herr, unser Gott, im Hören deines Wortes haben wir erfahren dürfen, dass du ein liebender, menschenfreundlicher Gott bist. Hilf uns, in deinem Frieden und getreu deinem Willen durch unser Leben zu gehen, bis wir dich einst sehen von Angesicht zu Angesicht und dich in deiner ganzen Schönheit erfahren. Darum bitten wir durch Christus, unsern Herrn.

Segensbitte / Entlassung
Der einzigartige Gott, der von uns geliebt werden will, erfülle unser Herz mit Dank und unseren Mund mit Lob. So segne uns der Vater, der Sohn und der Heilige Geist.

Schlusslied
- GL 261,1.3: „Den Herren will ich loben"
- GL 282: „Lobet und preiset" (Kanon)

32. Sonntag im Jahreskreis

I. Predigt (1 Kön 17,10–16)

Die Verlässlichkeit des Gotteswortes für den Glaubenden

Befremdliche Bitte
Das ist eine bewegende Geschichte, die wir heute in der Lesung aus dem 1. Königsbuch hören. Es herrscht Dürre im Land, lange Trockenheit, Hungersnot. Eine Witwe hat sich zu einer letzten Tat entschlossen: Sie sammelt Holz, um noch einmal ein Feuer zu machen und aus dem letzten Rest von Öl und Mehl ein letztes Brot für sich und ihren Sohn zu backen. Dann wollen sie miteinander sterben – hungers sterben. – Auf diesem letzten Weg begegnet ihr der wildfremde Prophet Elija und bittet sie um Brot. Wohlgemerkt: Er bittet nicht darum, dass sie ihr letztes Brot mit ihm teile, sondern –

geradezu unverschämt – dass sie ihm allein dieses letzte Brot überlassen solle. Und er sagt ihr zu: Dann werde Gott Öl und Mehl nicht mehr ausgehen lassen, bis wieder Regen fällt. Und so geschieht es.

Hunger in der Welt
Wenn man dies hört, macht man sich so seine Gedanken. Wie war und wie ist das mit der Trockenheit und jahrelangen Dürre in der Sahelzone und anderswo? Es kommen Bilder von verhungerten Menschen und Tieren zu uns. Warum greift Gott nicht auch dort ein, so wie beim Propheten Elija? Wäre das nicht die einfachste Art, das Welthungerproblem zu lösen? Warum rettet er nicht alle Menschen, die unverschuldet in eine Hungersnot geraten? Könnte er nicht auch ihnen zusagen lassen: „So spricht Gott, der Herr: Das Getreide und der Reis in euren Lagerhäusern soll nicht abnehmen, bis der nächste Regen kommt"? – Eine solche Lösung wäre für uns sehr bequem. Denn von uns, den Reichen, könnte doch geholfen werden. Würden wir im anderen Fall nicht auch noch Gott zum Komplizen unserer Bequemlichkeit und Hartherzigkeit machen?

Eine Wundergeschichte?
So interessanet und wichtig solche Gedankengänge auch sein mögen – der biblische Schriftsteller hatte mit der Geschichte von der Witwe und dem Propheten nichts dergleichen im Blick. Das Wunderbare, dass das Mehl nicht abnimmt und das Öl immer weiter fließt, war ihm nicht das Wesentliche an der Erzählung.

Gott hält Wort
Was will der Verfasser des 1. Königsbuches uns, den Hörern oder Lesern, mit dieser Legende zeigen? Um dies zu verstehen, müssen wir einige Verse zurückgehen und lesen. Da heißt es: Nach einiger Zeit aber geschah es, dass der Bach vertrocknete, denn es fiel kein Regen im Land. Da erging das Wort des Herrn an ihn, den Propheten Elija, so: „Mach dich auf und geh nach Sarepte, das zum (heidnischen) Sidon gehört, und bleibe dort! Siehe, ich habe dort einer Witwe geboten, dich zu versorgen." (1 Kön 17,8f.) Und dann setzt die heutige Lesung ein. Gott sagt also dem Propheten zu, er werde ihn auf seiner Wanderung versorgen lassen. Und die Geschichte zeigt es: Gott hält sein Wort! Er erfüllt sein Versprechen! Elija isst das Brot; und dann heißt es: Der Mehltopf wurde nicht leer, und der Ölkrug versiegte nicht nach dem Wort des Herrn, das er durch Elija gesprochen hatte. – Gott hält also sein Wort. Sein Wort ist absolut verlässlich. Er nimmt eine Zusage, ein Versprechen niemals zurück! Gott selbst verbürgt sich für die Zuverlässigkeit seiner Worte. Dies ist dem biblischen Schriftsteller überaus wichtig!

Doppeltes Vertrauen in das Gotteswort
Nun wird eine solche Zusage aber nicht einfach über den Menschen verhängt. Das Wort Gottes sucht im Menschen einen Partner. Gott will mit dem Menschen ins Gespräch kommen. Deshalb verlangt ein solches Gotteswort eine Antwort von Seiten des Menschen. In dieser Geschichte wird eine solche Antwort gleich zweimal gegeben. Die erste Antwort kommt von Elija: Gott sagt ihm zu, er werde ihn auf seiner Prophetenwanderung vor Hunger bewahren, und zwar durch eine Witwe. Als der Prophet der Frau begegnet, muss er wohl zunächst vermuten, diese Frau müsse sehr reich sein, wenn sie in Hungerszeiten einen Menschen versorgen könne. Er musste glauben, er werde vom Überfluss dieser Frau ernährt werden. Statt dessen findet er eine arme, eine hungernde, ja eine verhungernde Frau vor. Wird es Gott also unmöglich sein, sein Wort zu halten? Nein! Dem Propheten wird klar: Wenn diese Frau, die ihn ernähren soll, selber am Verhungern ist, dann wird Gott eben eingreifen und anders helfen. Elija weiß um die absolute Verlässlichkeit der Zusage Gottes. Darum wagt er seinerseits,

der Frau eine unerhörte Zusage zu geben – im Namen dieses Gottes: „So spricht der Herr, der Gott Israels: Der Mehltopf wird nicht leer werden und der Krug nicht versiegen bis zu dem Tag, da der Herr wieder Regen auf den Ackerboden sendet." Damit beweist der Prophet sein unerschütterliches Vertrauen in die Zuverlässigkeit des Wortes Gottes. Auch dies ist dem Verfasser unserer Geschichte überaus wichtig.

Aber auch die Frau gibt eine Antwort auf das Wort Gottes. Sie vernimmt das unerhörte Versprechen, das ihr der Prophet im Auftrag Gottes gibt. Und nun fragt sie nicht: „Das ist ja ganz unglaublich! Ja wie ist denn so etwas möglich? Kannst du mir nicht ein Zeichen geben, einen Beweis, dass ich das glauben kann? Und außerdem: Ist das nicht etwas zu viel verlangt, dass ich dir mein letztes Brot geben soll? Könnten wir die Reihenfolge nicht vielleicht umdrehen, dass ich sehe, ob das Versprechen Gottes glaubwürdig ist?" – Nein, nichts davon! Die Geschichte erzählt schlicht: Da ging sie hin und tat, wie Elija gesagt hatte. Und von da an hatten alle drei zu essen, Elija, sie und ihr Sohn. Auch die Frau zeigt also ein rückhaltloses Vertrauen in die Zuverlässigkeit des Gotteswortes.

Vertrauen als biblischer Glaube
Diese Legende führt uns vor, was biblischer Glaube ist. Es ist der immer gleiche Glaube, angefangen von Abraham über die Propheten bis zu Jesus und zu uns heute. Seitdem der biblische Gott, der Vater Jesu Christi, sich geoffenbart hat, verlangt er vom Menschen immer nur eines: Er soll hinhören auf Gott und sein Wort. Er soll sich Gott vertrauensvoll öffnen – gleich ob er die Wege Gottes verstehen kann oder nicht. Und wenn es einmal im Leben drunter und drüber gehen mag und der Mensch keinen Ausweg mehr weiß, dann soll er sich desto mehr und desto fester an Gott halten, sich ihm anvertrauen, nicht von ihm lassen, vielmehr Gott bei seinem eigenen Wort nehmen. Das ist biblischer Glaube. Dafür bietet uns diese Legende zwei hervorragende Beispiele.

Geben und nehmen
Vielleicht kommt Ihnen beim Hören der heutigen Lesung noch etwas anderes in den Sinn. Es scheint mir fast, als ob unsere Geschichte eine lebendige Veranschaulichung eines Sprichwortes wäre. Da ist eine Frau; sie gibt ihr Letztes und erhält dafür alles: „Geben ist seliger als Nehmen!"

Bernhard Krautter

II. Elemente für eine Wort-Gottes-Feier

1. Eröffnung

Eröffnungsgesang
– GL 493,1–4.7.8: „Lob sei dem Herrn"
– GL 293,1.2.4: „Auf dich allein ich baue"

Liturgischer Gruß / Einführung
Im Namen des Vaters …
Jesus Christus ist eingegangen in das Heiligtum des Himmels. Er steht als unser Fürsprecher vor Gottes Angesicht.
Gottes Eigentum sein, das bedeutet, in seine Hand geschrieben sein. Wir sind ihm immer gegenwärtig; bei ihm geborgen und bewahrt – mögen wir in den Augen der Menschen noch so bedeutungslos sein –, so wie die beiden Witwen, von denen heute zwei Schrifttexte sprechen. Waise und Witwen, das waren in der damaligen Zeit die

Rechtlosen, Armen, gesellschaftlich Isolierten, an den Rand Gedrängten, die umhergestoßen werden konnten. Alleinstehend zu sein bedeutete damals fast den Sozialtod.
– Es ist heute auch bei uns nicht viel besser, wenn wir an die Alleinerziehenden und Heimkinder denken. – Den Waisen und Witwen gilt in der Bibel aber auch der besondere Schutz und die besondere Fürsorge Gottes. Heute werden uns zwei solche rechtlosen Frauen zum Vorbild: wegen ihrer Bereitschaft, für andere das Letzte herzugeben, und wegen ihres grenzenlosen Gottvertrauens. Das sollte uns nachdenklich machen.
– *Stille* –

Christus-Rufe
– GL 621,1–3:; „Ich steh vor dir"; *nach jeder Strophe:* V./A.:

er-barm dich un - ser.   *(aus GL 502)*

– GL 622,1.3.4: „Hilf, Herr meines Lebens", – *nach jeder Strophe:* V./A.:

Ky - ri - e   e - lei-son.   Chri-ste   e - lei-son.

(GL 810; Freiburg/Rottenburg-Stuttgart)

Eröffnungsgebet
Allmächtiger und barmherziger Gott, wir sind dein Eigentum, du hast uns in deine Hand geschrieben. Halte von uns fern, was uns gefährdet, und nimm weg, was uns an Leib und Seele bedrückt, damit wir in Freiheit deinen Willen tun. Daru bitten wir durch Jesus Christus, deinen Sohn, unseren Herrn und Gott, der in der Einheit des Heiligen Geistes mit dir lebt und herrscht in alle Ewigkeit.

2. Verkündigung des Wortes Gottes

Hinführung zur Ersten Lesung (1 Kön 17,10–16)
Die Witwe von Sarepta hat nur noch gerade so viel, um langsam hungers zu sterben. Dennoch lässt sie sich auf das Wort des Propheten ein und darf erfahren, dass der Gott, dem sie glaubt, nie am Ende ist.

Psalm / Gesang
– GL 759,1.2: „Lobe den Herrn, meine Seele", VV. 1.2.4–6.8).

Hinführung zur Zweiten Lesung (Hebr 9,24–28)
Seit Jesus durch seinen Tod hindurch in die Herrlichkeit Gottes eingegangen ist und dort für uns eintritt, hat jeder, der zu ihm gehört, direkten Zugang zu Gott. Durch Christus ist der Weg zum Leben auch für uns offen.

Ruf vor dem Evangelium
– GL 530,1: „Halleluja" mit – GL 631,2.1: „Selig die arm sind vor Gott, denn für sie ist das Himmelreich", – „Halleluja"

32. Sonntag im Jahreskreis

Hinführung zum Evangelium (Mk 12,38–44)
Nicht nur den Schriftgelehrten reißt Jesus die Maske der Scheinfrömmigkeit vom Gesicht, sondern auch uns. – Die arme Witwe beschämt mit ihrer Opfergesinnung nicht nur die Leute der langen Gebete und großen Worte zur Zeit Jesu; sie beschämt oft genug auch uns.

Predigt / Auslegung
– *Stille* –

3. Antwort der Gemeinde

Predigtlied
– GL 295,1–3: „Wer nur den lieben Gott lässt walten"
– GL 291,1–3: „Wer unterm Schutz des Höchsten"

Allgemeines Gebet / Fürbitten
Jesus Christus, unser Herr, ist derselbe gestern, heute und in Ewigkeit. Ihn bitten wir:
– Leite die Kirche durch die Bedrängnisse und Verführungen der Zeit; erhalte sie lebendig im Glauben und schenke ihr die verlorene Einheit wieder. – Wir bitten dich, erhöre uns!
– Bewahre alle, die an dich glauben, vor Heuchelei und hilf ihnen, dir und ihren Mitmenschen aufrichtig zu dienen.
– Lass alle, die in Not sind, spüren, dass du auf sie achtest; sei bei ihnen, damit sie immer wieder Mut und Zuversicht finden.
– Gieße deinen Geist aus über die Völker und führe sie auf den Weg der Versöhnung und des Friedens.
– Lindere die Angst der Sterbenden und rufe unsere Verstorbenen in die Gemeinschaft der Heiligen. Lass sie teilhaben an deinem göttlichen Leben. – (*Überleitung zum Vater unser*)
– Vater im Himmel, schau auf Jesus, deinen Sohn, der bei dir für uns eintritt und erhöre unser Beten:

Vater unser
(verteilt auf 3 oder 6 Sprecher):

1. Vater, du bist im Himmel.
   Dein Name sei heilig!
   Du bist der Große.
   Du hast alle Macht.

Ruf 1: A.:
Ge-hei-ligt wer-de dein Na - me!

Du bist voller Liebe.
Wir wollen deine Kinder sein
und dir vertrauen.

Ruf 2: A.:
Ge-hei-ligt wer-de dein Na - me.

2. Vater, dein Reich komme!
   Wir warten darauf,
   dass unser Leben, dunkel von Schuld und Angst,
   von deinem Licht durchflutet werde. – *Ruf 1*
   Wir warten darauf,
   dass eine neue Welt entsteht,
   eine Welt des Lichtes und der Freude. – *Ruf 2*

3. Vater, nach deinem Willen,
   wie er im Himmel verwirklicht ist,
   wollen auch wir handeln. – *Ruf 1*
   So beten wir oft,
   aber wir richten uns
   nicht immer nach unseren Worten.
   Sei nachsichtig mit uns, Vater! – *Ruf 2*

4. Vater, unser tägliches Brot gib uns heute,
   aber nicht nur uns,
   die wir ohnehin schon satt sind,
   sondern allen Menschen der Welt. – *Ruf 1*
   Öffne unsere Augen, damit wir sehen, was nottut,
   und denen, die hungern,
   von dem, was wir haben, geben. – *Ruf 2*

5. Vater, vergib uns unsere Schuld!
   Auch wir wollen uns verpflichten,
   zu vergessen, was andere uns schulden. – *Ruf 1*
   Wir wissen, dass wir von dir
   keine Nachsicht erwarten dürfen,
   wenn wir selber nicht vergessen können,
   dass andere uns etwas schulden. – *Ruf 2*

6. Vater, führe uns nicht in Versuchung!
   Vater, bewahre uns vor Situationen,
   denen wir nicht gewachsen sind. – *Ruf 1*
   Wir versagen so oft, wenn es darauf ankommt.
   Denke daran, dass wir nur Menschen sind. – *Ruf 2*

(Quelle unbekannt)

– *Instrumentalmusik / Recorder*

Loblied / Danklied
– GL 227,1–8: „Danket Gott, denn er ist gut"
– GL 833,1–3: „Danket dem Herrn, denn er ist gut" (Freiburg/Rottenburg-Stuttgart)

Text zur Meditation
Beim Fest mit dir, Christus,
teilst du an jene aus,
die sich nicht vorne sehen
lassen wollen in der Welt,
die hinten stehn.
Wir gehn
nach vorn mit ausgestreckten Bettlerhänden.
Wer sind wir denn?

Erkenn
in uns, Herr, all die armen, kleinen Leute,
all die Letzten:
die in den Kerkern sitzen,
und die Hungers sterben,
die immer neu und überall Zurückgesetzten.
Die sind wir hier.
Die nimmst du auf.
Mit ihnen, nur mit ihnen feierst du
dein Fest, Herr, Christus!

(Silja Walter, Das Wort ist Brot geworden. Kommunionpsalter, Verlag Herder, Freiburg i.Br. ²1992, 127 f. [gekürzt])

oder:
– GL 5,5: „Mein Vater, ich überlasse mich dir"

4. Abschluss

Schlussgebet
Gott, du suchst Menschen, die von dir sprechen und der Welt deine gute Botschaft weitersagen. – Hilf uns, Trägheit und Menschenfurcht zu überwinden und deine Zeugen zu werden – mit unserem ganzen Leben. – Darum bitten wir durch Jesus Christus, der mit dir lebt und herrscht in Ewigkeit.

Segensbitte / Entlassung
Der barmherzige Gott schaue gnädig auf uns herab. Er lasse uns, die wir auf seine Güte vertrauen, seine Hilfe erfahren und mache uns zu Zeugen seiner großen Taten. – Dazu segne uns der Vater, der Sohn und der Heilige Geist.

Schlusslied
– GL 227,10–12: „Der uns nicht verderben ließ"
– GL 833,4.5: „Danket dem Herrn" (Freiburg/Rottenburg-Stuttgart)
– GL 834,1–3: „Gott, du bist Sonne und Schild" (Freiburg/Rottenburg-Stuttgart)

33. Sonntag im Jahreskreis

I. Predigt (Dan 12,1–3; Mk 13,24–32)

Weg zur Errettung

Gott – Lenker der Geschichte?
Es gibt Ereignisse in unserer jüngeren Vergangenheit, die wir gerne aus unserem Gedächtnis streichen möchten. Ich meine jetzt nicht die fürchterlichen Flut- und Dürrekatastrophen mit Tausenden und Hunderttausenden von Toten. Ich meine den Terror, nicht nur in New York, Madrid, Russland, London; auch in Afghanistan und Irak. Ich meine die Kriege; uns am nächsten der Balkankrieg mit seiner sinnlosen systematischen Zerstörung von Kulturgütern, Wohnungen, Kirchen, Moscheen; mit seinem Rückfall in tiefste Barbarei: der Vertreibung von Menschen wegen ihrer bloßen Volks- oder Religionszugehörigkeit; mit systematischer Vergewaltigung von Frauen als Mittel der Kriegs-

führung; mit bestialischen Quälereien in Lagern und dem Missbrauch von Kindern, um die Moral und Würde eines ganzen Volkes zu zerstören. – Ich spreche von der systematischen Schändung und kommerziellen Ausbeutung von Kindern und Jugendlichen; von den jungen Frauen aus den postkommunistischen Ländern, die unter Angabe falscher Versprechungen angelockt und zur Prostitution gezwungen werden. Ich spreche von den europa- und weltweiten Pornogeschäften: jährlicher Profit: 250 MRD! Ich spreche von Sextourismus – auch bei uns!, vom Geschäft mit Drogen, Alcopops und mit Suchtstoffen versetzten Tabakwaren. Ich spreche von unglaublichen Fällen von Korruption. – Man möchte meinen, der Teufel sei los. – Solche Auswüchse des Bösen können glaubende Menschen bedrängen und geradezu erdrücken: Hat Gott eigentlich noch die Zügel in der Hand? Oder hat er abgedankt? Oder ist er gar tot, wie vor Jahren schon formuliert worden ist?

Noch bedrängender wird die Frage nach dem Eingreifen Gottes, wenn gerade die Menschen, die sich ihm anvertraut haben, wenn also sein eigenes Volk unterdrückt und verfolgt wird. Ist es erstaunlich, wenn seine Gläubigen dann fragen: Wo bleibt Gottes Hilfe? Wo ist seine Macht? –

Zwei Lesungen stellen sich heute diesen Fragen: Die Lesung aus dem Buch Daniel und ein Text aus dem Markusevangelium. Beide scheinen auf den ersten Blick bloße Angstmacher zu sein. Aber das trifft nicht zu. Beide gehören zur Gattung der apokalyptischen Schriften. Das sind Schriften, in denen es um das Letzte geht, um das Ende von allem.

Judenverfolgung

Das Buch Daniel ist entstanden in einer Zeit, als die Juden in Palästina unter der Verfolgung durch den Fremdherrscher Antiochus IV. Epiphanes zu leiden hatten (ca. 150 v.Chr.). Er steht als Judenverfolger in einem ähnlich schlechten Ruf wie bei den Christen die Christenverfolger Nero, Decius und Diokletian von Rom. Antiochus versuchte, den Juden ihren Glauben und ihre Lebensart mit blutiger Gewalt auszutreiben. Dies war die Heldenzeit des Judentums, eine Zeit von heldenhaftem Widerstand gegen die Tyrannei und von heroischer Glaubenstreue. Doch inmitten dieser Bedrängnisse fragten die Getreuen Jahwes: Wo ist Gott? Sieht er denn nicht, was sie mit uns treiben? Hat er uns vergessen? Wo bleibt seine Macht? Ist er denn nicht der Herr der Geschichte? Wird das Böse denn bis in alle Ewigkeit so übermächtig bleiben? Da spricht das Buch Daniel den gequälten Juden Trost zu und richtet sie auf. Unsere heutige Erste Lesung ist dieser Schrift entnommen.

Kämpfer für das Gottesvolk

Zunächst berichtet Daniel von einem machtvollen Engelfürsten mit Namen Michael, der für das Volk Gottes kämpft; nicht mit Bomben und Raketen, sondern mit der Kraft Gottes. Schon sein Name ist Programm: Mi-cha-El, das heißt übersetzt: Wer (ist) wie Gott?! Das ist nur eine rhetorische Frage und bedeutet: Keiner (ist) wie Gott! Das ist sein Schlachtruf. Er kämpft für die Ehre, die Gott allein gebührt, und für das Volk seiner Erwählung, das niemand antasten darf. Da er mit der Macht Gottes auftritt, kann er nur siegen. Michael drängt die Völker, die das Gottesvolk unterdrücken, in die Defensive und bringt sie in Bedrängnis. Es wird also nicht ewig so chaotisch weitergehen.

Errettung

Die Folge des heldenhaften Kampfes des Gotteshelden Michael wird die Errettung des Gottesvolkes sein. Die Bedrängnisse und Nöte werden epochal sein. „Doch dein Volk wird in jener Zeit gerettet." Genauer: Gerettet wird „Jeder, der im Buch verzeichnet ist". Gott weiß, wer zu ihm gehört. Er kennt die Seinen. Jeder Einzelne ist seinem Gedächtnis eingezeichnet. Nicht ein einziger ist bei Gott vergessen. Jeder Einzelne darf diese Gewissheit haben. Er wird errettet!

Auferstehung

Und dann sagt das Buch Daniel noch genauer, wie diese Errettung geschehen wird, und spricht – zum ersten Mal im Alten Testament ganz ausdrücklich von der Auferstehung: Die „im Land des Staubes schlafen", d.h. die auf allen Friedhöfen der Welt ruhen, werden am Tag der Errettung erwachen und sich erheben, so wie einer am Morgen vom Schlaf aufsteht. Gott rettet also nicht *vor* Bedrängnissen und Tod, sondern *durch sie hindurch*.

Große Scheidung

Gleichzeitig mit der Auferstehung erfolgt die große Scheidung: das Gericht, die Abrechnung und die Umkehrung des Geschicks. Menschen, die gegen Gott standen, Menschen, die mit Bosheit und Gewalt gegen andere Menschen vorgingen und sie missbrauchten, vor allem aber Menschen, die sich an Gottes Volk vergriffen, sie alle werden nicht ungeschoren davonkommen. Von ihnen wird gesagt; sie werden auferstehen „zur Schmach, zu ewigem Abscheu". Unser Text weidet sich nicht an sadistischer Ausmalung ihrer Qualen. Gott allein kennt ihr Schicksal; denn auch sie sind in seiner Hand. – Für die Getreuen Gottes ist der Tag der Auferstehung der Tag der endgültigen Rettung „zum ewigen Leben". Es ist dies nicht ein Leben wie auf dieser Erde, wo ein Mensch eines Tages lebenssatt sich den Tod wünschen mag. Es ist ein Leben bei Gott: Freude, Friede, Glück, Geborgenheit und Gemeinschaft mit Gott und den Menschen. – Wenn man Umfragen Glauben schenken darf, spüren manche Gläubige, auch praktizierende Katholiken, eine große Skepsis gegenüber dem Auferstehungsglauben. Doch man kann mit großen Philosophen die Gegenfragen stellen: Was ist mit den Übeltätern und mit deren Opfern? Stehen sie am Ende auf der gleichen Stufe? Soll es tatsächlich niemals einen Ausgleich und Gerechtigkeit geben? Und: Wozu lebe ich eigentlich, wenn nach wenigen Jahren sowieso alles aus ist? Also auch wer nicht an ein ewiges Leben und an die Auferstehung von den Toten glaubt, hat es schwer, weil viele bedrängende Fragen im Raum stehen bleiben.

Leuchtende Sterne

Wie dürfen wir uns das ewige Leben bei Gott vorstellen? Unvorstellbar, sagt Paulus (vgl. 1 Kor 2,9). Und doch wagt das Buch Daniel zwei bildhafte Aussagen: Wer nach Gottes Weisung gelebt hat und verständig geworden ist, wird vor Freude strahlen wie der Himmel strahlt; wie die Sonne an einem herrlichen Sommertag. – Wer aber nicht nur selbst nach der Weisung Gottes gelebt hat, sondern andere ebenfalls zum rechten Tun angeleitet hat, ein solcher wird „immer und ewig wie die Sterne leuchten". Wer von uns wollte nicht solch ein leuchtender Stern sein an Gottes Himmel?!

Menschliche Zeit – Gottes Ewigkeit

Auch Jesus eröffnet im Mk-Evangelium den Seinen eine Zukunftsperspektive: Nach Irreführung, Hungersnöten, Kriegen, Aufständen, Verrat, Verfolgung, Flucht und Katastrophen wird er kommen, der Menschensohn, der Mensch in göttlicher Vollmacht, und er wird die Seinen aus allen Himmelsrichtungen einsammeln, und sie werden bei ihm aufgehoben sein. – Und eine zweite, ganz grundsätzliche Zusage wird uns gegeben, damit wir die einzig wichtige Lebensperspektive gewinnen und festhalten: „Himmel und Erde werden vergehen"; d.h. alles, auch das Schöne, aber auch Bedrängnisse und Verfolgungen sind vergänglich. Allein Gottes Wort bleibt. – Die einzig ernsthafte Frage für uns Christen ist also, ob wir zielorientiert leben wollen; d.h. konkret, ob wir unser Leben jetzt schon ganz von Gott bestimmen lassen wollen. Das gibt uns den richtigen Ernst und die richtige Distanz zu allem, was sich in unserem Leben und in der großen Geschichte tut. Gottes Wort und Gottes Ewigkeit sind für uns Ansporn und Durchhaltekraft.

Bernhard Krautter

II. Elemente für eine Wort-Gottes-Feier

1. Eröffnung

Eröffnungsgesang
- GL 644,1.2.6: „Sonne der Gerechtigkeit"
- GL 567,1–3.5: „Der Herr bricht ein um Mitternacht"

Liturgischer Gruß / Einführung
Im Namen des Vaters ...
Jesus Christus, unser Herr, wird kommen mit großer Macht und Herrlichkeit. Wir bewegen uns auf das Ende des Kirchenjahres zu und werden bald in ein neues eintreten. In den Lesungen heute geht es um das Ende der Weltzeit. Das soll uns erneut bewusst machen, dass die Weltzeit, in der wir leben, nicht Ewigkeitswert hat. Wie sie einen Anfang hatte, so wird sie auch ein Ende haben. Wir kennen zwar nicht das Verfallsdatum, aber wir wissen: Gott selbst wird durch seinen Sohn den Schlusspunkt setzen. Der aber heißt nicht Tod, sondern Leben. Denn das Ende dieser Welt ist zugleich ein Neubeginn durch Gott. – Rufen wir zu unserem Herrn, dessen Wiederkunft wir mit Freude erwarten:

Christus-Rufe
- GL 522: „Jesus Christus, für uns als Mensch geboren"
- GL 495,8: „Herr Jesus, auferstanden von den Toten"

Eröffnungsgebet
Gott, unsere Hoffnung, du allein kennst die Stunde, in der du alles vollenden wirst. Wecke uns aus trügerischer Sicherheit, damit wir auf deine Zeichen achten und bereit sind für die Wiederkunft deines Sohnes, unseres Herrn Jesus Christus, der in der Einheit des Heiligen Geistes mit dir lebt und regiert in Ewigkeit.

2. Verkündigung des Wortes Gottes

Hinführung zur Ersten Lesung (Dan 12,1–3)
Glaubenstreue Juden müssen unter Verfolgung leiden. Sie rufen nach dem Eingreifen Gottes. In dieser Situation sagt das Prophetenbuch Daniel dem bedrängten Volk Rettung zu; eine endgültige Rettung, die die Erwartungen der Getreuen Jahwes weit übertreffen wird.

Psalm / Gesang
- GL 746,2.3:"Ich weiß, dass mein Erlöser lebt", VV. 1–4.8.9.

Hinführung zur Zweiten Lesung (Hebr 10,11–14.18)
Der Hebräerbrief weiß, dass Jesu Erniedrigung durch die Menschen und Erhöhung durch Gott für uns erlösende Kraft gewonnen haben. Nun wartet der herrscherliche Christus auf den Tag der Vollendung, da ihm die Herrschaft endgültig in die Hand gegeben wird.

Ruf vor dem Evangelium
- GL 530,4: „Halleluja" mit GL 527,5: „Der Herr vergibt die Schuld und rettet unser Leben", – „Halleluja"
- GL 531,1: „Halleluja" mit GL 233,7: „Der Herr hat uns befreit", – „Halleluja"

33. Sonntag im Jahreskreis

Hinführung zum Evangelium (Mk 13,24–32)
Der Menschensohn wird kommen „mit großer Macht und Herrlichkeit". Damit wird das Ende der Weltzeit eröffnet. Das Erste wird die Sammlung der zerstreuten und bedrängten Auserwählten aus allen Himmelsrichtungen sein. Nicht eine Katastrophe steht am Ende, sondern unsere endgültige Rettung und Erlösung durch Katastrophen hindurch. Das ist für uns Grund zur Freude.

Predigt / Auslegung
– *Stille*

3. Antwort der Gemeinde

– GL 565,1–3: „Komm, Herr Jesus, komm zur Erde"
– GL 568,1–4: „Komm, Herr Jesu, komm"

Allgemeines Gebet / Fürbitten
Herr Jesus Christus, das Böse in der Welt – Hass, Gewalt, Ausbeutung und Missbrauch von Menschen – ist mächtig, und wir stehen oft ohnmächtig davor. Doch du wirst kommen in Macht und Herrlichkeit und das Reich des Vaters vollenden. Wir bitten dich:
Ruf: V./A. – GL 563: „Christus gestern, Christus heute, Christus in Ewigkeit"
– Nimm von den Mächtigen alle Arroganz der Macht und Verführung zu Missbrauch und Korruption. – A.:
– Mach die Menschen, die in der Kirche Verantwortung tragen, zu demütigen Werkzeugen deines Heilswillens für die Menschen. – A.:
– Gib den Kranken, Leidenden und Missbrauchten Vertrauen auf deine Macht und schenk ihnen Hoffnung, die aus deinem Kommen erwächst. – A.:
– Nimm von uns alle Angst und schenke uns Freude auf die Wiederkunft unseres Herrn. – A.:
– Lass uns nie vergessen, dass alles Schöne und alles Schwere vergänglich ist und dass allein dein Wort bleibt. – A.:
– Gib unseren Verstorbenen schon jetzt Anteil an deiner Herrlichkeit. – A.:
Gott und Vater, du hältst alles in deiner Hand. Dir vertrauen wir uns an durch Christus, unseren Herrn, der als Menschensohn wiederkommen wird, um die Welt zu richten und zu vollenden.

Vater unser
In seinem Namen und mit seinen Worten beten wir zu dir: Vater unser …

Loblied / Danklied
– GL 264,1–2: „Mein ganzes Herz"

Text zur Meditation
Nichts soll dich ängstigen,
nichts dich erschrecken.
Alles vergeht.
Gott allein bleibt derselbe.
Geduld erreicht alles.

Wer Gott hat,
der hat alles.
Gott
allein
genügt.

Teresa von Avila

4. Abschluss

Schlussgebet
Du unser Vater, ewiger Gott, du hast uns mit dem Wort deines Sohnes, unseres Herrn Jesus Christus, beschenkt. Es hat in uns Hoffnung, Zuversicht und Freude geweckt. Gib, dass wir so gestärkt hinausgehen und im Alltag uns für dich und dein Reich einsetzen, bis er wiederkommt, unser Herr Jesus Christus, der mit dir lebt und herrscht in alle Ewigkeit.

Segensbitte / Entlassung
Der Herr segne und behüte uns; Er lasse uns wachsen in der Hoffnung und in der Freude; Er stärke uns im Alltag für den Kampf gegen das Böse und für den Einsatz für sein Reich;
Das gewähre uns allen der dreifaltige und verlässliche Gott, der Vater und der Sohn und der Heilige Geist.

Schlusslied
– GL 264,3: „Herr, ob den Himmeln thronst du"

Christkönigssonntag

I. Predigt (Joh 18,33b—37)

Nicht von dieser Welt

Ein Gag?
Politiker greifen bekanntlich zu allen möglichen und gelegentlich auch unpassenden Mitteln, um die Lacher auf ihre Seite zu bekommen. So auch im deutschen Bundestag. Auf die Regierungserklärung des Bundeskanzlers nach der Bundestagswahl antwortete als Erste die Fraktionsvorsitzende der CDU/CSU. Sie begann ihre Rede mit dem Zitat aus dem heutigen Tagesevangelium: „Mein Reich ist nicht von dieser Welt." Damit wollte sie auf die vermeintliche Realitätsferne der Regierungerklärung hinweisen: dass die Erklärung des Kanzlers mit der realen Situation in Deutschland und der Welt nichts zu tun habe.

Nicht von der Welt – aber gefährlich für die Welt
Wollte Jesus dies mit diesem Satz aussagen: dass er mit dieser Welt und ihren Strukturen nichts zu tun haben will? Wollte er sich ein Traumreich schaffen? Lebte er an den Tatsachen dieser Welt vorbei? Hatten seine Botschaft und sein Tun mit den Realitäten dieser Welt nichts gemein? Wenn Jesus ein Phantast, ein Träumer und Realitätsferner gewesen wäre, dann hätte man ihn wohl kaum gekreuzigt! Die Botschaft von der Wahrheit und vom Reich, das nicht von dieser Welt ist, hatte zumindest so viel mit dieser Welt zu tun, dass sich die Mächtigen dieser Welt, Kajaphas und Pilatus, in ihren Machtansprüchen bedroht sahen.
Das heutige Evangelium aus der Johannespassion stellt dem römischen Statthalter Pilatus mit seinem gewaltigen Machtapparat den wehrlosen Jesus gegenüber, der über keine weltliche Macht verfügt, der Gewalt ablehnt, weshalb er auch den Schwert ziehenden Petrus bei der Gefangennahme in die Schranken weist. Jesus spricht vom Reich der Wahrheit, das nicht von dieser Welt ist. Er legitimiert sich von woanders her, nicht durch

Truppenstärke. Jesus und Pilatus reden aneinander vorbei. Pilatus scheint diesen Jesus nicht ernst zu nehmen, aber er scheint zu ahnen, dass auch „Phantasten" wie Jesus weltlichen Herrschern wie ihm gefährlich werden könnten. Zumindest liefert er Jesus zur Kreuzigung aus, um seine Machtansprüche gegenüber den Juden nicht zu gefährden.

Wer sich auf Jesus und sein Reich einlässt, merkt, dass manches in seinem Leben relativiert wird und anderes größere Bedeutung bekommt. Die Wahrheit der Botschaft Jesu erkenne ich daran, dass mir Alltagsdinge in einem ganz neuen Licht erscheinen und dass mir weltliche Machtstrukturen von Ausbeutung und Unterdrückung bewusst werden. Ich kann nicht mehr so weitermachen, wie bisher. Pilatus scheint dies auch ein wenig gespürt zu haben; immerhin lässt er sich durch Jesus verunsichern. Er ist aber nicht bereit, seine Lebensgewohnheiten zu ändern, dafür hängt er zu sehr an seinen liebgewordenen Machtstrukturen und hat Angst vor Veränderungen. Die Reich-Gottes-Botschaft Jesu mit ihrem Anspruch auf Wahrheit, auf Gottes- und Nächstenliebe, auf Gewaltverzicht und Feindesliebe ist von vielen Machthabern zu allen Zeiten belächelt und abgetan worden. Mit der Botschaft Jesu könne man keine wirklichkeitsnahe Politik betreiben, wurde und wird behauptet. Stalin reagierte einmal auf eine Bemerkung bezüglich des päpstlichen Einflusses auf die Weltpolitik mit der Frage: „Wie viel Divisionen hat der Papst?" Die Reich-Gottes-Botschaft Jesu, die die Kirche wie einen Stachel im eigenen Fleisch durch die Geschichte weitergetragen hat, besitzt so viel Kraft, dass sie das römische Reich eines Tiberius und Pilatus und auch das kommunistische Reich eines Stalins überdauerte. Und wo einmal Politiker versuchten, etwas von der Wahrheit des Evangeliums in die Praxis umzusetzen, ist vieles zum Wohl des Menschen geschehen, nicht zuletzt bei uns in Deutschland, wo Frauen und Männer in den vergangenen Jahrzehnten aus der christlichen Soziallehre heraus wesentlich zum gerechten Ausgleich der sozialen Schichten in unserem Land beigetragen haben.

Das Königtum Jesu hat die Welt verändert

Das Königtum Jesu ist nicht von dieser Welt, aber es hat diese Welt verändert. Nicht mit Gewalt, nicht durch große Aktionen, sondern in unscheinbaren kleinen Schritten, mit kleinen Anfängen, die zu großen Aufbrüchen führen, wurde und wird die Welt verändert. Folgende Beispiele sollen dies belegen: Nicht mehr so ohne weiteres können Menschenrechte verletzt werden; wenigstens gibt es einen Aufschrei, wenn nicht sogar Boykotte. Menschen wie Mutter Teresa haben aus ihrer Zugehörigkeit zu Jesus ein ganzes Land wie Indien ansatzhaft in der Einstellung zu den Kranken und Sterbenden verändert. Dies zeigt, wie einflussreich und heilsam sich das Königtum Jesu auch heute auswirken kann.

Was verändert sich bei uns

In der Taufe sind wir dem Herrschaftsbereich Jesu eingegliedert worden. Wir gehören Jesu Königtum an. Das bedeutet Lebensgemeinschaft mit dem, der für die Wahrheit Zeugnis abgegeben hat. Prägt mich diese Zugehörigkeit; verändert mich die Wahrheit Jesu und wird dadurch meine Mitwelt verändert oder halte auch ich das Königtum Jesu für realitätsfremd? Ich bin eingeladen, mich von Jesu Königtum faszinieren und meinen Lebensalltag durch ihn verändern zu lassen. Wir werden merken, wie dieses Königtum der Wahrheit uns wirklich frei macht.

Vollendung durch Gott allein

Jetzt gibt es das Königtum Jesu erst anfanghaft, seine Vollendung steht noch aus. Nun sollten wir aber nicht in den Irrtum verfallen zu meinen, *wir* müssten das Königtum Jesu auf Erden verwirklichen. Ein solches Denken und Handeln wäre ein Rückfall in den Zelotismus. Da wird Theologie zur Ideologie und auch Gewaltbereitschaft ist nicht mehr ausgeschlossen. Die Geschichte belegt das bis in unsere Zeit. Wir dürfen Aufbrüche dieses Königtums erleben, die Vollendung steht aber noch aus und kann allein durch Gott vollzogen werden, den Herrscher über die ganze Schöpfung (Offb 1,8).

Michael Dörnemann

II. Elemente für eine Wort-Gottes-Feier

1. Eröffnung

Eröffnungsgesang
- 270,1–3.6: „Kommt herbei"
- GL 675,1–4: „Christus, du Sonne unsres Heils"
- GL 556,1–3: „Völker aller Land"

Liturgischer Gruß / Einführung
Im Namen des Vaters …
Friede und Heil von Jesus Christus, dem König der Herrlichkeit, dem Herrn der Geschichte!
Heute stellt uns die Liturgie Jesus Christus als den Herrn und König der Welt vor Augen. Sein Königtum unterscheidet sich grundlegend von weltlichen Königtümern. Es ist ohne räumliche und zeitliche Grenzen und offen für Menschen aller Völker, Sprachen und Rassen. Jeder Getaufte und Gefirmte hat Anteil an diesem Reich und ist gerufen, die Botschaft von dem weltverändernden Königtum Christi weiterzusagen. – Durch unsere Teilnahme am Gottesdienst bekennen wir uns öffentlich zu ihm, unserem König und Herrn.

Christus-Rufe
Herr Jesus Christus, Sohn des lebendigen Gottes.
    Erstgeborener von den Toten.
    Du vernichtest den Tod für immer.
    Akklamation: „Lob und Preis" *(wie 31. Sonntag im Jahreskreis)*
    oder:
    – GL 560, *letzte Zeile:* „Christkönig, Halleluja"

Herr Jesus Christus, du Menschensohn zur Rechten des Vaters.
    Du Mittler des Neuen Bundes.
    Du wirst wiederkommen in Herrlichkeit.
    Akklamation
Herr Jesus Christus, du Herr deiner Kirche.
    Du König aller Menschen.
    Du Hoffnung der ganzen Erde.
    Akklamation

– GL 495,2: „Herr Jesus, du König"

Eröffnungsgebet
Gott, du Herrscher des Alls, in deinem Sohn ist dein Reich unter uns angebrochen: das Reich der Gerechtigkeit, der Liebe und des Friedens. Mach uns bereit, auf sein Wort zu hören, damit deine Herrschaft wachse in dieser Welt. Darum bitten wir dich durch ihn, Jesus Christus, deinen Sohn, unseren Herrn und König, der mit dir lebt und herrscht in der Einheit des Heiligen Geistes heute und alle Tage und in Ewigkeit.

2. Verkündigung des Wortes Gottes

Hinführung zur Ersten Lesung (Dan 7,2a.13b–14)
Der Menschensohn des Buches Daniel verkörpert das auf die Weisungen Gottes hörende Volk. Ihm wird eine unvergängliche Herrschaft zugesprochen. Jesus hat den Menschensohn-Titel immer dann für sich in Anspruch genommen, wenn er über sein Leiden und sein Kommen in Herrlichkeit gesprochen hat.

Psalm / Gesang
– GL 738,1.2: „Herr, du bist König", VV. 1–6

Hinführung zur Zweiten Lesung (Offb 1,5b–8)
Das erste Kapitel der Offenbarung des Johannes betont die herausragende Bedeutung des Lebens und Sterbens Jesu. Er, der treue Zeuge, hat die Konsequenzen seiner Verkündigung bis zum Äußersten auf sich genommen. Als Erstgeborener der Toten wird er wiederkommen in Herrlichkeit.

Ruf vor dem Evangelium
– GL 531,1: „Halleluja" mit GL 199,3. Zeile: „Gesegnet, der kommt im Namen des Herrn, gesegnet das kommende Reich!", – „Halleluja"
– GL 530,8: „Halleluja" mit GL 632: „Du hast uns erlöst mit deinem Blut", – „Halleluja"

Hinführung zum Evangelium (Joh 18,33b–37)
Jesu Königsherrschaft gründet nicht auf militärischer Stärke, sondern auf Wahrheit und Liebe. Seine Königskrone ist die Dornenkrone. Wer sich an seiner befreienden Wahrheit orientiert, hat teil an seinem Königtum.

Predigt / Auslegung
– *Stille* –

3. Antwort der Gemeinde

Glaubensbekenntnis
– GL 423: „Credo in unum Deum"

oder:
Lobpreis

1. Das Lamm Got-tes trägt die Sün-de der Welt. Es ist der Herr

Schola oder Vorsänger:

al-ler Her - ren und der Kö-nig al-ler Kö-ni-ge.

A.:
Hal-le - lu - ja, Hal-le - lu-ja, Hal-le - lu - ja.

(GL 869, Freiburg/Rottenburg-Stuttgart)

2. Das Lamm Gottes ward gehorsam am Kreuz.
   Es ist der Herr aller Herren
   und der König aller Könige. – A.:
3. Das Lamm Gottes tat seinen Mund nicht auf.
   Es ist der Herr aller Herren
   und der König aller Könige. – A.:
4. Das Lamm Gottes sitzt zur Rechten des Vaters.
   Es ist der Herr aller Herren
   und der König aller Könige. – A.:
5. Das Lamm Gottes wird alles überwinden.
   Es ist der Herr aller Herren
   und der König aller Könige. – A.:

(Mosaik 99)

Allgemeines Gebet / Fürbitten
Dem treuen Zeugen Jesus Christus, dem König der Könige, wenden wir uns zu in den Anliegen unserer Tage:
– Erfülle die Christen auf der ganzen Erde mit Hoffnung, dass sie zuversichtlich zum menschenwürdigen Fortschritt der Völker beitragen. – V./A.: Erhöre uns Christus – (GL 563)
– Erbarme dich der Völker, die von Krieg und Terror und ungerechten Herrschaftsstrukturen heimgesucht werden und stille ihre Sehnsucht nach Gerechtigkeit, Freiheit und Frieden. –
– Ermutige die Mächtigen in Politik, Wirtschaft und Medien, ihre Verantwortung zum Wohl der Menschen wahrzunehmen. –
– Führe die, die auf der Suche nach dem Sinn ihres Lebens sind, zu deiner Botschaft und schenke ihnen Begegnungen mit glaubwürdigen Zeugen des Evangeliums. –
– Rufe die Opfer von Krieg und Gewalt in dein Reich der Liebe und des Friedens. –
Herr Jesus Christus, in dir wird Gott die ganze Schöpfung vollenden. Dir sei mit Gott dem Vater und dem Heiligen Geist die Ehre in Ewigkeit.

Vater unser
Lasst uns nun um das Kommen des Reiches Gottes bitten mit den Worten, die der Herr uns zu beten aufgetragen hat:
(Die einzelnen Bitten müssen langsam und deutlich gesprochen werden)

Vater unser im Himmel,
geheiligt werde dein Name! – Akklamation 1:   A.:

(Vater unser, Text: Liturgie, Musik: Peter Janssens, aus: Wir haben einen Traum, 1972, alle Rechte im Peter Janssens Musik Verlag, Telgte-Westfalen)

oder:
Akklamation 2: A.:
Preis sei Gott, Preis sei Gott, in der Hö — he.

Dein Reich komme,
dein Wille geschehe wie im Himmel so auf Erden. – A.:

Unser tägliches Brot gib uns heute,
und vergib uns unsere Schuld, wie auch wir vergeben unsern Schuldigern. – A.:

Und führe uns nicht in Versuchung,
sondern erlöse uns von dem Bösen. – A.:

(Wenn Akklamation 2 verwendet wird, folgt noch)
Denn dein ist das Reich und die Kraft und die Herrlichkeit in Ewigkeit. Amen.

– *Instrumentalmusik / Recorder*

Loblied / Danklied
– GL 560,1–4: „Gelobt seist du"
– GL 642,1–3: „Eine Große Stadt ersteht"

Text zur Meditation
Herr, du bist kein König dieser Welt.
Dein Thron ist das Kreuz.
Deine Krone ist die Dornenkrone.
Deine Macht ist Ohnmacht.
Dein Zepter ist Wahrheit und Liebe.
Du unterdrückst nicht, sondern führst in die Freiheit!
Dir, König, wollen wir folgen.
Michael Dörnemann

4. Abschluss

Schlussgebet
Gott, du bist das Alpha und das Omega, der Anfang und die Vollendung. Wir haben dein Wort der Wahrheit gehört und uns erneut der Königsherrschaft deines Sohnes unterstellt. Wir danken dir für die Zusage, dass unsere Lebenswege nicht im Chaos enden werden, sondern in deinem Reich der Liebe, der Gerechtigkeit und des Friedens, das du aufrichten wirst durch Jesus Christus, deinen Sohn, der mit dir und dem Heiligen Geist hoch erhoben sei in Ewigkeit.

Segensbitte / Entlassung
Gott erfülle uns mit seinem Frieden. Seine Güte strahle über uns. Er mache uns zu treuen Zeugen seiner Wahrheit.
So segne uns der Vater, der Sohn und der Heilige Geist.

Schlusslied
– GL 275,1–3: „König ist der Herr"
– GL 107,1.3: „Macht hoch die Tür"
– GL 891,1.2.4: „Dich, König, loben wir" (Freiburg/Rottenburg-Stuttgart)

Die Autoren der redaktionell überarbeiteten Predigten sind namentlich ausgewiesen. – Für die Wort-Gottes-Feiern wurden zum Teil Elemente von „Gottes Volk" der Jahrgänge 1997, 2000 und 2003 verwendet.

Anmerkungen:

1) Vorlage (GV 2000/1) redaktionell stark verändert.
2) Schlussidee von Martin Schomaker (vgl. GV 2000/1).
3) Redaktionell erweitert (vgl. GV 97/2).
4) Redaktionell stark erweitert (vgl. GV 2003/2).
5) Redaktionell erweitert (vgl. GV 2000/2).
6) Redaktionell stark erweitert (vgl. GV 2003/2).
7) Redaktionell ergänzt (vgl. GV 2000/3).
8) Redaktionell umgearbeitet (vgl. GV 97/3).
9) Mit Elementen von Josef Kaupp (GV 2003/3).
10) Anregungen von Maria Andrea Stratmann (vgl. GV 2000/4).
11) Teile übernommen von Barbara Neugebauer (vgl. GV 2003/4).
12) Teile von Sabine Bormann (vgl. GV 2003/5) und redaktionell erweitert.
13) Tilmann Moser, Gottesvergiftung, Frankfurt 1976,1–14.
14) Redaktionell erweitert (vgl. GV 2003/6).
15) Der Papalagi. Die Reden des Südseehäuptlings Tuiavii aus Tiavea, Zürich 1988 (vgl. GV 97/6,62f.).
16) Frei nach Erhart Kästner (vgl. GV 97/6,64).
17) Kleine Teile von Wilhelm Benzing (vgl. GV 2003/6) und redaktionell stark überarbeitet.
18) Redaktionell erweitert (vgl. GV 2003/7).
19) Anregungen von Roland Schwarz (vgl. GV 2000/7) und Georg Scheuermann (vgl. GV 2003/7).
20) Redaktionell erweitert (vgl. GV 2000/7).
21) Redaktionell erweitert (vgl. GV 2000/7).
22) Josef Guggenmoos, „Was macht die Maus am Donnerstag?" 123 Gedichte für Kinder, Georg Bitter Verlag, Recklinghausen (vgl. GV 2003/8,21).
23) Redaktionell stark erweitert (vgl. GV 97/8).
24) Ferdinand Kerstiens, Praxis der Befreiung, Zürich 1984 (vgl. GV 97/8,29).
25) Redaktionell ergänzt (vgl. 97/8).
26) Redaktionell stark überarbeitet (vgl. 2000/8).

Die Botschaft des Evangeliums übersetzt in das Heute

Maximilian Theler
Kurzpredigten zum Lesejahr C

Format 14,8 x 21 cm;
kartoniert; 116 Seiten
ISBN 3-460-**32990**-4

Nach den erfolgreichen Predigtbänden für die Lesejahre C und A hat Maximilian Theler nun auch für das Lesejahr B die Botschaft und die Sprachkraft des Evangeliums ins Heute übersetzt. Für jeden Sonn- und Festtag bietet er zum Evangelium eine Kurzpredigt in der ihm eigenen treffenden Sprache, die das Anliegen des biblischen Textes knapp und prägnant aktualisiert: eine fruchtbare Hilfe für jede Predigtvorbereitung.

Verlag Katholisches Bibelwerk GmbH
Silberburgstraße 121 · 70176 Stuttgart
Tel. 07 11 / 6 19 20-37 · Fax -30
E-Mail: versandbuchhandlung@bibelwerk.de
www.bibelwerk.de